新版 会社法 実務スケジュール

共編　東京八丁堀法律事務所
　　　橋本　　副孝（弁護士）
　　　吾妻　　望　（弁護士）
　　　日野　　義英（弁護士）
　　　菊池　　祐司（弁護士）
　　　笠　　　浩久（弁護士）
　　　獨協大学大学院法務研究科
　　　高橋　　均　（教　授）

新日本法規

新版発行にあたって

　本書（初版）は、平成18年5月の会社法施行を受けて「会社法の下での株式会社運営上のスケジュールを、実務に即して一覧的に記載し説明した本を創れないだろうか。」という発想の下に生まれたものでしたが、その後約9年が経過し、昨年5月には会社法施行後初めての大改正といえる平成26年改正会社法（「会社法の一部を改正する法律」（平成26年法律第90号））が施行されました。この平成26年改正会社法は、コーポレートガバナンスの強化や親子会社に関する規律等の整備に関する事項を中心に、監査等委員会設置会社制度の創設、多重代表訴訟制度の創設、組織再編等の差止請求の拡充等会社法制全体にわたる大規模な改正であり、実務に大きな影響を与えるものといえます。また、この間、金融商品取引法や金融商品取引所の適時開示等に関する諸規程、独占禁止法等の関係法令等といった、実務スケジュール上留意すべき重要法令、諸規程等についても大幅な改正がなされてきており、会社法のみならずこれらの現行法令、諸規程にも十分留意した実務対応の必要性・重要性がますます高まっています。

　こうした中、今般、平成26年改正会社法施行を契機として、本書についても、上記の法令、諸規程の改正を踏まえた内容とすべく、その全般的な見直しを行い、本書（新版）を上梓することと致しました。

　本書（新版）のコンセプトや基本的な構成は従前のとおりですが、平成26年改正会社法の改正内容について、実務スケジュール上関連する事項を中心に、新しく創設された諸制度や諸規定を適宜盛り込むとともに、解説において主な改正点についてわかりやすい形で触れるようにしました。また、コラムの内容も、上記改正を踏まえ、トピック的に紹介する等適宜ブラッシュアップしました。

　そして、初版同様、実務スケジュール上通常留意すべき金融商品取引法や金融商品取引所の適時開示規則、独占禁止法等の関係法令等のほか、社債、株式等の振替に関する法律（振替法）や株式会社証券保管振替機構の諸規程につい

ても最新のものに適宜触れるようにし、引き続き実務上留意すべき項目を本書にて基本的に網羅するように努めました。

　本書が、初版に続き会社法実務に携わる方の参考になれば幸いです。

　なお、本書の刊行につきましては、新日本法規出版株式会社の山本元氏に多大なご尽力をいただきました。ここに厚く御礼申し上げます。

　　平成28年1月

　　　　　編集代表　東京八丁堀法律事務所
　　　　　　　　　代表パートナー　弁護士　橋本　副孝

は　し　が　き

　「会社法の下での株式会社運営上のスケジュールを、実務に即して一覧的に記載し説明した本を創れないだろうか。」これが本書誕生のきっかけです。

　ご存知のとおり、会社法の施行により、これまでの株式会社（以下では単に「会社」といいます。）運営上のスケジュールに大幅な変更が生じています。たとえば、旧商法では定めのなかった期間・期日・期限が新たに規定され、これらの短縮が図られたり、任意に定められる期間等が増えるなど、旧商法とは異なる取扱いが数多く規定されています。また、会社法により会社の機関設計等の重要な事柄に関して選択の余地が認められ、手続の柔軟化が図られました。したがって、会社の実務運営においては、これらの法規制の変化を踏まえ、そのメリットを活かしながら、必要な選択を適切に行い、選択に沿ったスケジュールの策定・管理をしていく必要があります。

　本書は、このような会社の実務運営にかかるさまざまな場面での手続等の選択、スケジュールの策定（プランニング）・管理に関して、会社法実務に携わる関係者の利便に供しうることを目標として、企業の実務担当者と弁護士とが共同で執筆したものです。

　本書の構成ですが、主として有用性の観点から、会社の実務運営にかかるさまざまな場面でのスケジュール例のうち、まず典型的な機関設計、ケースについてのスケジュール表を掲げることとし、続けてその各手続過程に掲げられた法定の期間等や手続の内容、留意すべき点などを解説し、また、通常必要となる作成書類等の標目を挙げました。その際には、会社法のほか、実務スケジュール上、通常留意すべき金融商品取引法や証券取引所（金融商品取引所）の適時開示に関する規程、独占禁止法等の関係法令等についても触れるようにしました（平成19年8月に公布された金融商品取引法にかかる政令・内閣府令も盛り込んでいます。）。また、スケジュール表については、基本的に実務上通例と思われる日程例を掲げていますが、法律上の最短期間で行うことを考えた場合の

日程例等についても解説等において適宜触れるようにしました。

　本書が、会社法実務に携わる方々の参考になれば幸いです。

　なお、本書の刊行につきましては、企画から完成まで新日本法規出版株式会社の山本元氏に多大なご尽力をいただきました。ここに厚く御礼申し上げます。

　　　　平成19年9月

　　　　　　編集代表　　東京八丁堀法律事務所
　　　　　　　　　　代表パートナー　弁護士　橋本　副孝

編集者・執筆者一覧

〈編集者〉

東京八丁堀法律事務所

橋 本 副 孝　弁護士・代表パートナー

吾 妻　　望　弁護士・パートナー

日 野 義 英　弁護士・パートナー

菊 池 祐 司　弁護士・パートナー

笠　　浩 久　弁護士・パートナー

獨協大学大学院法務研究科

高 橋　　均　教　授

〈執筆者〉

東京八丁堀法律事務所

八 杖 友 一　弁護士・パートナー

中 山 雄太郎　弁護士・パートナー

五十畑亜紀子　弁護士・パートナー

井 上　　廉　弁護士・パートナー

星　　大 介　弁護士・パートナー

酒 井 俊 介　弁護士・パートナー

飯 塚 優 子　弁護士

工 藤 洋 治　弁護士

金 澤 嘉 明　弁護士

政 平 亨 史　弁護士

前 田 英 伸　弁護士

石 井 達 也　弁護士（新日鐵住金株式会社 法務部法務企画室 出向中）

白 石 紘 一　弁護士

中 村 明 奈　弁護士

新日鐵住金株式会社

長 谷 川 顕 史　法務部法務企画室長

凡　　例

＜本書の趣旨＞

　会社運営上の各種スケジュールを、目的別に、また機関設計ごとに掲げるとともに、そこから発生する期間・期日・期限の法律的意味や手続上の留意点などを解説し、会社法務に係るさまざまな場面のスケジュールの作成・管理に役立つ書籍を発行し、関係者の利用の便に供しようとするものです。

＜本書の編集方針及び表記方法＞

　本書では、読みやすさ、利用の便宜等の観点から、原則として以下の編集方針、表記方法等によっています。

① 　株式会社を対象としており、株式会社を単に「会社」と表記しています。

② 　取締役会設置会社を基本形として、スケジュール表の作成や解説を行っています。

③ 　公開会社でない会社を「非公開会社」、取締役会設置会社でない会社を「取締役会非設置会社」（監査役、監査役会についても同様）、有利発行でない場合を「非有利発行」等と表記しています。

④ 　書面によるものと電磁的記録によるものと両方が可能である場合については、適宜、「書面等」＝「書面又は電磁的記録」、「記載等」＝「記載又は記録」、「交付等」＝「交付又は提供」等と表記しています。

⑤ 　作成書類等の欄は、書面によるものと電磁的記録によるものと両方が可能である場合についても、書面の例のみを挙げることとしています。

⑥ 　解説において、平成27年5月1日に施行された「会社法の一部を改正する法律」（平成26年法律第90号）による改正後の会社法のことを「平成26年改正会社法」と、当該改正前の会社法のことを「改正前会社法」と表記している場合があります。

⑦ 　解説等における用語（定義）については、会社法その他の法令等の中で定義づけられている用語については、例えば括弧書きで、（指定買取人といいます。）や（指定買取人）等と記載し、それ以外の定義については、当該項目の解説内における定義を指すものとして（以下この項（本項）において「譲渡等」といいます。）等と表記しています。

⑧ 　解説の小見出し（□等）右隅の法令等の条文の表示は、当該小見出し内の解説に係る主な条数のみを記載することとし、項以下やその他の法令等の条文については、解説内で適宜引用することとしています。また、同じ小見出し内に限り、法令等名が連続する場合は、法令等名のみ「同」と省略することとしています。

⑨ 　金融商品取引所については、株式会社東京証券取引所を前提として、「証券取引所」

と表記し、同取引所の規程類の条文を引用しています。

⑩ 株式会社証券保管振替機構については、「保振機構」と表記しています。

また、同機構の株式等の振替に関する業務規程及び株式等の振替に関する業務規程施行規則を、単に、「株式等の振替に関する業務規程」及び「株式等の振替に関する業務規程施行規則」と表記しています。

⑪ 証券取引所の有価証券上場規程に定める開示については、いわゆる軽微基準として、投資者の投資判断に及ぼす影響が軽微なものとして取引所が定める基準に該当する場合については開示義務の対象から除外されているものがありますが、その点については、「軽微基準に該当するものを除き」と表記しています。

⑫ 有価証券届出書、有価証券通知書、臨時報告書等の届出先、提出先については、金融商品取引法上内閣総理大臣宛となっておりますが、実際には、法令に基づく権限委任により、所定の財務局長又は福岡財務支局長へ提出することとなっています。その趣旨を表わすものとして、「内閣総理大臣（財務局長等）」と表記しています。

⑬ 適時開示の時期に関する記載について

東京証券取引所有価証券上場規程402条1号では、「上場会社の業務執行を決定する機関が、次のaからarまでに掲げる事項のいずれかを行うことについての決定をした場合（当該決定に係る事項を行わないことを決定した場合を含む。）」について、直ちにその内容を開示しなければならない旨定めています。

この場合の、「業務執行を決定する機関が、・・・決定をした場合」に該当するのが、各個別事案において、具体的にどの時点であるかは、当該個別事案の具体的な事実関係によりますので一律にいうことは困難です。

そこで、本書のスケジュール表や解説においては、あくまでその項で示した設例においては、記載の時期の取締役会等の決定をもって有価証券上場規程に定める「業務を決定する機関が・・・決定した場合」に該当するとの前提で、スケジュール表を作成し、解説しています。

したがって、実際の個別事案においては、その具体的な事実関係により、開示を行うべき時期が、本書で示したスケジュール表の設例等とは異なる場合があることに留意いただく必要があります。

⑭ 適時開示に係る開示内容の変更又は訂正に係る記載の省略について

有価証券上場規程に基づき開示した内容について変更又は訂正すべき事情が生じた場合は、直ちに当該変更又は訂正の内容を開示しなければなりません（上場規程416）が、本書では、この点に関する記載は省略しています。

⑮ 金融商品取引法24条1項の規定により有価証券報告書を内閣総理大臣に提出しなければならない会社を、「有価証券報告書提出会社」と表記しています。

⑯　スケジュール表の日程例の設定について

a　スケジュール表に記載している具体的な日程例は、必ずしも法定期間又は期限ギリギリでの日程を設定しているものではなく、**実務上の観点からある程度の余裕をみた日程例を設定しています。**

b　また、日程例記載の通知、催告、公告等の日は、例えば株主総会の招集通知のように当該日までに発送すればよい場合を除き、**当該通知、催告が相手方に到達する日、公告についてはそれが掲載される日を記載しています。**したがって、実務上は、当該通知、催告が当該日までに相手方に到達し、又は公告が当該日に掲載されるために余裕をみての通知、催告の発送又は公告掲載手続を行う必要があります。

＜法令等の略語＞

　本文中に使用される法令名等は、原則としてフルネームを使用しましたが、下記〔　〕で囲んだ法令等については、略語を用いました。また、根拠となる法令名等については、次の略語を用いました。また、条数等は単に数字（条数は1・2…、項数は①・②…、号数は一・二）で示しました。

〔略語〕

会社	会社法
会社令	会社法施行令
会社規	会社法施行規則
会算規	会社計算規則
電公規	電子公告規則
整備法	会社法の施行に伴う関係法律の整備等に関する法律
金商	金融商品取引法
金商令	金融商品取引法施行令
振替	社債、株式等の振替に関する法律〔振替法〕
振替令	社債、株式等の振替に関する法律施行令〔振替法施行令〕
振替命令	社債、株式等の振替に関する命令〔振替命令〕
商登	商業登記法
商登規	商業登記規則
登税	登録免許税法
登税令	登録免許税法施行令
民	民法
民訴	民事訴訟法〔民訴法〕

民訴費	民事訴訟費用等に関する法律〔民訴費用法〕
民執	民事執行法
民保	民事保全法
非訟	非訟事件手続法
労働承継	会社分割に伴う労働契約の承継等に関する法律〔労働契約承継法〕
労働承継規	会社分割に伴う労働契約の承継等に関する法律施行規則
企業開示府令	企業内容等の開示に関する内閣府令
企業内容等開示ガイドライン	企業内容等の開示に関する留意事項について（企業内容等開示ガイドライン）
取引等規制府令	有価証券の取引等の規制に関する内閣府令
担信	担保付社債信託法
独禁	私的独占の禁止及び公正取引の確保に関する法律〔独占禁止法〕
独禁令	私的独占の禁止及び公正取引の確保に関する法律施行令
独禁手続規	私的独占の禁止及び公正取引の確保に関する法律第9条から第16条までの規定による認可の申請、報告及び届出等に関する規則〔独禁手続規則〕
法税	法人税法
法税令	法人税法施行令
法税規	法人税法施行規則
法基通	法人税基本通達
会社非訟規	会社非訟事件等手続規則
上場規程	有価証券上場規程（東京証券取引所）
上場規程規	有価証券上場規程施行規則（東京証券取引所）

＜判例出典の表記＞

　判例出典の表記の仕方は次のとおりです。

（表記例）

　平成22年12月7日最高裁決定判例時報2102号147頁

→　（最決平22・12・7判時2102・147）

　出典の略語は次のとおりです。

民集	最高裁判所民事判例集
判時	判例時報
判タ	判例タイムズ

目　次

ページ

序　説 ··· 1

第1章　機関運営一般

第1　株主総会 ··· 7

1　定時株主総会 ······································· 7

◆公開・大会社（取締役会設置会社・監査役会設置会社・会計監査人設置会社）

◆非公開・非大会社（取締役会設置会社・監査役設置会社・会計監査人非設置会社）

2　臨時株主総会・種類株主総会 ················· 11

第2　取締役会 ··· 29

3　年間スケジュール ····························· 29

◆大会社・公開会社

4　取締役会個別開催スケジュール ············· 40

第3　監査役（会）··································· 44

5　監査役（会）の年間スケジュール ············ 44

◆大会社かつ公開会社、非大会社で監査役会及び会計監査人設置会社

◆大会社（公開会社を除く）、非大会社（監査役会設置会社を除く）

6　監査役会個別開催スケジュール ··············· 56

第4　会計監査人 ······································· 60

7　会計監査人の選任 ······························· 60

◆大会社（非公開会社を含む）

◆非公開・非大会社（会計監査人として個人公認会計士を任意に設置・取締役会非設置会社）

8　会計監査 ·· 66

◆大会社・監査役会設置会社

第5　委員会 ……………………………………………………………72

　　9　委員会の運営 ……………………………………………………72

　　　　◆指名委員会等設置会社

第2章　株　式

第1　株式譲渡 ……………………………………………………………79

　　10　譲渡制限株式の譲渡等承認手続 ……………………………79

　　　　◆取締役会設置会社・株券発行会社（株主から請求がなされ、譲渡
　　　　　等を承認せず会社自身がその全部を買い取る場合）

第2　自己株式の取得 …………………………………………………84

　　11　市場取引による自己株式の取得 ……………………………84

　　　　◆上場会社・会社法165条2項（又は同法459条1項1号）の定款の定め
　　　　　がある会社（オークション市場における単純買付けを行う場合）

　　12　特定の株主からの自己株式の取得 …………………………88

　　　　◆非公開・取締役会設置会社（取締役会設置会社で株主総会招集通
　　　　　知発送期限を変更していない会社）

　　13　相続人等に対する売渡請求 …………………………………93

　　　　◆非公開会社（会社法174条の定款の定めがある会社）

　　14　特殊な自己株式の取得（全部取得条項付種類株式の取得）………95

　　　　◆株券発行会社（普通株式のみを発行している会社が既発行株式を
　　　　　全部取得条項付種類株式とした上で、少数株主のキャッシュ・ア
　　　　　ウトを目的とする場合）

　　15　特別支配株主による株式等売渡請求 ……………………… 105

　　　　◆対象会社が非公開会社・株券不発行会社であり、普通株式のみを
　　　　　発行している場合

第3　株式の併合等 …………………………………………………… 111

　　16　株式の併合手続 …………………………………………… 111

　　　　◆取締役会設置会社・株式の併合により1株未満の端数が生じる場
　　　　　合（単元未満株式のみに生じる場合を除く）
　　　　◆取締役会設置会社・株式の併合により1株未満の端数が単元未満
　　　　　株式のみに生じる場合

17	株式の分割手続	121

◆取締役会設置会社

| 18 | 株式無償割当て手続 | 127 |

◆取締役会設置会社

第4 単元株制度 ……………………………………………… 132

| 19 | 単元株制度の導入 | 132 |

◆取締役会設置会社

| 20 | 単元未満株主の買取請求手続 | 136 |

◆市場価格がない株式の場合

| 21 | 単元未満株主の売渡請求手続 | 139 |

◆市場価格がない株式の場合

| 22 | 単元株式数の変更等の手続 | 142 |

◆単元株式数を増加させる場合・取締役会設置会社

◆単元株式数を減少させる場合又は単元株式数の定めを廃止する場合・取締役会設置会社

第5 所在不明株主の株式売却等 ……………………… 148

| 23 | 所在不明株主の株式の競売等 | 148 |

◆公開会社・取締役会設置会社（株式等振替制度を利用している会社）

◆非公開会社・取締役会設置会社

第6 募集株式の発行等の手続 ……………………………… 154

| 24 | 株主割当て以外の場合 | 154 |

◆取締役会設置会社・公開会社・非有利発行の場合

◆支配株主の異動を伴う場合（取締役会設置会社・公開会社・非有利発行の場合）

◆取締役会設置会社・非公開会社・有利発行・募集事項決定の株主総会委任

| 25 | 株主割当ての場合 | 168 |

◆取締役会設置会社・公開会社

◆取締役会設置会社・非公開会社

第7　株　券 ·· 177

26　株券喪失登録手続 ···································· 177
◆登録抹消申請がない場合
◆株券所持者による登録抹消申請があった場合
◆株券喪失登録者による登録抹消申請があった場合

27　株券不発行会社への移行手続 ·················· 183
◆非上場会社

第3章　新株予約権
第1　新株予約権の発行 ···································· 189
28　株主割当て以外の場合 ···························· 189
◆取締役会設置会社・公開会社・非有利発行の場合
◆支配株主の異動を伴う場合（取締役会設置会社・公開会社・非有利発行の場合）
◆取締役会設置会社・非公開会社・有利発行・募集事項決定の株主総会委任

29　株主割当ての場合 ································· 202
◆取締役会設置会社・公開会社

第2　新株予約権の譲渡 ································· 207
30　譲渡制限新株予約権の譲渡承認手続 ·········· 207

第3　自己新株予約権の取得 ························· 210
31　自己新株予約権の取得 ························· 210
◆取得条項付新株予約権の取得

32　自己新株予約権の処分・消却 ·················· 214

第4　新株予約権無償割当て ························· 215
33　新株予約権無償割当て ························· 215

第5　新株予約権の行使 ································· 219
34　新株予約権の行使 ······························ 219

第4章　計　算
第1　資本金・準備金の額の減少 225
35　資本金・準備金の額の減少 225

◆資本金の額の減少（原則）

◆資本金の額の減少（欠損のてん補目的の場合）

◆準備金の額の減少（原則）

◆準備金の額の減少（会社法459条1項の定款の定めがある会社／欠損のてん補目的の場合）

第2　剰余金の配当 235
36　剰余金の配当 235

◆期末配当（定時株主総会で決議する場合）

◆期末配当（会社法459条1項の定款の定めに基づき取締役会で決議する場合）

◆中間配当（会社法454条5項）／会社法459条1項の定款の定めに基づく中間期配当

◆現物配当（非公開会社・臨時株主総会）

第5章　社　債
第1　普通社債の発行 247
37　普通社債の発行 247

◆取締役会設置会社

第2　新株予約権付社債の発行 257
38　新株予約権付社債の発行 257

◆第三者割当ての場合（取締役会設置会社・公開会社・非有利発行の場合）

第3　社債権者集会の開催 263
39　社債権者集会の開催 263

◆取締役会設置会社において会社が招集する場合

第6章 組織再編

第1 組織変更 ·································· 271

40 株式会社の組織変更手続 ·································· 271

◆公開・大会社（取締役会設置会社）

第2 合 併 ·································· 277

41 吸収合併の手続 ·································· 277

◆取締役会設置会社

42 簡易吸収合併の手続 ·································· 300

◆取締役会設置会社

43 略式吸収合併の手続 ·································· 307

◆取締役会設置会社（存続会社が特別支配会社、消滅会社が被支配
会社の場合）

44 新設合併の手続 ·································· 313

◆取締役会設置会社

第3 会社分割 ·································· 329

45 吸収分割の手続 ·································· 329

◆取締役会設置会社

46 簡易吸収分割の手続 ·································· 354

◆取締役会設置会社（承継会社において簡易分割制度を利用する場
合）

47 略式吸収分割の手続 ·································· 363

◆取締役会設置会社（分割会社が略式吸収分割制度を利用する場合）

48 新設分割の手続 ·································· 371

◆取締役会設置会社

第4 株式交換・株式移転 ·································· 390

49 株式交換の手続 ·································· 390

◆取締役会設置会社

50 簡易株式交換の手続 ·································· 409

◆取締役会設置会社

目　次

51　略式株式交換の手続 ……………………………………… 415

　　◆取締役会設置会社（株式交換完全親会社が特別支配会社、株式交
　　　換完全子会社が被支配会社の場合）

52　株式移転の手続 …………………………………………… 421

　　◆取締役会設置会社

第7章　会社の設立

53　会社の発起設立手続 ……………………………………… 439

　　◆取締役会設置会社

54　会社の募集設立手続 ……………………………………… 446

　　◆取締役会設置会社

第8章　事業又は子会社株式の譲渡・解散・清算

第1　事業又は子会社株式の譲渡 ……………………………… 459

55　事業の重要な一部の譲渡 ………………………………… 459

　　◆取締役会設置会社、上場会社

56　親会社による子会社株式の譲渡 ………………………… 461

　　◆取締役会設置会社、上場会社

57　簡易事業譲渡の場合、又は譲渡会社が略式事業譲渡に該当
　　し譲受会社が簡易事業譲受けに該当する場合 ………… 463

　　◆取締役会設置会社、譲受会社につき上場会社

第2　解散及び清算 ……………………………………………… 474

58　清算手続 …………………………………………………… 474

　　◆清算人会非設置、監査役設置会社

第3　特別清算 …………………………………………………… 484

59　特別清算手続 ……………………………………………… 484

　　◆一般（清算人会非設置、監査役設置会社）
　　◆税務対策型（清算人会非設置、監査役設置会社）

第9章　訴訟・非訟関係

第1　会社組織関連 ……………………………………………………… 499
60　株主総会等の決議の取消しの訴えの手続 ………………………… 499
61　新株発行無効の訴えの手続 ………………………………………… 503

第2　株主代表訴訟 ……………………………………………………… 507
62　株主代表訴訟の手続 ………………………………………………… 507
63　多重代表訴訟の手続 ………………………………………………… 512

第3　役員解任 …………………………………………………………… 517
64　役員解任の訴えの手続 ……………………………………………… 517

第4　非訟事件 …………………………………………………………… 521
65　会社の解散命令の申立手続 ………………………………………… 521
66　取締役会等議事録閲覧謄写許可申立手続 ………………………… 525
　　　◆監査役会設置会社

第10章　補論―個別株主通知手続
67　個別株主通知手続 …………………………………………………… 531

序　説

第1　「期間」、「期限」及び「期日」について

1　期間について

「期間」とは、一般に、ある時点から他の時点までの間の時間の隔たり、継続した時間の長さを表すもので、時間の流れを継続したものとしてとらえる場合に使用されます。

2　期限について

「期限」とは、法律行為の効力の発生や消滅等を、将来到達することの確実な事実（日時等）にかからしめる場合の、その事実（日時等）をいいます。

「期限」には、「平成19年5月1日」というようにその日時が確定しているもの（確定期限）と、「債権者の死ぬときまで」というように、発生は確実でもいつ到来するかが不確定なもの（不確定期限）があります。

また、「期限」には、「5月1日から」というように「始期」を定めるものと、「9月30日までに」というように「終期」を定めるものがありますが、この場合には、当該始期以後や終期以前における一定の時間的広がりを示そうとする意味合いで用いられる趣旨であることが多いと思われます。

※　なお、例えば、「2か月以内に」という場合、始期から2か月という点に着目すれば、これは「期間」を定めるものといえますが、2か月後が終期であるという点に着目すれば「期限」を定めたものともいえる等、必ずしも「期限」と「期間」との区別がはっきりしない場合もあります。

3　期日について

「期日」は、一般には、一定の日（特定の日）を意味するもので、ある法律行為の効力の発生や消滅等を、一定の日にかからしめる場合等に使用されます。なお、期日が上記2の「期限」の趣旨で使用される例もあります。

※　なお、法律によっては、「期日」に、以上の説明とは別の意味を持たせている場合もありますので留意が必要です（民訴93等）。

第2　期間の計算方法について

民法上、期間の計算方法は、法令若しくは裁判上の命令に特別の定めがある場合又は法律行為に別段の定めがある場合を除き、民法第6章（期間の計算）の規定に従うと定められています（民138）。関連する民法の規定は、以下のとおりです。

1　期間の起算点について

　(1)　時間によって期間を定めた場合

　時間によって期間を定めたときは、その期間は、即時から起算します（民139）。したがって、例えば午前8時から2時間8分間といえば、午前8時から起算して午前10時8分までを意味することになります。

　(2)　日、週、月又は年によって期間を定めた場合

　日、週、月又は年によって期間を定めたときは、初日は算入しないのが原則です（民140。初日不算入の原則といわれています。）。したがって、3月1日に今日から5日間と期間を定めたときは、3月2日から起算します。ただし、その期間が午前零時から始まるときは、初日が算入されます（同140ただし書）。例えば解散の日（9月30日）の翌日から2か月という場合、10月1日から起算します。

2　期間の満了点について

　(1)　日、週、月又は年によって期間を定めた場合

　民法140条により日、週、月又は年によって期間を定めた場合には、期間はその末日の終了をもって満了します（民141）。したがって、3月1日（午前零時を除きます。）に今日から5日間と期間を定めたときは、3月2日から起算して5日間の末日である3月6日の終了をもって期間が満了します。

　(2)　期間の末日が休日の場合

　期間の末日が日曜日、祝日（国民の祝日に関する法律に規定する休日）その他の休日に当たるときは、その日に取引をしない慣習がある場合に限り、期間はその翌日に満了します（民142）。したがって、3月1日（午前零時を除きます。）に今日から5日間と期間を定め、5日間の末日である3月6日が日曜日でその日に取引をしない慣習があるときは、翌日の3月7日の終了をもって期間が満了します。

　会社法の関係では、例えば、登記期間については、期間の末日が休日に当たるときは、登記所はその日に登記事務を取り扱わないことから翌日（平日）をもって登記期間が満了することとなります。他方、例えば、株主総会の招集通知の発送については、株主総会の日の2週間前に当たる日が休日であっても、その日までに招集通知を発しなければならない（翌日とはならない。）というように、期間の満了日が休日であっても、同条の適用がない場合もありますので、留意が必要です。なお、例えば、基準日は、期間ではありませんので、事業年度末日を株主総会の議決権行使の基準日とした場合にその日が休日に当たる場合であっても、翌日が基準日とはなりません。株主割当てによる募集株式の発行の場合の申込みの期日（会社202①二）についても同様です。

3　暦による計算について

　暦による計算について週、月又は年によって期間を定めたときは、その期間は暦に従って計算します（民143①）。したがって、6月1日（午前零時）から1か月といった場合は、6月30日の終了をもって期間が満了します。

　また、週、月又は年の初めから期間を起算しないときは、その期間は、最後の週、月又は年においてその起算日に応答する日の前日の終了をもって期間が満了します（同143②本文）。したがって、4月8日（午前零時）から2か月といった場合は、起算日4月8日に応当する2か月後の日である6月8日の前日（6月7日）の終了をもって期間が満了します。また、4月8日（午前零時を除きます。）に今日から2か月と定めた場合は、起算日4月9日に応当する2か月後の日である6月9日の前日（6月8日）の終了をもって期間が満了します。なお、月又は年によって期間を定めた場合において、最後の月に応当する日がないときは、その月の末日に満了します（同143②ただし書）。したがって、12月30日（午前零時を除きます。）から2か月と定めた場合は、起算日12月31日の2か月後の応当日である2月31日はありませんので、2月末日の終了をもって期間が満了します。

4　起算日から過去に遡る期間について

　起算日から過去に遡る期間についても、民法の期間計算の規定が準用又は類推適用されるとするのが判例・通説です。

　例えば、株主総会の招集通知について、株主総会の日の2週間前までに招集通知を発しなければならない（会社299①）とあるのは、招集通知を発送した日の翌日から起算して総会の日までの間に少なくとも2週間の日数を存することが必要（発送日と株主総会の日の間に中2週間を置かなければならない。）とされていますので（大判昭10・7・15民集14・15・1401参照）、株主総会の日が6月28日の場合、6月13日までに招集通知を発する必要があることになります。また、「期日の2週間前に株主に催告することを要する」といった場合に、催告が株主に到達した日と期日との間に中2週間置かなければならないとされています（大判昭6・5・2民集10・5・232参照）。

第3　「直ちに」、「速やかに」、「遅滞なく」について

　ある行為や手続等についての時期を示すものとして、「直ちに」、「速やかに」、「遅滞なく」という用語が使用されることがあります。これらは、いずれも「すぐに」との趣旨で使われている言葉ですが、ニュアンスの違いをいえば、この中で時間的な即時性が最も強いものは、「直ちに」であり、一般に「即時に」、「間をおかずに」という趣旨を表すときに用いられます。遅れは義務違反を引き起こすのが通例です。これに対

して、「速やかに」は、「直ちに」よりも即時性のニュアンスが若干弱く、一般的には「できるだけはやく」という意味を表す場合に使われますが、訓示的な規定に多く使われる特徴があります。「遅滞なく」は、できるだけはやくという意味は残るものの、3つの中では即時性のニュアンスは最も弱くなると解されています。その遅れは義務違反を引き起こすのが通例ですが、「直ちに」とは異なり、正当な又は合理的な理由がある場合にはその限りでの遅れは許されるという意味が含まれるものとされています。

第4 通知、催告、公告の期間、期限について

　会社法において通知、催告や公告について、期間又は期限が定められている場合、原則として、当該期間内又は当該期限までに、通知、催告が相手方に到達し、又は公告が現実に掲載されなければなりません。したがって、実務上は、これに間に合うよう、通知、催告の発送や公告の掲載手続を（例えば官報公告の場合には申込窓口に事前に確認する等して）余裕をみて行う必要があります。

　なお、例外としては、例えば株主総会の招集通知（会社299）については、株主総会の2週間前までに、株主に対してその通知を発しなければならないと定められています。この場合は、当該期限までに通知を発送すればよいことになります。

第 1 章

機 関 運 営 一 般

6

第1　株主総会

1　定時株主総会

スケジュール

◆公開・大会社（取締役会設置会社・監査役会設置会社・会計監査人設置会社）

日　程	法定期間・期限	手　　　続	参　照
3/16	2週間前まで	基準日公告	1
3/31		事業年度末日・基準日	2
4/1		新事業年度開始	
4/27		取締役：計算書類等の作成・提出 ①事業報告→監査役に提出 ②計算書類→監査役と会計監査人に提出 ③連結計算書類→監査役と会計監査人に提出	3
同日		決算発表内容、剰余金の配当見通しの承認及び公表	4
4/30		議題提案権行使及び議案の通知請求の期限	5
5/9	1週間が経過した日他まで	取締役：附属明細書の作成・提出 ①事業報告の附属明細書→監査役に提出 ②計算書類の附属明細書→監査役と会計監査人に提出	3
5/16	8週間前まで	会計監査人による会計監査報告の通知	6
5/23	3か月以内 1週間が経過した日他まで	監査役会による監査役会監査報告の通知 ①事業報告及びその附属明細書の監査報告：特定取締役に通知 ②計算関係書類及び会計監査報告に関する監査役会監査報告：特定取締役及び会計監査人に通知	7

第1章 機関運営一般 第1 株主総会　　9

◆非公開・非大会社（取締役会設置会社・監査役設置会社・会計監査人非設置会社）

日　程	法定期間・期限	手　続	参照
3/16	2週間前まで	基準日公告	1
3/31		事業年度末日・基準日	2
4/1		新事業年度開始	
4/27	3か月以内	取締役：計算書類等の作成・提出 ①事業報告→監査役に提出 ②計算書類→監査役に提出	3
4/30		議題提案権行使及び議案の通知請求の期限	5
5/16	1週間が経過した日他まで	取締役：附属明細書の作成・提出 ①事業報告の附属明細書→監査役に提出 ②計算書類の附属明細書→監査役に提出	3
5/23	8週間前まで	監査役による監査報告の通知 　事業報告・計算書類及びこれらの附属明細書の監査報告の内容：特定取締役に通知	7
		監査役による監査役選任議案に対する同意	8
5/24	監査報告受領後速やかに	取締役会 ①監査の終了した計算書類、事業報告及びこれらの附属明細書の承認 ②株主総会招集・議案等の決定	9
6/12	2週間前の日から	計算書類・事業報告等の備置き	12
6/18		招集通知、添付書類、参考書類等の発送	10
6/22	1週間前まで	議決権不統一行使通知期限	13
6/25	3日前まで	議決権行使書の提出等の期限	14
6/26	直前の営業時間の終了時まで	定時株主総会の開催	15
	2週間以内	取締役会・監査役の協議	16

※ 1の 解説 につきましては、2の スケジュール の後に合わせて解説しています（12頁を参照）。

第1章　機関運営一般　第1　株主総会　　11

2　臨時株主総会・種類株主総会

スケジュール

日　程	法定期間・期限	手　　続	参　照
8/16	2週間前まで	基準日公告	1
8/31	3か月以内	基準日	2
9/5		議題提案権行使及び議案の通知請求の期限	5
10/17	8週間前まで	招集通知、添付書類、参考書類等の発送	10
10/28	2週間前まで※	議決権不統一行使通知期限	13
10/31	3日前まで	議決権行使書の提出等の期限	14
11/1	直前の営業時間の終了時まで	株主総会の開催	15
	遅滞なく	臨時報告書の提出	19
		決議通知の発送	20
	総会終了日から2週間以内	議事録、議決権行使書、委任状の備置き	21
11/15		登記	22
2/1	3か月間	議決権行使書・委任状の本店備置き期限	21
		株主総会決議取消訴訟の提訴期限	24

※　一定の場合（会社299①）を除き、非公開会社においては総会日の1週間前までに発送すれば足りる

解　説

(1)　株主総会の権限

　株主総会は「会社の最高の意思決定機関である」といわれるように、原則として、会社法に規定する事項及び会社の組織、運営、管理その他会社に関する一切の事項について決議をすることができます（会社295①）。

　しかし、取締役会設置会社においては、株主総会の権限が限定されており、株主総会は、会社法に規定する事項及び定款で定めた事項に限り、決議をすることができます（同295②）。これは、会社の経営の機動性・迅速性を確保するため、業務執行の決定を原則として取締役会に委ねるものです。また、取締役会設置会社においては、株主総会は、原則として、招集者が決定した会議の目的である事項以外の事項について、決議することができません（同309⑤）。

(2)　株主総会の種類

　株主総会は、定時株主総会と臨時株主総会に分けられます。

　定時株主総会は、毎事業年度の終了後一定の時期に招集しなければなりません（会社296①）。したがって、事業年度を1年とする通常の会社においては、毎年1回、定時株主総会を招集することになります。定時株主総会では、計算書類及び事業報告の承認（又は報告）、剰余金の配当、役員の選任等定常的な事項のほか、必要に応じて定款の変更、役員報酬、合併の承認等が決議されます。

　臨時株主総会は、次の定時株主総会の開催を待っていては時機を失する場合等、必要がある場合には、いつでも招集することができます（同296②）。

(3)　種類株主総会

　種類株主総会とは、内容の異なる2以上の種類の株式を発行する会社における、ある種類の株式の株主（種類株主）の総会をいいます（会社2十四）。

　種類株主総会は、役員の選解任、ある議案の承認等、種類株主総会の決議を必要とする旨の定款の定めがある場合（同323）や、株式の種類の追加、株式の内容の変更、合併、会社分割等、ある種類の株式の種類株主に損害を及ぼすおそれのある行為を会社が行う場合（同322）等、会社法に規定する事項及び定款で定めた事項に限り、決議をすることができます（同321）。

(4)　株主総会又は種類株主総会の省略

　取締役又は株主が、株主総会の目的である事項について提案をした場合において、株主の全員が書面等により同意の意思表示をしたときは、当該提案を可決する旨の株主総会の決議があったものとみなされます（会社319①）。また、取締役が株主の全員に対して株主総会に報告すべき事項を通知し、当該事項を株主総会に報告することを要しないことについて株主の全員が書面等により同意の意思表示をしたときは、株主総会への報告があったものとみなされます（同320）。なお、これらは、種類株主総会にも準用されます（同325）。合弁会社や完全子会社等、株主数の限られた会社においては、会社運営の効率化の観点からこれらの利用も考えられます。

以下の解説においては、公開かつ大会社の中でも、手続等に関する定めが一番多い、取締役会、監査役会及び会計監査人を設置する上場会社（有価証券報告書提出会社）における定時株主総会を中心に説明し、適宜、非公開会社、非大会社、臨時株主総会等についても解説を加えます。

1 基準日公告　　　　　　　　　　　　　　　　　　　　　　　　　▶会社124

　会社は、株主総会における議決権や期末配当受領権等、一定の権利を行使することができる株主を特定するために、基準日を定めることができます（会社124①②）。

　会社は、基準日を定める場合には、基準日株主（基準日において株主名簿に記載等されている株主）が行使することのできる権利の内容を定め、<u>基準日の2週間前までに</u>、当該基準日（年月日）及び基準日株主が行使することのできる権利の内容を公告しなければなりません（同124②③）。公告は、官報、時事日刊新聞紙又は電子公告のいずれかを、定款に定める方法（定款に定めがない場合は官報）によります（同939）。

　ただし、基準日及び基準日株主が行使することができる権利の内容についての定款の定めがあるときは、基準日公告を省略することができます（同124③ただし書）。毎年開催される定時株主総会の議決権や期末配当受領権に関する基準日については、2に記載のとおり、定款に定めがあるのが一般的ですので、その場合は、基準日公告は必要ありません。

　なお、上場会社の場合は、株式等振替制度を利用している関係上、基準日を定めた場合には、<u>所定の時期に</u>、証券取引所に所定の書類を提出する等し、また、<u>速やかに（かつ、基準日の2週間前の日までに）</u>保振機構にその内容を通知する必要があります（上場規程421①、上場規程規418六、振替151⑦、振替命令23①、株式等の振替に関する業務規程12、株式等の振替に関する業務規程施行規則6・別表1．1(16)）。

作成書類等　〇基準日公告

2 事業年度末日（基準日）　　　　　　　　　　　　　　　　　　　▶会社124

　定時株主総会における議決権及び期末配当受領権に関する基準日については、定款において事業年度の末日と定められるのが一般的です。そして、基準日株主による議決権等の権利は、<u>基準日から3か月以内</u>に行使するものに限られていますから、会社規模の大小を問わず、この期間内に株主総会が開催され、また期末配当が支払われることになります（会社124①～③）。

　なお、会社は、基準日後に株式を取得した者を株主総会又は種類株主総会における議決権を行使できる者と定めることができます（ただし、基準日株主の権利を害することはできません（同124④）。）。

3 計算書類等の作成・提出 ▶会社435・436・444

　会社は、各事業年度に係る計算書類（貸借対照表、損益計算書、株主資本等変動計算書及び個別注記表（会算規59①））及び事業報告並びにこれらの附属明細書を作成し（会社435②）（なお、電磁的記録でも可（同435③））、監査役設置会社においては、監査役の監査を受けなければなりません（同436①、会社規116三・129以下、会算規121以下）。

　また、会計監査人設置会社においては、計算書類及びその附属明細書について、会計監査人の監査も受けなければなりません（会社436②一、会社規116三、会算規125以下）。

　さらに、会計監査人設置会社は、企業集団の財産及び損益の状況を示す連結計算書類（連結貸借対照表、連結損益計算書、連結株主資本等変動計算書及び連結注記表（会算規61））を作成することができます（会社444①）（なお、電磁的記録でも可（同444②））。また、大会社かつ有価証券報告書提出会社は、連結計算書類を作成しなければなりません（同444③）。この連結計算書類についても、監査役及び会計監査人の監査を受けなければなりません（同444④、会社規116八、会算規121以下）。

　計算書類、事業報告及びこれらの附属明細書並びに連結計算書類の作成期限についての法令上の定めはありませんが、株主総会までの日程の関係上、作成を担当する取締役らは、事業年度終了後に速やかにこれらを作成し、監査役（及び会計監査人）に提供することになります。

　なお、会社は、計算書類を作成した時から<u>10年間</u>、当該計算書類及びその附属明細書を保存しなければなりません（同435④）。

作成書類等　○計算書類
　　　　　　　　○事業報告
　　　　　　　　○附属明細書
　　　　　　　　○連結計算書類

4 期末決算発表（決算短信）、剰余金の配当見通しの公表
▶上場規程404・405・416

(1)　期末決算発表（決算短信）

　上場会社は、有価証券報告書による開示に先立ち、事業年度等に係る決算の内容が定まった場合、直ちにその内容を開示しなければならず（上場規程404）、いわゆる決算短信の公表として定着しています。

　会社法では、監査役や会計監査人に対する事業報告や計算書類の提出に先立つ取締役会の承認を必要とはしていません。そこで、上場会社においては、今後、決算短信の公表をどのタイミングで、どのような手続を経て行うかが1つの論点になります。株主その他の投資家に対する適時開示の観点から、決算短信の公表をできるだけ早期に行う要請は高いものがあるために、決算がまとまった段階で公表する会社もあります。しかし、その公表する情報の重要性や、計算書類等を監査に付す手続の重要性に鑑みれば、これまでと同様

第1章　機関運営一般　第1　株主総会　　15

に取締役会の承認を得た上で（少なくとも報告をしたのちに）、速やかに公表するのが望ましいと思われます。

（2）　剰余金の配当見通しの公表

　上場会社は、剰余金の配当について予想値を算出した場合、直ちにその内容を開示しなければなりません（上場規程405②）。

　剰余金の配当見通しや予想値は、期末決算を踏まえて前記(1)の取締役会において決定し、決算短信と併せて公表するのが一般的です。

（3）　開示内容の変更又は訂正

　なお、仮に決算短信や配当方針の公表後に、開示内容に変更又は訂正すべき事情が生じた場合は、直ちに当該変更又は訂正の内容を開示しなければなりません（上場規程416①）。

作成書類等　〇決算短信（上場会社の場合）

5　議題提案権行使及び議案の通知請求の期限　▶会社303・305

　株主は、取締役に対し、一定の事項を株主総会の目的（議題）とすることを請求することができます（以下この項において「議題提案権」といいます（会社303①）。）。また、株主は、株主総会において、株主総会の目的である事項について議案を提出することができ（以下この項において「議案提案権」といいます（同304なお、ただし書参照）。）、さらに取締役に対し、当該株主が提出しようとする議案の要領を株主に通知することを請求することもできます（以下この項において「議案の通知請求」といいます（同305①なお、④参照）。）。一般的にこれらをまとめて株主提案権と呼びます。

　もっとも、取締役会設置会社において、議題提案権の行使及び議案の通知請求ができるのは、定款に別段の定めがない限り、総株主の議決権の1％以上の議決権又は300個以上の議決権を6か月前から引き続き有している株主に限られます（同303②・305①）。ただし、このうち、非公開会社の場合、6か月前からの継続保有要件はありません（同303③・305②）。

　また、議題提案権の行使及び議案の通知請求の期限は、定款に別段の定めがない限り、株主総会の日の8週間前までとされています（同303②・305①）。なお、これらの具体的な期限は、当該期限が経過した後に株主が、株主総会の招集通知を受け取って株主総会の開催日を知る時までは通常明確とはなりませんので、これらを行使又は請求しようとする株主は、前年度の定時株主総会開催日を考慮したり、会社に予定日を聞いたりして、余裕をみて対応する必要があります。

　また、振替株式（振替128①）の場合には、株主は、振替機関（保振機構）により会社に対して振替法154条3項の通知（個別株主通知）がされた後4週間（振替令40）が経過する日までの間でなければ、少数株主権等（振替147④）を行使することができないとされています（振替154②）。したがって、上場会社のように振替株式に係る株主が議題提案権や議案の通知請求といった少数株主権等を行使する場合には、通常、当該個別株主通知の手続を行う必要があります（ただし、個別株主通知は、少数株主権等を行使する際に自己が株主であることを会社に対抗するための要件である等とする判例（最決平22・12・7判時2102・147、最決平24・3・28判時2157・104）参照）。

6 会計監査人による会計監査報告の通知 ▶会算規126・130・131

　会計監査人は、各事業年度に係る計算書類及びその附属明細書（並びに連結計算書類）（併せて計算関係書類といいます（会算規2③三）。）を受領したときは、会計監査報告を作成しなければなりません（同126）。

　会計監査人は、計算書類及びその附属明細書についての会計監査報告を、<u>次に掲げる日のいずれか遅い日</u>までに、特定監査役（会計監査報告の内容の通知を受ける者を監査役会等が定めた場合のその者又は全ての監査役を指します（同130⑤）。）及び特定取締役（会計監査報告の内容の通知を受ける者を定めた場合のその者又は計算関係書類の作成に関する職務を行った取締役（同130④）。）に対し、通知しなければなりません（同130①一）。

① 計算書類の全部を受領した日から4週間を経過した日
② 計算書類の附属明細書を受領した日から1週間を経過した日
③ 特定取締役、特定監査役及び会計監査人との間で合意により定めた日があるときは、その日

　また、会計監査人は、連結計算書類についての会計監査報告を、連結計算書類の全部を受領した日から<u>4週間を経過した日（特定取締役、特定監査役及び会計監査人の間で合意により定めた日がある場合はその日）</u>までに、特定監査役及び特定取締役に対し、通知しなければなりません（同130①三）。

　したがって、計算関係書類に係る会計監査報告の通知期限については、取締役、監査役と会計監査人が事前によく協議をして決めておく必要があります。

　なお、計算関係書類は、特定監査役及び特定取締役が会計監査報告の内容の通知を受けた日に会計監査人の監査を受けたものとされます（同130②）。

　また、会計監査人は、原則として、会計監査報告の通知に際して、自らの独立性や適正な職務遂行が行われることを確保するための体制等に関する事項を通知しなければなりません（同131）。

作成書類等 ○会計監査報告

7 監査役（会）による監査役（会）監査報告の通知
▶会社規129・130・132、会算規122・124・127・128・132・134

(1) 事業報告に係る監査報告

　監査役は、事業報告及びその附属明細書を受領したときは、会社法施行規則129条に定める事項を内容とする監査報告を作成しなければなりません。そして、監査役会は、各監査役が作成した監査報告に基づき、1回以上審議した上で（会社規130③）、監査役会の監査報告を作成しなければなりません（同130①）。

　特定監査役（監査報告の内容の通知をする者を監査役会等が定めた場合のその者又は全ての監査役を指します（同132⑤）。）は、監査役会監査報告を、<u>次に掲げる日のいずれか遅い日</u>までに、特定取締役（監査報告の内容の通知を受ける者を定めた場合のその者又は事業

報告等の作成に関する職務を行った取締役を指します（同132④）。）に対し、通知しなければなりません（同132①）。

① 事業報告を受領した日から4週間を経過した日
② 事業報告の附属明細書を受領した日から1週間を経過した日
③ 特定取締役及び特定監査役の間で合意した日

(2) 計算関係書類及び会計監査報告に係る監査報告

監査役は、計算関係書類及び会計監査報告を受領したときは、会社計算規則127条（会計監査人設置会社以外の会社においては同122条）に定める事項を内容とする監査報告を作成しなければなりません。そして、監査役会は、各監査役が作成した監査報告に基づき、1回以上審議をした上で（会算規128③）、監査役会の監査報告を作成しなければなりません（同128①）。

特定監査役は、連結計算書類以外の計算関係書類についての監査役会監査報告（監査役会を設置しない会社では監査役監査報告）を、次に掲げる日のいずれか遅い日までに、特定取締役及び会計監査人に対し、通知しなければなりません（同132①一）。

① 会計監査報告を受領した日から1週間を経過した日
② 特定取締役及び特定監査役の間で合意により定めた日があるときは、その日

また、特定監査役は、連結計算書類についての監査役会監査報告を、会計監査報告を受領した日から1週間を経過した日（特定取締役及び特定監査役の間で合意により定めた日がある場合はその日）までに、特定取締役及び会計監査人に対し、通知しなければなりません（同132①二）。

なお、会計監査人を設置しない会社では、特定監査役は、監査役会監査報告（監査役会を設置しない会社では監査役監査報告）は、次に掲げる日のいずれか遅い日までに、特定取締役に対し、通知しなければなりません（同124①）。

① 計算書類の全部を受領した日から4週間を経過した日
② 計算書類の附属明細書を受領した日から1週間を経過した日
③ 特定取締役及び特定監査役が合意により定めた日があるときは、その日

したがって、事業報告・計算関係書類のいずれにおいても、その（監査役会）監査報告の通知期限は、監査報告の取りまとめに要する日数、定時株主総会開催日等を考慮して、特定取締役と特定監査役が事前によく協議をして決めておく必要があります。特に、連結計算書類に係る会計監査報告や監査役会監査報告は、他の書類に比して取りまとめにより一層時間を要すると思われます。連結計算書類に係る会計監査報告や監査役会監査報告を株主総会の招集通知に添付しようとする会社においては（なお、これを添付するか否かは、各社の任意です（同134②参照）。）、特定取締役への通知期限を他の監査報告と揃える等の取組が必要になります。

なお、計算関係書類は、特定取締役（及び会計監査人）が特定監査役から監査報告の内容の通知を受けた日に監査役の監査を受けたものとされます（同124②・132②）。

作成書類等 ○監査役監査報告
○監査役会監査報告

8 監査役（会）による監査役・会計監査人選任議案への同意・決定

▶会社343・344・399、会社規126

(1) 監査役選任議案に対する同意など

　監査役（会）設置会社においては、監査役の選任に関する議案を株主総会に提出するには、監査役（会）（監査役が2人以上あるときは過半数）の同意をあらかじめ得なければなりません。また、監査役（会）は取締役に対し、監査役の選任を株主総会の目的とすること又は監査役の選任議案を株主総会に提出することを求めることができます（会社343）。

　詳しくは、**第1章　第3　5の10**を参照してください。

(2) 会計監査人の選任等に関する議案の決定など

　監査役会設置会社においては、株主総会に提出する会計監査人の選任及び解任、並びに会計監査人を再任しないことに関する議案の内容を監査役（会）が決定します（同344）。

　したがって、監査役会は、取締役会が株主総会の招集・議案等を決定する前に、会計監査人の監査活動状況、監査品質、独立性、職務遂行体制、報酬水準等を総合的に考慮して、再任するか否かを毎年評価する必要があります。

　また、会計監査人の報酬は、あらかじめ監査役会の同意を得て取締役が決定しますが、その監査役会の同意理由等については、各年度末の事業報告に記載する必要がありますので、この点にも留意した対応が求められます（同399、会社規126）。

　詳しくは、**第1章　第3　5の15**、**第4　7の3**を参照してください。

コラム

○重要な後発事象について

　株式会社の事業年度の末日（決算日）後、当該会社の翌事業年度以降の財産又は損益に重要な影響を及ぼす事項が発生したときは、「重要な後発事象」として、原則、各社の個別注記表又は連結注記表に注記をする必要があります（会算規98・114、日本公認会計士協会の監査・保証実務委員会報告第76号「後発事象に関する監査上の取扱い」）。また、この場合、各社の会計監査人は会計監査報告を作成するに当たり、重要な後発事象を追記情報として記載し、監査判断に関する説明等を行うことになります（同126②四。なお、会計監査人を置いていない会社においては、監査役の監査報告に記載します（同122②三）。）。さらに、各社の監査役においては、会計監査報告の内容となっていない重要な後発事象があるときは、これを監査報告に記載する必要があります（同127三）。

　また、会計事象ではなくても、例えば親会社の異動や重大な訴訟の提起など、事業年度の末日後に、会社の状況に関する重要な事象が生じた場合には、その内容を事業報告に記載する必要があります（会社規120①九）。

　なお、計算書類や事業報告を取締役会で承認した後に発生した「重要な後発事象」については、これらの法定書類に加筆することができないので、株主総会において説明することになります。ウェブ開示（電磁的方法による情報提供。20頁のコラムを参照。）を用意している会社においては、その情報を速やかにウェブ上に掲載し、株主に情報をタイムリーに提供するといった工夫も考えられます。

第1章　機関運営一般　第1　株主総会　　19

9　取締役会による計算書類、事業報告等の承認、剰余金の配当、株主総会招集・議案等の決定　▶会社298・436・444・439・459

(1)　計算書類、事業報告等の承認

　監査役（及び会計監査人設置会社においては会計監査人）の監査を受けた後の計算書類、事業報告及びこれら附属明細書（並びに連結計算書類）は、取締役会の承認を受けなければなりません（会社436③・444⑤）。

　なお、会計監査人設置会社においては、この取締役会の承認をもって、定時株主総会の承認を受けることなく、計算書類が確定することになります。ただし、会計監査人から無限定適正意見が出されていない場合や監査役から会計監査人の監査の方法・結果について相当でないとの意見が付されている場合を除きます（同439、会算規135）。

(2)　剰余金の配当（議案）の承認

　(1)の取締役会の承認によって計算書類が確定するのを受けて、一般的には、同日の取締役会において、剰余金の配当を定時株主総会の議題とするか否か、また会社提案議題とする場合にはその内容（議案）も決定することになります。

　なお、会計監査人設置会社かつ監査役会設置会社であって、取締役の任期が1年を超えない会社においては、剰余金の配当等、会社法459条1項各号に定める事項は取締役会が定めることができる旨を定款で定めることができます（会社459①）。そして、この定款の定めがあれば、一定の場合（同459②、会算規155）、株主総会の決議によらず、取締役会が剰余金の配当（期末配当）を決定することができます。これにより、例えば株主総会の招集通知に配当金関係書類を同封し、定時株主総会の開催日より前に配当金を支払うことが可能となります。

(3)　株主総会の招集の決定

　(1)及び(2)と同日の取締役会において、定時株主総会の招集が決定されるのが一般的です。

　その際、取締役会の決議によって、株主総会の日時及び場所、株主総会の目的である事項（議題）、株主総会に出席しない株主が書面や電磁的方法によって議決権を行使することを認めるときは、その旨（ただし、議決権を行使できる株主が1,000人以上である場合には、書面によって議決権を行使することを認めなければなりません（会社298②）。）等を定めなければなりません（同298①④、会社規63）。

　さらに、株主総会に出席しない株主が書面や電磁的方法によって議決権を行使することを認めた場合には、招集通知に際して、株主に対し、株主総会参考書類及び議決権行使書面を交付しなければなりません（会社301①）。そこで、議案等、これらの書面に記載される事項も同時に決定されることになります。

　なお、議案に取締役や監査役の選任議案が含まれるときは、候補者から就任の承諾を得ていないとその旨を議案に記載しなければならなくなりますから、通常は、議案を決定する日までに候補者から就任承諾書を取得しておきます（会社規74①二・76①三）。

この取締役会において招集通知に記載する事項や議案等が確定することを受けて、招集通知等の印刷を開始することになります。

作成書類等 ○取締役（その他の役員）の就任承諾書
○取締役会議事録（電磁的記録可）

10 招集通知、添付書類、参考書類等の発送 ▶会社299・300・301・437・444

（1）招集通知・計算書類等

株主総会を招集するには、取締役（定款において、株主総会の議長となるとともに招集を行う取締役を定めているのが一般的です。）は、株主総会の日の2週間前まで（中2週間が必要）に、書面等により、株主に対して招集通知を発しなければなりません（会社299）。上場会社においては、海外に居住する株主による議決権行使をより一層促進する観点等から、招集通知の発送日を前倒しする傾向があります。

なお、非公開会社においては、招集通知の発送は、原則として株主総会の日の1週間前までとされており、さらに取締役会非設置会社の場合は、これを下回る期間を定款で定めることができます（同299①）。

また、この招集の手続は、株主全員の同意があるときは省略することもできます（同300）。

招集通知には、取締役会の承認を受けた計算書類及び事業報告（並びに監査役会設置会社の場合には監査役会監査報告、会計監査人設置会社の場合には会計監査報告）を添付しなければなりません（同437、会社規133、会算規133）。また、連結計算書類を作成する会社の場合には、招集通知には、取締役会の承認を受けた連結計算書類を添付しなければなりません（会社444⑥）。

また、株主総会に出席しない株主に書面や電磁的方法によって議決権を行使することを認めた場合には、招集通知に際して、株主に対し、株主総会参考書類（会社規65）及び議決権行使書面（同66）を交付しなければなりません（会社301）。

なお、上場会社においては、株主に対して発送する書類一式を、その発送前に、証券取引所に提出する必要があります（上場規程規420①）。

作成書類等 ○株主総会招集通知・添付書類
○株主総会参考書類
○議決権行使書面

┌─ コラム ─

○ウェブ開示（電磁的方法による情報提供）

定款に「株主総会参考書類、計算書類等に記載すべき事項に係る情報については、インターネットを利用した電磁的方法による提供・代替を可能とする」旨の規定がある会社においては、株主総会参考書類及び事業報告の一部、計算書類の株主資本等変動計算書及び個別注記表並びに連結計算書類全体（会計監査報告・監査報告を含みます。）に表示すべき情報を、招集通知の発送日から定時株主総会の日から3か月が経過する日まで

の間、会社のホームページ上等で開示することにより、これを招集通知に添付せず省略することができます（会社規94①・133③、会算規133④・134④）。

これにより、株主宛てに送付する一連の書類の簡素化を図ることができますが、省略した事項を掲載するホームページのアドレスを招集通知に明記しておく必要があります（会社規94②・133④、会算規133⑤・134⑤）。

○ウェブ修正（招集通知発送後の修正）

招集通知を発出した日から株主総会の前日までの間に、株主総会参考書類、事業報告・計算書類・連結計算書類に記載すべき事項に、修正をすべき事情が生じた場合には、会社のホームページ等を利用して修正後の事項を株主に周知させることができます（会社規65③・133⑥、会算規133⑦・134⑦）。なお、この株主に周知させる方法は、招集通知その他の送付書類に明記しておかなければなりません。

ウェブ修正によりどこまでの修正が許されるかについては、現在のところ参考になる判例はありませんが、「単なる表記の誤りの訂正かどうか、実質的な変更を伴う場合には変更の重大性と必要性、修正を要する緊急性の度合、さらには株主への周知の実効性の程度等を勘案して、具体的・個別的に判断せざるを得ない」（神作裕之「会社法施行下の株主総会」商事法務1787号4頁）と解されています。例えば、「一般的な議案の追加は原則としてできない。招集通知発送後の事象はウェブ修正により周知することも可能。」（郡谷大輔・松本絢子「WEB修正の実務対応」商事法務1834号43頁）とする意見があります。

(2)　配当通知

⑨(2)に記載のとおり、取締役会の決議をもって剰余金の配当を決定した会社においては、招集通知に配当金関係書類（配当金振込通知書又は郵便振替支払通知書）を同封し、配当の支払を早期化する取組も考えられます。

作成書類等　○配当金関係書類

11　独立役員届出書の提出　　　　　　　　　　　▶上場規程規436の2

上場会社は、一般株主保護のため、独立役員（一般株主と利益相反が生じるおそれのない社外取締役又は社外監査役）を1名以上確保することが義務付けられています（上場規程436の2）。また、上場会社は、取締役である独立役員を少なくとも1名以上確保するよう努めなければなりません（いわゆる努力義務（同445の4）。）。

それを前提に、上場会社は、独立役員に関する情報開示として、証券取引所が規定する「独立役員届出書」を証券取引所に提出することが義務付けられています。株主総会において新たに社外取締役を選任する予定がある場合など、「独立役員届出書」の内容に変更が生じるときは、原則として、変更が生じる日（株主総会開催日）の2週間前までに変更内容を反映した「独立役員届出書」を提出することが義務付けられています（上場規程規436の2）。社外取締役が重任する場合など、届出内容に変更がないときは提出する必要はありません。

作成書類等　○独立役員届出書

12 計算書類・事業報告等の備置き　▶会社442

　会社は、各事業年度に係る計算書類及び事業報告並びにこれらの附属明細書、監査報告並びに会計監査報告を、定時株主総会の日の2週間（取締役会非設置会社の場合は1週間）前の日から5年間、本店に備え置くとともに、その写しを3年間、支店に備え置かなければなりません（会社442①②なお、同442②ただし書参照）。なお、会社法上、連結計算書類は備え置く必要はありません。

　株主及び債権者は、会社の営業時間内に、いつでも、計算書類等（写し）の閲覧や謄本・抄本の交付請求等をすることができます（同442③）。

13 議決権不統一行使通知期限　▶会社313

　株主は、その有する議決権を統一しないで行使することができます（会社313①）。ただし、取締役会設置会社において、その有する議決権を統一しないで行使する株主は、株主総会の日の3日前までに、その旨及びその理由を会社に通知しなければなりません（同313②）。

　もっとも、会社は、株主が他人のために株式を有する者でないときは、その有する議決権を統一しないで行使することを拒むことができます（同313③）。実務上、その有する議決権を統一しないで行使するのは、ほとんどの場合、信託銀行等他人のために株式を保有する株主が、複数の実質株主からの指図に従い、例えば賛成票を7個、反対票を3個と分けて、議決権を行使するケースであると思われます。

14 議決権行使書の提出等の期限　▶会社311・312、会社規69・70

　株主の書面による議決権の行使又は電磁的方法による議決権の行使（いわゆるeボーティング）は、原則として、株主総会の日時の直前の営業時間の終了時までに行う必要があります（会社311①・312①、会社規69・70）。

　ただし、会社によっては「営業時間の終了時」が必ずしも明確ではないことから、具体的な期限（株主総会の日時以前の時であって、招集通知を発した日から2週間を経過した日以降の時）を、定款で定めたり、又は招集を決定する取締役会においてその都度決定することができます（同63三ロハ）。また、議決権の行使の期限は、これを議決権行使書面に記載しなければなりません（同66①四）。実務上は、議決権行使結果の集計・整理に係る時間を考慮する必要があるので、この期限については、例えば「株主総会前日の17時まで」とすることが考えられます。

15 株主総会の開催　▶会社309・314・315

　十分なリハーサルや想定問答の作成・整理、確実な会場設営準備等を経て、株主総会日を迎えます。

全ての議案について一括して動議、質問等を受け付け、審議を行う方式を採用する会社における株主総会当日の流れを例示するとおおよそ次のとおりとなります。

---

① 事務局スタッフ、会場係員等の点呼・配置
② 開場、受付開始（例：株主総会開始時刻の1時間前）
③ 出席株主数・議決権個数の集計（例：開会の10分前）
④ 議長からの開会宣言（例：午前10時）
⑤ 出席株主数、議決権個数及び定足数を満たしていることの報告
⑥ 監査役による監査結果の報告
⑦ 報告事項：事業報告、連結／単独計算書類、自己株式買受け等の報告

　なお、上場会社等においては、総会運営のソフト化・効率化等の観点から、ナレーションやプロジェクターを使用して報告を行う会社が増えてきています。また、IRの観点から、今後の経営課題や方針等を社長から株主に紹介する会社も増えてきています。

⑧ 取締役（議長等）による連結計算書類に係る会計監査人及び監査役（会）監査結果の報告（会社444⑦）
⑨ 議長による各議案の説明
⑩ 株主からの質問書に対する一括説明

　取締役や監査役の説明義務は、株主総会の議場において株主から現実に説明を求められて初めて生じるものですから、総会の開催前に書面等（以下この項において「質問書」といいます。）をもって通知を受けたに止まる質問事項は質問そのものではなく、説明（回答）義務が生じません。質問書としての機能は、株主が株主総会日より相当の期間前に質問事項を会社に通知し、かつ議場で現実に質問をした場合に、取締役や監査役は「調査を要する」ことなどを理由に説明を拒むことができないことにあります（同314、会社規71）。

　しかし、質問書を送付してきた株主の出席が予想され、かつ質問事項が多岐にわたる場合等においては、議事を効率的かつ円滑に進めるとともに、説明義務違反による株主総会決議の取消しリスクを防止する等の観点から、質問書の内容の全部又は一部に対する一括説明を審議に先立ち行う会社も多いと思われます。

⑪ 審　議
　株主からの質問、動議、意見等の受付けと役員等による回答・説明
⑫ 審議打切り
⑬ 議案ごとの採決
⑭ 議長からの閉会宣言
⑮ 新任役員の紹介　等

16　株主総会終了後の取締役会、監査役会　　▶会社371・390・393・394

(1)　取締役会

　定時株主総会終了後に開催される取締役会においては、株主総会決議や定款の規定等を踏まえて、下記事項が決定されることが多いと思われます。詳しくは、**第1章　第2　3の**6から9までを参照してください。

① 　会長、社長、副社長、専務等役付取締役の選定

　　　（取締役会議長、社長に事故あるときの代行者等の選任）

② 　代表取締役の選定

③ 　取締役の業務分担・役職委嘱

④ 　重要な使用人の選任

⑤ 　取締役報酬等の配分

⑥ 　有価証券報告書の承認・提出

⑦ 　非業務執行取締役や監査役等（新任）との責任限定契約の締結（17を参照）

(2)　監査役会、監査役間協議

　定時株主総会終了後に開催される監査役会又は監査役間の協議においては、株主総会決議や定款又は監査役会規程を踏まえて、下記事項が決定されることが多いと思われます。詳しくは、**第1章　第3　5の**1から3までを参照してください。

① 　監査役会の議長の選任

　　　（議長に事故あるときの代行者等の選任）

② 　常勤（及び常任）監査役の選定（会社390②二③）

　なお、監査役報酬について、株主総会でその総額（上限）について承認を得た場合の各監査役の報酬額は、監査役全員による協議により決定されます（同387②）。

作成書類等　○取締役会議事録（電磁的記録可）

　　　　　　　○監査役会議事録（電磁的記録可）

17　責任限定契約の締結　　▶会社427

　会社は、取締役（業務執行取締役等であるものを除きます。）、監査役、会計監査人等との間で、これらの者が職務に際し会社に損害を与えた場合であっても善意でかつ重大な過失がないときは、会社法及び定款の定めに従い、会社に支払う賠償額の上額（例えば、年間報酬相当額の2倍）を規定する責任限定契約を締結することができます（会社法427）。

　したがって、責任限定契約を締結することができる旨の定款規定を有する会社において、新たに社外取締役や監査役等が選任されたときは、取締役会決議を経て、責任限定契約を締結することができます。ただし、株主総会に付議する役員候補者との間で責任限定契約を締結する予定があるときは、その旨を当該役員の選任議案（参考書類）に記載する必要があることから、取締役会決議のタイミングは、株主総会議案の決定の際（9参照）になります。

第1章　機関運営一般　第1　株主総会　25

18　決算公告、有価証券報告書等の提出

▶会社440、会算規136・137〜146、金商24・24の4の2・24の4の4

(1)　決算公告

　会社は、有価証券報告書提出会社を除き（会社440④）、定時株主総会の終結後遅滞なく、貸借対照表（及び大会社にあっては損益計算書）を公告しなければなりません（同440①）。なお、この公告においては、個別注記も明らかにしなければなりません（会算規136①②）。

　ただし、公告方法が官報又は時事日刊新聞紙に掲載する方法である会社は、貸借対照表（及び損益計算書）の要旨を公告することで足ります（会社440②、会算規137〜146）。また、これらの会社は、決算公告に限って、官報公告等によらず会社のホームページを利用する等電磁的方法により提供することもできます（会社440③）。

(2)　有価証券報告書の作成・提出

　有価証券報告書提出会社は、取締役会の承認等を経て、定時株主総会終了後遅滞なく、かつ各事業年度の経過後3か月以内に、企業の概況、事業の概況、設備の状況、会社の状況、経理の状況、株式事務の概要、参考書類を記載した有価証券報告書を内閣総理大臣に提出（具体的には、金融庁が提供する「EDINET（有価証券報告書等の開示書類に関する電子開示システム）」を通じて管轄の財務局長等に提出）しなければなりません（金商24、企業開示府令15）。

(3)　内部統制報告書等の作成・提出

　さらに、上場会社等は有価証券報告書と併せて、有価証券報告書の記載内容が適正であることを確認した旨を記載した確認書の提出（金商24の4の2）、及び財務計算に関する書類その他の情報の適正性を確保するために必要な体制について評価した内部統制報告書の提出が義務づけられています（同24の4の4）。これら確認書や内部統制報告書の提出は、有価証券の虚偽記載や粉飾決算の問題に対して、財務報告の信頼性確保を目的としたものです。

作成書類等　○決算公告
　　　　　　　　○有価証券報告書等（主に上場会社）

19　臨時報告書の提出（議決権行使結果の開示）

▶金商24の5

　上場会社は、株主総会終了後遅滞なく、株主総会決議事項の内容や各決議事項に対する賛成・反対・棄権の数等の結果を臨時報告書により開示する必要があります。対象となる議案が、役員の選任・解任に関するものであるときは、その対象者ごとの結果を開示することになります（金商24の5④、企業開示府令19②九の二）。

　なお、提出時期の「遅滞なく」について、金融庁は「議決権の集計及び当該集計を踏まえた臨時報告書の作成に要する実務的に合理的な時間内に提出すれば、遅滞なく提出する要件を満たすと考えられる」との見解を示しています（平成22年3月31日「コメントの概要及びコメントに対する金融庁の考え方」No.15）。

20　株主総会決議通知、配当金関係書類の発送　　▶上場規程規417・420

　法定事項ではありませんが、上場会社等においては、株主総会の決議結果を株主に周知する等の目的で、株主総会終了後速やかに、株主総会の決議結果（以下この項において「株主総会決議通知書」といいます。）のほか、株主総会出席への御礼等を記載した書面を全株主に送付するのが一般的です。また、10(2)で解説したタイミングで配当通知を発送した会社を除き、通常は、この株主総会決議通知書とともに配当金関係書類（配当金振込通知書又は郵便振替支払通知書）を送付します。

　単元未満株主等、株主総会の開催前に招集通知、事業報告、計算書類等を送付していなかった株主宛てには、事業報告、計算書類等を同封する等の工夫も考えられます。

21　株主総会議事録、議決権行使書、委任状の備置き
▶会社318・310・311・312、会社規72

(1)　株主総会議事録

　会社は、株主総会終了後速やかに書面等をもって議事録を作成し（会社318①）、本店においては株主総会の日から10年間、支店においては株主総会の日から5年間、これを備え置かなければなりません（同318②③）。株主及び債権者は、会社の営業時間内は、いつでも、議事録の閲覧又は謄写を請求することができます（同318④）。

　なお、議事録には、開催日時・場所、出席した役員や議長の氏名等のほか、議事の経過の要領及びその結果（株主からの質問・動議や、役員からの説明内容の要旨も適宜記載します。）を記載等することが必要です（会社規72）。もっとも、事業報告や議案の内容等については、議事録に事業報告や招集通知、株主総会参考書類を添付して、これを参照する方式を採る等の工夫も考えられます。

(2)　議決権行使書面及び委任状の備置き

　会社は、株主総会の日から3か月間、株主から提出された議決権行使書面をその本店に備え置かなければならず（会社311③）、株主は、会社の営業時間内は、いつでも、閲覧又は謄写を請求することができます（同311④）。電磁的方法により行使された議決権の結果（記録）についても同様です（同312④⑤）。

　また、代理人によってその議決権を行使した株主がいたときは、行使の際に提出された委任状等の代理権を証明する書面（なお、電磁的方法によるときはその記録）を、株主総会の日から3か月間、本店に備え置かなければならず（同310⑥）、株主は、会社の営業時間内は、いつでも、閲覧又は謄写を請求することができます（同310⑦）。

作成書類等　○株主総会議事録（電磁的記録可）

22　変更登記（役員選任他）　　▶会社915・930

　会社は、株主総会において定款（目的、商号、発行可能株式総数、株式の種類等）を変更したり、取締役、監査役等の役員を選解任したり、また、その後に開催される取締役会

において代表取締役を選定したりすることにより、登記事項（会社911③）に変更が生じたときは、本店においては2週間以内に、支店においては3週間以内（支店での変更登記は、商号又は本店若しくは支店の所在地を変更した場合に限られます。）に、変更の登記をしなければなりません（同915・930③）。

23　コーポレート・ガバナンス報告書の提出

▶上場規程204・211・419・436の3・445の3

　東京証券取引所等の各金融商品取引所は、上場企業のコーポレート・ガバナンスの状況を投資者により明確に伝えることを狙いとして、「コーポレート・ガバナンスに関する報告書」の作成・提出（TDNetへの登録）を上場会社に求めています（上場規程419・204⑫・211⑫・436の3・445の3・別添等）。

　同報告書においては、①コーポレート・ガバナンスに関する基本的な考え方及び資本構成、企業属性、その他の基本情報、②経営上の意思決定、執行及び監督に係る経営管理組織その他のコーポレート・ガバナンス体制の状況、③株主その他の利害関係者に関する施策の実施状況、④内部統制システム等に関する事項、⑤買収防衛策の導入状況等の多くの項目について、各企業の状況に応じた記載が求められています。

　なお、記載内容に変更が生じたときは、遅滞なく（少なくとも、変更が生じた後、最初に到来する定時株主総会日以降遅滞なく一括して）、開示内容を変更し報告する必要があります。

作成書類等　○コーポレート・ガバナンスに関する報告書

　┌─**コラム**──

○コーポレートガバナンス・コードについて

　金融庁及び東京証券取引所は、会社の持続的な成長と中長期的な企業価値の向上を図ることを目的に、会社のガバナンスの在り方に関する重要な原則を「コーポレートガバナンス・コード」として定めています（有価証券上場規程の別添。平成27年6月1日施行）。

　本コードは全ての上場会社を対象とするものですが、法律ではなく、各原則の実施は義務ではありません。しかしながら、各原則を実施（コンプライ）しない場合には、その理由（個別事情、実施時期の目途等）をコーポレート・ガバナンスに関する報告書等において開示・説明する必要があります。

　また、本コードは「プリンシプルベース・アプローチ（原則主義）」を採用し、細かな規定や厳密な定義は設けず、原則の解釈については各企業の自主的な判断に任せることとされており、企業の選択の幅を認めながら企業の成長を後押しするものと期待されています。

　本コードは、基本原則、原則、補充原則の3段階で構成され、第1章では「株主の権利・平等性の確保」について、第2章では「株主以外のステークホルダーとの適切な協働」について、第3章では「適切な情報開示と透明性の確保」について、第4章では「取締役会

等の責務」について、第5章では「株主との対話」について、諸原則が置かれています。

これらの原則により、例えば、株式の政策保有に関する方針、経営陣幹部の選任の方針と手続、独立社外取締役の独立性判断基準、取締役会の実効性に係る分析・評価結果など、コーポレート・ガバナンスに関する報告書等での開示や公表が求められる事項がさまざまありますので、各企業内においてよく検討・審議のうえ、適切に対応する必要があります。

24 株主総会決議の取消しの訴え等の提訴期限 ▶会社830・831

株主総会の決議に瑕疵がある場合には、その事由に応じて、訴えをもって、株主等は、決議の取消しや、決議の不存在又は決議が無効であることの確認を求めることができます（会社830・831）。

このうち、決議の取消しは、次の事由がある場合に請求できますが、株主総会の決議の日から3か月以内に、会社の本店の所在地を管轄する地方裁判所に訴えを提起しなければなりません（同831・835）。

【決議取消事由】

> ① 株主総会の招集手続又は決議の方法が、法令若しくは定款に違反し、又は著しく不公正なとき
> ② 株主総会の決議の内容が定款に違反するとき
> ③ 株主総会の決議について特別の利害関係を有する者が議決権を行使したことによって、著しく不当な決議がなされたとき

他方、決議の不存在の確認は、決議が事実として存在していないのに決議があったかのように議事録が作成され登記がなされているような場合に、また、決議の無効の確認は決議の内容が法令に違反している場合に、株主その他の利害関係者が訴えをもって請求することができますが、これらについては、提訴期限はありません。

第2　取締役会

3　年間スケジュール

スケジュール

◆大会社・公開会社

日　程	法定期間・期限	手　　　続	参　照
4/1		事業年度開始	
4/27		【決議】①決算発表・剰余金の配当見通しの承認＊	1
		②年度上期資金計画（・短期社債の発行）	2
		【報告】1/四期営業・生産計画	3
5/24		【決議】①監査の終了した（連結＊・）単独計算書類、事業報告及びこれらの附属明細書の承認	4
		②定時株主総会招集・議案等の決定	
	3か月以内	（③剰余金の配当の決定＊）	
		④利益相反取引の承認及び報告	5
		【報告】①投融資、債務保証、念書等の残高	3
		②主要関係会社の決算	
6/20		【報告】年度監査計画	3
6/26 （総会日）		【決議】①代表取締役の選定	6
		②会長・社長その他の役付取締役等の選定	
		③取締役の業務分担・役職委嘱	
		④重要な使用人の選任	
		⑤取締役報酬等の配分	7
		⑥有価証券報告書等の承認・提出＊	8
		⑦非業務執行取締役等との責任限定契約の締結	9
		【報告】①執行役員の報酬	3
		②製品の需給・マーケット状況（上期）	

	定時株主総会終了後、遅滞なく	③2/四期営業・生産計画	
		【決議】コーポレート・ガバナンス報告書の提出（取締役会全体の実効性の分析・評価等）	10
7/20		【報告】①1/四期（連結・）決算発表 *	3
	四半期終了後45日以内	②四半期報告書の提出 *	8
		③内部統制システムの整備・運用状況	11
9/20		【決議】公表する剰余金の配当方針（中間期末）の承認 *	1
		【報告】①製品の需給・マーケット状況	3
		②3/四期営業・生産計画	
10/25		【決議】①公表する中間決算の承認 *	1
		②剰余金の配当（中間期末）の決定	12
		③年度下期資金計画（・短期社債の発行）	2
	四半期終了後45日以内	④四半期報告書の提出 *	8
11/20		【報告】①原料・資材等購買、環境報告	3
		②安全・衛生の取組み状況	
12/20	（上期終了後3か月以内）	【決議】半期報告書の承認・提出（上場会社等以外の有価証券報告書提出会社） *	8
		【報告】①製品の需給・マーケット状況（下期）	3
		②4/四期営業・生産計画	
		③投融資、債務保証、念書等の残高	
1/20		【報告】①3/四期（連結・）決算発表 *	3
	四半期終了後45日以内	②四半期報告書の提出 *	8
2/20		【報告】知的財産の開発・活用状況	3
3/5		【決議】①重要な組織の改正	13
		②役員の管掌変更、重要な使用人の選任	6
3/28		【決議】翌年度　設備予算編成方針	14
		【報告】①翌年度　研究開発計画	3
		②春季交渉、その他人事・労働情勢	

※　なお、非大会社・非公開会社においては、＊を付した項目は不要

第1章　機関運営一般　　第2　取締役会　　31

解　　説

(1)　取締役会の設置要件

　公開会社、監査役会設置会社、監査等委員会設置会社及び指名委員会等設置会社においては、取締役の全員（3人以上）から構成される取締役会を必ず設置しなければなりません（会社327①・331⑤）。

　他方、監査役会を置かない非公開会社等上記に該当しない会社は、取締役会を置くか否かは任意です。したがって、このような会社においては、シンプルな機関設計ができますが、株主総会の必要的決議事項の範囲が広く（例えば、譲渡制限株式の譲渡等承認（同139①）、自己株式の取得価格等の決定（同157①）、競業取引・利益相反取引の承認（同356①）等）、株主総会が、会社法に規定する事項及び会社の組織、運営、管理その他会社に関する一切の事項について決議することができるとされています（同295①）ので、それらの点も考慮したうえで会社の適切な機関設計をする必要があります。

(2)　取締役会の職務及び決議事項

　取締役会の職務は次のとおりであり、法令・定款により株主総会の決議事項とされた事項を除いて、会社の業務執行全てについて決定をする権限を有しています（会社295②・362②）。

①　会社の業務執行の決定

②　取締役の職務の執行の監督

③　代表取締役の選定及び解職

　会社法は、株主総会の招集（同298④）、代表取締役の選定・解職（同362②三）、業務執行取締役（取締役会決議に基づき業務を執行する取締役として選ばれた者をいいます。以下同じ）の選定（同363①二）、公開会社における募集株式の発行についての募集事項の決定（ただし、有利発行に当たらない場合（同201①）。）、計算書類等の承認（同436③）、中間配当の決定（同454⑤）等の個別事由に加え、指名委員会等設置会社及び監査等委員会設置会社を除く取締役会設置会社においては、次に掲げる事項について、その決定を取締役に委任することができないと規定しています（同362④）。したがって、これらの事項は全て取締役会で決議しなければなりません。その具体的な項目や金額等の付議基準については、会社の資産規模等を勘案して取締役会規程や付議基準等として定めておくのが一般的です。

①　重要な財産の処分及び譲受け

②　多額の借財

③　支配人その他の重要な使用人の選任及び解任

④　支店その他の重要な組織の設置、変更及び廃止

⑤　募集社債に関する事項

⑥　取締役の職務の執行が法令及び定款に適合することを確保するための体制その他会社の業務並びに当該株式会社及びその子会社から成る企業集団の業務の適正を確保するために必要なものとして、法務省令（会社規100）で定める体制（いわゆる内部統制システム）の整備

なお、大会社である取締役会設置会社においては、この体制整備の決定が義務づけられています（⑪参照）。

⑦　定款の定めに基づく取締役、監査役らの責任免除

⑧　その他の重要な業務執行の決定

コラム

〇監査等委員会設置会社及び指名委員会等設置会社の取締役会の決議事項

　監査等委員会設置会社（ただし、定款で定める場合又は取締役の過半数が社外取締役である会社に限ります。）及び指名委員会等設置会社においては、上記の決議事項のうち、①重要な財産の処分及び譲受け、②多額の借財、③支配人その他の重要な使用人の選任及び解任、④支店その他の重要な組織の設置、変更及び廃止並びに⑤募集社債に関する事項の決定については、各取締役や執行役に委任することができます（会社399の13⑤⑥・416④）。

　これは、いわゆるモニタリング・モデルの機関構成をとる2つの類型の会社においては、各取締役ないしは執行役をいわゆる経営者と位置付け彼らに大きな業務執行権限を付与する一方で、取締役会にはその監視・監督機能を主な役割として期待することを企図していることによるものです。

〇特別取締役制度

　会社法では、次の要件を満たす取締役会設置会社（指名委員会等設置会社を除きます。）は、上記の決議事項のうち、①重要な財産の処分及び譲受けと、②多額の借財に当たる事項については、あらかじめ選定した3人以上の取締役（特別取締役といいます。）のみから構成される取締役会において決議することができる旨を定めることができるとされています（会社373①）。この場合、監査役も互選によってこの取締役会に出席する監査役を定めることができます（同383①）。なお、その決議結果は、特別取締役の互選により定めた者が、決議後遅滞なく、他の取締役に報告しなければなりません（同373③）。

＜要件＞

①　取締役の数が6名以上であること

②　取締役のうち1名以上が社外取締役であること

　これは、旧商法特例法上認められていた重要財産委員会制度を基本的に踏襲した制度であり、より機動的な経営を確保するためのものとされていますが、現状ではあまり使われていないようです。

---

(3)　取締役会の報告事項

　ア　取締役会が各取締役の業務執行状況を適切に監督することができるよう、代表取締役及び業務執行取締役は、3か月に1回以上、自己の職務の執行の状況を取締役会に報告しなければなりません（会社363②）。そして、この報告は省略をすることができませんから（同372②）、取締役会設置会社においては少なくとも3か月に1回以上、取締役会を招集することになります。

イ　一般的に、各担当取締役から行われる報告事項には、会社の営業状況、生産状況、損益状況のほか、総務、人事、財務、購買、環境、研究開発等各部門の重要事項、さらには重大な災害・事故や主要関係会社の決算状況等が含まれます。

　また、上場会社等においては、期中における足元の業績動向をよりタイムリーに株主その他の投資者に伝えることができるよう、会計監査を経た四半期報告書を<u>各四半期経過後45日以内</u>に内閣総理大臣（財務局長等）に提出することが義務付けられていますので、その内容をあらかじめ取締役会に報告することも必要です（金商24の4の7①・193の2、財務諸表等の監査証明に関する内閣府令1）。

　これらの具体的な項目や報告の頻度についても、会社の事業内容・環境・組織運営等を勘案して取締役会規程や報告基準等として定めておくのが一般的です。

(4)　取締役会の省略

　会社法においては、定款に定めることにより、取締役が取締役会の決議の目的事項について提案をした場合において、議決に加わることのできる全ての取締役が書面等により同意の意思表示をしたときは、当該提案（議案）を可決する旨の取締役会の決議があったものとみなして取締役会の開催と決議を省略することができます。ただし、監査役が異議を述べたときはこの限りではありません（会社370）。

　また、取締役や監査役等が、取締役（及び監査役設置会社においては監査役）の全員に対して取締役会に報告すべき事項を通知したときも、改めてこれを取締役会に報告する必要はありません（同372①）。ただし、この制度は、(3)で述べたとおり、取締役会における3か月に1回以上の職務執行状況の報告義務（同363②）には適用されません（同372②）ので注意してください。これらの取締役会の省略の制度の利用について、会社法上は、特に制限が設けられていませんが、実務上は、取締役会決議に急を要する場合や、議題が簡単な報告事項に限られているような場合等において、効率的な運営の観点から、取締役等の善管注意義務の観点も踏まえつつ、利用することが考えられます。

1　（連結・）単独決算発表・剰余金の配当見通しの承認

　第1章　第1　1・2の4を参照してください。

2　資金計画・多額の借財　　　　　　　　　　　　　　　　　　▶会社362

　一般的に、会社は、各期末に策定する翌期の営業・製造・設備投資等の計画（予算）や借入金の返済時期等をもとに、調達すべき資金の計画を策定することになるでしょう。

　この資金計画には、金融機関からの借入れのほか、短期社債（ＣＰ）その他の社債の発行（計画）、債務保証等が含まれ、その実行を具体的に決定する場合や実行の細部を財務管掌の取締役や執行役員らに授権（委任）するような場合は、取締役会の決議事項である「多

額の借財」(会社362④二) に当たり得ますから、その場合取締役会の承認が必要になります。

　なお、「多額」に当たるか否かは、その借財の額、その会社の総資産及び経常利益等に占める割合、借財の目的及び会社における従来の取扱い等の事情を総合的に考慮して判断することになります (東京地判平9・3・17判時1605・141)。

3　取締役会の報告事項　　　　　　　　　　　　　　　　　　　▶会社363

上記の解説(3)「取締役会の報告事項」を参照してください。

4　計算書類・事業報告等の承認、剰余金の配当、株主総会招集・議案等の決定　　　　　　　　　　　　　　　　　　　　▶会社298・436・444

第1章　第1　1・2の⑨を参照してください。

5　利益相反取引の承認及び報告　　　　　　　　　　　　　　▶会社356・365

　取締役が、自己のために又は他者の代理人や法人等の代表者として (第三者のために)、会社と取引をしようとするときは、双方の間で利害が相反し、会社に不測の損害が生じるおそれがありますから、その取引内容、金額、時期等の重要な事実を開示して取締役会の承認を受けなければなりません。会社が、取締役個人や取締役が代表者を務める法人の銀行借入に関し保証を引き受ける場合等、いわゆる間接取引を行う場合も同様です。なお、取締役会を設置していない会社においては、株主総会の承認が必要となります (会社356①二・三・365)。

　この会社法の定めは、取締役が自己又は第三者の利益のために、会社の利益を犠牲にして勝手な取引を行うことを予防することを目的としていますから、取締役会における承認は、原則として取引の開始前に行う必要がありますが、取締役が代表者を務める関係会社との間の定常的な取引や金額の大きくない取引については、その契約条件や取引金額等を明らかにしたうえで、決算期にまとめて事後承認を与えることも許容されると考えられます (例えば、3月決算期の会社は、4月又は5月に開催される取締役会において承認を得ることになります。)。なお、実質上利害対立のおそれのない完全子会社との取引、料金やその他の取引条件が明白に確定されている普通取引約款に従った取引、取締役からの単なる贈与や債務の履行等については、会社に損害を与えるおそれがおよそ考えられないことから取締役会の承認は不要とするのが判例・通説です。

　取締役会設置会社においては、原則として対象取締役が取引後遅滞なく取引についての重要な事実を取締役会に報告しなければなりません (同365②)。また、一定の要件を満たすときは計算書類の注記表に表示し (会算規98①十五・112④)、さらに上場会社においては有価証券報告書においても関連当事者等との取引として開示しなければなりません (金商24)。

第1章　機関運営一般　第2　取締役会　　35

> コラム

〇競業取引の承認

　取締役が自己のために又は他者の代理人や法人等の代表者として（第三者のために）、会社の事業と商品・サービス・地域等が競合しうる市場において取引をしようとする場合も、利益相反取引と同様、取締役会（取締役会を設置していない会社においては株主総会）の承認が必要となります。取締役が事業の競合する会社の代表取締役に就任するときも同様です（会社356①一・365）。

　この規制は、取締役が会社の営業情報や技術等を流用して、自ら又は第三者のために事業を行うと会社の利益が害されるおそれがあることから、これを予防するために設けられています。もっとも、実質上利害対立のおそれも、忠実義務違反のおそれもない完全親子会社の関係においては承認はいらないとするのが判例・通説です（大阪地判昭58・5・11判タ502・189）。

6　代表取締役・業務執行取締役の選定、役付・業務分担の決定、重要な使用人の選任等　　▶会社362・363

(1)　代表取締役の選定、業務分担の決定等

　いわゆる改選期に当たる株主総会で新任の取締役が選任された場合は、その直後に開催する取締役会において、代表取締役や業務執行取締役（指名委員会等設置会社においては、代表執行役等）を選定するとともに（会社362②三・363①二・420）、会長・社長・副社長・専務等の役付き、社長に事故あるときの代行者、それぞれの業務分担（管掌）、そして委嘱する役職等を決定するのが一般的です。

　最近は、定時株主総会の時期を待たずに、暦年や事業年度の開始に併せて新体制を整えるために、年末や年度末の取締役会において、代表取締役・代表執行役の変更及び取締役・執行役らの業務分担や役職の変更をする会社も見受けられます。

　なお、代表取締役・代表執行役が異動したときは、その日から2週間以内に、退任した者と新たな代表取締役・代表執行役の氏名及び住所を本店の所在地において登記する必要があります（同915）。支店においては、変更登記の必要がありません。

(2)　重要な使用人の選任

　上記(1)により取締役の新体制が固まるのを受けて、通常は同日の取締役会決議により、支配人、各事業部長、支店長、製造所長等の「重要な使用人」（会社362④三）が選任されることになります。業務執行に関し相当程度の裁量と権限を有する、いわゆる「執行役員」も重要な使用人に当たると考えられますから、通常この取締役会の決議により選任されることになります。

作成書類等　〇代表取締役就任承諾書
　　　　　　　〇取締役就任承諾書
　　　　　　　〇執行役員委任契約書（委任方式をとる場合）

7 取締役報酬等の配分 ▶会社361

　取締役が、報酬、賞与その他の職務執行の対価として会社から受ける財産上の利益は、定款に定めがない限り、株主総会の決議によって定めなければなりません（会社361①）。実務上は、通常、まず全取締役に支払う報酬又は賞与の総額（上限額）を株主総会に諮りその承認を得ます。そして、各取締役へ配分する具体的な金額の決定については、取締役会の決定に委ね、これをさらに取締役全員の同意をもって会長や社長等特定の取締役に一任をし、その者が総会で承認を得た金額を超えない範囲において、個々の報酬や賞与額を決定する方法も用いられているようです（指名委員会等設置会社においては、取締役及び執行役の個人別の報酬等の内容は、報酬委員会で決定します（同404③）。）。

　もっとも最近は、指名委員会等設置会社でなくても、社外取締役が参加する任意の報酬諮問委員会などの意見を踏まえたうえで、取締役会で報酬を決定する上場会社が増えています。また、業績に連動する報酬体系を導入している会社も少なくありません。この場合には、その具体的な算定方法を株主総会の決議によって定める（同361①二）か、又は株主総会で承認された総額、上限額を超えない範囲において、あらかじめ取締役会で決定した役位別の報酬基準額と業績の反映方法（加算・減算方法）に従うこととして、その具体的な算定を特定の取締役に一任する方法等が考えられます。

　なお、公開会社においては、各事業年度に取締役に支払った報酬等の総額（社外役員や監査等委員がいるときはこれを区分します。）は、定時株主総会の際に株主に通知される事業報告に記載されます（会社規119二・121四・五・124六・七。なお、同124八参照）。

8 有価証券報告書・四半期報告書等の承認・提出
▶金商24・24の4の2・24の4の4・24の4の7・24の5

　有価証券報告書提出会社においては、定時株主総会において計算関係書類の内容が報告され、剰余金の配当額も確定したことを受けて、会社は、その直後の取締役会で有価証券報告書を承認し、各事業年度経過後3か月以内に、これを内閣総理大臣（財務局長等）に提出しなければなりません（金商24）。これを提出しないと課徴金の対象となりますが、やむを得ない理由があるときは、提出期限の延長に係る承認申請をします（企業開示府令15の2①②）。

　加えて、上場会社等は、有価証券報告書の記載内容の適正性に関する確認書及び内部統制報告書の提出が義務付けられています（金商24の4の2・24の4の4）。

　さらに、有価証券報告書提出会社のうち、上場会社等については、3か月ごとに、四半期報告書の提出が義務付けられています（同24の4の7）。そしてそれ以外の有価証券報告書提出会社については、上期（当初6か月間）の経理状況等を記載した半期報告書を、上期終了後3か月以内に、内閣総理大臣（財務局長等）に提出しなければならないとされています（同24の5）。

第1章　機関運営一般　第2　取締役会　37

9　非業務執行取締役等との責任限定契約の締結　▶会社423・424・427

　取締役、監査役、会計監査人等の役員等は、その任務を怠ったときは、会社に対し、これによって会社に生じた損害を賠償する責任を負います（会社423）。この責任は、総株主の同意がなければ、原則として免除することができません（同424）。

　ただし、例外の1つとして、定款で定めることにより、会社の非業務執行取締役等（業務執行取締役等を除く取締役、監査役、会計監査人又は会計参与）が、その職務を行うにつき善意でかつ重大な過失がないときは、定款で定めた額の範囲内であらかじめ会社（取締役会）が定めた額と、報酬・賞与等会社から得る財産上の利益（年額）を2倍した額（最低責任限度額（同425①一ハ）。）とのいずれか高い額を責任の上限とする旨の契約を非業務執行取締役等と会社との間で締結することができるとされています（同427①）。

　したがって、このような定款の定めがある会社において、株主総会で新たに社外取締役や監査役等が選任されたときは、その者との間でこの責任限定契約を締結するか否かを通常その直後の取締役会において決定することになります。

作成書類等　〇責任限定契約書

10　コーポレート・ガバナンス報告書の提出（取締役会全体の実効性の分析・評価等）　▶上場規程204・211・419・436の3・445の3

　上場会社においては、東京証券取引所等の要請に基づき、コーポレートガバナンス・コードなど踏まえた、コーポレート・ガバナンス報告書を定時株主総会終了後、遅滞なく提出する必要があります（上場規程419・204⑫・211⑫・436の3・445の3・別添等）。

　この報告書においては、例えば、取締役会は、経営戦略や経営計画、コーポレート・ガバナンスに関する基本的な考え方、経営陣幹部の報酬や指名を行うに当たっての方針と手続、取締役会全体の実効性についての毎年の分析・評価の結果の概要などについて開示が求められています。したがって、これらを開示するに先立ち、取締役会において検討やレビューを行っておく必要があると思われます。

作成書類等　〇コーポレート・ガバナンスに関する報告書

11　内部統制システムの整備・運用状況　▶会社362、会社規100・118

　会社法では、取締役の職務の執行が法令及び定款に適合することを確保するための体制その他会社の業務の適正を確保するための体制（いわゆる内部統制システム）の整備が取締役会の決議事項とされ、大会社である取締役会設置会社ではこの決議が義務付けられています（会社362④六⑤）。

　この内部統制システム整備のために必要な体制は次のとおりとされています（会社規100①）。

①　自社の取締役の職務の執行に係る情報の保存及び管理に関する体制

② 自社の損失の危険の管理に関する規程その他の体制

③ 自社の取締役の職務の執行が効率的に行われることを確保するための体制

④ 自社の使用人の職務の執行が法令及び定款に適合することを確保するための体制

⑤ 次に掲げる体制その他の会社並びに親会社及び子会社から成る企業集団における業務の適正を確保するための体制

㋐ 子会社の取締役等の職務の執行に係る事項の自社への報告に関する体制

㋑ 子会社の損失の危険の管理に関する規程その他の体制

㋒ 子会社の取締役等の職務の執行が効率的に行われることを確保するための体制

㋓ 子会社の取締役等及び使用人の職務の執行が法令及び定款に適合することを確保するための体制

これらに加えて、監査役設置会社であるときは、次の体制も含まれます（同100③）。

① 監査役がその職務を補助すべき使用人を置くことを求めた場合における当該使用人に関する事項

② 上記①の使用人の取締役からの独立性に関する事項

③ 監査役の上記①の使用人に対する指示の実効性の確保に関する事項

④ 次に掲げる体制その他の監査役設置会社の監査役の報告体制

㋐ 監査役設置会社の取締役及び会計参与並びに使用人が監査役設置会社の監査役に報告するための体制

㋑ 監査役設置会社の子会社の取締役、会計参与、監査役、執行役、業務を執行する社員等から報告を受けた者が監査役設置会社の監査役に報告をするための体制

⑤ 上記④の報告をした者が当該報告をしたことを理由として不利な取扱いを受けないことを確保するための体制

⑥ 監査役設置会社の監査役の職務の執行について生ずる費用の前払又は償還の手続その他の当該職務の執行について生ずる費用又は債務の処理に係る方針に関する事項

⑦ その他監査役設置会社の監査役の監査が実効的に行われることを確保するための体制

　以上のような内部統制システムの整備について取締役会で決議した会社にあっては、少なくとも年に1度は、その整備・運用状況について担当役員から取締役会が報告を受け、各年度の事業報告に運用状況の概要を記載するとともに、状況に応じて改善していく必要があります（同118二）。

12 剰余金の配当（中間期末）　　　▶会社454・459、会算規155

　会社法においても、会社は、定款で定めることにより、中間期末の時点の株主に対し、取締役会の決議をもって、分配可能額の範囲内でいわゆる中間配当を行うことができますが、この剰余金の配当は、原則として1事業年度の途中において1回に限られ、かつ配当財産が金銭に限られます（会社454⑤）。

　他方、会計監査人設置会社でかつ監査役会設置会社、指名委員会等設置会社又は監査等委員会設置会社であって、取締役の任期が1年を超えない会社においては、定款で定めるこ

とにより、剰余金の配当を取締役会が決定することができます（同459①四）。この場合には、最終事業年度の計算書類に関する監査報告等において特段の意見が付されていない限り（同459②、会算規155）、中間期末に限らず任意の時期に（ただし、原則としてその基準日公告が必要です。）、取締役会決議をもって何回でも配当することができます。この制度に基づき、「四半期配当」を行う会社も現れてきています。

13　重要な組織の改正　　　　　　　　　　　　　　　　　　　　　　▶会社362

　例えば、新事業年度の開始に併せて、支店の他、事業部、製造所等重要な組織を新設したり改廃したりするときは、取締役会の決議が必要となります（会社362④四）。

14　設備予算編成（重要な財産の譲受け）　　　　　　　　　　　　　▶会社362

　重要な財産を処分したり、譲り受けたりするときも取締役会の決議が必要です（会社362④一）。

　したがって、事業年度の当初に設備予算を策定するような会社においては、そこにおいて事実上、重要な設備投資（資産の購入）が決定されることになりますから、これをあらかじめ取締役会で審議しておく必要があります。

4 取締役会個別開催スケジュール

スケジュール

日　程	法定期間・期限	手　　続	参　照
4/19		招集通知の発送	1
	1週間前まで		
4/27		取締役会開催	2
	10年間	取締役会議事録作成・備置き	3
		取締役会議事録の備置き期限	

解　説

取締役会の招集手続、議事録の作成、備置義務等については、会社法に以下の規定があります。

1　招集通知の発送　　　　　　　　　　　　　　　　　　　　▶会社366・368

(1)　取締役会の招集は、通常、各社の定款又は取締役会決議により招集権者として定められた取締役（会長等）が、取締役会の日の1週間前までに各取締役（監査役設置会社においては各監査役も含みます。）に対して通知を発することにより行われます（会社366①ただし書・368①）。

　ただし、この招集期間は、定款により、例えば「3日前」とする等短縮することができます（同368①）。また、急を要するとき等は、取締役（及び監査役設置会社においては監査役）全員の同意を得ることによって、招集手続を経ることなく直ちに取締役会を開催することもできます（同368②）。

(2)　招集権者以外の取締役は、招集権者に対し、取締役会の目的事項を示して招集の請求をすることができます（同366②）。この場合、この請求があった日から5日以内に、請求があった日から2週間以内の日を取締役会の日とする招集通知が発せられないときは、招集の請求をした取締役が自ら取締役会を招集することができます（同366③）。

(3)　なお、招集通知には、開催日時、場所、議題等を明記するのが一般的ですが、会社法はその具体的な方法や記載事項を定めていません。したがって、議題については開催直前での変更や追加に備えてこれを明示しなかったり、「その他」と一言加えておいたりする等の工夫もあり得ます。

> **コラム**
>
> ○監査役や株主による取締役会の招集
> 　監査役は、取締役が不正の行為をし若しくはそのおそれがあると認めるとき、又は法令若しくは定款に違反する事実若しくは著しく不当な事実があると認めるときは、遅滞なくその旨を取締役会に報告しなければなりません（会社382）。したがって、監査役は、この報告の必要があるときは、取締役会の招集権者に対して取締役会の招集を請求することができます（同383②）。この請求があった日から5日以内に、請求があった日から2週間以内の日を取締役会の日とする招集通知が発せられないときは、招集の請求をした監査役が自らこれを招集することができます（同383③）。
> 　なお、監査役設置会社、監査等委員会設置会社及び指名委員会等設置会社を除く取締役会設置会社の場合は、株主が、取締役が法令若しくは定款に違反する行為をし又はそ

のおそれがあると認めるとき等において、同様の手続により自ら取締役会の招集を請求する等し、これに出席して意見を述べることができます（同367）。

作成書類等 ○取締役会招集通知
○招集期間短縮同意書（招集手続を省略する場合等）

2 取締役会の開催 ▶会社369

　取締役会の議事運営は、各社の定款や取締役会規程に従って行われますが、その決議は、定款に別段の定めがない限り、決議事項について特別利害関係を有する取締役を除いた取締役の過半数が出席し、その過半数をもって行います（会社369①②）。

　取締役が遠隔地にいるようなときは、即時性や双方向性を備えたいわゆるテレビ会議方式や電話会議方式等、出席役員が一堂に会するのと同等の相互に十分な議論を行うことができる方法による取締役会の開催も差し支えないとされています（平14・12・18法務省民商第3045号、法務局民事行政部長等宛法務省民事局商事課長通知。「旬刊商事法務」1653号44頁参照）。

3 取締役会議事録の作成・備置き ▶会社369、会社規101

　取締役会が閉会した後は、速やかに、書面又は電磁的記録をもって、次に掲げる事項を記載又は記録した議事録を作成し、出席した取締役及び監査役がこれに署名又は記名押印（電磁的記録により作成されるときは電子署名）しなければなりません（会社369③④、会社規101①）。

① 開催の日時・場所（当該場所に存しない取締役、監査役等が出席した場合における当該出席方法を含みます。）
② 取締役会が特別取締役による取締役会（会社373②）であるときはその旨
③ 取締役会が招集権者ではない他の取締役や監査役の請求を受けて招集されたもの等であるときはその旨
④ 議事の経過の要領及びその結果
⑤ 決議事項について特別の利害関係を有する取締役があるときはその取締役の氏名
⑥ 取締役会に出席した監査役や会計参与等が述べた意見や発言の内容の概要
⑦ 取締役会に出席した執行役、会計参与、会計監査人又は株主の氏名又は名称
⑧ 議長が存するときは、議長の氏名

　なお、取締役会が省略された場合（同370・372①）の議事録には、会社法施行規則101条4項各号に掲げる事項を記載等しなければなりません。

　議事録に記載する決議内容や報告事項は、議事録が後日の証拠資料の1つとなること（後述参照）、広く株主や債権者等からの閲覧・謄写請求の対象になり得ること等を考慮し、決議や報告の内容と取締役らによる判断の合理性が確認できる程度の内容を、要領よくかつ明瞭に記載する等、適切に議事の経過の要領及びその結果が記載等されるよう留意するこ

とが大切と考えられます。

　また、出席した取締役や監査役は、決議事項等に異議を述べたり、その他重要な発言をしたりした場合には、後にその決議事項等に関し責任の有無が問題となるような場合に備え、自らの発言の要旨が議事録に適切に記載されていることを確認したうえで記名押印等を行う必要があります。

　取締役会議事録（取締役会の決議を省略した場合は全取締役からの同意書面又はその電磁的記録を含みます。）は、取締役会の日（取締役会の決議があったものとみなされた日を含みます。）から10年間本店に備え置き、株主や債権者らからの閲覧、謄写請求等に備えることになります（同371）。

作成書類等　○取締役会議事録
　　　　　　　○同意書面（同意の意思表示）

第3　監査役（会）

5　監査役（会）の年間スケジュール

スケジュール

◆大会社かつ公開会社、非大会社で監査役会及び会計監査人設置会社

日　程	法定期間・期限	手　　　続	参　照
6月末		定時株主総会終了	
		監査役会議長の選任（決議事項）	1
		常勤監査役の選定（決議事項＊）	2
		監査役の報酬（協議事項＊）	3
7月		監査方針・計画（決議事項＊）	4
		会計監査人の監査計画（報告事項）	5
9月		期中監査活動（報告事項）	6
10月		期中監査活動（報告事項）	6
12月		会計監査人中間監査結果（報告事項）	7
		期中監査・中間結果（報告事項）	8
2月		期中監査活動（報告事項）	6
4月		期中監査・期末結果（報告事項）	9
		監査役の選任同意（同意事項＊）	10
		会計監査人の監査報酬同意（同意事項＊）	11
5月		会計監査人の会計監査報告（報告事項）	12
		期末監査結果（報告事項）	13
		監査役会監査報告作成（決議事項＊）	14
		会計監査人の任免（決議事項＊）	15
		株主総会提出議案及び書類確認（報告事項）	16

※1　＊は法定事項
　2　3月期決算会社前提

◆大会社（公開会社を除く）、非大会社（監査役会設置会社を除く）

日　程	法定期間・期限	手　　　続	参　照
6月末		定時株主総会終了	
		監査役の報酬	③
7月		監査方針・計画	④
		会計監査人の監査計画＊	⑤
12月		会計監査人中間監査結果＊	⑦
4月		監査役の選任同意	⑩
		会計監査人の監査報酬同意＊	⑪
5月		会計監査人の会計監査報告＊	⑫
		期末監査結果	⑬
		監査役監査報告作成	⑭
		会計監査人の任免決定＊	⑮
		株主総会提出議案及び書類確認	⑯

※1　会計監査人非設置会社の場合、＊は不要
　2　該当する解説では監査役会を監査役に置換えのこと
　　（条文は、監査役会設置会社を前提）
　3　3月期決算会社前提

解　　説

(1)　監査役

　監査役は、取締役の職務の執行を監査します（会社381①）。会計監査人設置会社においては、指名委員会等設置会社及び監査等委員会設置会社を除いて、監査役の設置が必要です（同327③）。

　監査役の職務と権限は、会計監査と業務監査の双方に及びますが、非公開会社（監査役会設置会社及び会計監査人設置会社を除きます。）においては、監査役の監査範囲を、会計に関する事項に限定する旨を定款で定めることができます（同389①）。

　監査役としての監査活動は、監査役会を設置している場合もそうでない場合も基本的に同じです。監査役会設置会社では、監査役間での情報共有や監査意見の形成の場として監査役会を活用することになると思いますが、監査役会非設置会社においても、複数の監査役の間で、日頃から情報や意見の交換に努めることが大切です。

(2)　監査役会

　ア　会社法では、会社の機関設計にかなりの自由度が付与されていますが、指名委員会等設置会社及び監査等委員会設置会社以外の大会社（資本金5億円以上又は負債総額200億円以上）でかつ公開会社は、監査役全員を構成員とする監査役会の設置が義務づけられています（会社328①・390①）。

　その他の会社は、定款の定めによって、監査役会を設置することができます（同326②）。ただし、監査役会を置く場合は取締役会を置かなければなりません（同327①二）。

　監査役会を設置する要件としては、3人以上の監査役から構成され、かつその半数以上は社外監査役（同2十六）である必要があります（同335③）。大会社以外の会社において、業務の対象範囲も狭く、また従業員も多くはない場合等には、監査役会を設置して大会社と同様の監査体制とすることは、必ずしも必要ではないと思われます。

　監査役は独任制ですが、監査役会は、監査役間の情報交換や監査役相互の監査意見の内容とその根拠を検討する場としての役割を持ちます。また、社外監査役の存在を前提にして、かつ組織的な監査を推進することによって、監査の信頼性を高め、監査意見の形成を効率的に進めることが期待されています。

　イ　監査役会の決議は、監査役の過半数をもって行います（同393①）。取締役会と異なり定足数の定めはありません。また、取締役会の場合と異なり、決議の省略（同370参照）を行うことはできません。

　ウ　監査役会の開催日程については、定時株主総会に向けた監査報告作成の決議のための監査役会（同390②一）以外は、会社法において具体的に規定されていません（株主総会における一連の日程については、**第1章　第1　1・2参照**）。しかし、実務上の観点から年間スケジュールを考えた場合、通常、本年間スケジュールのようになると考えられます。

　なお、監査役会は、取締役会と異なり、3か月に1回以上開催しなければならないとする会社法上の規定（同363②・372②参照）はありません。したがって、必要に応じて適宜、開催すれ

ばよいことになります。

以下では、監査役会設置会社を中心に解説することとします。

1 監査役会議長の選任（決議事項）

　監査役は、定時株主総会終了後、新たに選任された監査役を含めて、速やかに監査役会を開催します。定款又は監査役会規程によって、あらかじめ監査役会議長を定めておくことは可能ですが、このような定めがない場合には、通常、株主総会終了後、最初に開催された監査役会で、監査役会の議長を選任します。実務的には、株主総会に監査役候補者を含めて全ての監査役が出席することが通常であるため、株主総会終了後、直ちに監査役会を開催する例が多いようです。監査役会議長が選任されるまでの間は、監査役を代表して仮の議長が代行します。監査役会議長の役割は、通常「監査役会を招集し運営するほか、監査役会の委嘱を受けた職務を遂行する」（日本監査役協会「監査役監査基準8②」）ことですが、会社法上は、各監査役が、監査役会を招集することができます（会社391）。

作成書類等　○監査役会議事録

2 常勤監査役の選定（決議事項）　　　　　　　　　　　　　　　▶会社390

　監査役会設置会社は、常勤監査役を選定しなければなりません（会社390②二・③）。常勤監査役とは、「他に常勤の仕事がなく、会社の営業時間中原則としてその会社の監査役の職務に専念する者」（江頭憲治郎『株式会社法（第6版）』531頁（有斐閣、2015年））です。指名委員会等設置会社や監査等委員会設置会社における監査（等）委員は、内部監査部門を利用する前提となっているため、常勤である必要はありません。しかし、監査役は、監査役の職務を補助すべき使用人を置くことは可能とはいえ、監査役自ら監査することを基本的に要請されていることから、監査役会が必置の大会社かつ公開会社における監査役の監査業務量に鑑みれば、監査役の職務に専念する者が必要との趣旨のもと、常勤監査役の選定が規定されていると考えられます。

　常勤監査役は、通常、定時株主総会後の最初の監査役会で選定され、監査役会の決議事項（同390②二）です。

作成書類等　○監査役会議事録

3 監査役の報酬（協議事項）　　　　　　　　　　　　　　　　▶会社387

　監査役の報酬に関しては、定款にその額を定めるか、株主総会の決議により定めます（会社387①）。監査役が複数のときは、定款又は株主総会の決議では、各監査役別の報酬額を決定しないで、監査役の報酬総額のみを定めることが可能です。この場合、各監査役の報酬

額は、定款の定め又は株主総会で決議された報酬総額の範囲内において、監査役の協議により定めることとされています（同387②）。「監査役の協議によって定める」とは、監査役全員で協議して、全員一致で定めることを意味します。したがって、法律上は、監査役会において定める必要はありません（各監査役が個別に協議し全員が同意すればよい）が、実務的には、監査役会において協議し全員一致により定めることも行われています。また、監査役会終了後に、各監査役で協議して定めることもあります。

　報酬等についての監査役間の協議の結果は、通常、協議書等の書面により残します（監査役会で協議して定めた場合は、監査役会議事録に残すことになります。）。

作成書類等　○監査役報酬協議書
　　　　　　　○退職慰労金協議書（退職慰労金制度がある場合）

4　監査方針・計画（決議事項）　　　　　　　▶会社390

　監査役会は、監査の方針、監査役会設置会社の業務及び財産の状況の調査の方法その他の監査役の職務の執行に関する事項の決定の職務を行います（会社390②三）。

　監査の方針とは、当該事業年度の監査を実施するに当たって、前期の監査結果、社会の企業活動に対する関心や行政の動向を含めた経営環境等を勘案して、どのような方針で監査を実施するのかその方針のことをいい、これをあらかじめ監査役会の決議で定めることができます。また、監査の方針に沿って、具体的な監査項目や方法を、監査計画として決定することができます。例えば、法令遵守、内部統制システムの整備・運用状況、経営計画の推進状況等の大きな項目を掲げた上で、業界特有の法令やリスク管理上特に注意すべき法令（金融商品取引法、独占禁止法、建築基準法等）を指定することが考えられます。監査計画に、単に「法令遵守」と記載するよりも、上記のように具体的法令を示す方が、被監査部門の意識は高くなります。会社法上は、監査方針や調査の方法等を決議すればよく、具体的監査計画まで決議することまで要請していないために、監査日程等の具体的詳細な監査計画は、監査役の補助使用人が作成した上で、個別に監査役に説明している会社もあります。

　監査の方法については、例えば、報告聴取を主体とするのか、実査をどこまで行うのか、監査単位をどうするのか等を、監査日程や監査役の分担も含めて極力具体的に決めます。その際、社外監査役を十分に活用するために、現場実査の同行や、日常の監査活動への参加も検討に値します。監査役監査のためのチェックシートを利用したり、全社共通の監査計画とは別に、各事業部門の特性を勘案した重点監査ポイントを示すことも効果的です。さらに、内部監査部門や会計監査人との具体的連携についても言及することにより、監査の重複の回避にも注意を払います。

　監査の方針や監査計画を監査役会で決議する時期については、定時株主総会が終了した後、新体制のもとで直ちに策定に取りかかった上で、翌月の監査役会において行う会社が多いと思われます。これは、定時株主総会において新任された監査役が新たに加わることから、新体制の監査役の下で監査の方針や監査計画を検討・策定し、決議することが合理

第1章　機関運営一般　第3　監査役（会）　　49

的と考えられるからです。他方、例えば3月末決算の会社においては、新年度は4月からスタートすることから、当該新年度に合わせて、前年の3月末までに監査の方針や監査計画を策定する会社もあります。この場合には、前年度の監査実績のまとめを前倒しに整理する必要があります。

監査の方針や監査計画をどの時期に策定するかは、年度としての監査を重視するか、新体制での検討・策定を重視するかによって、決めることになります。

なお、監査役会において、監査の方針や監査計画を決議した後は、速やかに取締役会に報告することが望ましいと考えられます。監査の方針や監査計画の内容を取締役会で報告することは、法令上の義務とはされていませんが、監査の方針等や監査の具体的方法を、被監査部門が十分に理解し、必要な準備を進めるために、取締役会で監査役が報告を行い、周知させることは、監査の実効を上げるために必要なことと考えられます（同381①、会社規105②参照）。

作成書類等　○監査方針及び計画書（様式自由）
　　　　　　　○監査役業務分担表
　　　　　　　○監査日程表
　　　　　　　○監査役会議事録

5　会計監査人の監査計画（報告事項）　　▶会社328

大会社は、会計監査人を置かなければなりません（会社328）。すなわち、大会社の場合、会計監査人が会社の計算書類等の監査を行い（同396①）、監査役が会計監査人の監査の相当性を判断しますので（同436②、会算規127二）、会計監査人から報告を求める等、監査役と会計監査人との連携は欠かせません。また、金融商品取引法において、財務報告に係る内部統制報告書に対して、公認会計士又は監査法人の監査証明が義務づけられたこと（金商193の2②）から、内部統制の観点からも、監査役と会計監査人との連携の必要性が一層強まっています。

そのため監査役は、会計監査人から、会計監査に関する監査計画の提出・報告を求め、具体的な監査の方法と対象、日程等について確認することが必要になります。特に、会計面に関わる重点的な監査ポイントについて、十分な意見交換を行うことが重要です。

実務的には、常勤監査役が会計監査人からあらかじめ会計監査人の監査計画の説明を受けた後に、これを常勤監査役から監査役会で報告する場合と、監査役会において直接会計監査人が報告を行う場合があります。また、当該報告は、定時株主総会終了後1か月以内に開催される監査役会で報告されることが一般的ですが、監査役の監査方針・計画と同様に、年度監査の時期を重視して、定時株主総会前の旧体制における監査役会で報告する会社もあります。

作成書類等　○会計監査人監査計画説明書
　　　　　　　○監査役会議事録

6 期中監査活動（報告事項） ▶会社381・383・369

　監査役は、取締役の職務の執行を監査する（会社381①）ことが職務であり、具体的には、日常の監査業務を通じて、取締役の法令・定款違反等がないことを監査します。そのため、監査役には、取締役等に対する報告請求権・業務財産状況調査権（同381②）、子会社に対する報告請求権・業務財産状況調査権（同381③）、取締役の目的外行為その他法令・定款違反行為の差止請求権（同385①）等の権限があります。他方、監査役の義務としては、取締役会への出席・意見陳述義務（同383①）、取締役の不正行為若しくは当該行為をするおそれがあると認めるとき、又は法令若しくは定款に違反する事実若しくは著しく不当な事実があるときの取締役会（取締役会非設置会社では取締役）への報告義務（同382）等があります。監査役がこれらの権限を適切に行使せず、また義務を果たさなければ、善管注意義務違反として、任務懈怠責任を問われます。

　監査役は、取締役会をはじめとした重要会議への出席、重要書類の閲覧、事業部門からの報告・聴取、現場への実査等を通じて、その職責を果たすことになります。監査役は独任制ですが、監査の効率をあげるために、監査業務を分担して行うことが一般的です。また、常勤の監査役と比較して、社外監査役は非常勤である場合が多いため、監査の実施状況と結果の情報を共有化し、意見交換を通じて監査の実効性を高めることが効果的です。

　重要会議の出席としては、監査役は取締役会への出席義務及び意見陳述権が明定されています（同383①）ので、会社の業務執行の意思決定が適法になされているか監査し、何らかの問題点がある場合には、その旨の意見表明をしなければなりません。また、各種規程類の整備・運用状況、リスクの未然防止の観点からの重要案件や事件・事故の報告・聴取、現場の実査による確認等を通じて、監査業務を実行していきます。

　なお、監査役は、これらの活動を通じて監査意見を形成していくために、監査役会の場を活用して、各監査役からその活動状況を、適宜・適切に報告を受けるとともに、監査役間で審議をし、その後の監査活動に活用し、また、必要に応じて、業務執行部門に対して助言・勧告等を行うことを協議します。

　このような期中監査活動の報告のための監査役会の開催は、必要に応じて都度開催されることになりますが、実務的には、社外監査役の日程等も勘案して、1〜2か月に1回開催する会社が多いようです。

作成書類等　○監査活動報告書
　　　　　　　○監査役会議事録

7 会計監査人中間監査結果（報告事項） ▶会社397

　監査役は、期末時点において、会計監査人の監査の方法及び結果の相当性について判断する必要があります（会算規127二）。この判断のためには、期中の段階から、会計面における監査の実施状況及びその結果の報告を求め、会計監査人と意見交換することが監査の実効性を上げることにつながります。例えば、中間決算の時期に合わせて、会計監査人から

第1章　機関運営一般　第3　監査役（会）　　51

会計監査の実施状況と結果について報告を受け、期末の監査報告に向けた課題等について、意見交換や確認をすることは重要です。また、会計監査人は、その職務を行うに際して、取締役の職務の執行に関し不正の行為又は法令若しくは定款に違反する重大な事実があることを発見したときには、遅滞なく、監査役（会）に報告する義務があります（会社397①③）。また、監査役は、職務を行うため必要があるときは、会計監査人に対して、その監査に関する報告を求めることもできます（同397②）。

　この報告も会計監査人の監査計画の場合と同様、常勤監査役が事前に説明を受けた上で、監査役会で常勤監査役から報告する場合と、会計監査人が監査役会で直接報告を行う場合があります。会計監査人が監査役会で直接報告したときは、監査役会議事録に、監査役会に出席した会計監査人の氏名又は名称を記載しなければなりません（同393②、会社規109③四）。なお、この報告は、実務的には、監査役監査の期中監査中間結果を報告する監査役会と同時期である11月又は12月（3月期決算会社の場合）に行うことが一般的です。

作成書類等　○会計監査人期中監査実績報告書
　　　　　　　　○監査役会議事録

8　期中監査・中間結果（報告事項）　　▶会社381

　⑥で述べたとおり、監査役は、その活動実績を都度監査役会で報告した上で、中間決算期には、期中監査の中間結果のまとめを行います。

　期中監査の中間結果のまとめは、期末監査のまとめにつながるものですが、加えて業務執行部門との関係では、これを被監査部門にフィードバックするとともに代表取締役にも報告すること等により、業務執行部門が当該監査結果を以後の業務にタイムリーに活用することが重要です。

　期中監査の中間結果を報告する監査役会は、会計監査人の中間監査結果の報告と同様に、11月又は12月（3月期決算会社の場合）に開催することが一般的です。

作成書類等　○期中監査・中間結果実績報告書
　　　　　　　　○監査役会議事録

9　期中監査・期末結果（報告事項）　　▶会社381

　期中監査・期末結果の報告は、監査役が日々の活動を通じて、取締役の業務執行の法令・定款違反の有無を監査（会社381①）してきたことに関して集大成を行うものであり、年度末までの監査活動の終了を待って、次年度最初の監査役会である4月（3月末決算会社の場合）に報告するのが一般的です。

　この監査役会では、年度を通じた監査の実績（重要会議の出席や執行部門からの報告・聴取状況、実査の実施状況等）を整理するとともに、監査役監査として、監査結果及び指摘すべき事項の有無等を審議します。年度を通じた監査役会で、都度報告がなされ、監査役間での情報の共有はできているはずですので、監査報告につなげるまとめを行う位置づ

けの監査役会となります。ここでは、各監査役が、個別に監査を行って指摘してきた点等を確認するとともに、当該年度の監査結果の意見形成を図ることとなります。なお、監査役は独任制であるため、監査役会において監査役全員の意見を一致させる義務はありません。しかし、監査報告を作成するに当たり、監査役相互に十分に議論し、誤認による意見の不一致に至らないようにすることは重要です。仮に、監査役会の監査報告の内容が、自己の監査報告の内容と異なる場合には、当該事項に関わる監査役監査報告の内容を、監査役会監査報告に付記することができます（会社規130②）。

作成書類等 ○年度監査活動実績報告書
○年度監査結果のまとめ報告書
○監査役会議事録

10 監査役の選任同意（同意事項）　　　　　　　　　　▶会社343

　監査役の選任に関する議案を株主総会に提出する場合は、監査役会の同意が必要です（会社343①③）。監査役会の同意は、会議体としての意思決定であることから、監査役の過半数の決議をもって行います（同393①）。また、監査役会は、取締役に対して、監査役の選任を株主総会の目的とすること、又は監査役の選任に関する議案を株主総会に提出することを請求することができます（同343②③）。

　監査役の選任議案についての同意は、平成13年の商法改正によって新たに規定されましたが、監査役の人事権を代表取締役に掌握されているとの批判に配慮して、監査役の独立性確保を狙いとしたものです。すなわち、「監査役の地位を強化するための一方策として定められたもの」（江頭・前掲書519頁）といえます。したがって、同意を行うに当たり、立法趣旨に則って、監査役候補者の適性等を十分に勘案し、同意の有無を判断することが大切です。

　なお、会社法上は、監査役選任議案についての監査役会の同意については、その旨（議事の経過の要領及び結果）を監査役会議事録に記載してあれば十分です。しかし、同意に至るプロセスを明確にしておくためにも、実務上は、代表取締役社長又は取締役会議長から監査役会に対して、監査役候補者の職歴等とともに選任同意依頼書を提出し、監査役会はこれに基づいて審議した上で、同意する旨の書面を代表取締役社長等に対して返信しておくことが望ましいと考えられます。

作成書類等 ○新任・再任監査役候補者選任理由書（履歴等）
○新任・再任監査役候補者選任同意依頼書
○新任・再任監査役候補者選任同意書
○監査役会議事録

11 会計監査人の監査報酬同意（同意事項）　　▶会社399、会社規126

　会計監査人の報酬の決定について、会社法では、監査を受ける業務執行者側のみで報酬

第1章　機関運営一般　第3　監査役（会）　　53

の決定を行うことは問題があるとの趣旨から、監査役会の同意を必要とするとの規定が設けられています（会社399①②）。そこで、監査役会は、会計監査人の報酬の妥当性を判断する必要があるため、会計監査人の監査計画や監査実施状況を十分に把握し理解するとともに、財務部門等の業務執行者から、報酬支払の根拠を聴取した上で、同意の有無を判断することになります。実務上は、監査役の選任同意と同様に、業務執行部門より報酬の根拠を説明した資料とともに同意依頼書の提出（代表取締役社長名、取締役会議長名等）を受け、監査役会は、これに基づいて審議した上で、同意書を代表取締役社長等に対して返信しておくことが望ましいと考えられます。

　なお、平成26年改正会社法では、公開会社においては監査役会による会計監査人の報酬同意の理由を事業報告に記載することになりました（会社規126二）。

作成書類等　○会計監査人報酬根拠説明書
　　　　　　　○会計監査人報酬同意依頼書
　　　　　　　○会計監査人報酬同意書
　　　　　　　○監査役会議事録

12　会計監査人の会計監査報告（報告事項）　　▶会社396・397、会算規131

　会計監査人は、会社の計算書類及びその附属明細書、臨時計算書類並びに連結計算書類を監査し、会計監査報告を作成しなければなりません（会社396①）。すなわち、会計監査人は、会計の専門家として取締役から提出される計算書類等を監査する義務があります。なお、監査役は、会計監査人が行った監査の方法及び結果が相当であるかを判断するため等その職務を行うため必要があるときは、会計監査人に対し、監査に関する報告を求めることができます（同397②）。

　また、会計監査人は、監査役に対する会計監査人の会計監査報告の内容の通知に際して、①独立性に関する事項その他監査に関する法令及び規程の遵守に関する事項、②監査、監査に準ずる業務及びこれらに関する業務の契約の受任及び継続の方針に関する事項、③会計監査人の職務の遂行が適切に行われることを確保するための体制に関するその他の事項、を通知しなければなりません（会算規131）。

作成書類等　○会計監査報告書
　　　　　　　○監査役会議事録

13　期末監査結果（報告事項）　　▶会社436

　期末監査は、事業年度末から監査報告作成日までの2か月弱の間（3月末決算会社の場合、4～5月）に行われる監査です。主な内容としては、①定時株主総会に至るまでの監査日程とその手続の適法性、②期末決算監査（計算書類及びその附属明細の記載内容の監査等（会社436②一））、③事業報告とその附属明細書の監査（同436②二）、④会計監査人の監査の方法と結果の相当性の判断、⑤期末監査結果の集約・整理、⑥監査役の監査意見形成、です。

作成書類等 ○期末監査結果報告書
○監査役会議事録

14 監査役会監査報告作成（決議事項） ▶会社390、会社規130、会算規128

(1) 監査役会は、その職務として監査報告を作成する義務があります（会社390②一）。監査役会は、各監査役が作成した事業報告や計算関係書類に関する監査報告（会社規129①、会算規127）に基づいて、監査役会の監査報告を作成しなければなりません（会社規130①、会算規128①）。なお、会社法では、事業報告は計算書類に含まれないため、事業報告の監査は監査役のみが監査することになります。

(2) 事業報告に関して、監査役会が作成しなければならない監査報告の内容は、①監査役及び監査役会の監査の方法及びその内容、②事業報告及びその附属明細書が法令又は定款に従い会社の状況を正しく示しているかどうかについての意見、③取締役の職務の遂行に関し、不正の行為又は法令若しくは定款に違反する重大な事実があったときは、その事実、④監査のため必要な調査ができなかったときは、その旨及びその理由、⑤内部統制システムの整備についての決定又は決議（監査の範囲に属さないものを除きます。）の内容の概要及び当該体制の運用状況の概要の内容が相当でないと認めるときは、その旨及びその理由、⑥会社の支配に関する基本方針に関する事項及び親子会社間取引について個別注記表に記載がある場合に、子会社の利益を害さないように留意したり、取締役会での判断・理由等が事業報告の内容となっているときは、当該事項についての意見、⑦監査役会監査報告を作成した日、の併せて7項目です（会社規130②）。この中で、特に、⑤の内部統制システムにおける運用状況の概要と、⑥の親子会社間取引関連については、平成27年改正会社法施行規則において新たに規定された項目です。

  また、計算関係書類に関しては、①監査役及び監査役会の監査の方法及びその内容、②会計監査人の監査の方法又は結果を相当でないと認めたときは、その旨及びその理由、③重要な後発事象（会計監査報告の内容となっているものを除きます。）、④会計監査人の職務の遂行が適正に実施されることを確保するための体制に関する事項、⑤監査のため必要な調査ができなかったときは、その旨及びその理由、⑥監査役会監査報告を作成した日、の6項目が監査報告の内容です（会算規128②）。この中では、④の「会計監査人の職務の遂行が適正に実施されることを確保するための体制」とは、例えば、監査体制や監査の関与社員のローテーションが適切に行われているか等のことです。

(3) なお、監査役会が監査報告を作成する際は、1回以上、監査役会を開催するか、又は情報の送受信により同時に意見の交換をすることができる方法により、監査役会監査報告の内容を審議しなければなりません（会社規130③、会算規128③）。「情報の送受信により同時に意見の交換をすることができる方法」とは、電話会議やテレビ会議が考えられます。

(4) 監査役会監査報告は、当該事業年度の監査結果の集大成であることから、各監査役が十分に審議し、意見形成を図った上で監査報告の作成を行うことが重要です。また、監査役会は、各監査役の監査報告に基づき、監査役会監査報告を作成することになりますが、

第1章　機関運営一般　　第3　監査役（会）　　55

形式上は一通の監査報告書という形でとりまとめて書面を作成することも可能です。もっとも、その場合は、監査の方法・内容がそれぞれ明示されるように作成したり、各監査役の監査の範囲や監査スケジュール等についても、これを明らかにする等の工夫が必要と思われます。

作成書類等　○監査役監査報告
　　　　　　　　○監査役会監査報告
　　　　　　　　○監査役会議事録

15　会計監査人の任免（決議事項）　　▶会社344・393

　会計監査人の選任及び解任は、株主総会の決議事項（会社329①・339①）ですが、業務執行側が、恣意的に会計監査人を選任・解任することを、監査役の立場から未然に防止する趣旨から、取締役会が会計監査人の選任に関する議案を株主総会に提出する場合には、監査役会が議案の内容を決定します（同344①③）。監査役会の決議は、監査役の過半数をもって行います（同393①）。会計監査人の解任及び不再任を株主総会の目的事項とする場合も、同様です（同344①③）。

　会計監査人の任免決定は、前年度における会計監査人の監査活動を踏まえて判断することから、基本的には期末監査報告と同時期（3月決算会社では、5月）の監査役会で行うことが一般的です。

　なお、会社法340条1項各号に該当するときは、監査役会が会計監査人を解任することができますが（同340④）、その場合、監査役全員の同意が必要となります（同340②）。

作成書類等　○会計監査人選任、解任又は不再任理由書
　　　　　　　　○会計監査人選任、解任又は不再任決定書
　　　　　　　　○監査役会議事録

16　株主総会提出議案及び書類確認（報告事項）　　▶会社384

　監査役は、取締役が株主総会に提出しようとする議案、書類等に法令・定款違反又は著しく不当な事項がないかを調査し、仮に法令・定款違反又は著しく不当な事項があると認めるときは、その調査の結果を株主総会に報告しなければなりません（会社384）。

　監査役は、株主総会に提出する予定の、定款変更、取締役・監査役の選任等の議案を確認し、その議案について必要な手続がなされているか（例えば、監査役（会）の同意がない監査役の選任議案は無効等）、また、株主総会招集通知、参考書類及び添付資料（事業報告、計算書類、監査報告の謄本等）といった法定されている書類について不備がないか、必要とすべき項目が記載されているか等を、常勤監査役が中心となってあらかじめ監査した上で、必要に応じて監査役会において報告し審議することになります。

作成書類等　○株主総会招集通知（提出議案等が記載）
　　　　　　　　○株主総会添付資料
　　　　　　　　○監査役会議事録

6 監査役会個別開催スケジュール

スケジュール

日　程	法定期間・期限	手　　　　続	参　照
〜10/12	1週間前まで（短縮可能）	招集通知発送	1
10/20		監査役会開催	2
10/30		監査役会議事録作成	3
11/15	10年間	監査役会議事録の確認　署名又は記名押印	4
		備置き	5

解説

監査役会の開催に当たっては、取締役会と同様に、以下のような招集手続や議事録に関する規定が置かれています。

1 招集通知発送　　　　　　　　　　　　　　　　　　　　　　　▶会社391・392

　監査役会を招集する場合は、監査役は、監査役会の日の1週間（これを下回る期間を定款で定めた場合にあっては、その期間）前までに、各監査役に対して招集通知を発しなければなりません（会社392①）。招集権者は、各監査役です（同391）。実務的には、監査役会規程等で、監査役会議長を招集権者として定めておくことが一般的ですが、このことは、各監査役の招集権を制限するものではありません。すなわち、監査役会議長以外の監査役も、必要に応じて、監査役会を招集することができます。なお、監査役の全員の同意があるときは、招集の手続を経ることなく、監査役会を開催することができます（同392②）。

　招集通知には、監査役会の開催日時、開催場所及び議題を記載するのが通例です。しかし、監査役会の直前まで議題の追加等があり得るために、議題の記載を省略している招集通知もあります。また、招集通知の手段は、通常は文書を送付しますが、緊急の際等のやむを得ない場合においては、口頭で伝達しても構いません。

作成書類等　○監査役会招集通知

2 監査役会の開催　　　　　　　　　　　　　　　　　　　　　▶会社393・370・395

　監査役会には、定足数の規定はなく、監査役会の決議は、監査役の過半数をもって行います（会社393①）。なお、株主代表訴訟における取締役への会社の補助参加については、会社法においては、監査役全員の同意事項となっていますので（同849③一）、監査役会を開催しなくても済みます。その他、監査役会による会計監査人の解任（同340②④）や一時会計監査人の解任（同346⑤）、取締役の責任の一部免除等の議案の提出（同425③・426②・427①③）も監査役全員の同意事項です。この趣旨は、株主代表訴訟が提起された場合の取締役への補助参加や一定の事由がある場合の会計監査人の解任等緊急性がある議題に対して、全員の同意を要するとする一方で、あらかじめ年間スケジュールがほぼ確定している監査役会とは別に監査役会を開催することが困難である場合があることに配慮したものと考えられます。

　なお、取締役会については、定款にその旨を定めてある場合、取締役が取締役会の決議の目的である事項について提案した場合において、当該提案について取締役の全員が書面又は電磁的方法により同意しかつ各監査役が異議を述べないときは、取締役会決議があっ

たものとみなすことが可能（同370）ですが、監査役会においては、こうした決議の省略（いわゆる書面決議）は認められていません。他方、監査役会への報告については、取締役、会計参与、監査役又は会計監査人が監査役の全員に対して監査役会に報告すべき事項を通知したときは、当該事項を監査役会に報告することを省略することができます（同395）。

作成書類等 ○監査役会議題表

○監査役決議事項又は報告事項の説明資料

3 監査役会議事録 ▶会社393、会社規109・225

監査役会が終了した後は、議事録を作成します（会社393②）。監査役会議事録は、電磁的記録をもって作成することができます（同393③、会社規225①七）。監査役会議事録を作成する時期については、会社法上具体的な規定はありませんが、監査役会が終了した後に、遅滞なく作成すべきものと考えられます。具体的に記載する内容としては、

① 開催の日時及び場所（当該場所に存しない監査役、取締役、会計参与又は会計監査人が監査役会に出席した場合における当該出席の方法を含みます。）

② 監査役会の議事の経過の要領及びその結果

③ 会社法に定められた報告義務（会社357②・375②・397③）に基づき、取締役、会計参与、会計監査人が監査役会において意見を述べ、又は発言したときはその内容の概要

④ 監査役会に出席した取締役、会計参与又は会計監査人の氏名又は名称

⑤ 議長がいるときは議長の氏名

です（会社規109③）。

監査役会議事録に記載する内容は、議事録が監査役の職務の執行に関する証拠資料の1つとなることや、広く株主や債権者等の閲覧・謄写請求の対象となります。したがって、決議や報告の内容等について、要領よくかつ明瞭に記載する等、議事の経過の要領及びその結果が適切に記載等されるよう留意することが大切と考えられます。

なお、監査役会に出席した監査役であって、監査役会の議事録に異議をとどめないものは、その決議に賛成したものと推定されます（会社393④）。このため、議事録には、異議、意見の有無やその内容が適切に記載されるよう留意することが大切です。

作成書類等 ○監査役会議事録（案）

4 監査役会議事録の確認、署名又は記名押印 ▶会社393、会社規225

監査役会議事録を作成した後は、議事録が書面で作成されているときは、出席した監査役は、記載内容を確認した上で、これに署名し又は記名押印しなければなりません（会社393②）。議事録が電磁的記録によって作成されている場合には、監査役は、電子署名を行なわなければなりません（同393③、会社規225①七）。

作成書類等 ○監査役会議事録（確定版）

5 備置き ▶会社394

　監査役会議事録は、取締役会議事録と同様に、監査役会の日から10年間、本店に備置きすることが義務づけられています（会社394①）。実務上は、監査役会議事録に出席した全ての監査役が署名又は記名押印等をした後、これを保存義務者である代表取締役の責任の下に、備置きを行う会社内の担当部門に送付します。文書保管担当部門としては、総務部門が一般的と思われます。

　なお、株主がその権利を行使するため必要があるとき、会社の債権者が役員の責任を追及するため必要があるとき、又は親会社社員がその権利を行使するため必要があるときは、裁判所の許可を得て、監査役会議事録の閲覧又は謄写の請求をすることができます（同394②③。なお、同394④参照）。

第4 会計監査人

7 会計監査人の選任

スケジュール

◆大会社（非公開会社を含む）

日　程	法定期間・期限	手　　続	参　照
〜5/14		会計監査人の候補者の検討	1
5/15	1週間前まで（短縮可）	監査役会の招集通知	2
5/23		監査役会：会計監査人の選任議案に関する決議・取締役会に通知	3
5/24	1週間前まで（短縮可）	取締役会の招集	4
		取締役会の開催	4
6/11	2週間前まで	株主総会招集通知発送	5
6/26		定時株主総会	6
6/30	2週間以内	会計監査人の職務を行う者の選定・会社への通知	7
7/10		登　記	8

◆非公開・非大会社（会計監査人として個人公認会計士を任意に設置・取締役会非設置会社）

日 程	法定期間・期限	手 続	参 照
5/14		会計監査人の候補者の検討	1
5/15		監査役による会計監査人の選任議案に関する決定	3
6/18	1週間前まで	株主総会招集通知発送	5
6/26	2週間以内	定時株主総会	6
7/10		登　記	8

解説

　会計監査人は、会社の計算書類等を監査（会計監査）する者です。大会社（非公開会社も含みます。）並びに指名委員会等設置会社及び監査等委員会設置会社は会計監査人を置くことを義務付けられています（会社328・327⑤）。大会社の場合、株主及び債権者等の利害関係人（ステークホルダー）が多く、会計処理の内容も複雑であるため、会計の専門家に会計監査を行わせることによって適正な監査が行われることが期待されているからです。

　また、会社法は、会社における会計面でのガバナンスの強化をはかるために、会社の規模にかかわらず、定款の定めによって、全ての会社について会計監査人を置くことができることとしています（同326②）。ただし、会計監査人を設置する場合には、指名委員会等設置会社及び監査等委員会設置会社を除き1名以上の監査役を置かなければなりません（同327③）。

　会計監査人は、公認会計士又は監査法人でなければなりません（同337①）。

　会計監査人設置会社は、会社法435条2項の計算書類及びその附属明細書について、監査役（指名委員会等設置会社では監査委員会、監査等委員会設置会社では監査等委員会）のほかに会計監査人の監査を受ける必要があります（同436②）。会計監査人は、会社の計算書類及びその附属明細書、臨時計算書類並びに連結計算書類を監査し、会計監査報告を作成しなければなりません（同396①）。

　（注：以下、監査役（会）設置会社を前提に記述してありますが、指名委員会等設置会社及び監査等委員会設置会社の場合は、監査役（会）を監査委員会又は監査（等）委員会に置き換えてください。）

1　会計監査人の候補者の検討　　　　　　　　　　　　　▶会社329・344

　会計監査人は、取締役等の役員と同様に、株主総会の決議（普通決議）によって、選任されます（会社329①・309①）。そのため、監査役（会）は、株主総会に提出する会計監査人の選任に関する議案の内容を決定しなければなりませんが（同344）、それに先立ち、監査役としては会計監査人に関する情報収集を行った上で、その候補者を検討することになります。

　大会社においては、個人の公認会計士を選任するのではなく、監査法人を選任する場合が圧倒的に多いのが実情です。そこで、監査役は、まずどこの監査法人を起用するかについて、財務部門の協力も得て周到に調査します。特に、従前の監査法人を変更する場合には、株主に対して合理的な理由の説明が求められます。ポイントとしては、監査法人の監査体制が、質・量ともに充実したものとなっているか、また、監査法人内の監査に対するチェックシステムがきちんと機能する体制になっているか等があげられます。

作成書類等　○会計監査人候補者（監査法人）の概要及び選任理由資料

2 監査役会の招集通知 ▶会社392

　会計監査人の選任議案の可否を監査役会の議題・議案とするため、監査役会を開催するには、通常、監査役会議長が、監査役会の日の<u>1週間（これを下回る期間を定款で定めた場合にあっては、その期間）</u>前までに、「会計監査人選任議案決議の件」を議題とした監査役会招集通知を発送します（会社392①）。監査役の全員の同意があるときは、招集の手続を経ることなく監査役会を開催することができます（同392②）。

作成書類等 ○監査役会招集通知　※省略できる場合あり

3 監査役（会） ▶会社344

　①で述べたとおり、株主総会に提出する会計監査人の選任に関する議案の内容は、監査役（監査役が2人以上ある場合にはその過半数）が決定します（会社344①）。監査役会設置会社においては、監査役会が決議します（同344③）。監査役会が決議するに当たっては、常勤の監査役があらかじめ財務部門等から会計監査人候補者についての情報収集を行った後に、監査役会で十分な意見交換を行った上で、決議します。

　監査役（会）は、会計監査人候補者がその会社の会計監査を行うのにふさわしいかについて、慎重な判断が求められます。会計監査人設置会社の監査役は、会計監査人の監査の方法又は結果の相当性等を内容とする監査報告を作成しなければなりません（会算規127）。会計監査人の監査の方法又は結果を相当でないと認めたときは、その旨及びその理由（期限までに会計監査人の監査報告を受領していない場合は、会計監査人の監査報告を受領していない旨）を内容とする監査報告を作成しなければなりません（同127二）。また、会計監査人の職務の遂行が適正に実施されることを確保するための体制に関する事項も監査報告の内容となっています（同127四）。このように、監査役は、会計監査人に会計部分の監査を委任しているとはいえ、最終的には監査役の責任のもとで上記の点を含めた監査報告を作成しなければなりませんので、会計監査人の選任議案に対する監査役（会）の決定・決議には、大きな意味があるといえます。

　会計監査人の選任議案についての監査役会の決議については、その決議内容を記載した監査役会議事録によってその確認はできますが、実務的には、監査役会議長（選任している場合）又は、監査役会として、取締役会議長宛てに、会計監査人の候補者を決定した旨の決議書（通知書）を提出しておくことが考えられます。監査役会を設置していない会社においても、同様です。

作成書類等 ○会計監査人選任議案（再任）説明理由書
　　　　　　　○会計監査人選任議案（再任）決定書
　　　　　　　○監査役会議事録（監査役会設置会社の場合）

4 取締役会招集通知・開催　　　　　　　　　　　　　　▶会社368

　監査役（会）の決定・決議を受けて、取締役は、取締役会を開催し、その決議によって、会計監査人の選任に関する議案を目的とする株主総会の招集を決定しなければなりません（会社298④①）。取締役会の招集通知は、取締役会の日の1週間（これを下回る期間を定款で定めた場合にあっては、その期間）前までに発しなければなりません（同368①）。この期間は、定款の定めによって短縮することが可能であり、実務的には、3日前までとしている例が多いようです（第1章　第2　4の①から③まで参照）。なお、取締役及び監査役の全員の同意がある場合には、招集手続を経ることなく取締役会を開催することができます（同368②）。

作成書類等　○取締役会招集通知　※省略できる場合あり
　　　　　　　　○取締役会資料（会計監査人選任議案決議の件）
　　　　　　　　○取締役会議事録

5 株主総会招集通知発送

　定時株主総会における会計監査人の選任議案の決議に際して、他の議案と同様に、定時株主総会招集通知の一環として、株主に通知されることになります（第1章　第1　1・2の⑩参照）。

作成書類等　○株主総会招集通知

6 定時株主総会　　　　　　　　　　　　　▶会社329・338・339・340・345

　会計監査人は、株主総会の普通決議（会社329①・309①）で選任されます。会計監査人の解任についても同様です（同339①・309①）。会計監査人の任期は、選任後1年以内に終了する事業年度のうち最終のものに関する定時株主総会の終結の時までです（同338①）。定時株主総会において別段の決議がなされなかったときは、会計監査人は、その定時株主総会において再任されたものとみなされます（同338②）。

　監査役が会社法340条1項の規定により会計監査人を解任したときは、監査役（監査役が2人以上ある場合には監査役の互選によって定めた監査役、監査役会設置会社の場合には監査役会が選定した監査役）が、その旨及び解任の理由を、解任後最初に招集される株主総会に報告しなければなりません（同340③④）。会計監査人は、会計監査人の選任、解任若しくは不再任又は辞任について、株主総会に出席して意見を述べることができます（同345⑤①）。任期中に解任された会計監査人又は辞任した会計監査人も、解任後又は辞任後最初に招集される株主総会に出席して、解任についての意見又は辞任した旨及びその理由を述べることができます（同345⑤②③）。これらの規定は会計監査人の独立性を確保する趣旨です。

作成書類等　○株主総会附属明細書
　　　　　　　　○株主総会議事録

第1章　機関運営一般　　第4　会計監査人　　65

> **コラム**
>
> ○一時会計監査人
>
> 　一時会計監査人とは、会計監査人が欠けた場合、又は定款で定めた会計監査人の員数が欠けた場合に、臨時で選任する会計監査人のことです。会計監査人が欠けた場合とは、会計監査人が辞任した場合、業務停止処分を受けて会計監査業務を継続できなくなった場合、あるいは不慮の事故があった場合等が考えられます。このような場合、会計監査業務が滞ることから、本来は、遅滞なく臨時株主総会を招集することによって、会計監査人を選任しなければなりません。
>
> 　しかしながら、例えば公開大会社の場合などは、臨時株主総会を開催することが困難である場合があることから、監査役全員の同意によって、一時会計監査人を選任することが認められています（会社346④～⑦）。もっとも、一時会計監査人は、あくまで緊急避難的措置であることから、一時会計監査人の選任後最初に招集される株主総会で、改めて会計監査人を選任しなければなりません。すなわち、一時会計監査人には、会計監査人のような再任のみなし規定（同338②参照）はありません。なお、一時会計監査人を改めて正規の会計監査人として株主総会で選任することは可能です。
>
> 　一時会計監査人の資格・欠格事由は、正規の会計監査人と同様です（同346⑤・337）。また、一時会計監査人の氏名又は名称は登記事項です（同911③二十、商登55）。

7　会計監査人の職務を行う者の選定・会社への通知　　▶会社337

　会計監査人に選任された監査法人は、その社員の中から会計監査人の職務を行うべき者を選定し、これを会社に通知しなければなりません（会社337②）。法律上は、選定及び会社への通知の期限は定められていませんが、監査法人は、速やかに会計監査人の職務を行うべき者を選定し、当該年度の契約書を締結する際に、明記します。

作成書類等　○会計監査人の職務を行う者の通知書

8　登　記　　▶会社911・915

　会社は、会計監査人設置会社であるときは、その旨及び会計監査人の氏名又は名称を、その本店所在地において登記しなければなりません（会社911①③十九）。これらの事項に変更が生じたときは、2週間以内に、その本店所在地において、変更の登記をしなければなりません（同915①、商登54②③）。

作成書類等　○登記申請書

8　会計監査

スケジュール

◆大会社・監査役会設置会社

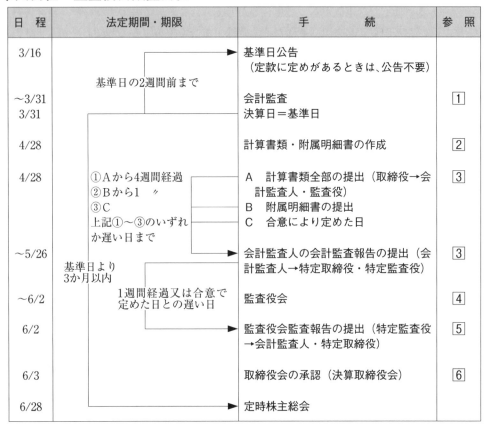

※　非公開大会社の場合は、取締役会・監査役会の設置は任意

解 説

　会計監査とは、会社の計算書類及びその附属明細書、臨時計算書類並びに連結計算書類を監査することです。会社は、会社経営の中で、多くの会計処理を行いますが、適切な会計処理が行われていること、及びそれらの会計処理の結果が、計算書類等に正しく表示されていなければなりません。

　会計監査は、会計知識など専門的知識及び能力が必要とされるために、大会社並びに指名委員会等設置会社及び監査等委員会設置会社は、公認会計士又は監査法人である会計監査人を置かなければなりません（会社327⑤・328）。また、大会社、指名委員会等設置会社及び監査等委員会設置会社以外の会社においても、定款の定めによって、会計監査人を置くことが可能です。他方で、公開会社以外の会社（監査役会又は会計監査人を置く会社を除きます。）においては、定款の定めによって、監査役の監査の範囲を会計事項に限ることができます（同389①）。

　会社法上は、会計監査を会計監査人が行った上で、監査役会が会計監査人による会計監査の相当性を判断した結果を、監査報告に記載します（第1章　第3　5の⑭参照）。

　以下、監査役（会）設置会社を例に記述します。

1　会計監査　　　　　　　　　　　　　　　　　　　▶会社436・444・396、金商193の2

　会計監査人が行う監査の対象は、会社法（会社436②一・444④）にかかわるものとして、①計算書類（貸借対照表、損益計算書、株主資本等変動計算書、個別注記表）（同435②、会算規59①）、②附属明細書（会社435②）、③連結計算書類（連結貸借対照表、連結損益計算書、連結株主資本等変動計算書、連結注記表）（同444①、会算規61）等です。また、会計監査人が公認会計士又は監査法人として、金融商品取引法（金商193の2）にかかわる監査を行う場合の対象は、①財務諸表（貸借対照表、損益計算書、株主資本等変動計算書、キャッシュフロー計算書及び附属明細表）（同193の2①、財務諸表等の監査証明に関する内閣府令一、財務諸表等規則1①）、②連結財務諸表（連結貸借対照表、連結損益計算書、連結株主資本等変動計算書、連結キャッシュフロー計算書及び連結附属明細表）（金商193の2①、財務諸表等の監査証明に関する内閣府令四、企業開示府令1二十一、連結財務諸表規則1①）、等であり、上場会社は監査人（公認会計士又は監査法人）の監査証明を受けなければなりません（金商193の2①）。このために、会計監査人は、いつでも、会計帳簿又は会計関係書面等の閲覧及び謄写をするとともに、取締役及び会計参与並びに支配人その他の使用人に対して、会計に関する報告を求めることができます（会社396②）。会計監査人は、会社法及び金融商品取引法等の法令はもとより、日本公認会計士協会監査基準委員会報告書や同品質管理基準委員会報告書等に基づいて、監査を実施していきます。

会計監査人は、事業年度の中で、会計監査意見を形成するための合理的な基礎を得るために、経営者の主張も勘案しながら、資産の実在性、負債の網羅性、評価の妥当性等の判断に必要な十分かつ適切な監査証拠の入手に努めます。そのために、会計監査人は、監査計画策定の段階から、会社の財務部門や監査役等との意見交換を踏まえて、当該事業年度の監査方針を定め、当該事業年度の重点監査項目及びその実施方法・時期を明示します。

また、主要な実証手続である有価証券等の実査・棚卸等の立会いも併せて行います。

なお、金融商品取引法においては、上場会社は、財務報告にかかわる内部統制報告書（金商24の4の4①）に対して、公認会計士又は監査法人の監査証明を受けることを義務づけられています（同193の2②）。このため、会計監査人としても、取締役及び監査役とのさらなるコミュニケーションの充実を図り、会社の内部統制についても十分な理解が求められる点は、留意すべき事項と思われます。

作成書類等 ○会計監査人中間監査報告（任意）

2 計算書類・附属明細書の作成 ▶会社435・444

3月末決算の会社では、決算の確定に向けた作業が4月に本格化します。会計監査人設置会社で取締役会設置会社の場合、取締役は、事業年度の計算書類（貸借対照表、損益計算書、株主資本等変動計算書、個別注記表）及びその附属明細書（会社435②、会算規59①）、並びに連結計算書類（連結貸借対照表、連結損益計算書、連結株主資本等変動計算書、連結注記表）（会社444①、会算規61）を作成した上で（会社435②・444①③）、これらを監査役（会）及び会計監査人に提出してその監査を受けなければなりません（同436②・444④）。会社法では、監査を受けた計算書類等を取締役会で承認するという規定（同436③）になっていますが、実務上多くの会社は、監査役（会）及び会計監査人に提出する計算書類等の作成についても、決算発表を行う会社では、取締役会の決議を得ているようです。なお、単独の決算よりも連結の決算の方が実務上の工期を要しますが、システム化の推進により、単独と連結を同時の取締役会で承認する工夫を行う会社が多くなっています。また、附属明細書の承認も、計算書類の取締役会と同時に行うのが一般的です。

監査役（会）及び会計監査人に提出する計算書類等を決定する取締役会の開催日は、定時株主総会の一連の日程の中で、通常は、4月後半、遅くとも5月の連休明けには開催する会社が多いようです。しかし、年々、この取締役会の開催を前倒しにする傾向があります（第1章 第1 1・2の 3 参照）。

作成書類等 ○事業年度計算書類及び連結計算書類（取締役会資料）
○取締役会議事録

3 会計監査人の会計監査報告の提出 ▶会社396、会算規126・130・131

会計監査人は、会社の計算書類及びその附属明細書、並びに連結計算書類等を監査し、会計監査報告を作成しなければなりません（会社396①）。会計監査人の会計監査報告の内容

第1章 機関運営一般 第4 会計監査人 69

は、①会計監査人の監査の方法及びその内容、②計算関係書類（成立の日における貸借対照表、各事業年度に係る計算書類及びその附属明細書、臨時計算書類、連結計算書類）が当該株式会社の財産及び損益の状況を全ての重要な点において適正に表示しているかどうかについての意見があるときは、その意見（無限定適正意見、除外事項を付した限定付適正意見、不適正意見）、③②の意見がないときは、その旨及びその理由、④追記情報、⑤会計監査報告を作成した日、です（会算規126①）。④の追記情報とは、継続企業の前提に関する注記に係る事項、正当な理由による会計方針の変更、重要な偶発事象、重要な後発事象その他の事項のうち、会計監査人の判断に関して説明を付す必要がある事項又は計算関係書類の内容のうち強調する必要がある事項です（同126②）。

　なお、会計監査人は、会計監査人の職務執行に関する事項として、①独立性に関する事項その他監査に関する法令及び規程の遵守に関する事項、②監査、監査に準ずる業務及びこれらに関する業務の契約の受任及び継続の方針に関する事項、③会計監査人の職務の遂行が適正に行われることを確保するための体制に関するその他の事項を、特定監査役（会計監査報告の内容通知を受けるものとして定められた監査役（同130⑤））に通知しなければなりません（同131）。

　会計監査人は、①計算書類の全部を受領した日から4週間を経過した日、②計算書類の附属明細書を受領した日から1週間を経過した日、③特定取締役、特定監査役及び会計監査人の間で合意により定めた日があるときは、その日、の中で、いずれか遅い日までに、特定監査役及び特定取締役に対し、会計監査報告の内容を通知（提出）しなければなりません（同130①一）。他方、連結計算書類の会計監査報告については、連結計算書類の全部を受領した日から4週間を経過した日（特定取締役、特定監査役及び会計監査人の間で合意により定めた日がある場合は、その日）までに、特定監査役及び特定取締役に対し、会計監査報告の内容を通知しなければなりません（同130①三）。なお、特定取締役とは、会計監査報告の内容の通知を受ける者を定めた場合には、その者、それ以外の場合は、監査を受けるべき計算関係書類の作成に関する職務を行った取締役及び執行役です（同130④）。また、特定監査役とは、会計監査報告の内容の通知を受ける監査役を定めたときは、その者、これを定めていないときは、全ての監査役となります（同130⑤）。特定監査役には、監査役会設置会社の場合は監査役会議長、特定取締役には、取締役会議長を定めることが一般的です。

　なお、計算関係書類については、特定監査役及び特定取締役が会計監査報告の内容の通知を受けた日に、会計監査人の監査を受けたものとされますが（同130②）、会計監査人が上記の通知をすべき日までに会計監査報告の内容の通知をしない場合には、当該通知をすべき日に、会計監査人の監査を受けたものとみなされます（同130③）（**第1章　第1　1・2の**6**参照**）。

作成書類等 ○会計監査人の会計監査報告

4 監査役会 ▶会社390、会算規127・128

　会計監査人から特定監査役に対して会計監査報告の内容の通知がなされたことを受け

て、監査役は、速やかに、会計監査人が行った監査の方法及び結果の相当性を判断し、その内容を含めた監査役監査報告を作成しなければなりません（会社381①第2文、会算規127）。監査役会設置会社の場合、監査役会は、各監査役が作成した監査役報告に基づいて監査役会監査報告を作成しなければなりません（会社390②一、会算規128）。監査役は、会計監査人からの直接の報告聴取、会計監査人の監査状況の立会いのほか監査役独自の調査によって、会計監査人の監査の方法及び結果の相当性を判断します（第1章　第1　1・2の[7]、第3　5の[14]参照）。

作成書類等　○監査役会監査報告
　　　　　　　○監査役会議事録（監査役会非設置会社は不要）

5　監査役会監査報告の提出

▶会算規132、会社398

　会計監査人設置会社の特定監査役は、連結計算書類以外の計算関係書類についての監査報告の内容に関して、①会計監査報告を受領した日から1週間を経過した日、②特定取締役及び特定監査役の間で合意により定めた日があるときは、その日、のいずれか遅い日（連結計算書類についての監査報告は、①又は②の日）までに、特定取締役及び会計監査人に対し、監査報告（監査役会設置会社の場合は、監査役会監査報告のみ）の内容を通知（提出）しなければなりません（会算規132①）。なお、特定監査役は、監査役会設置会社の場合は監査役会議長、特定取締役は取締役会議長であることが一般的です。計算書類及びその附属明細書、臨時計算書類並びに連結計算書類が法令又は定款に適合するか否かについて、会計監査人が監査役会又は監査役と意見を異にするときは、会計監査人は、定時株主総会に出席して意見を述べることができます（会社398①③）。また、定時株主総会において会計監査人の出席を求める決議があったときは、会計監査人は、定時株主総会に出席して意見を述べなければなりません（同398②）（第1章　第1　1・2の[7]、第3　5の[14]参照）。

作成書類等　○監査役会監査報告

6　取締役会の承認（決算取締役会）

▶会社436・437・444、会社規133、会算規133・134

　会計監査人及び監査役（会）の監査を受けた計算書類、その附属明細書及び連結計算書類、並びに監査役の監査を受けた事業報告及びその附属明細書は、取締役会の承認を受けなければなりません（会社436③・444⑤）。その上で、取締役は、定時株主総会の招集の通知に際して、株主に対し、取締役会の承認を受けた計算書類、事業報告と、これらの監査報告及び会計監査報告、並びに取締役会の承認を受けた連結計算書類を提供しなければなりません（同437・444⑥、会社規133、会算規133・134）。また、取締役は、取締役会の承認を受けた上記計算書類等を定時株主総会に提出し、又は提供しなければなりません（会社438①三・444⑦一）。そこで、取締役は、計算書類等について、会計監査人及び監査役（会）から会計監査報告の内容及び監査報告の内容の通知を受けた後は、取締役会の決議により、会計監査

人及び監査役（会）の監査を受けた計算書類等の承認、並びに定時株主総会に提出する議案の決定を行うことになります。その後、取締役は、定時株主総会の招集の通知の際、上記計算書類等を添付して通知することにより、これらの書類を株主に提供します。その上で、最終的には、定時株主総会に提出又は提供されます（同438①三）（**第1章　第1　1・2の**⑨参照）。

　なお、会計監査人の無限定適正意見が記載される等一定の要件を満たす場合には、取締役会における計算書類の承認をもって確定することができます。このため、定時株主総会では、当該計算書類の内容を報告することですませることができます（同439）。

作成書類等　○総会提出議案及び株主総会招集通知並びに株主総会招集通知添付書類
　　　　　　　○取締役会議事録

第5　委員会

9　委員会の運営

スケジュール

◆指名委員会等設置会社

日　程	法定期間・期限	手　　　続	参　照
6/1	1週間前まで	委員会の招集	1
6/9		委員会	2
6/10	遅滞なく　　　1週間前まで	取締役会の招集通知発送	3
6/18		取締役会：委員会の職務執行状況の報告	3

解　　説

(1)　指名委員会等設置会社について

　指名委員会等設置会社とは、指名委員会、監査委員会及び報酬委員会を置く会社をいいます（会社2十二）。会社は、定款の定めによって、指名委員会等設置会社となることができます（同326②）。

　指名委員会等設置会社は、取締役会及び会計監査人を設置しなければなりません（同327①四⑤）。他方、監査委員会を設置する関係で、監査役を置くことはできません（同327④）。

　指名委員会等設置会社においては、①原則として取締役が会社の業務を執行することはできず（同415）、執行役に業務執行権限が与えられており（同418二）、経営の執行と監督が分離されていること、②各委員会の過半数が社外取締役でなければならないこととされ（同400③）、その決定を取締役会で修正、変更等できないほどの強力な権限を付与されていることを、その特色としています。指名委員会等設置会社の制度は、アメリカの制度をモデルにして導入したものともいわれますが、委員会の決定が取締役会の決定に優先する点は、アメリカの制度でもみられない制度設計となっています。もっとも、執行役と取締役の兼任が禁じられていないこと、社外取締役の独立要件がやや不十分であることから、指名委員会等設置会社において、経営の執行と監督の分離が完全に機能するか否かは、もうしばらく様子を見る必要があります。

　指名委員会等設置会社において必置の機関とされる委員会は、各々取締役の中から取締役会の決議によって選定される委員3人以上（そのうち過半数は社外取締役でなければなりません。）で組織されます（同400①〜③）。委員会のうち、指名委員会は、株主総会に提出する取締役（会計参与設置会社にあっては、取締役及び会計参与）の選任及び解任に関する議案の内容の決定を行います（同404①）。監査委員会は、①執行役及び取締役（会計参与設置会社では、これに加えて会計参与。以下この項において「執行役等」といいます。）の職務の執行の監査及び監査報告の作成、②株主総会に提出する会計監査人の選任及び解任並びに不再任に関する議案の内容の決定を行います（同404②）。また、報酬委員会は、執行役等の個人別の報酬等（同361①・379①②参照）の内容の決定を行います（同404③）。

(2)　監査等委員会設置会社について

　なお、平成26年改正会社法では、監査等委員会設置会社制度が創設されました。指名委員会等設置会社は、3つの委員会が必置であるのに対して、監査等委員会設置会社は、監査等委員のみが義務付けられている会社形態です。

　監査等委員会設置会社は、指名委員会等設置会社の取締役の任期が一律1年であるのと異なり監査等委員である取締役の任期は2年（それ以外の取締役の任期は1年。同332①③）、監査等委員の選解任や報酬は、他の取締役とは別に決定（同329②・361②）、監査等委員である取締役の選任に関する議案を株主総会に提出するには、監査等委員会の同意を得る必要（同344の2①）、監査等委員である取締役の解任は、株主総会の特別決議（同344の2③）など、監査役と同様に、監査等委員の独立性に配慮した制度設計となっています。他方、常勤の監査等委員を

義務付けられていない点は、監査役設置会社と異なります。

監査等委員会特有の権限としては、取締役の選解任・辞任や報酬に対する株主総会での意見陳述権（同342の2④・361⑥）、利益相反取引に関して監査等委員会が事前に承認した場合の任務懈怠の推定規定の除外（同423③④）があり、これらの規定は、監査等委員会に監督権限を付与した意味があります。

監査等委員会設置会社の監査等委員会も、指名委員会等設置会社の委員会と同じ運営ですので、以下、指名委員会等設置会社の委員会の運営として解説します。

1 委員会の招集　　　　　　　　　　　　　　　　　　　　▶会社410・411

　委員会は、その委員会の各委員が招集することができます（会社410）。招集権を特定の委員（取締役）に専属させることは認められていません。委員会を開催するには、委員の一人が、委員会の日の<u>1週間（これを下回る期間を取締役会で定めた場合は、その期間）前まで</u>に、その委員会の各委員に対して、招集通知を発しなければなりません（同411①）。もっとも、その委員会の委員の全員の同意があるときは、招集の手続を経ることなく委員会を開催することができます（同411②）。

作成書類等　〇委員会招集通知　※省略できる場合あり

2 委員会　　　　　　　　　　　　　　　　　　　　▶会社412・413、会社規111・225

　委員会における決議は、議決に加わることができる委員の過半数が出席し、その過半数をもって行います（会社412①）。ただし、取締役会の決議によって、上記定足数及び決議要件を加重することができます（同412①）。特別の利害関係を有する委員は、議決に加わることができません（同412②）。特別の利害関係を有する委員とは、例えば、指名委員会において株主総会に提出する取締役の解任に関する議案を決定する場合のその取締役本人である委員や、報酬委員会において、取締役の報酬等を決定する場合に、その取締役でもある委員です。また、委員会の決議は、取締役会の決議と異なり、定款の定めによっても、書面決議の方法によることができません。

　具体的な決議内容は、例えば、報酬委員会の場合では以下のとおりとなります。

　報酬委員会は、執行役等の個人別の報酬等の内容を決定する権限を有します（同404③）。指名委員会等設置会社以外の会社では、取締役全員の報酬の総額を定め、個人別の報酬は代表取締役が定めるという運用が一般的であるのと対照的です。

　報酬委員会は、まずは、執行役等の個人別の報酬等の内容に係る決定に関する方針を定めるとともに、その方針に従って個人別の報酬等の内容を決定しなければなりません（同409①②）。報酬委員会が執行役等の個人別の報酬等を決定する際、①確定金額とする場合は、個人別の額、②不確定金額とする場合は、個人別の具体的な算定方法、③金銭でない

第1章　機関運営一般　　第5　委員会　　75

場合は、個人別の具体的な内容を決定しなければなりません（ただし、会計参与の個人別の報酬等は①に掲げるものでなければなりません（同409③）。）。また、例えば不祥事の発生や業績悪化に対して責任をとる形で報酬をカットする場合も、報酬委員会がカットの割合や対象者等を決定することになります。また、使用人兼務執行役の使用人として受ける個人別の報酬等の内容についても、報酬委員会が決定します（同404③第2文）。

　委員会の議事については、議事録を作成し、出席した委員は、これに署名又は記名押印しなければなりません（同412③、会社規111）。議事録は電磁的記録をもって作成することもできます（会社412④、会社規111②・225①九）。会社は、議事録を、委員会の日から10年間、本店に備え置かなければなりません（会社413①）。また、株主は、その権利を行使するため必要があるときは、裁判所の許可を得て、議事録について閲覧又は謄写の請求をすることができます（同413③）。取締役は、当該委員会の委員であるか否かにかかわらず、全ての委員会の議事録について閲覧又は謄写をすることができます（同413②）。債権者が委員の責任を追及するため必要があるとき及び親会社社員がその権利を行使するため必要があるときは、裁判所の許可を得て、議事録について閲覧又は謄写の請求をすることができます（同413④）。

作成書類等　○取締役候補者説明書（指名委員会）
　　　　　　　○監査報告書（監査委員会）
　　　　　　　○取締役等の個別報酬額説明書（報酬委員会）
　　　　　　　○委員会議事録

3　取締役会の招集・取締役会　　▶会社366・417

　取締役会は、原則として各取締役が招集し、取締役会を招集する取締役を定款又は取締役会で定めた場合には、その取締役が取締役会を招集します（会社366①）。他方、指名委員会等設置会社においては、このように取締役会の招集権者の定めがある場合であっても、委員会がその委員の中から選定する者（実務上は、委員会の議長（委員長）が選定されることが多いと思われます。）は、取締役会を招集することができます（同417①）。なお、指名委員会等設置会社において、執行役も取締役会の招集を請求することができます（同417②）。

　委員会がその委員の中から選定する者は、遅滞なく、その委員会の職務の執行状況を取締役会に報告しなければなりません（同417③）。指名委員会等設置会社においては、委員会の決定を取締役会で修正、変更等できませんので、委員会の職務の執行状況の取締役会への報告はあくまで報告事項となる点は留意すべきです。

　取締役会を招集する者は、取締役会の日の1週間（これを下回る期間を定款で定めた場合は、その期間）前までに、各取締役に対して取締役会の招集の通知を発しなければなりません（同368①）。指名委員会等設置会社においては、実務上、定款又は取締役会で定めた招集権者（取締役会議長）が取締役会を招集する場合もありますが、むしろ、その委員会の職務の執行の状況を取締役会に報告するため、委員会が委員の中から選定する者（委員会の議長（委員長））が取締役会を招集することが多いようです。

また、監査役設置会社における取締役会では、代表取締役及び業務執行取締役に限定している取締役会への報告義務（同363②）が、指名委員会等設置会社においては、執行役も3か月に1回以上、自己の職務の執行の状況を取締役会に報告しなければならず（同417④）、取締役会の要求があったときは、取締役会に出席し、取締役会が求めた事項について説明をしなければなりません（同417⑤）。

作成書類等　○取締役会招集通知　※省略できる場合あり

　　　　　　　○取締役会議事録

第 2 章

株 式

78

第1　株式譲渡

10　譲渡制限株式の譲渡等承認手続

スケジュール

◆取締役会設置会社・株券発行会社（株主から請求がなされ、譲渡等を承認せず会社自身がその全部を買い取る場合）

日　程	法定期間・期限	手　　　　続	参　照
9/1		株主からの譲渡承認請求 　（不承認の場合には会社又は指定買取人による買取りを求める内容）	1
	2週間以内	譲渡の不承認を決定する取締役会決議	2
9/10		決定内容の通知	3
9/26		会社が株式を買い取る旨及び買い取る株式の数を決定する株主総会決議	4
	それぞれ40日以内	1株当たり純資産額に対象株式の数を乗じた金額を供託	5
10/3			
10/12		供託を証する書面の交付	5
同日		会社による買取りの通知	6
	1週間以内		
10/18		株主が株券を供託	7
	遅滞なく 20日以内		
10/19		株主が会社へ株券を供託した旨を通知	7
		売買価格の協議	8
10/27		売買価格決定の申立て	9
11/10		売買価格の決定・決済 名義書換え	10

解説

株式は自由に譲渡できるのが原則ですが（会社127）、定款によって、会社が発行する全部の株式の内容として、又は種類株式の内容として、譲渡による株式の取得につき会社の承認を要する旨を定めることができます（同107①一②一・108①四②四）。ただし、このように定款によって株式の譲渡制限を定めた場合にも、会社法は、株主に投下資本の回収の途を認めています。

株主は、譲渡制限株式を譲渡しようとするときは、会社に対してその譲渡について承認を求めることができ（同136）、株式を取得した者（株式取得者といいます。）も会社に対してその取得の承認を請求することができます（同137①。以下この項において、株式の譲渡と取得を併せて「譲渡等」といいます。）。さらに、株主及び株式取得者は、会社が譲渡等を承認しない場合には会社又は会社が指定した第三者（指定買取人といいます。）がその株式を買い取ることを求めることができます（同138一ハ・二ハ）。

なお、会社が株式を買い取る場合には自己株式の取得となるため財源規制等がありますので（同461①一・465①一）、注意が必要です。

1　譲渡等承認請求の内容　　　　　　　　　　　　　　▶会社136～138、会社規24

株主からの譲渡承認の請求（会社136）は、①譲渡する株式の数（種類株式発行会社にあっては、譲渡制限株式の種類及び種類ごとの数）、及び②株式を譲り受ける者の氏名又は名称を明らかにしてしなければなりません（同138一イロ・二イロ）。

この際、請求者は、不承認の場合には会社又は指定買取人が買い取ることを併せて請求することができます（同138一ハ・二ハ）。

なお、会社法上譲渡等承認請求の方法は定められていませんが、後に紛争になることを防ぐため、定款（又は定款からの授権に基づく株式取扱規程等）によって承認請求の方法を書面に限定し、定型の書式を作成しておくと便利です。

また、株式取得者による株式取得の承認請求の場合は、当該取得者は、原則として、株主として株主名簿に記載等された者やその一般承継人と共同で承認請求を行わなければなりません（同137②）。ただし、株券を提示して請求した場合（会社規24②一）等の一定の場合には、株式取得者は単独で承認請求できます。

作成書類等　○株式譲渡等承認請求書

2　承認又は不承認の決定　　　　　　　　　　　　　　　　　　　　▶会社139

譲渡等の承認請求がなされた場合、会社は、定款で別段の定めを設けている場合を除き、取締役会（取締役会非設置会社においては株主総会）において、当該譲渡等を承認するか否かを決定しなければなりません（会社139①）。

作成書類等　○取締役会議事録

第2章 株 式 第1 株式譲渡 81

3 決定内容の通知 ▶会社139・145

　会社は、譲渡等の承認又は不承認を決定した場合には、その決定内容を請求者に通知しなければなりません（会社139②）。この通知は請求の日から2週間（これを下回る期間を定款で定めた場合にはその期間）以内に行わなければ当該譲渡等を承認する旨の決定をしたものとみなされます（同145一）。したがって、譲渡等を承認しない場合には、会社は、請求の日から2週間以内にこの通知を行う必要があります。

　ただし、請求者と会社が合意によってこの期限を変更することができます（同145ただし書）。

作成書類等　○通知（譲渡等の承認又は不承認の決定内容の通知）

4 会社又は指定買取人による買取りの決定 ▶会社140・309

　請求者が譲渡等の承認請求と併せて会社又は指定買取人による買取りを請求し、会社が譲渡等を承認しなかった場合には、会社は、会社自身が買い取るのか、それとも指定買取人を指定するのかを決定しなければなりません（会社140①④）。

　この際、会社が買い取る場合には、取締役会設置会社であっても株主総会の特別決議によって決定する必要があります（同140②・309②一）。指定買取人の指定は、定款に別段の定めがある場合を除き、取締役会設置会社では取締役会の決議により決定しなければなりません（同140⑤）。

　会社が買い取る場合の決議事項は、①株式を買い取ること、及び②会社が買い取る株式数（種類株式発行会社にあっては、株式の種類及び種類ごとの数）です（同140①一・二）。

　なお、会社が株式を買い取る場合には、財源規制等が適用されます。

　具体的には、買取代金の帳簿価額の総額がその効力を生ずる日の分配可能額を超えてはならず（同461①一）、この規制に違反した場合には譲渡等承認請求者と業務執行者が、会社に対して買取代金相当額を支払う義務を負います（同462①柱書）。また、この買取りをした日の属する事業年度に係る計算書類を取締役会が承認した日に欠損が生じた場合には、業務執行者が、会社に対して会社法465条1項柱書に定める超過額（当該超過額が買取代金の額を超える場合には買取代金の額）を支払う義務を負います（同465①一）。

作成書類等　○株主総会招集通知
　　　　　　　○株主総会議事録（会社による買取りの決定）
　　　　　　　　又は
　　　　　　　○取締役会議事録（指定買取人の指定）

5 売買代金の供託・書面の交付 ▶会社141・142、会社規26

　会社が株式を買い取る決定をした場合には、会社は、請求者に対して④の決定事項を通知（⑥参照）しなければなりませんが（会社141①・140①）、その前提として1株当たりの純資

産額（計算方法については会社法施行規則25条参照）に会社が買い取る株式の数を乗じて得た額を会社の本店所在地の供託所に供託して、供託を証する書面（供託書）を請求者に交付しなければなりません（同141②）。

　会社は、③の決定内容の通知の日から原則として40日以内にこの交付を行わなければ譲渡等を承認する旨の決定をしたものとみなされますので（同145三、会社規26一）、注意を要します。

　実際には、⑥の買取りの通知を内容証明郵便で行う際、通知文書の中で別途供託書を送付した旨を記載し、同時に配達証明郵便にて供託書を送付する方法が考えられます。

　なお、指定買取人が買い取る場合には、指定買取人が上記供託及び供託を証する書面の交付を行わなければなりませんが（会社142②）、指定買取人が③の通知の日から原則として10日以内にこの交付を行わなければ譲渡等を承認する旨の決定をしたものとみなされます（同145三、会社規26二）。

作成書類等　○供託書

---

6 買取りの通知　　　　　　　　　　　　　　　　　▶会社140・141・142・145

　会社が株式を買い取る場合、会社は、①会社が買い取る旨、及び②買い取る株式数（種類株式発行会社にあっては、買い取る株式の種類と数）を請求者に通知しなければなりません（会社141①・140①）。会社は、③の決定内容の通知の日から原則として40日以内にこの通知を行わなければ譲渡等を承認する旨の決定をしたものとみなされます（同145二）。ただし、この日数も会社と請求者との間の合意によって変更することができます（同145ただし書）。

　なお、指定買取人が買い取る場合には、指定買取人は、③の通知の日から原則として10日以内に、①指定買取人として指定を受けた旨、及び②買い取る株式数（種類株式発行会社にあっては、買い取る株式の種類と数）を請求者に通知する必要があります（同142①）。当該期限内に通知がなされなかった場合、会社が譲渡等の承認をする旨の決定をしたものとみなされます。

　これらの通知によって、会社又は指定買取人と請求者の間に株式の売買契約が成立すると解されており、請求者は、これらの通知を受けた後は、譲渡制限株式の買取請求を自由に撤回できなくなります（同143①②）。

作成書類等　○通知（会社が株式を買い取る旨の通知）
　　　　　　　　○通知（指定買取人として指定を受けた旨の通知）

---

7 株券の供託・通知　　　　　　　　　　　　　　　　　▶会社141・142

　株券発行会社の場合、請求者は、⑤の供託を証する書面の交付を受けた日から1週間以内に、株券を会社の本店所在地の供託所に供託し、遅滞なくその旨を会社又は指定買取人に通知しなければなりません（会社141③・142③）。この期間内に当該供託がなされなかった場合、会社又は指定買取人は株式の売買契約を解除することができます（同141④・142④）。

作成書類等　○通知（供託の通知）

第2章　株　式　第1　株式譲渡

8　売買価格の協議　　　　　　　　　　　　　　　▶会社144

株式の売買価格は、原則として、会社又は指定買取人と請求者との間の協議によって決定します（会社144①⑦）。

9　売買価格決定の申立て　　　　　　　　　　　　▶会社144・870

会社又は指定買取人及び請求者は、6の買取りの通知があった日から20日以内に、裁判所に対して売買価格の決定の申立てを行うことができます（会社144②⑦）。裁判所は、両当事者の陳述を聴いた上で（同870②三）、承認請求時の会社の資産状態その他一切の事情を考慮して（同144③）、株式の売買価格を決定します（同144④）。

なお、協議が調わず、上記の期間内に売買価格決定の申立てもなされない場合には、5の供託すべき額が売買価格となります（同144⑤）。

株式の移転は、売買代金の支払時に効力を生ずると解されます（同141④参照）。なお、5の供託額はその売買代金に充当されます（同144⑥）。

作成書類等　○株式売買価格決定の申立書

10　名義書換え　　　　　　　　　　　　　　　　▶会社132〜134

会社が株式を買い取った場合には、会社は、売買代金の支払の後、株主の請求によらずに名義書換えを行う必要があります（会社132①二）。なお、指定買取人が買い取った場合には、会社は、指定買取人の請求によって名義書換えを行うことになります（同133、会社規22②一なお、会社134三参照）。

第2 自己株式の取得

11 市場取引による自己株式の取得

スケジュール

◆上場会社・会社法165条2項（又は同法459条1項1号）の定款の定めがある会社（オークション市場における単純買付けを行う場合）

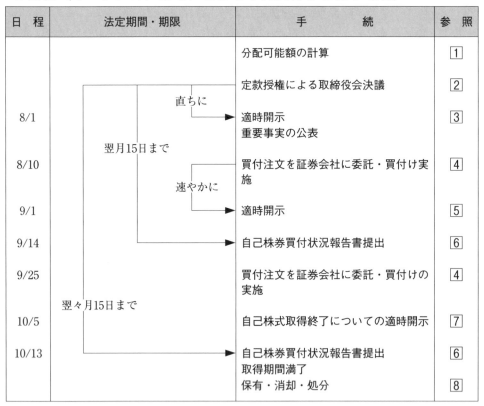

解説

　上場会社が株主との合意によって自己の上場株式を取得する方法としては、特定の株主からの自己株式の取得の手続（会社160）、市場取引又は公開買付け（金商27の2⑥・27の22の2）（後二者を併せて市場取引等といいます。）による自己株式の取得の手続（会社165）があります。

　本スケジュール及び解説は、会社法165条2項ないしは同法459条1項1号の定款の定めのある取締役会設置会社が授権決議（会社156①）を取締役会で行い、オークション市場における単純買付けを実施する場合について解説します。

1　分配可能額の調査
▶会社461・462

　会社が自己株式を取得する場合には、その対価として交付する金銭等の帳簿価格の総額が当該自己株式取得の効力を生じる日の分配可能額（会社461②）を超えてはならないとされており（同461①二）、この財源規制に反する自己株式の取得を行った場合には、譲渡人や取締役等が連帯して会社に対して填補責任を負うことになります（同462①一イロ）。

　また、当該自己株式の取得によって、その事業年度に係る計算書類を取締役会が承認した日に欠損が生じた場合には、業務執行者が填補責任を負うことになります（会社465①二）。

　したがって、交付する金銭等の総額を決定する際には、会社は、その時点での内部留保の金額、その後の事業の動向や株価の推移等を慎重に検討しなければなりません。

2　定款授権による自己株式の取得についての取締役会決議
▶会社156・165・459

　会社は、株主との合意により当該会社の株式を有償で取得するには、あらかじめ①取得する自己株式の数（種類株式発行会社の場合は、株式の種類及び種類ごとの数）、②取得の対価の内容及び総額、並びに③株式を取得することができる期間（1年を超えることができません。）を定めなければなりません（会社156①）。

　これらの事項は、原則として株主総会の決議によって定めなければなりませんが（同156①）、一定の場合には定款の定めにより、取締役会の決議により決定することができます（同165②③・459①一）。

　買い付ける自己の株式の数量等によっては、この取締役会決議の際に、個々の買付けの時期・数量等を決定する権限を代表取締役や担当役員に委任する決議を行うこともあります。

【決議内容（例）】

1	取得する株式の数	1,000,000株（上限）
2	株式の取得対価の内容及び総額	1,000,000,000円（上限）
3	取得する期間	平成27年8月1日から平成28年3月31日まで

作成書類等 ○取締役会招集通知
○取締役会議事録

3 取締役会決議についての適時開示、重要事実の公表
▶金商166、金商令30、取引等規制府令56、上場規程402

　上場会社が②の取締役会決議をした場合には、取締役会決議後直ちにその決議内容を開示しなければなりません（上場規程402一e）。

　また、②の決定はインサイダー取引規制における「重要事実」に該当しますので、上場会社は上記取締役会決議の内容を公表しなければ、具体的な買付けを行うことができません（金商166①②一ニ）。

　なお、この公表を行うことによって、以後会社が行う個々の買付けについては、その事実を公表しなくてもインサイダー取引規制に抵触することなく行うことができるようになります（金商166⑥四の二）。ただし、自己株式の取得以外の重要事実が存在している場合には、当該事実を公表した後に買付けを行わなければなりません。また、特定の株主から取得することを想定している場合のように、売主側も自己株式の取得の事実を知っている場合には、当該株主の売却行為がインサイダー取引規制に抵触しないよう、個々の買付け前にその買付けの事実を公表する必要があります。

作成書類等 ○開示資料（「自己株式取得のお知らせ」等）

4 具体的な自己株式の買付けの実施
▶金商162の2

　会社は、②の取締役会決議の後は、その決議に従って、権限ある者（取締役会に限らず、担当役員や権限を有する従業員）が、取締役会決議の範囲で、具体的な買付数量や買付時期等を決定し、買付けを行うことができます。

　なお、上場会社が自己株式を取得する場合、これにより相場操縦行為を行うことを防止するため、取引等規制府令によるさまざまな規制がありますので（金商162の2参照）、注意が必要です。

5 適時開示

　上場会社は、具体的な買付けを行うことを決定した場合には、その内容を、速やかに開示する必要があります（株式会社東京証券取引所上場部編『東京証券取引所会社情報適時開示ガイドブック（2015年6月版）』119頁（株式会社東京証券取引所、2015年）参照）。

　なお、②の取締役会決議によって授権された買付期間の終了までに、自己株式の買付けを終了した場合には、その旨を開示しなければなりません。

作成書類等 ○開示資料（「自己株式取得のお知らせ」等）

6 自己株券買付状況報告書　　　　　　　　　　▶金商6・24の6・27の30の6

　上場会社は、②の取締役会決議を行った場合には、当該決議のなされた月から当該決議によって定めた取得期間満了の月までの各月の自己株券買付状況報告書を、翌月の15日までに、内閣総理大臣（財務局長等）に提出しなければなりません（金商24の6①）。実際には買付けを行っていない月についても提出が必要です。

　また、この場合、上場会社は、遅滞なく、自己株券買付状況報告書の写しを証券取引所に提出しなければなりませんが（同24の6③・6一）、自己株券買付状況報告書をEDINETで提出した場合にはその必要はありません（同27の30の6）。

作成書類等　○自己株券買付状況報告書

7 適時開示

　取得可能期間の経過以前に自己株式の取得を終了した場合、会社は、その結果等を開示する必要があります（株式会社東京証券取引所上場部編『東京証券取引所会社情報適時開示ガイドブック（2015年6月版）』119頁（株式会社東京証券取引所、2015年）参照）。

作成書類等　○開示資料（「自己株式取得終了のお知らせ」等）

8 自己株式の保有・消却・処分及びそれらに伴う開示
　　　　　　　　　　　　　　　　　　　　　　　　▶会社178・199・911・915

　会社は、取得した自己株式をそのまま保有し続けることもできますし、株式の消却を行い、発行済株式総数を減少させることもできます。また、募集株式の募集の手続により自己株式を処分することもできます。

　株式の消却は、取締役会設置会社は取締役会決議によって、消却する株式の種類と数を定めて行います（会社178）。なお、会社は、株式の消却を行ってから2週間以内に発行済株式の総数（種類株式を消却した場合には、それに加えてその種類と種類ごとの数）の変更登記を行う必要があります（同915①・911③九）。また、消却によって、上場株式数が変更されるので、上場している証券取引所に必要書類を提出する必要があります（有価証券変更上場申請書・上場規程306、上場規程規308二）。

　会社が自己株式を株主又は第三者に譲渡する場合には、基本的には募集株式の募集の手続（会社199等）による必要がありますが、組織再編の対価として株式を交付する場合など引受者を募集しない場合は、それぞれの手続に従います。

　なお、会社は、自己株式の保有状況について、有価証券報告書や株主資本等変動計算書等によって、法令上一定の開示を行うことが求められています。

作成書類等　○有価証券報告書
　　　　　　　○株主資本等変動計算書

12　特定の株主からの自己株式の取得

スケジュール

◆非公開・取締役会設置会社（取締役会設置会社で株主総会招集通知発送期限を変更していない会社）

日　程	法定期間・期限	手　　　続	参　照
6/14		株主総会の招集通知 売主追加請求の通知発送・到達	1
6/20	1週間前まで 5日前まで	売主追加請求	2
6/26		株主総会決議	3
7/3		取締役会決議（取得価格等の決定）	4
7/5		株主への通知	5
7/10		株主からの譲渡しの申込み	6
7/31		申込期日	7
8/3		名義書換え	8

解　説

　合意による自己株式の取得の手続には、①株主全員に譲渡しの申込みの機会を与えて行う取得の手続（会社156～159）、②特定の株主からの取得の手続（同160）、③市場取引又は公開買付け（金商27の2⑥・27の22の2）の方法による取得の手続（会社165）の3種類があります。

　特定の株主からの取得の手続は、原則として他の株主に売主追加請求権が認められ、株主総会の5日前までに議案が修正され、原案賛成の議決権行使書面等が全て原案反対の内容となってしまうことから、上場会社など株主が多数に及ぶ会社が利用することは実務上難しいと思われます。

　ただ、以下の場合には売主追加請求を排除できますので、その要件を満たす場合（上場会社が利用できる場合は下記①③④の場合）には、そのような会社が本手続を利用することも考えられます。

① 　市場価格以下での取得（同161）

　　具体的には、取得する株式が市場価格のある株式で、1株当たりの取得の対価の額が授権決議（同156①・165②③）の前日の取引所の最終取引価格又は公開買付価格のうちいずれか高い額を超えない場合です（会社規30）。

② 　相続人等からの取得（会社162）

　　売主が相続人その他の一般承継人の場合ですが、非公開会社で、かつ一般承継人がその株式につき議決権を行使していない場合に限ります。

③ 　子会社からの取得（同163）

　　会社がその子会社から自己株式を取得する場合には、取締役会設置会社では取締役会決議で会社法156条1項各号の事項を決定するだけで取得することができ（同163前段）、売主追加請求の規定等は適用されません（同163後段）。

④ 　定款の定めによる売主追加請求の排除（同164）

　　会社は、特定の株主からの株式（種類株式発行会社ではある種類の株式）の取得について、売主追加請求の規定等を適用しない旨を定款で定めることができます（同164①）。ただし、株式発行後にこの定款の定めを設ける場合にはその株式を有する株主全員の同意が必要となります（同164②）。

　他方、非公開会社においては、株主の個性や人的関係を重視する会社が多いことから、相続等さまざまな事情に応じて、特定の株主から自己株式を取得する必要がある場合が考えられ、株主の数も限られているため、上場会社のような難しさもさほどないものと思われます。

　この項では、非公開会社で株主総会の招集通知発送期限を定款により変更していない会社（招集通知発送期限が株主総会の1週間前までとされている会社）が、特定の株主から自己株式を取得する場合のスケジュールについて説明します。

90 第2章 株 式 第2 自己株式の取得

1 売主追加請求の通知　　　　　　　　　　▶会社160・299、会社規28

　会社が特定の株主から株式を取得しようとする場合には、株主間の公平を害することの
ないよう、法務省令で定める時までに、株主に対し、2のとおり、特定の株主に自己をも
加えたものを3の株主総会の議案とすることを請求（売主追加請求といいます。）すること
ができる旨を通知しなければなりません（会社160②③）。

　この通知の期限は、株主総会招集通知の発送期限（同299①）に合わせて、原則として株主
総会の日の<u>2週間前まで</u>とされていますが（会社規28本文）、株主総会招集通知の発送期限が
株主総会の日の2週間を下回る1週間以上の期間前である場合には、<u>招集通知の発送期限ま
で</u>とされています（同28一）（なお、株主総会招集通知の発送期限を1週間を下回る期間前と
している会社や、会社法300条の規定により株主総会招集手続を省略した場合には、<u>1週間
前まで</u>とされています（同28二三）。）。

　非公開会社（取締役会設置会社）の場合には、その株主総会の招集通知発送期限は、原
則として株主総会の日の1週間前までとされていますので（会社299①）、売主追加請求の通
知も3の株主総会の招集通知発送期限である株主総会の<u>1週間前まで</u>に行わなければなり
ません（同160②、会社規28一）。

　売主追加請求の通知は、3の株主総会招集通知に記載して行うことが一般的と思われま
す。ただ、株主総会招集通知は期限までに発送すればよいのですが、売主追加請求の通知
は上記期限までに株主に到達することを要します。したがって、売主追加請求の通知を株
主総会招集通知と併せて行う場合には、上記期限までに到達するよう十分余裕を持って発
送しなければなりません。

作成書類等　○株主総会招集通知
　　　　　　　○売主追加請求の通知

2 売主追加請求　　　　　　　　　　　　　▶会社160、会社規29

　株主は、原則として3の株主総会の日の<u>5日前（定款でこれを下回る期間を定めた場合に
はその期間）</u>までに、売主となる特定の株主に自己をも加えたものを株主総会の議案とす
ることを会社に対して請求することができます（会社160③、会社規29）。これによって、当該
株主は株主総会の議案の修正を請求することになります。

　なお、冒頭で述べたとおり、一定の場合には、株主の売主追加請求権は認められず、こ
れを前提とした1の会社の売主追加請求の通知の手続も行う必要がありません。

3 自己株式取得の決定　　　　　　　　　　▶会社156・160・309

　会社は、株主総会の特別決議によって（会社309②二）、①取得する株式の数（種類株式発行
会社では取得する株式の種類及び種類ごとの数）、②対価の内容及びその総額、③株式を取
得することができる期間（1年を超えることができません（同156①）。）、並びに④特定の株

第2章　株　式　第2　自己株式の取得　　91

　主から自己株式を取得すること（当該株主の氏名（名称）も含みます。）を定めなければなりません（同156①・160①）。

　なお、売主となる特定の株主は、この株主総会において、原則として議決権を行使することができません（同160④）。

作成書類等　○株主総会議事録

4　取得価格等の決定　　▶会社157

　会社は、③の株主総会決議の後、①具体的に取得する株式の数（種類株式発行会社では取得する株式の種類及び種類ごとの数）、②1株ごとの対価の内容や計算方法等、③対価の総額、及び④株式の譲渡しの申込みの期日（申込期日といいます。）を定めなければなりません（会社157①）。この決定は、取締役会設置会社においては取締役会の決議によらなければなりません（同157②）。

作成書類等　○取締役会議事録

5　株主への通知　　▶会社158・160

　会社は、③で決定した特定の株主に対して④の決定事項を通知しなければなりません（会社158①・160⑤）。なお、公開会社においては、この通知は、公告をもってこれに代えることができます（同158②）。

作成書類等　○通知（取得価格等決定事項の通知）

6　譲渡しの申込み　　▶会社157・159

　売主となる特定の株主は、会社に対し、④で会社が定めた申込期日（会社157①四）までに、申込みをする株式の数を明らかにして、株式の譲渡しの申込みを行わなければなりません（同159①）。

作成書類等　○株式譲渡申込書

7　申込期日　　▶会社157・159

　会社は、④で会社が定めた申込期日（会社157①四）に、特定の株主が⑥の申込みをした株式の譲受けを承諾したものとみなされ（同159②本文）、両者の間に株式の売買契約が成立したことになります。

　なお、株主からの申込総数が取得予定数を超えた場合には、按分比例によって各株主から株式の譲受けを承諾したものとみなされます（同159②ただし書）。

8 名義書換え

▶会社132

　会社は、取得した自己株式について、振替株式である場合を除き、株主の請求によらずに名義書換えを行う必要があります（会社132①二）。

作成書類等　○株主名簿の書換え

13 相続人等に対する売渡請求

スケジュール

◆非公開会社（会社法174条の定款の定めがある会社）

日　程	法定期間・期限	手　　　続	参　照
10/29		株主の死亡・相続開始	
10/30		会社が相続の発生を知る	
12/10	1年以内	売渡しの請求の決定（株主総会決議）	1
12/20		売渡しの請求	2
	20日以内	売買価格の協議	
1/4		売買価格決定の申立て	3
		名義書換え	

解　説

　相続、合併、会社分割等の一般承継により株式が移転した場合には、株式譲渡制限制度による会社の承認の対象にはならないため（会社134四）、会社にとって好ましくない者が株主となってしまうおそれがあります。こうした一般承継人を株主から排除するため、会社は、一般承継により譲渡制限株式を取得した者に対して株式を会社に売り渡すことを請求することができる旨を定款で定めることができます（同174）。この項では、このような定款の定めがある会社が一般承継人から株式を取得する場合の手続について説明します。

1　売渡しの請求の決定　　　　　　　　　　　　　　　　　　▶会社175・309

　会社は、株主総会の特別決議によって（会社309②三）、①売渡請求をする株式の数（種類株式発行会社にあっては、株式の種類及び種類ごとの数）、及び②当該株式を有する者の氏名又は名称を定めなければなりません（同175①）。
　なお、この株主総会においては、原則として、売渡請求を受ける株主は議決権を行使することができません（同175②）。

作成書類等　○株主総会招集通知
　　　　　　　○株主総会議事録

2　売渡しの請求　　　　　　　　　　　　　　　　　　　　　　　▶会社176

　会社は、相続等の一般承継があったことを知った日から<u>1年以内</u>に売渡しの請求を行わなければなりません（会社176①）。売渡請求は、請求する株式の数（種類株式発行会社にあっては、株式の種類及び種類ごとの数）を明らかにして行う必要があります（同176②）。
　なお、会社はいつでもこの請求を撤回することができます（同176③）。

作成書類等　○売渡請求書

3　売買価格の決定　　　　　　　　　　　　　　　　　　　　　　▶会社177

　株式の売買価格は、原則として会社と株式を有する者（一般承継人）との協議によって決定しますが（会社177①）、当事者は売渡請求のあった日から<u>20日以内</u>に、裁判所に対して価格決定の申立てを行うことができます（同177②）。この申立てがあったときは、裁判所は、売渡請求時における会社の資産状態その他一切の事情を考慮して（同177③）、株式の売買価格を決定します（同177④）。
　協議が調わず、また、価格決定の申立てもないまま売渡請求の日から<u>20日</u>が経過した場合、売渡請求の効力が失われることになります（同177⑤）。

作成書類等　○株式売買価格決定の申立書

第2章　株　式　第2　自己株式の取得　　95

14　特殊な自己株式の取得（全部取得条項付種類株式の取得）

スケジュール

◆株券発行会社（普通株式のみを発行している会社が既発行株式を全部取得条項付種類株式とした上で、少数株主のキャッシュ・アウトを目的とする場合）

日　程	法定期間・期限	手　　続	参　照
8/1		基準日の決定	1
同日	直ちに	（適時開示（上場会社の場合））	2
同日	速やかに	（保振機構への通知（振替株式の場合））	3
8/14		基準日公告	4
8/31	2週間前まで	基準日	4
9/10		株主総会及び種類株主総会招集のための取締役会決議	5
9/11		（臨時報告書の提出（上場会社の場合））	6
10/5	3か月以内	招集通知の発送	
10/6		事前開示手続	7
10/26		種類株式発行会社となるための定款変更決議	8
同日		既発行株式を全部取得条項付種類株式とする定款変更決議	9
同日		種類株主総会決議	10
同日		全部取得条項付種類株式の取得の決議	11
10/27	2週間以内	変更登記	12

第2章 株式　第2　自己株式の取得

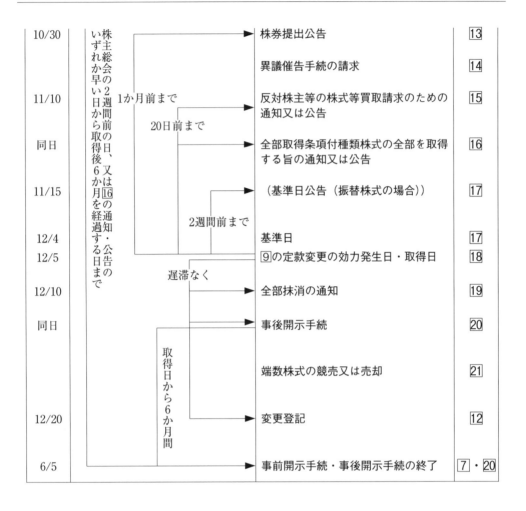

解　説

　全部取得条項付種類株式とは、種類株式発行会社において、当該種類の株式の全部を株主総会の特別決議によって取得することができる種類の株式です（会社171①）。

　この制度は、会社法で創設されたものですが、キャッシュ・アウトの手段として活用されているほか、買収防衛策としての利用も可能といわれています。

　本項では、普通株式のみを発行している会社が、当該普通株式を全部取得条項付種類株式に変更し、その全株式を取得する一連の手続を同一の機会に全て行うためのスケジュールについて説明します。

　なお、上場会社は、この手続によって発行済株式の全部を取得する場合等には、その株式の上場廃止が予想されますので、株式を上場している証券取引所と協議の上、スケジュールを組んでいく必要があります。

1　基準日の決定　　　　　　　　　　　　　　　　　　　　　　　　　▶会社124

　会社は、臨時株主総会を開催する場合には、当該株主総会において議決権を行使できる株主を定めるため、その基準日を設定するのが一般的です。会社は、取締役会決議によって、基準日となる日を定めて、基準日において株主名簿に記載等されている株主を議決権を行使することができる株主と定めることができます（会社124①）。この場合、会社は、その株主が行使することができる議決権（基準日から3か月以内に行使するものに限ります。）の内容を定めなければなりません（同124②）。本項における株主が行使することができる権利の内容は、8から11までの株主総会及び種類株主総会における議決権です。

作成書類等　○公告（基準日公告）

2　適時開示　　　　　　　　　　　　　　　　　　　　　　　　　　▶上場規程402

　上場会社は、1の取締役会決議を行った場合には、直ちに、8から11までの株主総会及び種類株主総会の基準日を設定したことを開示しなければなりません（上場規程402－an・ap）。

　また、証券取引所に所定の書類の提出を行うものとされています（同421、上場規程規417）。

作成書類等　○開示資料（「臨時株主総会及び普通株主による種類株主総会招集のための
　　　　　　　　基準日設定に関するお知らせ」等）

98　　　　　第2章　株　式　　第2　自己株式の取得

3　保振機構への通知　　　　　　　　▶株式等の振替に関する業務規程施行規則6

　上場会社は、株式等振替制度を利用している関係上、基準日を定めた場合には、所定の時期に、証券取引所に所定の書類を提出する等し、また、速やかに（かつ、基準日の2週間前の日までに）保振機構にその内容を通知する必要があります（上場規程421①、上場規程規418六、振替151⑦、振替命令23①、株式等の振替に関する業務規程12、株式等の振替に関する業務規程施行規則6・別表1．1(16)）。

作成書類等　○株式等の振替に関する業務規程施行規則第6条に基づく通知

4　基準日公告　　　　　　　　　　　　　　　　　　　　　　　▶会社124

　会社は、①において臨時株主総会及び種類株主総会の基準日を定めた場合には、その基準日の2週間前までに、①その基準日、及び②株主が行使することができる権利の内容を公告しなければなりません（会社124③）。

　なお、上場会社は、基準日を設定した場合、証券取引所に所定の書類の提出を行うものとされています（上場規程421、上場規程418六）。

作成書類等　○公告（基準日公告）

5　株主総会招集の決定　　　　　　　　　　　　　　　▶会社298・325

　⑧から⑪までの事項は、それぞれ株主総会又は種類株主総会の特別決議で決定しなければなりません（会社309②三・十一・325）。したがって、会社は、これらの決議を行うための株主総会及び種類株主総会の招集を取締役会で決定しなければなりません（同298④①・325）。

　なお、⑩のとおり、⑨の定款変更は⑩の種類株主総会の決議がなければその効力を生じないこととされていますので（同111②一）、⑩の種類株主総会についても招集手続から漏れないように注意しなければなりません。

作成書類等　○取締役会招集通知
　　　　　　　○取締役会議事録
　　　　　　　○株主総会招集通知

6　臨時報告書　　　　　　　　▶金商24の5④、企業開示府令19②四の三

　会社は、全部取得条項付種類株式の全部の取得を目的とする株主総会を招集することが、取締役会により決定された場合には（当該取得により当該提出会社の株主の数が25名未満となることが見込まれる場合に限ります。）、遅滞なく、臨時報告書を内閣総理大臣（財務局長等）に提出しなければなりません（金商24の5④、企業開示府令19②四の三）。

作成書類等　○臨時報告書

第2章　株　式　第2　自己株式の取得　　99

7　事前開示手続　　▶会社171の2

　全部取得条項付種類株式の取得は、実務上、キャッシュ・アウトの手段として用いられることが多く、組織再編の場合と同様、株主の権利に大きな影響を及ぼすこととなりますが、組織再編の場合と比べて株主に対する情報開示が不十分であるとの指摘がなされていたため、平成26年改正会社法において、全部取得条項付種類株式の取得についても、組織再編の場合と同程度に株主への情報開示を充実させる観点から、当該全部取得条項付種類株式の取得に際して開催される株主総会の前に情報開示を行う事前開示手続（会社171の2）及び当該取得後に情報開示を行う事後開示手続（同173の2、20参照）が設けられました。

　会社は、①株主総会の日の2週間前の日（会社法319条1項の提案がなされた場合には当該提案のなされた日）又は②株主に対する会社法172条2項の規定に基づく通知又は同条3項の規定に基づく公告（16参照）のなされた日のいずれか早い日から取得日後6か月を経過する日までの間、以下の事項を記載し、又は記録した書面又は電磁的記録をその本店に備え置かなければなりません（同171の2①、会社規33の2）。

---

① 　全部取得条項付種類株式の取得対価に関する事項
　　㋐ 　当該取得対価が当該株式会社の株式であるときは、当該株式の種類及び種類ごとの数又はその数の算定方法
　　㋑ 　当該取得対価が当該株式会社の社債（新株予約権付社債についてのものを除きます。）であるときは、当該社債の種類及び種類ごとの各社債の金額の合計額又はその算定方法
　　㋒ 　当該取得対価が当該株式会社の新株予約権（新株予約権付社債に付されたものを除きます。）であるときは、当該新株予約権の内容及び数又はその算定方法
　　㋓ 　当該取得対価が当該株式会社の新株予約権付社債であるときは、当該新株予約権付社債についての㋑の事項及び当該新株予約権付社債に付された新株予約権についての㋒の事項
　　㋔ 　当該取得対価が当該株式会社の株式等以外の財産であるときは、当該財産の内容及び数若しくは額又はこれらの算定方法
② 　取得対価の割当てに関する事項
③ 　取得日
④ 　取得対価の相当性に関する事項
⑤ 　取得対価について参考となるべき事項
⑥ 　計算書類等に関する事項
⑦ 　備置開始日後取得日までに⑥に関する事項に変更が生じた場合には、変更後の当該事項

作成書類等　　○事前開示手続書面

8　種類株式発行会社となるための定款変更　　▶会社309

　普通株式のみを発行している会社が、既発行株式を全部取得条項付種類株式にした上で
これを取得するためには、まず、種類株式発行会社となる必要があります（会社111②本文参
照）。

　種類株式発行会社とは、会社法108条1項各号の事項について内容の異なる2以上の種類
の株式を発行する株式会社をいい（同2十三）、実際に2以上の種類株式を発行していること
は必要ではありません。そこで、会社は、株主総会の特別決議により（同309②十一）、何らか
の種類の株式（全部取得条項付種類株式に限りません。）を発行するのに必要な事項を定め
た定款に変更することを決議しなければなりません（同108②）。この定款変更決議によっ
て、会社は種類株式発行会社になります。

作成書類等　○新定款

9　既発行株式を全部取得条項付種類株式とする定款変更　　▶会社108

　会社が既発行株式を全部取得条項付種類株式とする定款変更決議を行う場合に、定款で
定めるべき事項は、①取得対価の価額の決定方法（会社108②七イ）、②当該取得の株主総会
決議の条件（同108②七ロ）です。

　なお、この定款変更の効力発生日は、全部取得条項付種類株式の取得日とする例が多い
ように見受けられます。

作成書類等　○新定款

10　種類株主総会決議　　▶会社111・324

　9の株主総会決議は、既発行株式である普通株式の株主による種類株主総会の特別決議
を経なければ効力を生じません（会社111②一・324②一）。そこで、会社は、8及び9の株主総
会に続いて既発行株式の株主（8及び9の株主総会と同じ株主です。）による種類株主総
会を開催して、その特別決議を経なければなりません。

作成書類等　○種類株主総会議事録

11　全部取得条項付種類株式の取得の決議　　▶会社171・309

　全部取得条項付種類株式の取得の決議は、株主総会の特別決議で行います（会社309②三・
171①）。取締役は、この株主総会において、全部取得条項付種類株式を取得することを必
要とする理由を株主に説明する必要があります（同171③）。この決議も、8から10までの株
主総会と同日に行うことが可能です。

　決議事項は、①取得対価の内容とその数若しくは額又は算定方法（同171①一）、②取得対
価を交付する場合には取得対価の割当てに関する事項（同171①二）、及び③取得日（同171①

三）です。

　キャッシュ・アウトの目的で全部取得条項付種類株式の取得を行う場合、21において端数株式の競売又は売却により少数株主に金銭を交付するため、対価は株式とし、少数株主に対して交付される株式の数が端数となるよう対価を決定します。

　また、会社法172条1項各号の株主は、取得日の20日前の日から取得日の前日までの間に裁判所に対して価格決定の申立てをすることができます（同172①）。

作成書類等　○株主総会議事録

12　変更登記　　　　　　　　　　　　　　　　　　　　　　　　　▶会社911・915

　8及び9の定款変更決議によって、発行可能種類株式総数、発行する各種類の株式の内容（会社911③七）、並びに発行済種類株式の種類、種類ごとの数（同911③九）に変更が生じます。したがって、会社は、それぞれの決議の効力が生じた日から2週間以内に、本店所在地において変更登記をしなければなりません（同915①）。

作成書類等　○登記申請書

13　株券提出公告等　　　　　　　　　　　　　　　　　　　　　　　　▶会社219

　株券発行会社は、取得日（効力発生日）までに会社に対し株券を提出しなければならない旨を、取得日の1か月前までに公告し、かつ株主及び登録株式質権者には、各別にこれを通知しなければなりません（会社219①三）。株券は、取得日に無効となります（同219③・173①）。会社は、株券の提出があるまで取得対価の交付を拒むことができます（同219②）。

作成書類等　○公告（会社法219条1項3号の公告）

14　異議催告手続　　　　　　　　　　　　　　　　　　　　　　　　　▶会社220

　株券を提出することができない者があるときは、会社は、その者の請求により、利害関係人に対し、異議があれば3か月を下らない一定の期間内に述べることができる旨を公告することができます（会社220①）。その期間内に異議を述べる者がいなければ、会社は、請求をした者に対し新株券又は売却代金を交付することができます（同220②）。

作成書類等　○公告（会社法220条1項の公告）

15　反対株主等の株式等買取請求のための通知又は公告　　　　▶会社116・118

　会社法116条2項に規定する反対株主は、9の定款変更が効力を生ずる日（定款変更日といいます。）の20日前の日から定款変更日の前日までの間に、買取りを請求する株式の数を明らかにして、会社法111条2項各号に規定する株式を公正な価格で買い取ることを請求することができます（会社116①二⑤）。

また、既発行株式を目的とする新株予約権の新株予約権者は、⑨の定款変更日の20日前の日から定款変更日の前日までの間に、買取りを請求する新株予約権の内容及び数を明らかにして、自己の有する新株予約権を公正な価格で買い取ることを請求することができます（同118①二・⑤）。

会社は、上記の反対株主及び新株予約権者が買取請求の機会を失わないよう、定款変更日の20日前までに、⑨の定款変更を行う旨を上記株主及び新株予約権者に対して通知し、又は公告しなければなりません（同116③④・118③④）。

振替株式を発行している会社は、通知に代えて、当該通知をすべき事項を公告しなければなりません（振替161②）。

作成書類等 ○通知（既発行株式を全部取得条項付種類株式にする定款変更を行う旨の通知）

又は

○公告（既発行株式を全部取得条項付種類株式にする定款変更を行う旨の公告）

16 全部取得条項付種類株式の全部を取得する旨の通知・公告 ▶会社172

会社法172条1項に定める株主は、取得日の20日前の日から取得日の前日までの間に、裁判所に対して、会社による全部取得条項付種類株式の取得の価格の決定の申立てをすることができます（会社172①）。

そのため、会社は、上記の株主が価格の決定の申立てをする機会を失わないよう取得日の20日前までに、全部取得条項付種類株式の株主に対して、当該全部取得条項付種類株式の全部を取得する旨を通知又は公告しなければなりません（同172②③）。

振替株式を発行している会社は、通知に代えて、当該通知をすべき事項を公告しなければなりません（振替161②）。

作成書類等 ○通知（全部取得条項付種類株式を取得する旨の通知）

又は

○公告（全部取得条項付種類株式を取得する旨の公告）

17 基準日公告等 ▶会社124・173

全部取得条項付種類株式の取得においては、取得日時点の株主に対して対価が交付されることになりますが、振替株式を発行している会社の場合、取得日時点の株主を確定するために、基準日（会社124①）を設定して、保振機構から総株主通知（振替151①一）を受ける等の手続をとる必要があります（会社は、この総株主通知により通知された事項を株主名簿に記載等することになり、これにより、基準日に株主名簿の名義書換（会社130①）がなされたものとみなされます（振替152①）。）。そのため、振替株式を発行している会社の場合、取締役会において、基準日を定め、その基準日の翌日を効力発生日として定めることが多い

でしょう。

そして、基準日を定めた場合には、所定の時期に、証券取引所に所定の書類を提出する等し、また、速やかに（かつ、基準日の2週間前の日までに）保振機構にその内容を通知する必要があります（上場規程421①、上場規程規418六、振替151⑦、振替命令23①、株式等の振替に関する業務規程12、株式等の振替に関する業務規程施行規則6・別表1. 1(16)）。

作成書類等 ○公告（基準日公告）

18 取得日　　　　　　　　　　　　　　　　　　　　　　　　　▶会社173

会社は、11で定めた取得日に全部取得条項付種類株式を取得します（会社173①）。

なお、平成26年改正会社法により、全部取得条項付種類株式の取得が法令又は定款に違反する場合において、株主が不利益を受けるおそれがあるときは、株主は、全部取得条項付種類株式の取得の差止めを請求することができることとされました（同171の3）。

19 全部抹消の通知　　　　　　　　　　　　　　　　　　　　　▶振替157③

振替株式を発行している会社は、取得日以後遅滞なく、保振機構に対し、取得日を当該振替株式についての記載又は記録の全部を抹消する日として、全部抹消の通知をしなければなりません（振替157③）。

20 事後開示手続　　　　　　　　　　　　　　　　　　　　　▶会社173の2

会社は、取得日以後遅滞なく、以下の事項を記載し、又は記録した書面又は電磁的記録を作成し、取得日から6か月間、その本店に備え置かなければなりません（会社173の2①②、会社規33の3）。

---

① 取得した全部取得条項付種類株式の数
② 会社が全部取得条項付種類株式を取得した日
③ 全部取得条項付種類株式の取得の差止請求に係る手続の経過
④ 裁判所に対する価格決定の申立ての手続の経過
⑤ ①から④までのほか、全部取得条項付種類株式の取得に関する重要な事項

なお、事後開示手続書面等は、取得日に全部取得条項付種類株式の株主であった者、つまり全部取得条項付種類株式の取得により株式を失った株主も閲覧等を請求することができます（会社173の2③）。

作成書類等 ○事後開示手続書面

21 端数株式の競売又は売却　　　　　　　　　　　　　　　▶会社234

　会社は、少数株主に対して、対価として端数の株式を交付するものとして（11参照）、会社法234条の規定に基づき、会社は、これを競売し又は売却した代金を交付することになります（会社234①②）。

　一般的には、裁判所の許可を得て競売以外の方法によりこの株式を売却する例が多いと思われますので、この許可決定に要する期間を見込んだスケジュールを立てる必要があります。

　なお、会社は、この競売又は売却に代えて、端数株式の一部又は全部を買い取ることができますが、これには財源規制が適用されますので注意が必要です（同461①七・234④）。

15　特別支配株主による株式等売渡請求

スケジュール

◆対象会社が非公開会社・株券不発行会社であり、普通株式のみを発行している場合

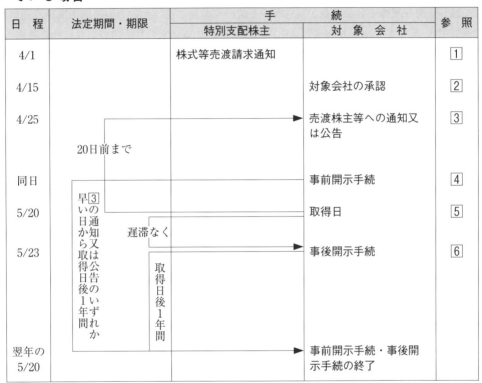

解　説

　特別支配株主による株式等売渡請求とは、対象会社の総株主の議決権の10分の9（これを上回る割合を定款で定めた場合はその割合）以上を有する株主（特別支配株主）が他の株主の全員に対して、その有する株式の全部を売り渡すことを請求することができるもので、平成26年改正会社法により創設された制度です（会社179①）。特別支配株主の議決権の算定に当たっては、特別支配株主となる者が自ら有する議決権に加えて、その者の特別支配株主完全子法人（特別支配株主となる者が発行済株式の全部を有する株式会社その他これに準じる法人）が有する議決権も合算することとされています（同179①、会社規33の4）。

　特別支配株主による株式等売渡請求の制度（会社179～179の10）は、同じくキャッシュ・アウトの手段とされる全部取得条項付種類株式の取得と異なり、株主総会の特別決議（同171①・309②三参照）や端数株式の処理（同234）が不要であるため、キャッシュ・アウトまでの期間を短縮でき、機動的にキャッシュ・アウトを行うことができます。

　また、特別支配株主による株式等売渡請求では、新株予約権売渡請求を行うことも可能であるため、対象会社が新株予約権を発行している場合でも、別段の手続を要することなくキャッシュ・アウトを行うことができます。

　この項では、対象会社が非公開会社・株券不発行会社である場合のスケジュールを説明します。なお、本項においては、以下、断りのない限り、「株式等」という場合には株式と新株予約権のことをいい、「株主等」という場合には株主と新株予約権者のことをいうこととします。

1　株式等売渡請求通知　　　　　　　　　　　　　　▶会社179の2・179の3

　特別支配株主は、株式等売渡請求をするときは、以下の事項を定め、株式売渡請求を行う旨（併せて新株予約権売渡請求をしようとするときは、その旨）と併せて、対象会社に対して通知します（会社179の2①・179の3①、会社規33の5）。

> ①　特別支配株主完全子法人に対して株式等売渡請求をしないこととするときはその旨及び当該特別支配株主完全子法人の名称
> ②　売渡株主に対して売渡株式の対価として交付する金銭の額又はその算定方法
> ③　売渡株主に対する②の金銭の割当てに関する事項
> ④　新株予約権売渡請求をするときは、新株予約権売渡請求をする旨及び当該請求に係る①から③に相当する事項
> ⑤　取得日
> ⑥　株式等売渡対価（②及び④に定める対価）の支払のための資金を確保する方法

第2章　株　式　第2　自己株式の取得　　　107

---

⑦　①から⑤のほか、株式等売渡請求に係る取引条件を定めるときはその取引条件

作成書類等　○通知（特別支配株主から対象会社）

2　対象会社による承認　　　　　　　　　　　　　　　　▶会社179の3

　株式等売渡請求は対象会社の承認を受けなければならないとされていますので（会社179
の3①）、対象会社は、特別支配株主から株式等売渡請求を受けたときは、これを承認するか
否かを決定することになります。特別支配株主が株式だけでなく新株予約権の売渡請求を
する場合においては、対象会社は、新株予約権売渡請求のみを承認することはできないと
されています（同179の3②）。対象会社が取締役会設置会社である場合には、この承認に係
る決定は取締役会の決議によらなければなりません（同179の3③）。

　なお、特別支配株主は、株式等売渡請求について対象会社の承認を受けた後は、取得日
の前日までに対象会社の承諾を得ない限り株式等売渡請求の撤回はできません（同179の6
①）。

作成書類等　○承諾書（株式等売渡請求）

3　対象会社から売渡株主等への通知　　　　　　　　　　▶会社179の4

　対象会社は、株式等売渡について承認をしたときは、売渡株主等に対し、取得日の20日
前までに、以下の事項を通知しなければなりません（会社179の4①一・179の2①一～五、会社規33
の6・33の5①二）。

---

①　株式等売渡請求の承認をした旨

②　特別支配株主の氏名又は名称及び住所

③　特別支配株主完全子法人に対して株式等売渡請求をしないこととするときは、そ
の旨及び当該特別支配株主完全子法人の名称

④　売渡株主に対して売渡株式の対価として交付する金銭の額又はその算定方法

⑤　売渡株主に対する④の金銭の割当てに関する事項

⑥　新株予約権売渡請求をするときは、新株予約権売渡請求をする旨及び当該請求に
係る③から⑤に相当する事項

⑦　取得日

⑧　株式等売渡対価の支払のための資金を確保する方法

⑨　③から⑦のほか、株式等売渡請求に係る取引条件を定めるときはその取引条件

　また、対象会社は、売渡株式の登録株式質権者及び売渡新株予約権の登録新株予約権質

権者に対しても、株式等売渡請求の承認をした旨を通知しなければなりません（会社179の4①二）。

ただし、これらの通知のうち、売渡株主に対するもの以外については公告をもって通知に代えることができます（同179の4②）。

なお、売渡株式が振替株式である場合には、対象会社は、通知に代えて、上記の事項を公告しなければなりません（振替161②）。

公告によるものも含めて、売渡株主等に対して通知等がなされたときは、特別支配株主から売渡株主等に対して株式等売渡請求がされたものとみなされ（会社179の4③）、全ての売渡株主等に対して株式等売渡請求の効果が生ずることになります。

売渡株主等は、上記の対価の額に不満がある場合には、取得日の20日前の日から取得日の前日までの間に、裁判所に対し、その有する売渡株式等の売買価格の決定の申立てをすることができます（同179の8①）。

作成書類等　○通知（対象会社から売渡株主等）

4　事前開示手続　　　　　　　　　　　　　　　　▶会社179の5

対象会社は、売渡株主等に対する通知又はこれに代わる公告のいずれか早い日から取得日後6か月（対象会社が公開会社でない場合にあっては、取得日後1年）を経過する日までの間、以下の事項を記載等した書面等をその本店に備え置き、売渡株主等による閲覧等に供しなければなりません（会社179の5・179の2①、会社規33の7）。

【事前開示書類等に記載すべき事項】

---

① 特別支配株主の氏名又は名称及び住所
② 特別支配株主完全子法人に対して株式等売渡請求をしないこととするときはその旨及び当該特別支配株主完全子法人の名称
③ 売渡株主に対して売渡株式の対価として交付する金銭の額又はその算定方法
④ 売渡株主に対する③の金銭の割当てに関する事項
⑤ 新株予約権売渡請求をするときは、新株予約権売渡請求をする旨及び当該請求に係る②から④に相当する事項
⑥ 取得日
⑦ 株式等売渡対価の支払のための資金を確保する方法
⑧ ②から⑥のほか、株式等売渡請求に係る取引条件を定めるときはその取引条件
⑨ 株式等売渡請求の承認をした旨
⑩ 株式等売渡対価の総額の相当性に関する事項、⑨の承認に当たり売渡株主等の利益を害さないように留意した事項（当該事項がない場合にあっては、その旨）、その他の売渡株式等の対価として交付する金銭の額又はその算定方法及び売渡株主等に対する当該金銭の割当てに関する事項についての定めの相当性に関する事項（当該

第2章　株　式　第2　自己株式の取得　　　109

　　相当性に関する対象会社の取締役（取締役会）の判断及びその理由を含みます。）
　⑪　株式等売渡対価の支払のための資金を確保する方法の相当性その他の株式等売渡
　　対価の交付の見込みに関する事項（当該見込みに関する対象会社の取締役（取締役
　　会）の判断及びその理由を含みます。）
　⑫　⑧に掲げる事項についての定めがあるときは、当該定めの相当性に関する事項（当
　　該相当性に関する対象会社の取締役会（取締役）の判断及びその理由を含みます。）
　⑬　対象会社における重要な後発事象
　⑭　対象会社に最終事業年度がないときは成立日における貸借対照表
　⑮　⑩から⑭の事項に変更があった場合、変更後の当該事項

作成書類等　○事前開示手続書面

5　取得日 ▶会社179の9

　特別支配株主による株式等売渡請求はキャッシュ・アウトの方法として集団的・画一的
に株式等の移転の効力を生じさせる必要があることから、株式等売渡請求をした特別支配
株主は、取得日に売渡株式等の全部を一括して取得します（会社179の9①）。

　売渡株式等に譲渡制限が付されている場合であっても、対象会社による譲渡承認があっ
たものとみなされることから（同179の9②）、加えて実際に譲渡承認を得る必要はありませ
ん。

　なお、売渡株主等は、①株式等売渡請求が法令に違反する場合、②対象会社が売渡株主
等に対する通知若しくは事前開示手続を行う義務に違反した場合、又は③売渡株主等に対
して売渡株式等の対価として交付される金銭の額若しくはその算定方法若しくは売渡株主
等に対するその金銭の割当てに関する事項が対象会社の財産の状況その他の事情に照らし
て著しく不当である場合といった会社法179条の7に定める場合において、不利益を受ける
おそれがあるときは、特別支配株主に対し売渡株式等の全部の取得の差止めを請求できま
す（同179の7）。

6　事後開示手続 ▶会社179の10

　対象会社は、<u>取得日後遅滞なく</u>、以下の事項（会社規33の8）を記載等した書面等を作成し、
<u>取得日から6か月間</u>（対象会社が公開会社でない場合にあっては、取得日から1年間）、当該
書面等をその本店に備え置くとともに、取得日に売渡株主等であった者による閲覧等に供
しなければなりません（会社179の10）。

【事後開示書類等に記載等すべき事項】

　①　特別支配株主が売渡株式等の全部を取得した日

② 株式等売渡請求に係る売渡株式等の全部の取得をやめることの請求に係る手続の経過
③ 売渡株式等の売買価格の申立ての手続の経過
④ 株式等売渡請求により特別支配株主が取得した売渡株式の数（対象会社が種類株式発行会社であるときは、売渡株式の個数及び種類ごとの数）
⑤ 新株予約権売渡請求により特別支配株主が取得した売渡新株予約権の数
⑥ ⑤の売渡新株予約権が新株予約権付社債に付されたものである場合には、当該新株予約権付社債についての各社債（特別支配株主が新株予約権売渡請求により取得したものに限ります。）の金額の合計額
⑦ ①から⑥に掲げるもののほか、株式等売渡請求に係る売渡株式等の取得に関する重要な事項

作成書類等 ○事後開示手続書面

第2章　株　式　　第3　株式の併合等　　　111

第3　株式の併合等

16　株式の併合手続

スケジュール

◆取締役会設置会社・株式の併合により1株未満の端数が生じる場合（単元未満株式のみに生じる場合を除く）

日　程	法定期間・期限	手　　　続	参　照
5/21		株式の併合の取締役会決議	1
同日	速やかに　　直ちに	適時開示（上場会社の場合）	1
		保振機構への通知（振替株式の場合）	2
6/13	A又はBのいずれか早い日から効力発生日後6か月を経過する日まで　　A	事前開示書類備置開始 株主総会の日の2週間前の日	3
6/28		株式の併合の株主総会特別決議	4
	遅滞なく	（種類株主総会特別決議）	4
同日		臨時報告書の提出（上場会社の場合）	4
7/1	1か月前まで	株券提出の公告及び通知（株券発行会社の場合）	5
7/6		変更上場申請	1
7/14	B	株主らへの通知又は公告	6
同日		（損害を及ぼすおそれのある種類株主への通知又は公告）	7
7/19	4週間前の日まで　20日前まで	振替機関への通知（振替株式の場合）	8
		（反対株主の株式買取請求）	9
8/5	20日前の日から前日までの間　2週間前まで	効力発生日	10
	速やかに	総株主通知	13
	遅滞なく		

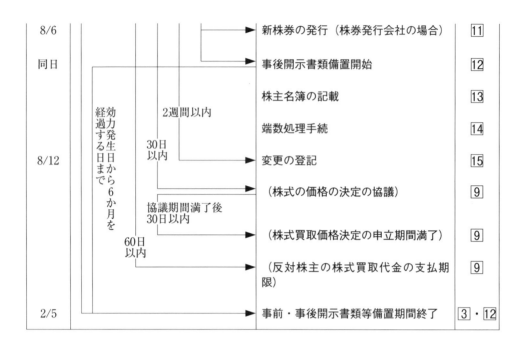

第2章 株式　第3 株式の併合等　　113

◆取締役会設置会社・株式の併合により1株未満の端数が単元未満株式のみに生じる場合

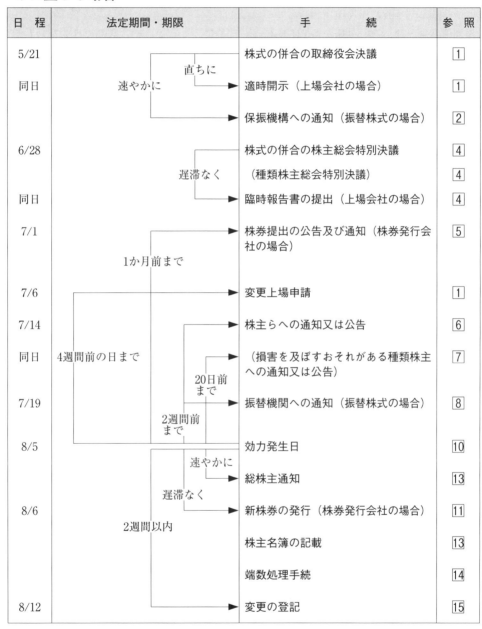

日　程	法定期間・期限	手　　続	参　照
5/21	速やかに ／ 直ちに	株式の併合の取締役会決議	1
同日		適時開示（上場会社の場合）	1
		保振機構への通知（振替株式の場合）	2
6/28	遅滞なく	株式の併合の株主総会特別決議	4
		（種類株主総会特別決議）	4
同日		臨時報告書の提出（上場会社の場合）	4
7/1	1か月前まで	株券提出の公告及び通知（株券発行会社の場合）	5
7/6	4週間前の日まで	変更上場申請	1
7/14		株主らへの通知又は公告	6
同日		（損害を及ぼすおそれがある種類株主への通知又は公告）	7
	20日前まで		
7/19	2週間前まで	振替機関への通知（振替株式の場合）	8
8/5	速やかに	効力発生日	10
		総株主通知	13
8/6	遅滞なく ／ 2週間以内	新株券の発行（株券発行会社の場合）	11
		株主名簿の記載	13
		端数処理手続	14
8/12		変更の登記	15

解説

　株式の併合とは、2株を1株に、あるいは3株を2株にというように、数個の株式を合わせてそれよりも少数の株式にする会社の行為です。

　最短で株式の併合を行うには、株主総会招集手続を省略して株主総会特別決議をし、決議を行った日に通知又は公告をし、それから中2週間を置いて、次の日を効力発生日とすることになります（株券不発行会社の場合）。

　なお、上場会社は、流通市場に混乱をもたらすおそれ又は株主の利益の侵害をもたらすおそれのある株式の併合を行わないものとすると定められています（上場規程433）。

1　適時開示　　　　　　　　　　　　　　　　　　▶上場規程402・306、金商24の5

　上場会社の業務執行を決定する機関が、株式の併合を決定した場合には、直ちにその内容を開示しなければなりません（上場規程402一g）。遅くとも、取締役会にて、株式の併合について株主総会に付議することを決定した場合には、開示をする必要があります。

　また、上場会社は、その場合、証券取引所に所定の書類の提出を行うものとされており（同421①、上場規程規417）、当該株式の併合により当該会社の株主の数が25名未満となることが見込まれる場合には、遅滞なく、臨時報告書を内閣総理大臣（財務局長等）に提出しなければなりません（金商24の5④、企業開示府令19②四の四）。上場会社が、株式の併合を行う場合、効力発生日の4週間前の日までに（株式の併合に係る取締役会決議が当該効力発生日の4週間前の日より後に行われた場合にあっては、当該決議後直ちに）、証券取引所に有価証券変更上場申請書を提出しなければなりません（上場規程306①、上場規程規308一）。

作成書類等　○開示資料
　　　　　　　○開示を要する決定事項に係る書類
　　　　　　　○臨時報告書
　　　　　　　○有価証券変更上場申請書　等

2　保振機構への通知　　　　　　　　　▶株式等の振替に関する業務規程施行規則6

　株式等振替制度を利用している会社は、併合する株式が振替株式である場合には、保振機構に対し、①の決定を行ったことを取締役会決議後速やかに通知しなければなりません（株式等の振替に関する業務規程施行規則6・別表1. 1(6)）。

作成書類等　○株式等の振替に関する業務規程施行規則第6条に基づく通知

第2章　株式　第3　株式の併合等　　115

3　事前開示 ▶会社182の2、会社規33の9

　株式の併合をする場合（単元株式数を定款で定めている場合には、単元株式数に1株未満の端数が生じる場合に限ります。）には、会社は、併合の割合、効力発生日その他会社法施行規則33条の9で定める事項を記載した書面等を作成し、本店に備え置かなければなりません（会社182の2①）。

　備置きの期間は、次に掲げる日のいずれか早い日から効力発生日後6か月を経過する日までになります（同182の2①）。

① 　株主総会の日の2週間前の日
② 　株主らへの通知・公告の日

　株主は、これらの事前開示書類等の閲覧・謄抄本交付請求等をすることができます（同182の2②）。

【事前開示書類等に記載等すべき事項】

---

① 　併合の割合
② 　株式の併合がその効力を生ずる日（効力発生日）
③ 　種類株式発行会社においては併合する株式の種類
④ 　効力発生日における発行可能株式総数
⑤ 　併合の割合等についての定めの相当性に関する事項
⑥ 　最終事業年度の末日の後に重要な後発事象が生じたときはその内容
⑦ 　最終事業年度がない時は、成立の日における貸借対照表
⑧ 　備置開始日後、効力発生日までの間に、⑤から⑦までに掲げる事項に変更が生じたときは、変更後の当該事項

作成書類等　○事前開示書類　等

4　株主総会特別決議 ▶会社180・309・322、金商24の5

　会社が、株式の併合を行おうとする場合には、その都度、株主総会の特別決議により（会社309②四）、①併合の割合、②効力発生日、③併合する株式の種類（種類株式発行会社の場合）、④効力発生日における発行可能株式総数を定めなければなりません（同180②）。この④は、公開会社の場合、効力発生日における発行済株式の総数の4倍を超えることができません（同180③）。株主総会参考書類に一定の事項を記載し（会社規85の3）、取締役は、この株主総会において株式の併合をすることを必要とする理由を説明しなければなりません（会社180④）。

　これらの手続が要求されているのは、株式の併合が行われることにより、端数が生じる株主らが不利益を被る等の問題があるからです。

　さらに、種類株式発行会社で、株式の併合をする場合において、ある種類の株式の種類株主に損害を及ぼすおそれがあるときは、その種類株主の種類株主総会の決議を要しない

旨の定款の定め（同322②）がない限り、当該種類の株式の種類株主を構成員とする種類株主総会の特別決議を行うことが必要です。これがなければ、株式の併合の効力は生じません（同322①二③・324②四）。ただし、当該種類株主総会において議決権を行使することができる種類株主が存しない場合は、この限りではありません（同322①ただし書）。

上場会社は、株主総会において決議事項が決議された場合、遅滞なく、臨時報告書を内閣総理大臣（財務局長等）に提出しなければなりません（金商24の5④、企業開示府令19②九の二）。

単元株制度を採用している会社が株式の併合を行う際には、必要に応じて単元株式数の変更の手続を行います。

作成書類等　○株主総会招集通知
　　　　　　　○株主総会議事録（株式の併合決議）
　　　　　　　○種類株主総会招集通知
　　　　　　　○種類株主総会議事録（株式の併合決議）
　　　　　　　○臨時報告書

5　株券提出手続　　　　　　　　　　　　　　　　　　　▶会社219・220

株券発行会社は、併合の効力発生日までに会社に対し株券を提出しなければならない旨を効力発生日の1か月前までに公告し、かつ株主（併合する種類株式の株主）及び登録株式質権者には、各別にこれを通知しなければなりません（会社219①二）。これは、株主名簿の名義書換を促し、かつ、無効になった株券が流通することを阻止するためです。

ただし、株式（併合する種類株式）の全部について株券を発行していない場合には、この公告及び通知をする必要はありません（同219①ただし書）。

なお、株券を提出することができない者があるときは、会社は、その者の請求により、利害関係人に対し、異議があれば3か月を下らない一定の期間内に述べるべき旨を公告することができます（同220①）。その期間内に異議を述べる者がいないときは、会社は、請求をした者に対し新株券又は売却代金を交付することができます（同220②）。

作成書類等　○公告（株主らへの株券提出の公告）
　　　　　　　○通知（株主らへの株券提出の通知）

6　株主らへの通知又は公告　　　　　　　　　　　▶会社181・182の4、振替161

会社は、①株式の併合により単元未満株式以外からは1株未満の端数が生じない場合には効力発生日の2週間前（会社181①）までに、②それ以外の場合には効力発生日の20日前（同182の4③）までに、株主（併合する種類株式の株主）及び登録株式質権者に対し、併合の割合、効力発生日等会社法180条2項各号の事項を通知し、又は公告しなければなりません（同181①②）。振替株式を発行している会社は、通知に代えて、当該通知をすべき事項を公告しなければなりません（振替161②）。

第2章　株　式　　第3　株式の併合等　　117

作成書類等　○通知（株主らへの通知）
　　　　　　　　又は
　　　　　　　○公告（株主らへの公告）

7　損害を及ぼすおそれがある種類株主への通知又は公告　▶会社116・117

　ある種類の株式の内容として種類株主総会の決議を要しない旨の定款の定め（会社322②）がある会社において、株式の併合をしようとする場合には、会社は、効力発生日の20日前までに、その損害を及ぼすおそれがある種類株式の株主に対し、株式の併合をする旨を通知し、又は公告しなければなりません（同116③④①三イ）。

　そして、ある種類の株式の内容として種類株主総会の決議を要しない旨の定款の定め（同322②）がある会社において、株式の併合をする場合に、当該種類の株式の株主に損害を及ぼすおそれがあるときは、会社法116条2項各号に規定する反対株主は、会社に対し、効力発生日の20日前の日から効力発生日の前日までの間に、その株式買取請求に係る株式の数（株式の種類及び種類ごとの数）を明らかにして、その株式を公正な価格で買い取ることを請求することができます（同116①⑤）。株券が発行されている株式について株式買取請求をしようとするときは、当該株主は、会社に対し、当該株式に係る株券を提出しなければなりません（同116⑥）。

　株式の買取請求があった場合、株式の価格の決定について、株主とその会社との間に協議が調ったときは、会社は、効力発生日から60日以内にその支払をしなければなりません（同117①）。

　会社の価格の決定について効力発生日から30日以内に協議が調わないときは、株主又は会社は、その期間満了の日後30日以内に、裁判所に対し、価格の決定の申立てをすることができます。（同117②）。会社は、株式の価格の決定があるまでは、株主に対し、会社が公正な価格と認める額を支払うことができます（同117⑤）。会社は、これにより以後の利息支払義務（同117④）を免れることができます。買取請求をした株主は、原則として会社の承諾がなければ買取請求を撤回できませんが、効力発生日から60日以内に上記の申立てがないときは、その期間満了後は、株主は、いつでも買取請求を撤回することができます（同117③）。

作成書類等　○通知（損害を及ぼすおそれがある種類株主への通知）
　　　　　　　　又は
　　　　　　　○公告（損害を及ぼすおそれがある種類株主への公告）
　　　　　　　○株式買取請求書

8　振替機関への通知　▶振替136

　振替株式については、会社は、併合の効力発生日の2週間前までに、振替機関に対し、併合の対象となる株式の銘柄・併合の割合等、必要な事項を通知しなければなりません（振替136①）。

作成書類等　○社債、株式等の振替に関する法律第136条に基づく通知

9　反対株主の株式買取請求　　　　　▶会社182の4・182の5、振替155

　株式の併合により1株未満の端数が生じる場合（単元未満株式のみに生じる場合を除きます。）には、これに反対の株主は、会社に対し、原則として、株主総会に先立って当該株式の併合に反対する旨を当該株式会社に対し通知し、かつ、当該株主総会において当該株式の併合に反対したことを要件として（例外：会社182の4②二）、効力発生日の20日前の日から効力発生日の前日までの間に、自己の有する株式のうち1株に満たない端数となるものの全部を公正な価格で買い取ることを請求できます（同182の4①②、振替155）。端数となるものの一部のみの請求はできません。

　株式の買取請求があった場合、株式の価格の決定について、株主とその会社との間に協議が調ったときは、会社は、効力発生日から60日以内にその支払をしなければなりません（会社182の5①）。

　株式の価格の決定について、効力発生日から30日以内に協議が調わないときは、株主又は会社は、その期間満了の日後30日以内に、裁判所に対し、価格の決定の申立てをすることができます（同182の5②）。会社は、株式の価格の決定があるまでは、株主に対し、会社が公正な価格と認める額を支払うことができます（同182の5⑤）。会社は、これにより以後の利息支払義務（同182の5④）を免れることができます。買取請求をした株主は、原則として会社の承諾がなければ買取請求を撤回できませんが、効力発生日から60日以内に上記の申立てがないときは、その期間満了後は、株主は、いつでも買取請求を撤回することができます（同182の5③）。

作成書類等　○株式買取請求書
　　　　　　　　○株式売買契約書　等

10　効力発生日　　　　　　　　　　▶会社182・219、振替136

　株式の併合は、株主総会決議によって定めた効力発生日に効力を生じます（会社182）。振替株式以外の場合には、株主は、効力発生日に、その日の株主名簿に記載の株式（併合する種類の株式）の数に併合割合を乗じて得た数の株式の株主となります。株券発行会社においては、旧株券は効力発生日に無効となります（同219③）。

　振替株式の場合には、振替機関等は、効力発生日に、振替口座簿の各加入者の保有欄・質権欄に記載されている株式数に併合による減少比率を乗じた数についての減少の記載・記録を行いますので（振替136③④）、同様に効力発生日にその乗じて得た数の株式の株主となります。

第2章　株式　第3　株式の併合等　　119

11　新株券の発行等　　▶会社215・219

　株券発行会社は、株式の併合の効力発生日以後遅滞なく、新株券を発行しなければなりません（会社215②）。会社は、株券提出手続によって会社に提出されなかった旧株券に対応する新株券について、旧株券の提出があるまでの間、その交付を拒むことができます（同219②一）。

作成書類等　○株券

12　事後開示　　▶会社182の6、会社規33の10

　株式の併合をする場合（単元株式数を定款で定めている場合には、単元株式数に1株未満の端数が生じる場合に限ります。）には、会社は、株式の併合の効力発生日後遅滞なく、株式の併合後の発行済株式総数その他会社法施行規則33条の10で定める事項を記載等した書面等を作成し、本店に備え置かなければなりません（会社182の6①）。備置きの期間は、効力発生日から6か月間になります（同182の6②）。株主又は効力発生日に株主であった者は、これらの事後開示書類等の閲覧・謄抄本交付請求等をすることができます（同182の6③）。

【事後開示書類等に記載等すべき事項】

---

①　株式の併合が効力を生じた時における発行済株式の総数
②　効力発生日
③　株式の併合をやめることの請求に係る手続の経過
④　反対株主の株式買取請求の手続の経過
⑤　①から④に掲げるもののほか、株式の併合に関する重要な事項

作成書類等　○事後開示書類　等

13　株主名簿の記載　　▶会社132・152、振替136・151・152・161

　会社は、株式の併合をした場合には、併合した株式について、その株式の株主に係る株主名簿記載事項及び登録株式質権者に関する記載事項を株主名簿に記載等しなければなりません（会社132②・152②）。

　振替株式の場合には、これらの条文の適用が排除されており（振替161①）、株主名簿の書換えは総株主通知のみによって行われます。すなわち、効力発生日に 8 の通知を受けた振替機関から連絡を受けた口座管理機関にて、自動的に、当該振替株式に関する記録を、全て従来の株式数に減少比率を乗じて得た数だけ減少する記録をします（同136③④）。その後、振替機関から会社に対し、株式の併合の効力発生日が到来したことを理由とする総株主通知が行われ（同151①二）、これに基づいて、会社において、株主名簿の書換えが行われることになります（同152①）。

作成書類等　○株主名簿の書換え

14 端数処理手続 ▶会社219・234・235、会社規50

　会社が、株式の併合をすることにより、1株に満たない端数が生ずるときは、その端数の合計数に相当する数の株式を競売又は売却し、これにより得られた金銭をその端数に応じて従前の株主に分配しなければなりません（会社235①②・234②～⑤）。株券発行会社は、株券提出手続によって会社に旧株券を提出しない者があるときは、旧株券の提出があるまでの間、分配金の交付を拒むことができます（同219②一）。

　この競売は、民事執行法195条の手続によって行います。

　会社は、この競売に代えて、市場価格のある株式については市場価格として会社法施行規則50条で定める方法により算定される額をもって、市場価格のない株式については裁判所の許可を得て競売以外の方法により、端数の合計数に相当する数の株式を売却することができます（同235②・234②③）。

　さらに、会社は、上記方法によって売却する株式の全部又は一部を買い取ることもできます（同235②・234④）。この場合には、会社は、取締役会設置会社の場合は取締役会決議で、買い取る株式の数（株式の種類及び種類ごとの数）及び取得対価を定めなければなりません（同235②・234④⑤）。

　上場会社において、株式の併合に伴って端数が生じる場合の取扱いについては、振替法施行令30条に定められています。

15 変更の登記 ▶会社911・915

　会社は、発行済株式の総数並びにその種類及び種類ごとの数を登記しなければなりません（会社911③九）。株式の併合によりこれらの事項に変更が生じますので、会社は、株式の併合の効力発生日から2週間以内に、その本店の所在地において、変更の登記をしなければなりません（同915①）。なお、発行可能株式総数については、株主総会の決議に従い定款の変更をしたものとみなされます（同180②四③・182②）。

作成書類等　○登記申請書
　　　　　　　○新定款

17　株式の分割手続

スケジュール

◆取締役会設置会社

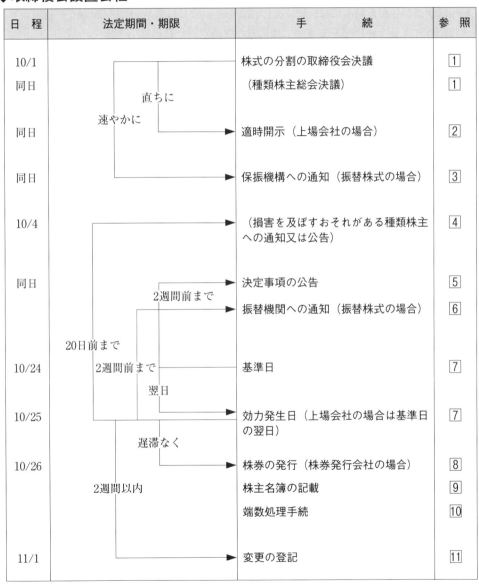

解　説

　株式の分割とは、1株を2株に、あるいは2株を3株にというように、既存の株式を細分化して従来よりも多数の株式とする会社の行為です。会社は、株主総会決議（普通決議）又は取締役会設置会社にあっては取締役会決議を経る必要があります。

　最短で株式の分割を行うには、取締役会決議を行った日に公告をし、それから中2週間を置いて、次の日を効力発生日とします。株主及び取締役の全員の協力が得られるならば、株主総会の決議を省略して（会社319①）株式分割の基準日をその株主総会の日とする定款の定めを設ける定款変更を行うことにより、基準日公告を不要とするとともに（同124③ただし書）、取締役会の招集手続を省略して（同368②）同日に取締役会を開催してその当日を効力発生日とする株式の分割の決議を行えば、1日で株式の分割を行うことも可能です。

　なお、上場会社は、流通市場に混乱をもたらすおそれ又は株主の利益の侵害をもたらすおそれのある株式の分割を行わないものとすると定められています（上場規程433）。

1　株式の分割の取締役会決議等　　　　　　　　▶会社183・184・322

　会社が、株式の分割を行おうとする場合には、その都度、取締役会決議（取締役会非設置会社の場合は株主総会の普通決議）により、①分割により増加する株式の総数の株式の分割前の発行済株式（種類株式発行会社では分割する種類の発行済株式）の総数に対する割合（分割比率）及び当該株式の分割に係る基準日、②効力発生日、並びに③分割する株式の種類（種類株式発行会社の場合）を定めなければなりません（会社183②）。株式の分割は、既存株主の株式数を増加させるものであり、株式の併合と比べて既存株主への影響が小さいので、手続が簡略化されています。

　さらに、種類株式発行会社で、株式の分割をする場合において、ある種類の株式の種類株主に損害を及ぼすおそれがあるときは、その種類株主の種類株主総会の決議を要しない旨の定款の定め（同322②参照）がない限り、当該種類の株式の種類株主を構成員とする種類株主総会の特別決議を行うことが必要です。これがなければ、株式の分割の効力を生じません（同322①二③・324②四）。ただし、当該種類株主総会において議決権を行使することができる種類株主が存しない場合は、この限りではありません（同322①ただし書）。

　また、会社は、株式の分割を行うに際し、効力発生日における発行可能株式総数を、株主総会の特別決議によらずに、定款を変更し、効力発生日の前日の発行可能株式総数に分割比率を乗じて得た数の範囲内で増加することができます（同184②）。株式分割後の発行済株式総数が発行可能株式総数（同113①）を超過する場合に、本来は株主総会の特別決議（同466・309②十一）を経て定款変更しない限り株式分割を行えないことになりますが、これでは手続が遅延してしまうために認められています。ただし、現に2以上の種類の株式を

第2章　株　式　　第3　株式の併合等　　123

発行している会社では、ある種類株式の発行可能株式総数の増加が他の種類株式の株主を
害するおそれがあるため、原則どおり株主総会の特別決議による定款変更が要求されます
（同184②・466・309②十一）。

　さらに、会社は、株式の分割と同時に単元株式数を増加し、又は単元株式数についての
定款の定めを設ける場合であって、かつ、定款変更前の株主の保有（単元）株式数を下回
らない範囲内であれば、株主総会の特別決議（同466・309②十一）によらずに、株式の分割手
続の中で単元株式数の増加又は単元株式数についての定款の定めを設ける定款の変更をす
ることができます（同191）。これは、このような定款変更によって株主が直接的な不利益を
受けることがないために認められています。

作成書類等　○取締役会招集通知
　　　　　　　　　又は
　　　　　　　○株主総会招集通知
　　　　　　　○取締役会議事録（株式の分割決議）
　　　　　　　　　又は
　　　　　　　○株主総会議事録（株式の分割決議）
　　　　　　　○種類株主総会招集通知
　　　　　　　○種類株主総会議事録（株式の分割決議）
　　　　　　　○新定款

2　適時開示　　　　　　　　　　　　　　　　　　　　　　▶上場規程402

　上場会社の業務執行を決定する機関が、株式の分割を決定した場合には、直ちにその内
容を開示しなければなりません（上場規程402一ｇ）。遅くとも、1の決定をした場合には、開
示をする必要があります。

　また、上場会社は、その場合、証券取引所に所定の書類の提出を行うものとされていま
す（同421・306①、上場規程規417・418）。

作成書類等　○開示資料
　　　　　　　○開示を要する決定事項に係る書類
　　　　　　　○有価証券変更上場申請書　等

3　保振機構への通知　　　　　　　▶株式等の振替に関する業務規程施行規則6

　株式等振替制度を利用している会社は、分割する株式が振替株式である場合には、保振
機構に対し、1の決定を行ったことを速やかに通知しなければなりません（株式等の振替に
関する業務規程施行規則6・別表1.1(7)）。

作成書類等　○株式等の振替に関する業務規程施行規則第6条に基づく通知

124 　　　　　　第2章　株　式　　第3　株式の併合等

4 損害を及ぼすおそれがある種類株主への通知又は公告　▶会社116

　ある種類の株式の内容として種類株主総会の決議を要しない旨の定款の定め（会社322②）がある会社において、株式の分割をしようとする場合には、会社は、効力発生日の20日前までに、その損害を及ぼすおそれがある種類株式の株主に対し、株式の分割をする旨を通知し、又は公告しなければなりません（同116③④①三イ）。

　ある種類株式の内容として種類株主総会の決議を要しない旨の定款の定め（同322②）がある会社において、株式の分割をする場合に、当該種類の株式の株主に損害を及ぼすおそれがあるときは、会社法116条2項各号に規定する反対株主は、会社に対し、効力発生日の20日前の日から効力発生日の前日までの間に、その株式買取請求に係る株式の数（株式の種類及び種類ごとの数）を明らかにして、その株式を公正な価格で買い取ることを請求することができます（同116①⑤）。株券が発行されている株式について株式買取請求をしようとするときは、当該株主は、会社に対し、当該株式に係る株券を提出しなければなりません（同116⑥）。

　買取請求がなされた後の手続については、**第2章　第3　16の7**を参照してください。

作成書類等　○通知（損害を及ぼすおそれがある種類株主への通知）
　　　　　　　　又は
　　　　　　　○公告（損害を及ぼすおそれがある種類株主への公告）
　　　　　　　○株式買取請求書

5 決定事項の公告　▶会社124

　会社は、基準日の2週間前までに、基準日及びその基準日を基準として株式の分割を行うことを公告しなければなりません（会社124③）。

作成書類等　○公告（基準日の公告）

6 振替機関への通知　▶振替137

　振替株式については、会社は、分割の効力発生日の2週間前までに、振替機関に対し、分割の対象となる株式の銘柄・分割の割合・基準日等、必要な事項を通知しなければなりません（振替137①）。

作成書類等　○社債、株式等の振替に関する法律第137条に基づく通知

7 基準日・効力発生日　▶会社184、振替137、上場規程427

　振替株式以外については、基準日に株主名簿に記載等された株主（分割する株式の種類の種類株主）は、効力発生日に、基準日に保有する株式（分割する種類の株式）の数に分割比率を乗じて得た数の株式を取得します（会社184①）。

第2章　株　式　第3　株式の併合等　　125

　　振替株式の分割の場合には、振替機関等は、効力発生日に、基準日現在の振替口座簿の各加入者の保有欄・質権欄に記載されている株式数に分割による増加比率を乗じた数についての増加の記載・記録を行いますので（振替137③④）、同様に効力発生日にその乗じて得た数の株式を取得します。

　　会社は、振替機関からの総株主通知（同151①一）に基づき、基準日における株主を株主名簿に登録し、さらに効力発生日に、この株主の株主名簿の登録株式数を増加します（同152①）。

　　基準日と効力発生日の関係についての法律上の定めはありませんが、上場会社は、上場株券について株式分割を行う場合には、当該株式分割に係る権利を受ける者を確定するための基準日の翌日を当該株式分割の効力発生日として定めるものとされています（上場規程427①）。

　　さらに、この場合において、発行可能株式総数の増加に係る株主総会の決議を要する等一定の要件を満たす必要があるときには、当該株式分割を行うことが確定する日から起算して4日目（休業日を除外します。）の日以後の日を、当該株式分割に係る権利を受ける者を確定するための基準日とするものとされています（同427②）。

　　なお、株式の分割は、株主が株式を追加的に取得するだけですので、株券発行会社においても、株式の併合の場合のように株主に株券の提出を求める必要はありません。

8　株券の発行　　▶会社215

　　株券発行会社（非公開会社を除きます。）は、株式の分割の効力の発生後、遅滞なく株券を発行しなければなりません（会社215③）。

作成書類等　○株券

9　株主名簿の記載　　▶会社132・152、振替137・151・152・161

　　会社は、株式の分割をした場合には、分割した株式について、その株式の株主に係る株主名簿記載事項及び登録株式質権者に関する記載事項を株主名簿に記載等しなければなりません（会社132③・152③）。

　　振替株式の場合には、これらの条文の適用が排除されており（振替161①）、株主名簿の書換えは総株主通知のみによって行われます。すなわち、効力発生日に⑥の通知を受けた振替機関から連絡を受けた口座管理機関にて、自動的に、当該振替株式に関する記録を、全て従来の株式数に増加比率を乗じて得た数だけ増加する記録をします（同137③④）。その後、振替機関から会社に対し、株式の併合の効力発生日が到来したことを理由とする総株主通知が行われ（同151①一）、これに基づいて、会社において、株主名簿の書換えが行われることになります（同152①）。

作成書類等　○株主名簿の書換え

10 端数処理手続 ▶会社235・234、会社規52

　第2章　第3　16の14と同様です。上場会社において、株式の分割に伴って端数が生じる場合の取扱いについては、振替法施行令31条が定めています。

11 変更の登記 ▶会社911・915

　会社は、発行済株式の総数並びにその種類及び種類ごとの数を登記しなければなりません（会社911③九）。株式の分割によりこれらの事項に変更が生じますので、会社は、株式の分割の効力発生日から2週間以内に、その本店の所在地において、変更の登記をしなければなりません（同915①）。

作成書類等　○登記申請書

第2章 株式　第3 株式の併合等　127

18　株式無償割当て手続

スケジュール

◆取締役会設置会社

日　程	法定期間・期限	手　続	参照
8/18		株式無償割当ての取締役会決議	1
同日		（種類株主総会決議）	1
同日	直ちに／速やかに	適時開示（上場会社の場合）	2
同日		保振機構への通知（振替株式の場合）	3
8/25	20日前まで	（損害を及ぼすおそれがある種類株主への通知又は公告）	4
同日	2週間前まで	決定事項の公告	5
9/15		基準日	6
9/16	翌日	効力発生日	6
9/17	遅滞なく／2週間以内	株券の発行（株券発行会社の場合）	6
		株主らへの通知	7
		株主名簿の記載	8
		端数処理手続	9
9/23		変更の登記	10

解　説

　株式無償割当ては、株主（又は種類株主）に対して無償で（新たに払込みをさせないで）株式の割当て（自己株式の交付や異なる種類の株式の交付も可）をする会社の行為です（会社185）。会社は、株主総会決議（普通決議）又は取締役会設置会社にあっては取締役会決議を経る必要があります。

　株式無償割当ての効力発生には、最短で1日あれば足ります。

　なお、上場会社は、流通市場に混乱をもたらすおそれ又は株主の利益の侵害をもたらすおそれのある株式無償割当てを行わないものとすると定められています（上場規程433）。

1　株式無償割当ての取締役会決議　　　　　　　　　　　　　▶会社186・322

　会社が、株式無償割当てを行おうとする場合には、定款に別段の定めがある場合を除き、取締役会決議（取締役会設置会社以外の場合は株主総会の普通決議）により、①株主に割り当てる株式の数（種類株式発行会社では種類及び種類ごとの数）又はその数の算定方法、②株式無償割当ての効力発生日、及び③（種類株式発行会社の場合）株式無償割当てを受ける株主の有する株式の種類を定めなければなりません（会社186）。株式無償割当ては、株式の分割と同様、既存株主の株式数を増加させるものであり、株式の併合と比べて既存株主への影響が小さいため、手続が簡略化されています。

　なお、株式無償割当ての場合には、株式の分割と異なり、基準日を定めることが法律上必要とされていませんが、株主が多数変動する会社では実際には基準日を設定することが望ましいでしょう。この項でも、取締役会決議において、上記決議事項に加えて株式無償割当てに係る基準日（同124参照）を定める場合のスケジュールを説明します。

　さらに、種類株式発行会社で、株式無償割当てをする場合において、ある種類の株式の種類株主に損害を及ぼすおそれがあるときは、その種類株主の種類株主総会の決議を要しない旨の定款の定め（同322②参照）がない限り、当該種類の株式の種類株主を構成員とする種類株主総会の特別決議を行うことが必要です。これがなければ、株式の無償割当ての効力は生じません（同322①三③・324②四）。ただし、当該種類株主総会において議決権を行使することができる種類株主が存しない場合は、この限りではありません（同322①ただし書）。

作成書類等　〇取締役会招集通知
　　　　　　　　又は
　　　　　　〇株主総会招集通知
　　　　　　〇取締役会議事録（株式の無償割当て決議）
　　　　　　　　又は
　　　　　　〇株主総会議事録（株式の無償割当て決議）
　　　　　　〇種類株主総会招集通知
　　　　　　〇種類株主総会議事録（株式の無償割当て決議）

第2章　株　式　　第3　株式の併合等　　129

2　適時開示　　▶上場規程402

　上場会社の業務執行を決定する機関が、株式無償割当てを決定した場合には、直ちにその内容を開示しなければなりません（上場規程402一f）。遅くとも①の決定をした場合には、開示をする必要があります。

　また、上場会社は、その場合、証券取引所に所定の書類の提出を行うものとされています（同421・301、上場規程規417）。

作成書類等　○開示資料
　　　　　　　○開示を要する決定事項に係る書類
　　　　　　　○有価証券変更上場申請書　等

3　保振機構への通知　　▶株式等の振替に関する業務規程施行規則6

　株式等振替制度を利用している会社は、株式無償割当てを受ける株式が振替株式である場合又は株式無償割当てを受ける株式が振替株式でなく株式無償割当てする銘柄が振替株式であって株式無償割当てに際して発行又は移転する場合、保振機構に対し、①の決定を行ったことを速やかに通知しなければなりません（株式等の振替に関する業務規程施行規則6・別表1．1(8)）。

作成書類等　○株式等の振替に関する業務規程施行規則第6条に基づく通知

4　損害を及ぼすおそれがある種類株主への通知又は公告　　▶会社116

　ある種類の株式の内容として種類株主総会の決議を要しない旨の定款の定め（会社322②）がある会社において、株式無償割当てをしようとする場合には、会社は、効力発生日の20日前までに、その損害を及ぼすおそれがある種類株式の株主に対し、株式無償割当てをする旨を通知し、又は公告しなければなりません（同116③④①三ロ）。

　ある種類の株式の内容として種類株主総会の決議を要しない旨の定款の定め（同322②）がある会社において、株式無償割当てをする場合に、当該種類の株式の株主に損害を及ぼすおそれがあるときは、会社法116条2項各号に規定する反対株主は、会社に対し、効力発生日の20日前の日から効力発生日の前日までの間に、その株式買取請求に係る株式の数（株式の種類及び種類ごとの数）を明らかにして、その株式を公正な価格で買い取ることを請求することができます（同116①⑤）。株券が発行されている株式について株式買取請求をしようとするときは、当該株主は、会社に対し、当該株式に係る株券を提出しなければなりません（同116⑥）。

　買取請求がなされた後の手続については、**第2章　第3　16の**⑦を参照してください。

作成書類等　○通知（損害を及ぼすおそれがある種類株主への通知）
　　　　　　　　又は
　　　　　　　○公告（損害を及ぼすおそれがある種類株主への公告）
　　　　　　　○株式買取請求書

5　決定事項の公告　　　　　　　　　　　　　　　　　　　　▶会社124

　会社は、基準日の2週間前までに、基準日及びその基準日を基準として株式無償割当てを行うことを公告しなければなりません（会社124③）。株主の投資判断等に影響があり、また、株主名簿の名義書換未了の株主に名義書換を促す必要があるからです。

　なお、上場会社は、基準日を設定した場合、証券取引所に所定の書類の提出を行うものとされています（上場規程421、上場規程規418）。

作成書類等　○公告（基準日の公告）

6　基準日・効力発生日　　　　　　　　　　　　　▶会社187・215、上場規程427

　基準日に株主名簿に記載等された株主は、効力発生日に、基準日に保有する株式に割り当てられた株式を取得します（会社187①）。

　上場会社は、上場株券について株式無償割当て（上場株券に係る株式と同一の種類の株式を割り当てるものに限ります。）を行う場合には、当該株式無償割当てに係る権利を受ける者を確定するための基準日の翌日を当該株式無償割当ての効力発生日として定めるものとされています（上場規程427①）。

　さらに、この場合において、発行可能株式総数の増加に係る株主総会の決議を要する等一定の要件を満たす必要があるときには、当該株式無償割当てを行うことが確定する日から起算して4日目（休業日を除外します。）の日以後の日を、当該株式無償割当てに係る権利を受ける者を確定するための基準日とするものとされています（同427②）。

　なお、株式の無償割当ては、株式の分割と同様、株主が株式を追加的に取得するだけですので、株券発行会社においても、株式の併合の場合のように株主に株券の提出を求める必要はありません。

　株券発行会社（非公開会社を除きます。）は、効力発生日以後遅滞なく、株券を発行します（会社215①）。

　振替株式の株主に対して株式無償割当てにより振替株式を交付する場合には、新株を交付する場合には会社からの新規記録通知による新規記録手続（振替130）、自己株式を交付する場合には会社からの振替申請による振替手続（同132）により、株主の口座への増加の記録を行います。

作成書類等　○株券

7　株主らへの通知　　　　　　　　　　　　　　　　　　　　▶会社187

　会社は、効力発生日後遅滞なく、株主（種類株式発行会社では、当該株式無償割当てを受けた種類の種類株主）及びその登録株式質権者に対し、当該株主が割当てを受けた株式の数（株式の種類及び種類ごとの数）を通知しなければなりません（会社187②）。

作成書類等　○通知（株主らへの割当てを受けた株式の数等の通知）

8　株主名簿の記載　　　　　　　　　　　▶会社132・152、振替136・151・152・161

　会社は、株式無償割当てにより株式を発行し又は自己株式を処分したときは、その株式の株主に係る株主名簿記載事項及び登録株式質権者に関する記載事項を株主名簿に記載等しなければなりません（会社132①一・三・152①）。

　上場会社の場合には、割当対象者が誰であるか、割り当てる株式が何であるかによって、株主名簿及び振替口座簿の書換え方法が異なってきます。すなわち、振替株式の株主に振替株式を割り当てる場合には、振替口座簿に株式の分割と同様の簡易な記録手続を行い、総株主通知を受けて株主名簿に反映し、株式数の変更を行います。非振替株式の株主に振替株式を割り当てる場合には、振替口座簿に新規記録手続を行い、総株主通知を受けて株主名簿に反映し、株式無償割当てに係る書換えを行います。振替株式の株主に非振替株式を割り当てる場合には、総株主通知を受けて株主名簿に反映し、株式無償割当てに係る書換えを行います。非振替株式の株主に非振替株式を割り当てる場合には、通常の株式会社の場合の手続と同様です。

作成書類等　○株主名簿の書換え

9　端数処理手続　　　　　　　　　　　　　　　　　　　　▶会社234

　第2章　第3　16の⑭と同様です。

10　変更の登記　　　　　　　　　　　　　　　　　　　　▶会社911・915

　第2章　第3　16の⑮と同様です。

作成書類等　○登記申請書

第4　単元株制度

19　単元株制度の導入

スケジュール

◆取締役会設置会社

日　程	法定期間・期限	手　　　続	参　照
5/22		単元株制度導入の取締役会決議	1
同日	直ちに／速やかに	適時開示（上場会社の場合）	1
同日		保振機構への通知（振替株式の場合）	2
6/5		（損害を及ぼすおそれがある種類株主への通知又は公告）	3
6/28	20日前まで	定款変更の株主総会特別決議	4
同日		（種類株主総会特別決議）	4
同日		効力発生日	
7/1	2週間以内	変更の登記	5

解説

　単元株制度とは、定款により、一定の数の株式を「1単元」の株式と定め、1単元の株式につき1個の議決権を認めるが、単元未満の株式には議決権を認めないこととする制度です（会社188①・308①ただし書・325）。

1　適時開示　　　　　　　　　　　　　　　　　　　　　　　　　　　▶上場規程402

　上場会社の業務執行を決定する機関が、単元株制度の導入を決定した場合には、<u>直ちに</u>その内容を開示しなければなりません（上場規程402—ad・an）。遅くとも、取締役会にて、単元株制度の導入につき株主総会に付議することを決定した場合には、開示をする必要があります。上場会社については、各証券取引所の有価証券上場規程等により、証券取引所に提出すべき書類が定められています。

作成書類等　○開示資料
　　　　　　　○有価証券変更上場申請書　等

2　保振機構への通知　　　　　　　　　　　▶株式等の振替に関する業務規程施行規則6

　株式等振替制度を利用している会社は、保振機構に対し、1の決定を行ったことを<u>速やかに</u>通知しなければなりません（株式等の振替に関する業務規程施行規則6・別表1.1(15)）。

作成書類等　○株式等の振替に関する業務規程施行規則第6条に基づく通知

3　損害を及ぼすおそれがある種類株主への通知又は公告　　　　　　　▶会社116

　ある種類の株式の内容として種類株主総会の決議を要しない旨の定款の定め（会社322②）がある会社において、単元株式数についての定款の変更をしようとする場合には、会社は、効力発生日の<u>20日前</u>までに、その損害を及ぼすおそれがある種類株式の株主に対し、単元株式数についての定款の変更をする旨を通知し、又は公告しなければなりません（同116③④①三ハ）。

　ある種類の株式の内容として種類株主総会の決議を要しない旨の定款の定め（同322②）がある会社において、単元株式数についての定款の変更をする場合に、当該種類の株式の株主に損害を及ぼすおそれがあるときは、会社法116条2項各号に規定する反対株主は、会社に対し、効力発生日の<u>20日前の日</u>から効力発生日の<u>前日</u>までの間に、その株式買取請求に係る株式の数（株式の種類及び種類ごとの数）を明らかにして、その株式を公正な価格

で買い取ることを請求することができます（同116①⑤）。株券が発行されている株式について株式買取請求をしようとするときは、当該株主は、会社に対し、当該株式に係る株券を提出しなければなりません（同116⑥）。

買取請求がなされた後の手続については、**第2章　第3　16の⑦**を参照してください。

作成書類等　○通知（損害を及ぼすおそれがある種類株主への通知）

　　　　　　　又は

　　　　　　○公告（損害を及ぼすおそれがある種類株主への公告）

　　　　　　○株式買取請求書

4　株主総会特別決議　　▶会社188～191・466・309②、会社規34、金商24の5

会社が単元株制度を導入するには、一定の数の株式をもって株主が1個の議決権を行使することができる1単元の株式を定款で定める必要があります（会社188①）。1単元の上限は1,000株及び発行済株式総数の200分の1です（同188②、会社規34）。上場会社の場合は、単元株式数を100株とすることが原則とされています（上場規程427の2）。

単元株式数の設定のための定款の変更は、原則として株主総会の特別決議によることが必要です（会社188①・466・309②十一）。取締役は、単元株式数を定める定款の変更を目的とする株主総会において、その単元株式数を定めることを必要とする理由を説明しなければなりません（同190）。定款の変更は、株主総会の決議により当然効力を生じます。

ただし、株式の分割と同時に単元株式数を増加し、又は単元株式数についての定款の定めを設ける場合であって、かつ、定款変更前の株主の保有（単元）株式数を下回らない範囲内であれば、株主総会の特別決議（同466・309②十一）によらずに、定款の変更をすることができます（同191）。

種類株式発行会社においては、単元株式数を株式の種類ごとに定めなければなりません（同188③）。

株券発行会社であって単元株制度を採用した会社は、定款により、単元未満株式に係る株券を発行しないことができる旨を定めることができます（同189③）。

さらに、種類株式発行会社で、単元株制度を導入する場合において、ある種類の株式の種類株主に損害を及ぼすおそれがあるときは、その種類の株式の種類株主総会の決議を要しない旨の定款の定め（同322②参照）がない限り、当該種類の株式の種類株主を構成員とする種類株主総会の特別決議を行うことが必要です。これがなければ、この定款変更の効力は生じません（同322①一ロ③・324②四）。ただし、当該種類株主総会において議決権を行使することができる種類株主が存しない場合は、この限りではありません（同322①ただし書）。

上場会社は、株主総会において決議事項が決議された場合、遅滞なく、臨時報告書を内閣総理大臣（財務局長等）に提出しなければなりません（金商24の5④、企業開示府令19②九の二）。

第2章　株　式　第4　単元株制度　　　135

作成書類等　○株主総会招集通知

○株主総会議事録（単元株制度導入の定款変更決議）

○種類株主総会招集通知

○種類株主総会議事録（単元株制度導入の定款変更決議）

○新定款

○臨時報告書

5　変更の登記　　　　　　　　　　　　　　　　　　　　　▶会社911・915

　会社は、単元株式数についての定款の定めがあるときは、その単元株式数を登記しなければなりません（会社911③八）。単元株式数についての定めを設ける定款変更決議によりこの登記事項に変更が生じますので、会社は、変更が生じた後2週間以内に、その本店の所在地において、変更の登記をしなければなりません（同915①）。

　また、上場会社は、定款を変更した場合、証券取引所に所定の書類の提出を行うものとされています（上場規程421、上場規程規417）。

作成書類等　○登記申請書

○証券取引所への提出書類

20 単元未満株主の買取請求手続

スケジュール

◆**市場価格がない株式の場合**

日　程	法定期間・期限	手　　　続	参　照
9/1		単元未満株主による単元未満株式買取請求	1
	20日以内	（会社と請求者との協議）	2
9/17		会社又は請求者による価格決定の申立て	2
		価格の決定	2
		代金支払・効力発生	3

解　　説

　株券発行の有無にかかわらず、単元未満株主は、会社に対し、自己の保有する単元未満株式を買い取ることを請求することができます（会社192①）。これによって単元未満株主は、投資の回収を図ることができます。

1　単元未満株式の買取りの請求　　　　　　　　　　　　　　　　　▶会社192

　株券発行の有無にかかわらず、単元未満株主は、会社に対し、自己の保有する単元未満株式を買い取ることを請求することができます（会社192①・155七・189②四、振替155⑧）。単元未満株主は、会社に対し単元未満株式の買取りを請求する場合には、請求に係る単元未満株式の数（種類株式発行会社では単元未満株式の種類及び種類ごとの数）を明らかにして請求しなければなりません（会社192②）。

　この請求を行った単元未満株主は、会社の承諾を得た場合に限り、当該請求を撤回することができます（同192③）。

　買取請求の対象が振替株式である場合には、単元未満株主は、振替機関等に対し単元未満株式の買取請求の取次ぎを請求すべきものとされています（株式等の振替に関する業務規程65～69）。

　振替株式の単元未満株主が当該単元未満株式を買い取ることを会社に請求した場合には、会社は、当該株主に対し、当該振替株式の代金の支払をするのと引換えに当該振替株式について会社の口座を振替先口座とする振替を当該株主の振替機関に対して申請することを請求することができます（振替155⑧）。

作成書類等　○単元未満株式買取請求書
　　　　　　　○単元未満株式買取請求書の取次ぎ請求書・振替申請書

2　単元未満株式の価格の決定　　　　　　　　　　　　　　　▶会社193、会社規36

(1)　市場価格がある株式の場合

　買取りの請求に係る単元未満株式が市場価格のある株式である場合には、当該単元未満株式の市場価格として会社法施行規則36条で定める方法により算定される額をもって、その請求に係る単元未満株式の価格とされます（会社193①一）。

(2)　市場価格がない株式の場合

　買取りの請求に係る単元未満株式が市場価格のない株式である場合には、会社と請求をした単元未満株主との協議によって定める額がその請求に係る単元未満株式の価格とされます（会社193①二）。

請求をした単元未満株主又は会社は、当該請求をした日から20日以内に、裁判所に対し、価格の決定の申立てをすることができます（同193②）。裁判所は、請求時における会社の資産状態その他の事情を考慮して価格を決定しなければなりません（同193③④）。上記期間内に価格決定の申立てがなされなかった場合（当該期間内に協議が調った場合を除きます。）は、1株当たり純資産額に請求に係る単元未満株式の数を乗じて得た額をもって、その単元未満株式の価格とされます（同193⑤）。

作成書類等　○価格決定申立書

3　効力発生時期　　　　　　　　　　　　　　　　　　　　▶会社193

　単元未満株式の買取りは、その請求に係る単元未満株式の代金の支払の時にその効力を生じます（会社193⑥）。

　株券発行会社は、株券が発行されている株式につき単元未満株式買取請求があった場合には、株券と引換えに、その代金を支払わなければなりません（同193⑦）。

第2章 株 式 第4 単元株制度 139

21　単元未満株主の売渡請求手続

スケジュール

◆市場価格がない株式の場合

日　程	法定期間・期限	手　　　続	参　照
9/1		単元未満株主による単元未満株式売渡請求	1
	20日以内	（会社と請求者との協議）	2
9/17		会社又は請求者による価格決定の申立て	2
		価格の決定	2
		代金支払・効力発生	3

解　説

　会社は、定款で、単元未満株主に単元未満株式売渡請求権を付与することができます（会社194①）。単元未満株式売渡請求権とは、単元未満株主が有する単元未満株式の数と併せて単元株式数となる数の株式を当該単元未満株主に売り渡すことを会社に請求することができる権利です（同194①）。

1　単元未満株式の売渡請求　　　　　　　　　　　　　▶会社192・194

　単元未満株主に単元未満株式売渡請求権を付与する旨の定款の定めがある場合には、単元未満株主は、会社に対し、その保有する単元未満株式の数と併せて単元株式数となる数の株式をその単元未満株主に売り渡すことを請求（単元未満株式売渡請求といいます。）することができます（会社194①）。単元未満株主は、単元未満株式売渡請求を行う場合には、その単元未満株主に売り渡す単元未満株式の数（種類株式発行会社では単元未満株式の種類及び種類ごとの数）を明らかにして請求しなければなりません（同194②）。

　単元未満株式売渡請求を受けた会社は、その請求を受けた時にその請求に係る単元未満株式の数に相当する数の株式を有しない場合を除き、自己株式をその単元未満株主に売り渡さなければなりません（同194③）。

　この請求を行った単元未満株主は、会社の承諾を得た場合に限り、その請求を撤回することができます（同194④・192③）。

　売渡請求の対象が振替株式である場合には、単元未満株主は、振替機関等に対し単元未満株式の売渡請求の取次ぎを請求すべきものとされています（株式等の振替に関する業務規程70～74）。

作成書類等　○単元未満株式売渡請求書
　　　　　　　○単元未満株式売渡請求書の取次ぎ請求書・振替申請書

2　単元未満株式の価格の決定　　　　　　　　　　▶会社193・194、会社規36

　売渡価格及び価格の決定方法並びに売渡しの時期については、単元未満株式買取請求の場合と同様です（会社194④・193①～⑥）。

(1)　市場価格がある株式の場合

　単元未満株式売渡請求に係る単元未満株式が市場価格のある株式である場合には、その単元未満株式の市場価格として会社法施行規則36条1項で定める方法により算定される額をもって、その請求に係る単元未満株式の価格とされます（会社194④・193①一）。

(2) 市場価格がない株式の場合

　単元未満株式売渡請求に係る単元未満株式が市場価格のない株式である場合には、会社と請求をした単元未満株主との協議によって定める額がその請求に係る単元未満株式の価格とされます（会社194④・193①二）。

　請求をした単元未満株主又は会社は、その請求をした日から20日以内に、裁判所に対し、価格の決定の申立てをすることができます（同194④・193②）。裁判所は、請求時における会社の資産状態その他の事情を考慮して価格を決定しなければなりません（同194④・193③④）。上記期間内に価格決定の申立てがなされなかった場合（当該期間内に協議が調った場合を除きます。）は、1株当たり純資産額に請求に係る単元未満株式の数を乗じて得た額をもって、その当該単元未満株式の価格とされます（同194④・193⑤）。

作成書類等　○価格決定申立書

3　効力発生時期　　　　　　　　　　　　　　　　　▶会社193・194

　単元未満株式の売渡しは、その請求に係る単元未満株式の代金の支払の時にその効力を生じます（会社194④・193⑥）。

22　単元株式数の変更等の手続

スケジュール

◆単元株式数を増加させる場合・取締役会設置会社

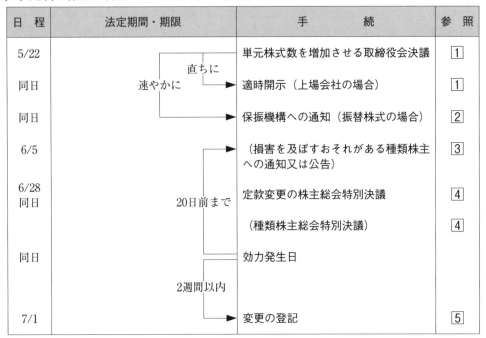

第2章 株 式　第4　単元株制度　　　143

解　説

　会社が単元株式数を増加させるには、通常の定款変更決議を行うことが必要です（会社188①・466・309②十一）。
　なお、上場会社は、流通市場に混乱をもたらすおそれ又は株主の利益の侵害をもたらすおそれのある単元株式数の変更を行わないものとすると定められています（上場規程433）。

1　適時開示　　　　　　　　　　　　　　　　　　　　　▶上場規程402

　上場会社の業務執行を決定する機関が、単元株式数を増加させる決定をした場合、直ちにその内容を開示しなければなりません（上場規程402一ad・an）。遅くとも、取締役会にて、単元株式数の増加の定款変更につき株主総会に付議することを決定した場合には、開示をする必要があります。上場会社については、各証券取引所の有価証券上場規程等により、証券取引所に提出すべき書類が定められています。

作成書類等　○開示資料
　　　　　　　○有価証券変更上場申請書　等

2　保振機構への通知　　　　　　　　　▶株式等の振替に関する業務規程施行規則6

　株式等振替制度を利用している会社は、保振機構に対し、①の決定を行ったことを速やかに通知しなければなりません（株式等の振替に関する業務規程施行規則6・別表1．1(15)）。

作成書類等　○株式等の振替に関する業務規程施行規則第6条に基づく通知

3　損害を及ぼすおそれがある種類株主への通知又は公告　　　　▶会社116

　ある種類の株式の内容として種類株主総会の決議を要しない旨の定款の定め（会社322②）がある会社において、単元株式数についての定款の変更をしようとする場合には、会社は、効力発生日の20日前までに、その損害を及ぼすおそれがある種類株式の株主に対し、単元株式数についての定款の変更をする旨を通知し、又は公告しなければなりません（同116③④①三ハ）。
　ある種類の株式の内容として種類株主総会の決議を要しない旨の定款の定め（同322②）がある会社において、単元株式数についての定款の変更をする場合に、当該種類の株式の株主に損害を及ぼすおそれがあるときは、会社法116条2項各号に規定する反対株主は、会社に対し、効力発生日の20日前の日から効力発生日の前日までの間に、その株式買取請求に係る株式の数（株式の種類及び種類ごとの数）を明らかにして、その株式を公正な価格で買い取ることを請求することができます（同116①⑤）。株券が発行されている株式について株式買取請求をしようとするときは、当該株主は、会社に対し、当該株式に係る株券を提出しなければなりません（同116⑥）。

144 　　　　第2章　株　式　　第4　単元株制度

　　買取請求がなされた後の手続については、**第2章　第3　16の7**を参照してください。

作成書類等　○通知（損害を及ぼすおそれがある種類株主への通知）
　　　　　　　　　又は
　　　　　　　　○公告（損害を及ぼすおそれがある種類株主への公告）
　　　　　　　　○株式買取請求書

4　株主総会特別決議　　　　　　　　　　　▶会社188・309・322、金商24の5

　　会社が単元株式数を増加させる定款の変更を行おうとする場合には、株主総会の特別決議を経ることが必要です（会社188①・466・309②十一）。定款の変更は、株主総会の決議により効力を生じます。上場会社の場合は、単元株式数を100株とすることが原則とされています（上場規程427の2）。

　　さらに、種類株式発行会社で、単元株式数の増加の定款変更を行う場合において、ある種類の株式の種類株主に損害を及ぼすおそれがあるときは、その種類の株式の種類株主総会の決議を要しない旨の定款の定め（会社322②参照）がない限り、その種類株主総会の特別決議を行うことが必要です。これがなければ、この定款変更の効力は生じません（同322①一ロ③・324②四）。ただし、当該種類株主総会において議決権を行使することができる種類株主が存しない場合は、この限りではありません（同322①ただし書）。

　　上場会社は、株主総会において決議事項が決議された場合、遅滞なく、臨時報告書を内閣総理大臣（財務局長等）に提出しなければなりません（金商24の5④、企業開示府令19②九の二）。

　　なお、株式の分割と同時に、単元株式数を増加させる場合又は新たに単元株制度を採用する場合で、その結果各株主の有する議決権が減少しない範囲である場合には、株主総会の特別決議（会社466・309②十一）によらずに、定款の変更をすることができます（同191）。

作成書類等　○株主総会招集通知
　　　　　　　　○株主総会議事録（定款変更決議）
　　　　　　　　○種類株主総会招集通知
　　　　　　　　○種類株主総会議事録（定款変更決議）
　　　　　　　　○新定款
　　　　　　　　○臨時報告書

5　変更の登記　　　　　　　　　　　　　　　　　　▶会社911・915

　　会社は、単元株式数についての定款の定めがあるときは、その単元株式数を登記しなければなりません（会社911③八）。単元株式数の増加の定款変更決議によりこの登記事項に変更が生じますので、会社は、変更が生じた後2週間以内に、その本店の所在地において、変更の登記をしなければなりません（同915①）。

　　また、上場会社は、定款を変更した場合、証券取引所に所定の書類の提出を行うものとされています（上場規程421、上場規程規417）。

作成書類等　○登記申請書
　　　　　　　　○証券取引所への提出書類

第2章　株　式　　第4　単元株制度　　　　　　　　　145

スケジュール

◆単元株式数を減少させる場合又は単元株式数の定めを廃止する場合・取締役会設置会社

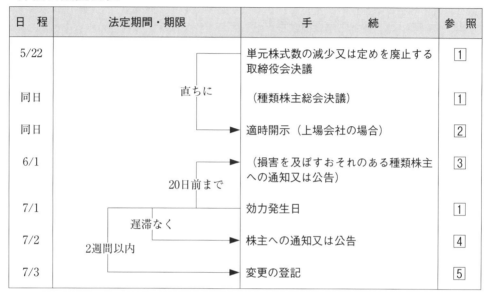

解　説

　会社が単元株式数を減少させる場合又は単元株式数の定めを廃止する場合には、取締役会決議（指名委員会等設置会社等では執行役等への委任可（会社416④・399の13⑤⑥）、取締役会設置会社以外の場合は取締役の決定）を行うことが必要です（同195①）。

　なお、上場会社は、流通市場に混乱をもたらすおそれ又は株主の利益の侵害をもたらすおそれのある単元株式数の変更を行わないものとすると定められています（上場規程433）。

1　取締役会決議　　　　　　　　　　　　　　　　　　　　　　　▶会社195

　会社が単元株式数を減少させる場合又は単元株式数の定めを廃止する場合には、株主にとって不利益はないと考えられます。そこで、会社は、株主総会の特別決議（会社466・309②十一）によらずに、取締役会決議（指名委員会等設置会社等では執行役等への委任可（同416④・399の13⑤⑥）、取締役会設置会社以外の場合は取締役の決定）によって、定款を変更して単元株式数を減少し、又は単元株式数についての定款の定めを廃止することができます（同195①）。この定款の変更は、取締役会決議にて定めた時期に効力を生じます。

　なお、種類株式発行会社で、単元株式数を減少させる定款変更又は単元株式数についての定款の定めの廃止をする場合において、ある種類の株式の種類株主に損害を及ぼすおそれがあるときは、その種類の株式の種類株主総会の決議を要しない旨の定款の定め（同322②参照）がない限り、当該種類株式の種類株主を構成員とする種類株主総会の特別決議を行うことが必要です。これがなければ、この定款変更の効力は生じません（同322①一ロ③・324②四）。ただし、当該種類株主総会において議決権を行使することができる種類株主が存しない場合は、この限りではありません（同322①ただし書）。

作成書類等　○取締役会招集通知
　　　　　　　○取締役会議事録（定款変更決議）
　　　　　　　○種類株主総会招集通知
　　　　　　　○種類株主総会議事録（定款変更決議）
　　　　　　　○新定款

2　適時開示　　　　　　　　　　　　　　　　　　　　　　　　　▶上場規程402

　上場会社の業務執行を決定する機関が、単元未満株式数を減少させる定款変更、又は単元株式数についての定款の定めの廃止をする決定をした場合には、<u>直ちに</u>その内容を開示しなければなりません（上場規程402一ad・an）。遅くとも、1の決定をした場合には、開示する必要があります。上場会社については、各証券取引所の有価証券上場規程等により、証券取引所に提出すべき書類が定められています。

作成書類等　○開示資料
　　　　　　　○有価証券変更上場申請書　等

第2章　株　式　　第4　単元株制度　　147

3　損害を及ぼすおそれがある種類株主への通知又は公告　　▶会社116

　ある種類の株式の内容として種類株主総会の決議を要しない旨の定款の定め（会社322②）がある会社において、単元株式数についての定款の変更をしようとする場合には、会社は、効力発生日の<u>20日前</u>までに、その損害を及ぼすおそれがある種類株式の株主に対し、単元株式数についての定款の変更をする旨を通知し、又は公告しなければなりません（同116③④①三ハ）。

　ある種類の株式の内容として種類株主総会の決議を要しない旨の定款の定め（同322②）がある会社において、単元株式数についての定款の変更をする場合に、当該種類の株式の株主に損害を及ぼすおそれがあるときは、会社法116条2項各号に規定する反対株主は、会社に対し、効力発生日の<u>20日前の日</u>から効力発生日の<u>前日</u>までの間に、その株式買取請求に係る株式の数（株式の種類及び種類ごとの数）を明らかにして、その株式を公正な価格で買い取ることを請求することができます（同116①⑤）。株券が発行されている株式について株式買取請求をしようとするときは、当該株主は、会社に対し、当該株式に係る株券を提出しなければなりません（同116⑥）。

　買取請求がなされた後の手続については、**第2章　第3　16の[7]**を参照してください。

作成書類等　○通知（損害を及ぼすおそれがある種類株主への通知）
　　　　　　　　又は
　　　　　　　○公告（損害を及ぼすおそれがある種類株主への公告）
　　　　　　　○株式買取請求書

4　株主への通知又は公告　　▶会社195

　会社は、単元株式数の減少又は単元株式数の定めの廃止の定款変更を行った場合には、当該定款の変更の効力が生じた日以後遅滞なく、その株主（種類株式発行会社では単元株式数を変更した種類の種類株主）に対し、当該定款変更をした旨を通知し、又は公告しなければなりません（会社195②③）。

作成書類等　○通知（株主への定款変更の通知）
　　　　　　　　又は
　　　　　　　○公告（株主への定款変更の公告）

5　変更の登記　　▶会社911・915、上場規程421

　会社は、単元株式数についての定款の定めがあるときは、その単元株式数を登記しなければなりません（会社911③八）。単元株式数を減少させ又は単元株式数についての規定を廃止する定款変更決議により、この登記事項に変更が生じますので、会社は、変更が生じた後<u>2週間以内</u>に、その本店の所在地において、変更の登記をしなければなりません（同915①）。

　また、上場会社は、定款を変更した場合、証券取引所に所定の書類の提出を行うものとされています（上場規程421、上場規程規417）。

作成書類等　○登記申請書
　　　　　　　○証券取引所への提出書類

第5　所在不明株主の株式売却等

23　所在不明株主の株式の競売等

```
スケジュール
```

◆公開会社・取締役会設置会社（株式等振替制度を利用している会社）

日　程	法定期間・期限	手　　　続	参　照
		株主及び登録株式質権者に対する通知又は催告が5年以上継続して到達しないこと等、並びに株主及び登録株式質権者が継続して5年間剰余金の配当を受領しないこと	1
7/1		株式の競売又は売却に関する取締役会決議	1・7
7/2		公告並びに株主及び登録株式質権者に対する催告	2
7/3	速やかに　　3週間以内	保振機構に対する公告事項等の通知	3
7/20		保振機構に対する所在不明株主の株主等照会コード等の通知	4
10/4	異議を述べることができる期間（3か月以上）の経過	保振機構に対する情報提供請求に係る事前連絡	5
	翌営業日以降	保振機構に対する情報提供請求	6
		株式の競売又は売却	7

※　所在不明株主の口座が特別口座のみであり、一般口座が含まれていない場合は、4、5、6の手続は不要

◆非公開会社・取締役会設置会社

日　程	法定期間・期限	手　　　続	参　照
		株主及び登録株式質権者に対する通知又は催告が5年以上継続して到達しないこと等、並びに株主及び登録株式質権者が継続して5年間剰余金の配当を受領しないこと	1
7/1		株式の競売又は売却に関する取締役会決議	1・7
7/2	異議を述べることができる期間（3か月以上）の末日	公告並びに株主及び登録株式質権者に対する催告	2
		株券の失効	2
		株式の競売又は売却	7

解　　説

　会社は、株式事務の合理化のため、一定の要件を満たす場合に、所在不明の株主の株式について、競売又は売却をすることができます。以下、この手続を利用するための要件及びスケジュールについて説明します。
　なお、保振機構は、振替株式について「所在不明株主の株式売却制度に係る事務処理手続」（株式等振替制度に係る業務処理要領・資料2－11－1。以下この項では「事務処理手続」といいます。）を定めており、以下では、振替株式について所在不明株主の株式売却制度を利用する場合のスケジュールについても併せて説明します。

1　競売又は売却の対象となる株式　　　　　　　　　　　　　　▶会社197

　会社は、下記①②の場合には、当該株式を競売し、その代金を株主に交付することができます（会社197①）。また、会社は、競売に代えてその株式を売却することもできます（同197②）。
①　株主に対する通知又は催告が5年以上継続して到達しない場合
又は

　　会社が取得条項付新株予約権を取得するのと引き換えに、新株予約権者に対して株式を交付する場合において、無記名式新株予約権証券が提出されない場合
かつ

②　その株式の株主が継続して5年間剰余金の配当を受領しなかった場合
　ただし、当該株式について登録株式質権者がいる場合には、さらに、その登録株式質権者に対する通知又は催告が5年以上継続して到達しない場合で、かつ、その登録株式質権者が継続して5年間剰余金の配当を受領しなかった場合でなければ、競売又は売却をすることができません（同197⑤）。

2　公告及び催告と利害関係人の異議　　　　　　　　　▶会社196・198、会社規39

　会社は、①①②の株主の株式（以下この項において、①①②の株主を「所在不明株主」、所在不明株主の株式を「競売対象株式」といいます。）を競売又は売却をする場合には、次の事項を公告し、かつ所在不明株主及びその登録株式質権者には各別にこれを催告しなければなりません（会社198①、会社規39）。なお、この催告は省略することができません（会社198④・196①③）。

【公告及び催告する事項】

> ①　所在不明株主その他の利害関係人が一定の期間（3か月以上）内に異議を述べることができる旨

②　競売対象株式の競売又は売却をする旨
　　③　競売対象株式の株主として株主名簿に記載等された者の氏名又は名称及び住所
　　④　競売対象株式の数（種類株式発行会社の場合には種類及び種類ごとの数）
　　⑤　競売対象株式について株券が発行されているときは、株券の番号

　会社は、上記の公告及び催告を行い、かつ所在不明株主その他の利害関係人から上記①の一定の期間（3か月以上）内に異議がなかったときは、競売対象株式を競売又は売却することができます。なお、株券発行会社において当該異議がなかったときは、競売対象株式に係る株券は、上記①の期間の末日に無効となります（会社198⑤）。

作成書類等　○公告（利害関係人が異議を述べることができる旨等の公告）
　　　　　　　　○催告（利害関係人が異議を述べることができる旨等の通知）

3　保振機構に対する公告事項等の通知　　　　　　　▶事務処理手続Ⅱ1

　会社は、2の公告及び催告を行った場合には、保振機構に対し、速やかに公告事項を通知するとともに、所在不明株主の口座に一般口座が含まれるか否か通知しなければなりません（事務処理手続Ⅱ1）。なお、会社は、所在不明株主の口座に一般口座が含まれるかどうか判断できない場合には、保振機構に対し、公告事項の通知の際に、一般口座が含まれるか不明である旨を併せて通知するとともに、一般口座が含まれるかどうか遅滞なく調査し、この通知から2週間以内に、その結果を通知しなければなりません（同Ⅱ1）。会社は、一般口座が含まれるかどうか調査するため、保振機構に対し、全ての特別口座に係る加入者コードに紐づく株主等照会コードを照会することができます。

作成書類等　○通知（保振機構に対する公告事項等の通知）

4　保振機構に対する所在不明株主の株主等照会コード等の通知
　　　　　　　　　　　　　　　　　　　　　　　　　▶事務処理手続Ⅱ2〜4

　所在不明株主の口座に一般口座が含まれる場合には、会社は、2の公告を行った後3週間以内に、保振機構に対し、①所在不明株主の氏名、②住所及び③株主等照会コードを通知しなければなりません（事務処理手続Ⅱ2）。なお、保振機構は、この通知後2週間以内に、対象となる一般口座を管理する口座管理機関に対し、①2の公告事項、②所在不明株主の口座に一般口座が含まれる旨及び③一般口座に係る所在不明株主の口座に係る加入者コードを通知し（同Ⅱ3）、この通知を受けた口座管理機関は、その加入者の中に所在不明となっている加入者がある場合には、必要に応じて、この加入者に対し、連絡及び確認を行うことになります（同Ⅱ4）。

　なお、所在不明株主の口座が特別口座のみであり、一般口座が含まれていない場合は、この手続は不要です。

作成書類等　○通知（保振機構に対する所在不明株主の株主等照会コード等の通知）

5 保振機構に対する情報提供請求に係る事前連絡　▶事務処理手続Ⅱ5

　②①の期間内に異議がなかった株式については、売却手続を行うことになりますが、振替株式を売却するには、その株式を売却先の口座管理機関の口座に振り替える必要があり、その申請に当たっては、その株式の株主に係る加入者コードを特定する必要があります。そのため、会社は、保振機構に対し、売却対象の株式に係る所在不明株主についての情報提供請求をすることになりますが、この請求に先立ち、会社は、保振機構に対し、次の事項を記載した書面（所在不明株主に対する情報提供請求に係る事前連絡書。以下この項において「事前連絡書」といいます。）を提出しなければなりません（事務処理手続Ⅱ5）。

　なお、所在不明株主の口座が特別口座のみであり、一般口座が含まれていない場合は、この手続は不要です。

> ①売却対象株式の銘柄名及び銘柄コード
> ②所在不明株主の株主等照会コード
> ③所在不明株主ごとの売却対象株式の数
> ④株式売却等に係る事務処理日程（株主確定日、公告掲載日、②①の期間、情報提供請求の予定日及び株式売却予定日）

作成書類等　○事前連絡書

6 保振機構に対する情報提供請求　▶事務処理手続Ⅱ6・7

　会社は、株主名簿管理人を通じて、保振機構に対し、事前連絡書の提出日の<u>翌営業日以降</u>に、事前連絡書で通知した所在不明株主について情報提供請求を行い（事務処理手続Ⅱ6）、この請求を受けた保振機構は、株主名簿管理人を通じて、会社に対し、加入者口座コード等の情報を書面（振替口座簿記載事項通知書）で提供することになります（同Ⅱ7）。

　なお、所在不明株主の口座が特別口座のみであり、一般口座が含まれていない場合は、この手続は不要です。

作成書類等　○保振機構に対する情報提供請求書

7 株式の競売又は売却　▶民執195、会社197・461、会社規38、民494

(1)　株式の競売の方法

　競売対象株式の競売は、民事執行法195条の手続によって行います。

(2)　株式の売却の方法

　会社は、競売対象株式に市場価格がある場合で、競売対象株式を市場において行う取引によって売却するときは、その取引によって売却する価格により売却することができます

（会社197②、会社規38一）。競売対象株式に市場価格がある場合で、市場以外で売却するときは、会社は、会社法施行規則38条2号で定める方法により、これを売却することができます。

　また、競売対象株式に市場価格がない場合は、会社は、裁判所の許可を得て、競売以外の方法によりこれを売却することができます。この場合、裁判所に対する許可の申立ては、取締役が2人以上いるときは、その全員の同意によってしなければなりません（会社197②）。

　なお、振替株式の場合、一般口座に係る所在不明株主の株式については、会社は、6において保振機構から交付を受けた振替口座簿記載事項通知書に係る所在不明株主の口座を開設する口座管理機関に対し、所在不明株主の株式の売却に係る振替申請を行うことになります（事務処理手続Ⅱ8）。また、所在不明株主の口座が特別口座のみの場合、会社は、保振機構に対し、所在不明株主の特別口座から会社の口座への振替請求をすることになります（同Ⅲ2）。

(3)　会社による株式の買取り

　会社は、(2)により売却する株式の全部又は一部を買い取ることもできます。この場合、会社は、取締役会決議によって、①買い取る株式の数（種類株式発行会社の場合は、株式の種類及び種類ごとの数）、②買取りと引き換えに交付する金銭の総額を定めなければなりません（会社197③④）。

　また、会社が買い取る場合、その対価は、買取りの効力が発生する日における分配可能額を超えてはなりません（同461①六）。

(4)　売却代金の交付

　会社は、競売対象株式を競売又は売却したときは、これによって得た代金を所在不明株主に交付しなければなりませんが、所在が不明であるため、実際に交付することは困難です。この場合、会社は、弁済の準備をして所在不明株主が代金を受け取りに現れるのを待つか、又は、その代金を供託して所在不明株主に対する代金支払債務を免れる（民494）ことが考えられます。

第6 募集株式の発行等の手続

24 株主割当て以外の場合

> スケジュール

◆取締役会設置会社・公開会社・非有利発行の場合

日　程	法定期間・期限	手　　続	参　照
6/28		募集事項の決定（取締役会決議） （種類株主総会決議）	1 1
同日	直ちに	有価証券届出書の提出（金融商品取引法上必要な場合）	2
同日	速やかに 15日経過後	適時開示（上場会社の場合）	3
同日		保振機構への通知（株式等振替制度を利用していない会社は不要）	4
		株主への通知又は公告	5
7/14	2週間前まで	届出の効力発生	2
		目論見書の交付（金融商品取引法上必要な場合）	2
		申込みをしようとする者への通知（目論見書を交付等している場合は不要）　　又は 　　　　　　　　総数引受契約の承認（取締役会決議）（募集株式が譲渡制限株式である場合） 申込み 募集株式の割当ての決定（取締役会決議等） 　　　　　　　　総数引受契約の締結	6 10 7 8 10
7/28		申込者への通知	9
8/1	前日まで	払込期日（又は払込期間の初日） 同上（又は払込期間の末日）	12
8/14	遅滞なく 2週間以内	株券の発行（株券発行会社の場合）	13
		変更の登記	14

第2章 株式　第6 募集株式の発行等の手続

◆支配株主の異動を伴う場合（取締役会設置会社・公開会社・非有利発行の場合）

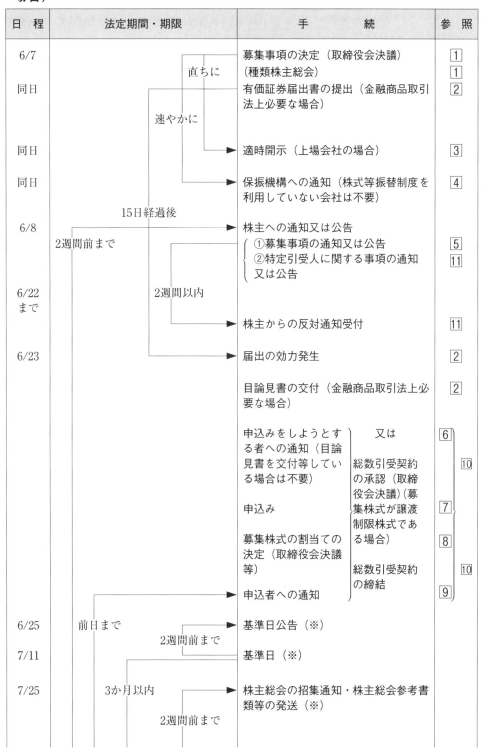

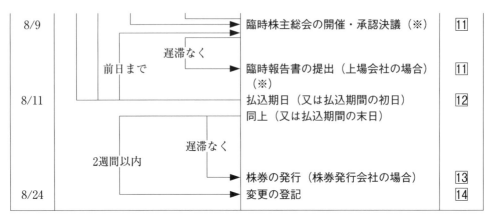

※ 総株主の議決権の10分の1以上の議決権を有する株主が、特定引受人による募集株式の引受けに反対する旨の通知をした場合に限る

第2章 株　式　　第6　募集株式の発行等の手続　　　　157

◆取締役会設置会社・非公開会社・有利発行・募集事項決定の株主総会委任

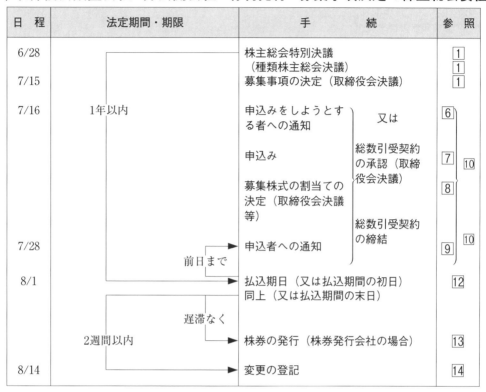

解説

旧商法では、新株の発行と自己株式の処分とを分けて規定していましたが、会社法では、新株の発行と自己株式の処分を、「募集株式の発行等」として統一的に規定しています（会社199以下）。

募集株式の発行等の手続については、「株主割当て以外の場合」と「株主割当ての場合」に分けることができますが、以下では、「株主割当て以外の場合」、すなわち、株主に対して株式の割当てを受ける権利を与えない形でなされる募集株式の発行等の手続について説明します。

1 募集事項の決定　　　　　　　　　　　　▶会社199〜201・309・324

(1) 募集事項

会社は、その発行する株式又はその処分する自己株式を引き受ける者の募集をしようとするときは、その都度、募集株式（その募集に応じて株式の引受けの申込みをした者に対して割り当てる株式）について、下記の事項（募集事項といいます。）を定めなければなりません（会社199①）。

【募集事項】

> ① 募集株式の数（種類株式発行会社にあっては、募集株式の種類及び数）
> ② 募集株式の払込金額又はその算定方法
> ③ 金銭以外の財産を出資の目的とするときは、その旨並びに当該財産の内容及び価額
> ④ 募集株式と引換えにする金銭の払込み又は③の財産の給付の期日（払込期日といいます。）又はその期間（払込期間といいます。）
> ⑤ 株式を発行するときは、増加する資本金及び資本準備金に関する事項

(2) 募集事項の決定機関

ア　非公開会社の場合

非公開会社の場合、募集事項の決定は、株主総会の特別決議によらなければなりません（会社199②・309②五）。

ただし、会社は、株主総会の特別決議により、募集株式の数の上限及び払込金額の下限を定めた上で、募集事項の決定を取締役会（取締役会非設置会社の場合は代表取締役等）に委任することができます（同200①・309②五）。この委任決議は、払込期日又は払込期間の末日がその委任決議の日から1年以内の日である募集について効力を有します（同200③）。

第2章　株　式　　第6　募集株式の発行等の手続　　159

　なお、募集事項の決定の決議を株主総会の特別決議で行う場合や、上記の委任決議をする場合で、払込金額（委任決議をする場合は払込金額の下限）が募集株式を引き受ける者に「特に有利な金額」（公正な発行価格と比べて、募集株式を引き受ける者に特に有利な金額）であるときは、取締役は、その株主総会において、当該払込金額でその者の募集をすることを必要とする理由を説明しなければなりません（同199③・200②）。

　また、種類株式発行会社の場合、募集株式の種類が譲渡制限株式であるときは、募集事項の決定の決議及び募集事項の決定の委任決議をする場合には、有利発行か否かを問わず、定款に別段の定めがない限り、当該種類株主の種類株主総会の特別決議が必要となります（同199④・200④・324②二）。

　　イ　公開会社の場合

　公開会社の場合、募集事項の決定は、取締役会の決議によらなければなりません（同201①・199②）。

　ただし、払込金額が募集株式を引き受ける者に「特に有利な金額」であるときは、その決議は株主総会の特別決議によらなければなりません（同199②③・201①・309②五）。この場合、取締役会に募集事項の決定の委任ができること、有利発行の必要性について取締役による理由の説明が必要になること、一定の場合に種類株主総会の特別決議が必要になることについては、非公開会社の場合（前記ア）と同様です。

　また、上場会社は、株主総会において決議事項が決議された場合、遅滞なく、臨時報告書を内閣総理大臣（財務局長等）に提出しなければなりません（金商24の5④、企業開示府令19②九の二）。

作成書類等　○取締役会議事録
　　　　　　　　又は
　　　　　　　○株主総会招集通知
　　　　　　　○株主総会議事録
　　　　　　　○臨時報告書

2　有価証券届出書の提出等　　▶金商4・5・8・15

(1)　有価証券届出書について

　　ア　有価証券届出書及びその写しの提出義務

　会社が、募集株式等の有価証券の募集（金商2③）を行う場合には（なお、自己株式の処分は、平成21年の金融商品取引法の改正により、金融商品取引法上の有価証券の募集に該当することとなりました。）、発行価額の総額が1億円未満で内閣府令で定める場合等、金融商品取引法4条1項各号に定める一定の場合に当たらない限り、事前に、内閣総理大臣（財務局長等）に対し、有価証券届出書を提出して（同5①）、募集の届出をしなければなりません（同4①）。

　そして、上場会社の場合、内閣総理大臣（財務局長等）に有価証券届出書を提出したときは、遅滞なく、その写しを証券取引所に提出しなければなりません（同6一）。ただし、有価証券届出書をEDINETを通じて提出した場合には、写しの提出は不要です（同27の30の6）。

なお、この他にも、各証券取引所の有価証券上場規程等により、証券取引所に提出すべき各書類が定められているので、注意が必要です。

イ　届出の効力発生日

有価証券届出書による届出は、原則として内閣総理大臣（財務局長等）が有価証券届出書を受理した日から15日を経過した日に効力が発生します（同8①）。

ただし、組込方式（同5③）による有価証券届出書又は参照方式（同5④）による有価証券届出書を提出することができる会社は、その届出について、適当でないと認められる場合を除き、15日に満たない期間（おおむね7日）を経過した日に効力が発生するという取扱いを受けることができます（同8③、企業内容等開示ガイドラインB8—2）。

さらに、届出者が①「特に周知性の高い者」として企業内容等開示ガイドラインが定める一定の要件を満たすものであること、②上場株券又は店頭登録株券に該当する株券の募集に係る届出であること、③希薄化率が20％以下であることの全ての要件を満たす場合には、適当でないと認められる場合を除き、直ちに届出の効力が発生するという取扱いを受けることができます（金商8③、企業内容等開示ガイドラインB8—3）。

会社は、有価証券届出書による届出の効力が生じているのでなければ、募集株式を募集により取得させることはできません（金商15①）。実務上は、届出の効力が発生した後に申込期間（⑥、⑦参照）を設けるのが一般的です。

ウ　発行登録制度の利用

発行登録制度の利用適格要件を満たす者が、発行予定額及び発行予定期間等を記載した発行登録書をあらかじめ内閣総理大臣（財務局長等）に提出し、提出後15日が経過して発行登録の効力が生じている場合には（金商23の3①・23の5①・23の6）、有価証券届出書を提出する必要はなく、その募集ごとに発行条件等を記載した発行登録追補書類を提出すれば足ります（同23の3・23の8）。

なお、発行登録についても、有価証券届出書による届出と同様、組込方式又は参照方式による有価証券届出書を提出することができる会社は、発行登録書の提出後おおむね7日を経過した日にその効力が発生するという取扱いを受けることができます（同23の5①・8③、企業内容等開示ガイドラインB23の5—1・8—2）。

(2)　有価証券通知書の提出

有価証券届出書の届出義務がない場合であっても、発行価額の総額が1億円未満でも内閣府令で定める金額を超える募集の場合等、「特定募集等」に該当する場合には、会社は、内閣総理大臣（財務局長等）に対し、特定募集等が開始される前に、有価証券通知書を提出しなければなりません（金商4⑥、企業開示府令4）。

(3)　目論見書の作成及び交付

会社は、有価証券届出書を提出しなければならない場合には、目論見書（金商2⑩）を作成しなければなりません（同13①②）。そして、募集により募集株式を取得させるよりも前、又は同時に、目論見書を交付又は電磁的方法により提供しなければなりません（同15②・27の30の9）。届出の効力発生前に、投資勧誘に利用するため届出仮目論見書（企業開示府令十六）を使用した場合であっても、届出の効力発生後、改めて、届出目論見書（同十五の二）を作

成し、交付等する必要があります（ただし、企業内容等開示ガイドラインB13−3参照）。

また、発行登録制度を利用する場合にも、発行登録追補目論見書（企業開示府令十六の四）を作成し（金商23の12②・13①）、これを交付等しなければなりません（同23の12③・15②）。

作成書類等 ○有価証券届出書（又は発行登録書及び発行登録追補書類）

○有価証券通知書（「特定募集等」に該当する場合）

○目論見書

3　適時開示等　　　　　　　　　　　　　　　　　　　　　　　▶上場規程402

上場会社は、その取締役会において①(2)イの決定をした場合、軽微基準に該当するものを除き、直ちに、その内容を開示しなければなりません（上場規程402一a）。また、上場会社は、その場合、証券取引所に所定の書類の提出を行うものとされています（同421①、上場規程規417一）。

なお、②の有価証券届出書の提出が必要な場合は、有価証券届出書提出前に募集（取得勧誘）を行うことが禁じられますが（金商4①）、証券取引所規則に基づく適時開示は、基本的に、取得勧誘に該当しません（企業内容等開示ガイドラインB2−12④）。ただし、合理的な範囲を超えた開示を行うことにより、提出予定の届出書に係る有価証券に対する投資者の関心を惹起しようとするような場合には、取得勧誘に該当しうるとされており（大谷潤ほか「上場企業の資金調達の円滑化に向けた施策に伴う開示ガイドライン等の改正」旬刊商事法務2046号35頁）、そのような開示を有価証券届出書提出前に行うことは禁止されますので、留意が必要です。

作成書類等 ○「募集株式の発行に関するお知らせ」等

4　保振機構への通知　　　　　　　▶株式等の振替に関する業務規程施行規則6

株式等振替制度を利用している会社は、その取締役会が①(2)イの決定をした場合、募集株式が振替株式であるときは、保振機構に対し、速やかにその内容を通知しなければなりません（株式等の振替に関する業務規程12①、株式等の振替に関する業務規程施行規則6①②・別表1.1(1)）。

作成書類等 ○株式等の振替に関する業務規程施行規則第6条に基づく通知

5　株主への通知又は公告　　　　　　　　　▶会社201、会社規40、振替161

公開会社において、株主割当て以外の募集株式の発行等を行う場合、取締役会決議により募集事項を定めたときは、会社は、払込期日（払込期間を定めた場合は、その期間の初日）の2週間前までに、株主に対し、募集事項を通知しなければなりません（会社201③）。上記通知は、公告をもって代えることができます（同201④）。なお、振替株式（振替128①）を発行している会社は、上記通知（当該振替株式の株主に対してするものに限ります。）に代えて、当該募集事項を公告しなければなりません（同161②）。

ただし、2週間の通知（又は公告）期間は、株主全員の同意があれば、短縮することがで

きます（昭41・10・5民事甲2875号民事局長回答）。短縮した場合には、**14**の変更の登記を申請する際、株主全員の同意があったことを証する書面を添付しなければなりません（商登46①）。

さらに、次の場合には、株主への通知又は公告は不要です。

① 会社が払込期日（払込期間を定めた場合は、その期間の初日）の2週間前までに有価証券届出書（募集事項に相当する事項をその内容とするものに限ります。）を提出している場合であって、内閣総理大臣が当該払込期日の2週間前の日から当該払込期日まで継続して当該有価証券届出書を公衆の縦覧に供しているときその他の法務省令で定める場合（会社201⑤、会社規40一～六）

② 募集事項の決定に係る決議を株主総会の特別決議で行う場合

6　申込みをしようとする者に対する通知　▶会社203、会社規41・42、振替150

会社は、募集株式の引受けの申込みをしようとする者に対し、下記の事項を通知しなければなりません（会社203①、会社規41）。なお、振替株式を発行する場合には、会社は、当該通知において、当該振替株式について振替法の規定の適用がある旨を示さなければなりません（振替150②）。

会社は、これらの事項とともに、申込期間（募集期間）を定めて、これらを申込みをしようとする者に対して通知するのが一般的です。

しかし、会社が、申込みをしようとする者に目論見書を交付（又は電磁的方法により提供）している場合その他一定の場合（会社規42）には、上記通知は不要です（会社203④）。

なお、会社は、下記の通知事項に変更があった場合、募集株式の引受けの申込みをした者（申込者といいます。）に対し、<u>直ちに</u>、①通知事項に変更があった旨、及び②変更があった事項を通知しなければなりません（同203⑤）。

【申込みをしようとする者に対する通知事項】

---

① 会社の商号

② 募集事項

③ 金銭の払込みをすべきときは、払込みの取扱いの場所

④ 発行可能株式総数（種類株式発行会社にあっては、各種類の株式の発行可能種類株式総数を含みます。）

⑤ 会社（種類株式発行会社を除きます。）が、発行する株式の内容として会社法107条1項各号に掲げる事項を定めているときは、当該株式の内容

⑥ 種類株式発行会社が、同法108条1項各号に掲げる事項について内容の異なる株式を発行することとしているときは、各種類の株式の内容（ある種類の株式について同法108条3項の定款の定めがある場合において、当該定款の定めにより会社が当該種類の株式の内容を定めていないときは、当該種類の株式の内容の要綱）

⑦ 単元株式数（種類株式発行会社においては、各種類の株式の単元株式数）

⑧ 下記の定款の定めがある場合は、その規定

　㋐ 譲渡承認機関（会社139①）、指定買取人の指定（同140⑤）、会社が譲渡を承認した

とみなされる場合の期間短縮（同145一・二、会社規26一・二）

㋑　特定の株主からの取得について売主追加請求権を排除する旨（会社164①）

㋒　取得請求権付株式の対価として交付する他の株式の数に端数が生じるときの交付金額（同167③）

㋓　取得条項付株式の取得日又は一部取得の決定機関（同168①・169②）

㋔　相続人等への売渡請求（同174）

㋕　役員選任権付種類株式発行会社における取締役・監査役の選任手続（同347）

⑨　株主名簿管理人を置く旨の定款の定めがある場合は、株主名簿管理人に関する下記の事項

㋐　氏名又は名称

㋑　住所

㋒　営業所

⑩　定款に定められた事項（①から⑨の事項を除きます。）のうち、申込希望者が通知を請求した事項

作成書類等　〇通知（募集事項その他の事項の通知）

7　申込み　▶会社203

募集株式の引受けの申込みをする者は、会社に対し、①申込希望者の氏名又は名称及び住所、②引き受けようとする募集株式の数を記載等した書面等を交付しなければなりません（会社203②）。

実務上、会社は、募集株式の引受けの申込みに当たって、申込みをする者に対し、払込金額と同額の申込証拠金を添えて申込みをするよう求めるのが通例です。この申込証拠金は、払込期日に払込金額に充当されることになります。

なお、振替株式の引受けの申込みをする者は、自己のために開設された当該振替株式の振替を行うための口座（特別口座を除きます。）を当該書面に記載しなければなりません（振替150④）。

作成書類等　〇募集株式の引受申込書

8　募集株式の割当ての決定　▶会社204・206

会社は、①申込者の中から募集株式の割当てを受ける者、②その者に割り当てる募集株式の数を定めなければなりません（会社204①前段）。会社は、②について、申込みをする者が引き受けようとする募集株式の数よりも少なくすることができます（同204①後段）。

募集株式の割当ての決定は、取締役会設置会社の場合、取締役会決議により行うのが原則ですが（同362②一）、代表取締役や業務執行取締役にその決定を委任することができます。

ただし、定款に別段の定めがある場合を除き、募集株式が譲渡制限株式である場合には、取締役会の決議（取締役会設置会社以外の場合には株主総会の特別決議）によらなければ

なりません（同204②）。

申込者は、会社の割り当てた募集株式の数について、また、総数引受契約（**10**参照）により募集株式の総数を引き受けた者は、その者が引き受けた募集株式の数について、募集株式の引受人となります（同206）。

9 申込者への通知　　　　　　　　　　　　　　　　　　　　　　　▶会社204

会社は、払込期日（払込期間を定めた場合は、その期間の初日）の前日までに、申込者に対し、その申込者に割り当てる募集株式の数を通知しなければなりません（会社204③）。

作成書類等　○通知（株式割当ての通知）

10 総数引受契約　　　　　　　　　　　　　　　　　　　　　　　▶会社203〜205

募集株式を引き受けようとする者が、その総数の引受けを行う契約（総数引受契約といいます。）を締結する場合、**6**から**9**の手続は不要です（会社205①）。

平成26年改正会社法では、募集株式が譲渡制限株式である場合には、定款に別段の定めがある場合を除き、取締役会決議（取締役会非設置会社の場合は株主総会決議）によって、総数の引受けを行う契約の承認を受けなければならないこととされました（会社205②）。

なお、振替株式の引受けの申込みをする者は、総数の引受けを行う契約を締結する際に、自己のために開設された当該振替株式の振替を行うための口座（特別口座を除きます。）を当該振替株式の発行者に示さなければなりません（振替150④）。

「引き受けようとする者」は複数でも構いませんが、総数引受契約というためには、実質的に同一の機会に一体的な契約で総数の引受けがされたものと評価できることを要するので、契約書を1通にするとか、各引受人との契約書に他の引受人全ての名称及びその全員で総数の引受けを行うことを明記するといった工夫が必要となります。

なお、会社は、①**1**の募集事項決定決議の日を払込期日（**12**参照）とすること、②株主全員に、募集事項の通知期間の短縮について同意してもらい、募集事項決定決議の日に通知をすること（**5**参照）、③募集株式の引受人との間で総数引受契約を締結することにより、募集株式を1日で発行することが可能となります（ただし、金融商品取引法上、有価証券届出書の提出が義務付けられている場合には、1日で発行することはできません。）。

作成書類等　○総数引受契約書
　　　　　　　○取締役会議事録

11 支配株主の異動を伴う募集株式の発行
　　　　　　　　　　　▶会社206の2、会社規42の2〜42の4、振替161、上場規程432

（1）　公開会社における募集株式の割当て等の特則

平成26年改正会社法では、公開会社は、募集株式の引受人（募集株式の割当てを受けた申込者又は総数引受契約により募集株式の総数を引き受けた者）が、当該募集株式の発行の結果として公開会社の総株主の議決権の過半数を有することとなる場合、すなわち、次

第2章　株　式　第6　募集株式の発行等の手続　　165

の①を分子とし、次の②を分母として計算される割合が2分の1を超える場合（この場合の募集株式の引受人を特定引受人といいます。）には、(a)株主に対して当該引受人（特定引受人）に関する情報を開示するとともに（(2)参照）、(b)総株主の議決権の10分の1以上の議決権を有する株主から反対の通知があった場合には、特定引受人に対する募集株式の割当て等について、株主総会の承認を受けなければならない（(3)参照）こととされました（会社206の2）。

① 当該引受人（その子会社等を含みます。）がその引き受けた募集株式の株主となった場合に有することとなる議決権の数

② 当該募集株式の引受人の全員がその引き受けた募集株式の株主となった場合における総株主の議決権の数

ただし、(i)当該特定引受人が当該公開会社の親会社等（同2四の二）である場合、又は(ii)株主割当ての場合には、これらの規律は適用されません（同206の2①ただし書）。

(2) 特定引受人に関する事項の株主への通知又は公告

公開会社は、上記(1)の場合、払込期日（払込期間を定めた場合は、その期間の初日）の2週間前までに、株主に対し、下記の事項を通知しなければなりません（会社206の2①、会社規42の2）。上記通知は、公告をもって代えることができます（会社206の2②）。なお、振替株式を発行している会社は、上記通知（当該振替株式の株主に対してするものに限ります。）に代えて、下記の事項を公告しなければなりません（振替161②）。

この通知又は公告の期限は、⑤の通知又は公告の期限と同じであり、⑤の通知又は公告とこの通知又は公告を一括して行うことも可能です。

ただし、会社が払込期日の2週間前までに有価証券届出書（下記の事項に相当する事項をその内容とするものに限ります。）を提出している場合であって、内閣総理大臣が当該払込期日の2週間前の日から当該払込期日まで継続して当該有価証券届出書を公衆の縦覧に供しているときその他の法務省令で定める場合（会社規42の3）には、上記通知又は公告は不要です（会社206の2③）。

【特定引受人に関する通知事項】

> ① 特定引受人の氏名又は名称及び住所
> ② 特定引受人がその引き受けた募集株式の株主となった場合に有することとなる議決権の数
> ③ ②の募集株式に係る議決権の数
> ④ 募集株式の引受人の全員がその引き受けた募集株式の株主となった場合における総株主の議決権の数
> ⑤ 特定引受人に対する募集株式の割当て又は特定引受人との間の総数引受契約の締結に関する取締役会の判断及びその理由
> ⑥ 社外取締役を置く会社において、⑤の取締役会の判断が社外取締役の意見と異なる場合には、その意見
> ⑦ 特定引受人に対する募集株式の割当て又は特定引受人との間の総数引受契約の締結に関する監査役、監査等委員会又は監査委員会の意見

166　　　第2章　株　式　　第6　募集株式の発行等の手続

(3)　株主総会決議による承認

　総株主（株主総会において議決権を行使することができない株主を除きます。）の議決権の10分の1（これを下回る割合を定款で定めた場合には、その割合）以上の議決権を有する株主が、上記(2)の通知又は公告の日から2週間以内に、会社に対し、特定引受人（その子会社等を含みます。）による募集株式の引受けに反対する旨の通知をしたときは、会社は、払込期日の前日までに、株主総会の決議によって、当該特定引受人に対する募集株式の割当て又は当該特定引受人との間の総数引受契約の承認を受けなければなりません（会社206の2④、会社規42の4）。なお、振替株式を発行している会社の場合、振替株式の株主による上記の反対の通知は、「少数株主権等」（振替147④）の行使に該当すると解され、振替株式の株主が上記の反対の通知をするに当たっては、個別株主通知の手続をとる必要があります（同154②）。

　上記の株主総会決議は、議決権を行使することができる株主の議決権の過半数（3分の1以上の割合を定款で定めた場合には、その割合以上）を有する株主が出席し、出席した当該株主の議決権の過半数（これを上回る割合を定款で定めた場合には、その割合以上）をもって行わなければなりません（会社206の2⑤）。

　ただし、会社の財産の状況が著しく悪化している場合において、会社の事業の継続のため緊急の必要があるときは、上記の株主総会決議による承認は不要です（会社206の2④ただし書）。

　上場会社は、株主総会において決議事項が決議された場合、遅滞なく、臨時報告書を内閣総理大臣（財務局長等）に提出しなければなりません（金商24の5④、企業開示府令19②九の二）。

　株主総会決議による承認を受けるために臨時株主総会を開催するときは、当該臨時株主総会において議決権を行使する株主を確定するための基準日（同124①）を定めることになるケースが多いと考えられ、その場合、当該基準日の2週間前までに公告をしなければなりません（同124③）。また、株主総会を開催するに当たっては、株主総会の日の2週間前までに、株主に対して招集通知を発しなければなりません（会社299①）。このように、株主総会決議による承認が必要となる場合、相当の期間を要することになりますので、これらの期間も考慮した上で、スケジュールを設定する必要があります。実務的には、①取締役会決議のみで発行を行う場合における払込日を始期、株主総会の承認が必要となる場合における払込日を終期とする払込期間を設定することにより募集事項を変更することなく発行を行う、②総株主の議決権の10分の1以上の反対の有無にかかわらず、株主総会の承認決議を経ることを前提としてスケジュールを組むことなどが考えられます。

(4)　証券取引所の有価証券上場規程による規制

　なお、上場会社については、支配株主の異動を伴う募集株式の発行等を行う場合、別途、証券取引所の有価証券上場規程による規制の適用も受けることになります。

　例えば、上場会社は、①希薄化率が25％以上となる第三者割当による募集株式の割当てを行う場合、又は②当該割当てにより支配株主が異動する見込みがある場合は、当該割当ての緊急性が極めて高いものとして有価証券上場規程施行規則で定める場合を除き、(a)経営者から一定程度独立した者による当該割当ての必要性及び相当性に関する意見の入

第2章　株　式　第6　募集株式の発行等の手続　　167

手、又は(b)当該割当てに係る株主総会決議などによる株主の意思確認の手続のいずれか
を行うものとされています（上場規程2八十四・432、上場規程規435の2）。

作成書類等　○通知又は公告（特定引受人に関する事項）
　　　　　　　○株主総会招集通知
　　　　　　　○株主総会議事録
　　　　　　　○臨時報告書

12　払込期日又は払込期間　　▶会社208・209

　募集株式の引受人は、払込期日又は払込期間内に、会社が定めた銀行等の払込みの取扱
いの場所において、払込金額の全額を払い込まなければなりません（会社208①）。

　募集株式の引受人は、会社が払込期日を定めた場合には、当該期日に、会社が払込期間
を定めた場合は、出資の履行をした日に、出資の履行をした募集株式の株主となります（同
209①）。なお、平成26年改正会社法では、募集株式の引受人が出資の履行を仮装した場合
には、会社法213条の2第1項各号に定める支払若しくは給付又は同法213条の3第1項の規定
による支払がされた後でなければ、出資の履行を仮装した募集株式について、株主の権利
を行使することはできないこととされました（同209②）。

　募集株式の引受人は、出資の履行をしないときは、当該出資の履行をすることにより募
集株式の株主となる権利を失います（同208⑤）。

13　株券の発行　　▶会社215

　株券発行会社は、募集株式を発行した日以後遅滞なく、当該株式に係る株券を発行しな
ければなりません（会社215①）。

作成書類等　○株券

14　変更の登記　　▶会社911・915

　募集株式の発行の効力が生じると、登記事項である①資本金の額（会社911③五）、②発行
済株式の総数並びにその種類及び種類ごとの数（同911③九）について変更が生じます。会
社は、上記①②に変更が生じたときは、2週間以内に、本店の所在地において、変更の登記
をしなければなりません（同915①）。ただし、払込期間を定めた場合における株式の発行に
よる変更の登記は、その期間の末日から2週間以内に行えば足ります（同915②）。

　なお、自己株式の処分の場合は、上記①②の事項について変更は生じませんので、変更
の登記は不要です。

作成書類等　○登記申請書

25 株主割当ての場合

スケジュール

◆取締役会設置会社・公開会社

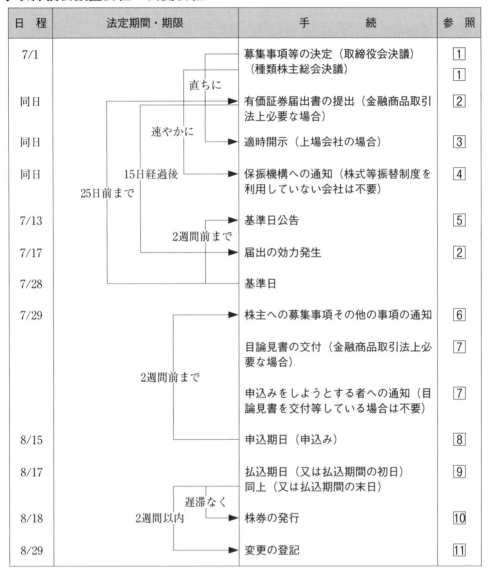

◆取締役会設置会社・非公開会社

日　程	法定期間・期限	手　　　続	参　照
6/28		募集事項等の決定（株主総会特別決議）	1
6/29	2週間前まで	基準日公告	5
7/14		基準日	
7/15		株主への募集事項その他の事項の通知	6
	2週間前まで	申込みをしようとする者への通知	7
7/31		申込期日（申込み）	8
8/1		払込期日（又は払込期間の初日） 同上（又は払込期間の末日）	9
8/2	遅滞なく 2週間以内	株券の発行	10
8/12		変更の登記	11

解　説

　募集株式の発行等の手続については、「株主割当て以外の場合」と「株主割当ての場合」に分けることができますが、以下では、「株主割当ての場合」、すなわち、株主に対して株式の割当てを受ける権利を与える場合の手続について説明します。

1　募集事項等の決定　　　　　　　　　　　　　▶会社124・199・202・309・322・324

(1)　募集事項等

　会社が、株主に株式の割当てを受ける権利を与える場合には、下記の募集事項のほか、①株主に対し、募集株式の引受けの申込みをすることにより当該株式会社の募集株式（種類株式発行会社にあっては、当該株主の有する種類の株式と同一の種類のもの）の割当てを受ける権利を与える旨、及び②申込期日を定めなければなりません（会社202①③三・199①。以下この項において、募集事項と上記①②の事項を併せて「募集事項等」といいます。）。

【募集事項】

> ①　募集株式の数（種類株式発行会社にあっては、募集株式の種類及び数）
> ②　募集株式の払込金額又はその算定方法
> ③　金銭以外の財産を出資の目的とするときは、その旨並びに当該財産の内容及び価額
> ④　募集株式と引換えにする金銭の払込み又は③の財産の給付の期日（払込期日といいます。）又はその期間（払込期間といいます。）
> ⑤　株式を発行するときは、増加する資本金及び資本準備金に関する事項

(2)　募集事項等の決定機関

　ア　非公開会社の場合

　非公開会社の場合、募集事項等の決定は、株主総会の特別決議によらなければなりません（会社202③四・309②五）。ただし、取締役会（取締役会非設置会社の場合は代表取締役等）が当該事項を定めることができる旨を定款で定めた場合には、取締役会（取締役会非設置会社の場合は代表取締役等）が当該事項を定めなければなりません（同202③一・二）。

　なお、種類株式発行会社において、株主に株式の割当てを受ける権利を与える場合、これによってある種類の株式の種類株主に損害を及ぼすおそれがあるときは、当該募集株式を引き受ける者の募集は、定款に別段の定めがある場合を除き、当該種類の株式の種類株主総会の特別決議がなければその効力を生じません（同322①四②③・324②四）。ただし、当該種類株主総会において議決権を行使することができる種類株主が存在しない場合は、この

限りではありません（同322①ただし書）。

　　イ　公開会社の場合

　公開会社の場合、募集事項等の決定は、取締役会の決議によらなければなりません（同202③三）。

(3)　基準日の設定

　会社が、株主に株式の割当てを受ける権利を与える場合、会社が定める一定の日（基準日（会社124））に株主名簿に記載又は記録されている株主に対して、その権利を与えることになります。また、株式等振替制度を利用している会社は、保振機構から、振替口座簿上の株主について総株主通知を受けることになりますが（振替151①一）、その前提として、振替口座簿上の株主を確定するため、基準日を定める必要があります。そこで、実務上は、上記(1)の決議に併せて、基準日を定めるのが一般的です。

作成書類等　○取締役会議事録
　　　　　　　　又は
　　　　　　　○株主総会招集通知
　　　　　　　○株主総会議事録

2　有価証券届出書の提出等　　　　　　　　　　　　　　　　　▶金商4

(1)　有価証券届出書及びその写しの提出義務

　募集株式を引き受ける者の募集が、金融商品取引法2条3項の有価証券の募集に当たる場合には、一定の場合を除き、会社は、[1](3)の基準日の<u>25日前までに</u>、内閣総理大臣（財務局長等）に対し、有価証券届出書を提出しなければなりません（金商4④）。

　そして、上場会社の場合、内閣総理大臣（財務局長等）に有価証券届出書を提出したときは、<u>遅滞なく</u>、その写しを証券取引所に提出しなければなりません（同6一）。ただし、有価証券届出書をEDINETを通じて提出した場合には、写しの提出は不要です（同27の30の6）。また、この他にも、各証券取引所の有価証券上場規程等により、証券取引所に提出すべき各書類が定められているので、注意が必要です。

　有価証券届出書の届出の効力発生日については、**第2章第6　24の[2](1)イ**を参照してください。）。

(2)　発行登録制度の利用

　発行登録制度の利用適格要件を満たす者が、発行予定額及び発行予定期間等を記載した発行登録書をあらかじめ内閣総理大臣（財務局長等）に提出し、提出後<u>15日</u>が経過して発行登録の効力が生じている場合には（金商23の3①・23の5①・23の6）、有価証券届出書を提出する必要はなく、その募集ごとに発行条件等を記載した発行登録追補書類を提出すれば足ります（同23の3・23の8）。

　なお、発行登録についても、有価証券届出書による届出と同様、組込方式又は参照方式による有価証券届出書を提出することができる会社は、発行登録書の提出後<u>おおむね7日を経過した日</u>にその効力が発生するという取扱いを受けることができます（同23の5①・8③、企業内容等開示ガイドラインB23の5－1・8－2）。

172　第2章　株　式　第6　募集株式の発行等の手続

(3)　有価証券通知書の提出

　　有価証券届出書の届出義務がない場合であっても、開示が行われている有価証券の売出しで売出価格の総額が1億円以上のものや、発行価格又は売出価格の総額が1億円未満でも内閣府令で定める金額を超える募集の場合等、「特定募集等」に該当する場合には、会社は、内閣総理大臣（財務局長等）に対し、特定募集等の開始される<u>前</u>に、有価証券通知書を提出しなければなりません（金商4⑥、企業開示府令4）。

(4)　目論見書の作成及び交付

　　会社は、有価証券届出書を提出しなければならない場合には、目論見書（金商2⑩）を作成しなければなりません（同13①②）。そして、募集により募集株式を取得させるよりも前、又は同時に、目論見書を交付又は電磁的方法により提供しなければなりません（同15②・27の30の9）。届出の効力発生前に、投資勧誘に利用するため届出仮目論見書（企業開示府令十六）を使用した場合であっても、届出の効力発生後、改めて、届出目論見書（同十五の二）を作成し、交付等する必要があります（ただし、届出仮目論見書の届出目論見書への転用については企業内容等開示ガイドラインＢ13−3参照）。

　　また、発行登録制度を利用する場合にも、発行登録追補目論見書（企業開示府令十六の四）を作成し（金商23の12②・13①）、これを交付等しなければなりません（同23の12③・15②）。

作成書類等　有価証券届出書の提出

3　適時開示等　　　　　　　　　　　　　　　　　　　　　▶上場規程402

　　上場会社は、その取締役会において①(1)の募集事項等を決定した場合、<u>直ちに</u>、その内容を開示しなければなりません（上場規程402一a）。また、上場会社は、その場合、証券取引所に所定の書類の提出を行うものとされています（同421①、上場規程規417一）。なお、株主割当てによる募集株式を引き受ける者の募集については、適時開示の軽微基準はありません。

　　また、②の有価証券届出書の提出が必要な場合は、有価証券届出書提出前に募集（取得勧誘）を行うことが禁じられますが（金商4①）、証券取引所規則に基づく適時開示は、基本的に、取得勧誘に該当しません（企業内容等開示ガイドラインＢ2−12④）。ただし、合理的な範囲を超えた開示を行うことにより、提出予定の届出書に係る有価証券に対する投資者の関心を惹起しようとするような場合には、取得勧誘に該当しうるとされており（大谷潤ほか「上場企業の資金調達の円滑化に向けた施策に伴う開示ガイドライン等の改正」旬刊商事法務2046号35頁）、そのような開示を有価証券届出書提出前に行うことは禁止されますので、留意が必要です。

作成書類等　○開示資料（「募集株式の発行に関するお知らせ」等）

4　保振機構への通知
▶振替151、振替命令23、株式等の振替に関する業務規程12、株式等の振替に関する業務規程施行規則6

　　株式等振替制度を利用している会社は、①の募集事項等を決定した場合、募集株式が振替株式であるときは、保振機構に対し、<u>速やかに</u>その内容を通知しなければなりません（株

第2章　株　式　　第6　募集株式の発行等の手続　　173

式等の振替に関する業務規程12①、株式等の振替に関する業務規程施行規則6①②・別表1.1(1)）。また、基準日を定める旨の決定をした場合にも、<u>速やかに</u>（かつ、基準日の<u>2週間前の日までに</u>）その内容を通知しなければなりません（振替151⑦、振替命令23、株式等の振替に関する業務規程12①、株式等の振替に関する業務規程施行規則6・別表1.1(16)）。なお、募集事項等と基準日を同時に定めた場合には、これらの内容の通知について、まとめて1回で済ませることができます。

　また、上場会社は、基準日を設定した場合、証券取引所に所定の書類の提出を行うものとされています（上場規程421①、上場規程規418六）。

作成書類等　○株式等に関する業務規程施行規則第6条に基づく通知

5　基準日公告　　▶会社124

　基準日を設定した場合には、会社は、その基準日の<u>2週間前までに</u>、基準日時点の株主に対して、募集株式の引受けの申込みをすることにより、募集株式の割当てを受ける権利を与える旨公告しなければなりません（会社124②③）。

作成書類等　○基準日の公告

6　株主への募集事項その他の事項の通知　　▶会社202・204

　会社は、1の募集事項等を定めた場合には、申込期日の<u>2週間前までに</u>、株主に対し、①募集事項、②その株主が割当てを受ける株式数及び③申込期日を通知しなければなりません（会社202④）。

　ただし、2週間の通知期間は、株主全員の同意があれば、短縮することができます（昭54・11・6法務省民四第5692号民事局第四課長回答）。短縮した場合には、11の変更の登記を申請する際、株主全員の同意があったことを証する書面を添付しなければなりません（商登46①）。

　株主は、申込期日までに申込みをしない場合、募集株式の割当てを受ける権利を失うことになります（会社204④）。

作成書類等　○通知（募集事項その他の事項の通知）

7　申込みをしようとする者に対する通知　　▶会社203、会社規41・42

　会社は、募集株式の引受けの申込みをしようとする者に対し、下記の事項を通知しなければなりません（会社203①、会社規41）。なお、振替株式を発行する場合には、会社は、当該通知において、当該振替株式について振替法の規定の適用がある旨を示さなければなりません（振替150②）。そして、会社は、これらの事項とともに、申込期間（募集期間）を定めて、これらを申込みをしようとする者に対して通知するのが一般的です。

　しかし、会社が、申込みをしようとする者に目論見書を交付（又は電磁的方法により提供）している場合その他一定の場合（会社規42）には、上記通知は不要です（会社203④）。

　なお、会社は、下記の通知事項に変更があった場合、募集株式の引受けの申込みをした

者（申込者といいます。）に対し、直ちに、①通知事項に変更があった旨、及び②変更があった事項を通知しなければなりません（同203⑤）。

【申込みをしようとする者に対する通知事項】

① 会社の商号

② 募集事項

③ 金銭の払込みをすべきときは、払込みの取扱いの場所

④ 発行可能株式総数（種類株式発行会社にあっては、各種類の株式の発行可能種類株式総数を含みます。）

⑤ 会社（種類株式発行会社を除きます。）が、発行する株式の内容として会社法107条1項各号に掲げる事項を定めているときは、当該株式の内容

⑥ 種類株式発行会社が、同法108条1項各号に掲げる事項について内容の異なる株式を発行することとしているときは、各種類の株式の内容（ある種類の株式について同法108条3項の定款の定めがある場合において、当該定款の定めにより会社が当該種類の株式の内容を定めていないときは、当該種類の株式の内容の要綱）

⑦ 単元株式数（種類株式発行会社においては、各種類の株式の単元株式数）

⑧ 下記の定款の定めがある場合は、その規定

　㋐ 譲渡承認機関（会社139①）、指定買取人の指定（同140⑤）、会社が譲渡を承認したとみなされる場合の期間短縮（同145一・二、会社規26一・二）

　㋑ 特定の株主からの取得について売主追加請求権を排除する旨（会社164①）

　㋒ 取得請求権付株式の対価として交付する他の株式の数に端数が生じるときの交付金額（同167③）

　㋓ 取得条項付株式の取得日又は一部取得の決定機関（同168①・169②）

　㋔ 相続人等への売渡請求（同174）

　㋕ 役員選任権付種類株式発行会社における取締役・監査役の選任手続（同347）

⑨ 株主名簿管理人を置く旨の定款の定めがある場合は、株主名簿管理人に関する下記の事項

　㋐ 氏名又は名称

　㋑ 住所

　㋒ 営業所

⑩ 定款に定められた事項（①から⑨の事項を除きます。）のうち、申込希望者が通知を請求した事項

作成書類等　○通知（募集事項その他の事項の通知）

8 申込み ▶会社203

募集株式の引受けの申込みをする者は、申込期日までに、会社に対し、①申込希望者の

第2章 株 式 第6 募集株式の発行等の手続 175

氏名又は名称及び住所、②引き受けようとする募集株式の数を記載等した書面等を交付しなければなりません（会社203②）。

なお、振替株式の引受けの申込みをする者は、自己のために開設された当該振替株式の振替を行うための口座（特別口座を除きます。）を当該書面に記載しなければなりません（振替150④）。

実務上、会社は、募集株式の引受けの申込みに当たって、申込みをする者に対し、払込金額と同額の申込証拠金を添えて申込みをするよう求めるのが通例です。この申込証拠金は、払込期日に払込金額に充当されることになります。

なお、株主割当ての場合、株主は、割当てを受ける権利の行使により、当然に株式の引受人となりますので、会社法204条1項から3項までの手続（第2章 第6 24の⑧・⑨の手続）は不要です。

作成書類等 ○募集株式の引受申込書

9 払込期日又は払込期間 ▶会社208・209

募集株式の引受人は、払込期日又は払込期間内に、会社が定めた銀行等の払込みの取扱いの場所において、払込金額の全額を払い込まなければなりません（会社208①）。

募集株式の引受人は、会社が払込期日を定めた場合には、当該期日に、会社が払込期間を定めた場合は、出資の履行をした日に、出資の履行をした募集株式の株主となります（同209①）。なお、平成26年改正会社法では、募集株式の引受人が出資の履行を仮装した場合には、会社法213条の2条1項各号に定める支払若しくは給付又は同法213条の3第1項の規定による支払がされた後でなければ、出資の履行を仮装した募集株式について、株主の権利を行使することはできないこととされました（同209②）。

募集株式の引受人は、出資の履行をしないときには、当該出資の履行をすることにより募集株式の株主となる権利を失います（同208⑤）。

10 株券の発行 ▶会社215

株券発行会社は、募集株式を発行した日以後遅滞なく、当該株式に係る株券を発行しなければなりません（会社215①）。

作成書類等 ○株券

11 変更の登記 ▶会社911・915

募集株式の発行の効力が生じると、登記事項である①資本金の額（会社911③五）、②発行済株式の総数並びにその種類及び種類ごとの数（同911③九）について変更が生じます。会社は、上記①②に変更が生じたときは、2週間以内に、本店の所在地において、変更の登記をしなければなりません（同915①）。ただし、払込期間を定めた場合における株式の発行に

176 　　第2章　株　式　　第6　募集株式の発行等の手続

よる変更の登記は、その期間の末日から2週間以内に行えば足ります（同915②）。

　なお、自己株式の処分の場合は、上記①②の事項について変更は生じませんので、変更の登記は不要です。

作成書類等 　○登記申請書

　コラム

○証券会社を利用した公募手続

(1)　証券会社を利用した公募手続

　上場会社が公募（不特定・多数の者に対して勧誘を行うこと）により株式を発行する場合には、実務上、証券会社が「募集の取扱い」（金商2⑧九）を行うのが一般的です。具体的には、多くの場合、証券会社が、金融商品取引法上の「引受人」として、投資家に取得させることを目的として上場会社から株式を取得し、それを投資家に取得させるという、「買取引受け」の方式により行われます（同2⑥一）。この方式では、証券会社のみが募集株式を引き受けて会社法上の「引受人」となり（募集株式の申込み及び割当ての手続は必要ありません（会社205①・206二）。）、証券会社が払込期日に会社法上の払込金額（一般に「発行価額」と呼ばれます。）の総額を払い込むことになります。そして、証券会社は、発行価額と異なる価格（一般に「発行価格」と呼ばれます。）で投資家に株式を取得させ、発行価格の総額と発行価額の総額との差額が証券会社の手取金となるのが一般的です。

(2)　公募における発行価格（発行価額）の決定方法

　公募の場合、払込期日の株価に近い価額を発行価格とすればスムーズに募集できますが、取締役会の決議で発行価額（発行価格）を具体的に決定すると（会社199①二）、募集事項の公告等により払込期日まで2週間以上の期間が必要なことから（同201③④）、株価が刻々と変動する中で払込期日の株価に近い価額を発行価格とすることは技術的に困難です。そこで、具体的な発行価額（発行価格）の決定、公告等に代えて、「公正な価額による払込みを実現するために適当な払込金額の決定の方法」を決定、公告等すれば足りることとされており（同201②③）、その方法はブックビルディング（投資者の需要状況の調査）とされています（日本証券業協会「有価証券の引受け等に関する規則」2十六・25）。

　なお、この場合、有価証券届出書を提出する時点では、発行価格（発行価額）を「未定」とし、発行価格（発行価額）が決定した時点で、有価証券届出書の訂正届出書（金商7①）を提出することになります。

第7 株 券

26 株券喪失登録手続

スケジュール

◆登録抹消申請がない場合

日　程	法定期間・期限	手　　　続	参　照
		株券喪失登録簿の作成	1
6/29		株券喪失登録の請求	2
6/30		株券喪失登録	3
7/1	登録日の翌日から 1年を経過した日　→（遅滞なく）	名義人に対する通知（株券喪失登録者が名義人でないとき）	3
翌年の 7/1		株券の失効	4
		株券の再発行	4

◆株券所持者による登録抹消申請があった場合

日　程	法定期間・期限	手　　　続	参　照
		株券喪失登録簿の作成	①
6/29		株券喪失登録の請求	②
6/30		株券喪失登録	③
7/1	遅滞なく	名義人に対する通知（株券喪失登録者が名義人でないとき）	③
7/5		株券所持者による登録抹消申請	⑤
7/6	遅滞なく	株券喪失登録者への通知	⑥
7/21	2週間を経過した日	株券喪失登録の抹消	⑦
		株券の返還	⑦

第２章　株　式　　第７　株　券

◆株券喪失登録者による登録抹消申請があった場合

日　程	法定期間・期限	手　　　続	参　照
		株券喪失登録簿の作成	1
6/29		株券喪失登録の請求	2
6/30	遅滞なく	株券喪失登録	3
7/1		名義人に対する通知（株券喪失登録者が名義人でないとき）	3
7/5	同日中	株券喪失登録者による登録抹消申請	8
同日		株券喪失登録の抹消	8

解　説

　株主が株券を喪失した場合、株券が善意取得（会社131②）されることを防ぐため、会社法は、株主が会社に対し株券喪失登録の手続をとることにより、株券を無効にすることができる制度を設けています。

◇　　　◇　　　◇

1　株券喪失登録簿の作成　　　　　　　　　　　　　　　　　　　　　▶会社221

　会社法221条柱書に規定する株券発行会社（以下この項において「株券発行会社」といいます。）は、株券喪失登録簿を作成し、下記の事項を記載等しなければなりません（会社221）。

【株券喪失登録簿の記載事項】

> ①　株券喪失登録の請求に係る株券の番号
> ②　株券を喪失した者の氏名又は名称及び住所
> ③　①の株券に係る株式の株主又は登録株式質権者として株主名簿に記載又は記録されている者（名義人といいます。）の氏名又は名称及び住所
> ④　①から③の事項を記載又は記録した日（株券喪失登録日といいます。）

作成書類等　〇株券喪失登録簿

2　株券喪失登録の請求　　　　　　　　　　　　　　　　　　▶会社223、会社規47

　株券を喪失した者は、株券発行会社に対し、①の記載事項について、株券喪失登録簿に記載等することを請求することができます（会社223）。この請求を行うには、①請求する者の氏名又は名称、②請求する者の住所、③喪失した株券の番号を明らかにしなければなりません（会社規47②）。また、請求者が名義人の場合には、株券喪失の事実を証する資料を、名義人でない場合には、この資料に加えて、請求者が、請求に係る株券を、株主名簿に記載等されている当該株券に係る株式の取得の日以後に所持していたことを証する資料を、それぞれ株券発行会社に対して提出しなければなりません（同47③）。

3　株券喪失登録及び名義人等に対する通知　　　　　　　　　　　　▶会社221・224

　株券喪失登録の請求を受けた株券発行会社は、株券喪失登録簿に、①の記載事項を記載等しなければなりません（会社221）。株券発行会社が株券喪失登録をした場合において、株券を喪失した者として株券喪失登録簿に記載等された者（株券喪失登録者といいます。）が

第2章　株　式　第7　株　券　　　181

当該株式の名義人でないときは、株券発行会社は、遅滞なく、名義人に対し、株券喪失登録をした旨並びに[1]の記載事項のうち①、②、④の事項を通知しなければなりません（同224①）。また、株券喪失登録がなされている株券が権利行使のために提出された場合には、株券発行会社は、遅滞なく、当該株券を提出した者に対し、当該株券について株券喪失登録がなされている旨を通知しなければなりません（同224②）。

作成書類等　○通知（名義人に対する株券喪失登録等の通知）
　　　　　　　　○通知（株券提出者に対する株券喪失登録等の通知）

4　株券の失効　　　　　　　　　　　　　　　　　　　　　　　▶会社228

　株券喪失登録（抹消されたものを除きます。）がされた株券は、株券喪失登録日の翌日から1年を経過した日に無効になります（会社228①）。この場合、株券発行会社は、株券喪失登録者に対し、株券を再発行しなければなりません（同228②）。

作成書類等　○株券

5　株券所持者による登録抹消申請　　　　　　　　　　　　　▶会社225、会社規48

　株券喪失登録がされた株券を所持する者（その株券についての株券喪失登録者以外の者）は、①自分の氏名又は名称、②住所を明らかにして、当該株券喪失登録の抹消を申請することができます（会社225①、会社規48）。ただし、株券喪失登録日の翌日から起算して1年を経過したときは、抹消の申請はできなくなります（会社225①ただし書）。

　なお、上記申請をする場合には、会社に対し、株券喪失登録がされた株券を提出しなければなりません（同225②）。

6　株券喪失登録者への通知　　　　　　　　　　　　　　　　▶会社225

　株券所持者による登録抹消申請を受けた株券発行会社は、遅滞なく、株券喪失登録者に対し、①申請者の氏名又は名称、②申請者の住所、③株券の番号を通知しなければなりません（会社225③）。

作成書類等　○通知（株券喪失登録者に対する通知）

7　株券喪失登録の抹消及び株券の返還　　　　　　　　　　　▶会社225

　株券発行会社は、[6]の通知の日から2週間を経過した日に、株券喪失登録を抹消しなければなりません（会社225④前段）。そして、抹消した場合は、その株券を株券喪失登録の抹消申請者に返還しなければなりません（同225④後段）。

8　株券喪失登録者による登録抹消申請　▶会社226、会社規49

　株券喪失登録者は、株券発行会社に対し、①自分の氏名又は名称、②住所、③株券の番号を明らかにして、株券喪失登録の抹消を申請することができます（会社226①、会社規49）。申請を受けた株券発行会社は、その<u>申請を受けた日</u>に、株券喪失登録を抹消しなければなりません（会社226②）。

9　異議催告手続との関係　▶会社229

　株券喪失登録者が、会社法220条1項の規定する異議催告の請求をした場合、株券発行会社は、同項の期間（3か月を下らない一定の期間）の末日が株券喪失登録日の翌日から起算して<u>1年を経過する日の前に到来</u>するときに限り、同項の規定による公告をすることができます（会社229①）。この場合、会社は、その<u>公告をした日</u>に、その公告に係る株券についての株券喪失登録を抹消しなければなりません（同229②）。

10　株券喪失登録の効力　▶会社230

　株券発行会社は、<u>株券喪失登録が抹消された日、又は株券喪失登録日の翌日から1年を経過した日のいずれか早い日（登録抹消日といいます。）</u>までの間は、当該株券に係る株式について、名義書換えをすることができず（会社230①）、<u>登録抹消日後</u>でなければ、株券を再発行することができません（同230②）。また、株券喪失登録者が株券喪失登録をした株式に係る株式の名義人でない場合、当該株式の株主は、<u>登録抹消日までの間</u>は、議決権を行使することができません（同230③）。

第2章 株 式 第7 株 券 183

27 株券不発行会社への移行手続

スケジュール

◆非上場会社

日　程	法定期間・期限	手　　　　続	参　照
5/21		取締役会決議	1
6/28		株券を発行する旨の定款の定めを廃止する株主総会特別決議	2
6/29	2週間前まで	株券を発行する旨の定款の定めを廃止すること等の公告及び株主等への通知	3
	前日まで	略式株式質権者による請求	4
7/15		定款変更の効力発生日	5
7/27	2週間以内	変更の登記	6

解　説

　会社法218条は、定款に株券を発行する旨を定めた会社（以下この項において「株券発行会社」といいます。）が、その定款の定めを廃止し、株券不発行会社に移行するための手続を定めています。会社法の施行以前に設立されている株式会社で、定款に株券を発行しない旨の定めがない場合、定款に株券を発行する旨の定めがあるものとみなされるため（整備法76④）、このような会社が株券不発行会社に移行する場合も、この規定に定める手続を行う必要があります。

　本スケジュール及び解説は、非上場会社が、会社法218条に定める手続により、株券不発行会社に移行する場合のものです。

1　取締役会決議　　　　　　　　　　　　　　　　　　　▶会社214・218・298・309・466

　株券発行会社が株券不発行会社に移行するためには、2のとおり、株券を発行する旨の定款の定め（会社214）を廃止する定款変更を行うため、株主総会の特別決議が必要です（同218①・466・309②十一）。そこで、取締役会設置会社では、その株主総会の招集を取締役会決議で決定しなければなりません（同298④①）。

作成書類等　○取締役会決議　※省略できる場合あり
　　　　　　　○取締役会議事録（定款変更決議）

2　株券を発行する旨の定款の定めを廃止する株主総会特別決議
　　　　　　　　　　　　　　　　　　　　　　　　　　　　▶会社214・218・309・466

　株券発行会社が株券不発行会社に移行するためには、株券を発行する旨の定款の定め（会社214）を廃止する定款の変更を行うため、株主総会の特別決議が必要です（同218①・466・309②十一）。

作成書類等　○株主総会招集通知
　　　　　　　○株主総会議事録

3　株券を発行する旨の定款の定めを廃止すること等の公告及び株主等への通知　　　　　　　　　　　　　　　　　　　　　　　　　　　▶会社218

　株券発行会社は、株券を発行する旨の定款の定めを廃止する定款の変更をしようとするときは、次の事項を、定款変更の効力発生日の2週間前までに公告し、かつ、株主及び登録株式質権者には各別に通知しなければなりません（会社218①）。

第2章 株式 第7 株券 185

【公告・通知事項】

> ① 株式（種類株式発行会社にあっては、全部の種類の株式）に係る株券を発行する旨の定款の定めを廃止する旨
> ② 定款の変更が効力を生じる日（効力発生日）
> ③ 効力発生日において株券が無効になる旨

なお、株券発行会社であっても株式の全部について株券を発行していない場合には、上記の①及び②の事項を、定款変更の効力発生日の2週間前までに、株主及び登録株式質権者に通知し、又は公告すれば足ります（同218③④）。

作成書類等 ○公告（株券を発行する旨の定款の定めを廃止すること等の公告）
○通知（株券を発行する旨の定款の定めを廃止すること等の通知）

4 略式株式質権者による請求 ▶会社218⑤

略式株式質権者は、株券を発行する旨の定款の定めを廃止する定款の変更が効力を生ずる日の前日までの間、会社に対し、同人の氏名（名称）、住所及び質権の目的である株式を株主名簿に記載又は記録するよう請求することができます（会社218⑤）。

作成書類等 ○株主名簿の書換え

5 定款変更の効力発生日 ▶会社218

株券を発行する旨の定款の定めを廃止する定款の変更は、その定款変更決議において定めた定款変更の効力発生日（会社218①二）に効力を生じます。

株券発行会社の株式に係る株券は、定款変更の効力発生日に無効となります（同218②）。なお、本手続において、株券を提出してもらう必要はありません。

6 変更の登記 ▶会社911・915

会社は、株券発行会社であるときは、その旨を登記しなければなりません（会社911③十）。株券を発行する旨の定款の定めを廃止する旨の定款変更によりこの登記事項に変更が生じますので、会社は、定款変更の効力発生日から2週間以内に、その本店の所在地において、変更の登記をしなければなりません（同915①）。

作成書類等 ○登記申請書
○新定款

第 3 章

新 株 予 約 権

188

第3章　新株予約権　第1　新株予約権の発行　　189

第1　新株予約権の発行

28　株主割当て以外の場合

スケジュール

◆取締役会設置会社・公開会社・非有利発行の場合

日　程	法定期間・期限	手　　　続	参　照
6/28		取締役会決議（募集事項の決定）	1
同日	直ちに	有価証券届出書の提出（金融商品取引法上必要な場合）	2
同日	15日経過後	適時開示（非上場会社の場合は不要）	3
		株主への通知又は公告	4
7/14		届出の効力発生	2
		目論見書の交付（金融商品取引法上必要な場合）	
	2週間前まで	申込みをしようとする者に対する通知　　又は 取締役会決議（総数引受契約の承認）（募集新株予約権が譲渡制限新株予約権である場合等）	5　8
		申込み	6
		割当ての決定（取締役会決議等）　　総数引受契約の締結	7　8
7/28	前日まで	申込者に対する通知	7
8/1		割当日（新株予約権発行日）	10
	遅滞なく	払込期日	11
		新株予約権原簿の作成	12
	2週間以内	（新株予約権証券の発行）	13
8/14		変更の登記	14

◆**支配株主の異動を伴う場合（取締役会設置会社・公開会社・非有利発行の場合）**

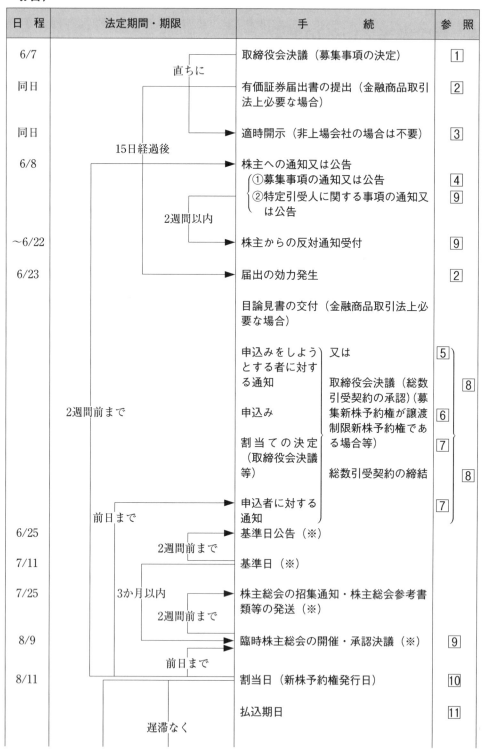

第3章　新株予約権　　第1　新株予約権の発行

※　総株主の議決権の10分の1以上の議決権を有する株主が、特定引受人による募集新株予約権の引受けに反対する旨の通知をした場合に限る

192　　第3章　新株予約権　　第1　新株予約権の発行

◆取締役会設置会社・非公開会社・有利発行・募集事項決定の株主総会委任

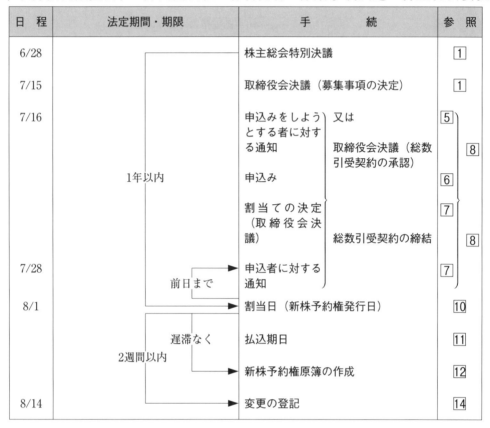

解　説

　新株予約権とは、会社に対して行使することにより当該会社の株式の交付を受けることができる権利をいいます（会社2二十一）。

　本項では、募集新株予約権を引き受ける者の募集を行う場合のうち、株主割当て以外の場合の新株予約権の発行手続について解説します。

1　募集事項の決定　　　　　　　　　　　　　　　▶会社238・240

(1)　募集事項

　会社が、その発行する新株予約権を引き受ける者の募集をしようとするときは、その都度、以下に掲げる事項（募集事項といいます。）を定めなければなりません（会社238①）。

【新株予約権の募集事項】（新株予約権付社債の場合を除きます。）

> ①　募集新株予約権の内容（会社236①）及び数
> ②　募集新株予約権と引換えに金銭の払込みを要しないこととする場合には、その旨
> ③　②以外の場合には、募集新株予約権1個と引換えに払い込む金銭の額（払込金額）又はその算定方法
> ④　割当日
> ⑤　募集新株予約権と引換えにする金銭の払込みの期日を定めるときは、その期日

(2)　決定機関

　会社は、次の区分により、募集事項を決定しなければなりません。

①　公開会社の場合（有利発行の場合を除きます。）……取締役会決議（会社240①）

②　公開会社において有利発行をする場合……株主総会の特別決議（同240①・238②③・309②六）

③　非公開会社の場合……株主総会の特別決議（同238②・309②六）

(3)　募集事項の委任

　会社は、上記(2)②及び③の募集事項の決定機関が株主総会とされている場合でも、株主総会の特別決議により、募集事項の決定を取締役会（取締役会非設置会社の場合は取締役）に委任することができます（会社239①・309②六）。その場合には、当該決議において、①委任に基づいて募集事項の決定をすることができる募集新株予約権の内容及び数の上限、②募集新株予約権につき金銭の払込みを要しないこととする場合には、その旨、③②の場合以外の場合には、募集新株予約権の払込金額の下限を定めなければなりません（同239①）。この株主総会決議は、割当日が、当該決議の日から<u>1年以内の日</u>である募集新株予約権の募集についてのみ効力を有します（同239③）。

194 第3章 新株予約権 第1 新株予約権の発行

(4) 株主総会における取締役の説明等

有利発行の場合（会社238③・239②）には、取締役は、株主総会において、当該条件又は金額で募集新株予約権を引き受ける者の募集をすることを必要とする理由を説明しなければなりません。

また、上場会社は、株主総会において決議事項が決議された場合、遅滞なく、臨時報告書を内閣総理大臣（財務局長等）に提出しなければなりません（金商24の5④、企業開示府令19②九の二）。

(5) 種類株式発行会社の場合の特則

種類株式発行会社において、募集新株予約権の目的である株式の種類の全部又は一部が譲渡制限株式であるときは、募集新株予約権に関する募集事項の決定又は募集事項の決定の委任は、定款に別段の定めがある場合を除き、当該種類の株式の種類株主を構成員とする種類株主総会の特別決議がなければその効力を生じません（会社238④本文・239④本文・324②三）。ただし、当該種類株主総会において議決権を行使することができる種類株主が存在しない場合は、この限りではありません（同238④ただし書・239④ただし書）。

作成書類等 ○各招集通知 ※省略できる場合あり
ＯＯ各議事録

2 有価証券届出書の提出等 ▶金商4・5・8・15

(1) 有価証券届出書の提出

ア 有価証券届出書及びその写しの提出義務

募集新株予約権を引き受ける者の募集が、金融商品取引法2条3項の「有価証券の募集」に当たる場合には、同法4条1項各号に該当する場合を除き、会社は、「有価証券の募集」を行う前に有価証券届出書を内閣総理大臣（財務局長等）に提出しなければなりません（金商4①・5①）。

そして、上場会社の場合、内閣総理大臣（財務局長等）に有価証券届出書を提出したときは、遅滞なく、その写しを証券取引所に提出しなければなりません（同6一）。ただし、有価証券届出書をEDINETで提出した場合は、写しの提出は不要です（同27の30の6）。なお、このほかにも、各証券取引所の有価証券上場規程等により、証券取引所に提出すべき各書類が定められているので、注意が必要です。

イ 届出の効力発生日

有価証券届出書による届出は、原則として、内閣総理大臣（財務局長等）が有価証券届出書を受理した日から15日を経過した日にその効力を生じます（同8①）。

ただし、組込方式（同5③）又は参照方式（同5④）による有価証券届出書を提出することができる会社は、その届出について、適当でないと認められる場合を除き、15日に満たない期間（おおむね7日）を経過した日に効力が発生するという取扱いを受けることができます（同8③、企業内容等開示ガイドラインB8－2）。上場会社の場合は、参照方式によるのが一般的です。

第3章　新株予約権　第1　新株予約権の発行　　195

　会社は、有価証券届出書による届出の効力が生じているのでなければ、新株予約権を募集により取得させることはできません（同15①）。実務上は、届出の効力が発生した後に申込期間を設けるのが一般的です。

　ウ　発行登録制度の利用

　発行登録制度の利用適格要件を満たす者が、発行予定額及び発行予定期間等を記載した発行登録書をあらかじめ内閣総理大臣（財務局長等）に提出し、提出後15日が経過して発行登録の効力が生じている場合には（同23の3①・23の5①・23の6）、新株予約権発行時に有価証券届出書を提出する必要はなく、その募集ごとに発行条件等を記載した発行登録追補書類を提出すれば足ります（同23の3③・23の8①）。

　なお、発行登録についても、有価証券届出書による届出と同様、組込方式又は参照方式による有価証券届出書を提出することができる会社は、発行登録書の提出後おおむね7日を経過した日にその効力が発生するという取扱いを受けることができます（同23の5①・8③、企業内容等開示ガイドラインB23の5−1・8−2）。

(2)　有価証券通知書の提出

　有価証券届出書の提出が必要でない場合でも、会社は、一定の場合には、有価証券通知書を内閣総理大臣（財務局長等）に提出しなければなりません（金商4⑥）。

(3)　目論見書の作成及び交付

　会社は、有価証券届出書を提出しなければならない場合には、目論見書（金商2⑩）を作成し（同13①）、原則として、募集により新株予約権を取得させる前、又は取得させるのと同時に、これを交付又は電磁的方法により提供しなければなりません（同15②・27の30の9）。届出の効力発生前に、投資勧誘に利用するため届出仮目論見書（企業開示府令十六）を使用した場合であっても、届出の効力発生後、改めて、届出目論見書（同十五の二）を作成し、交付等する必要があります（ただし、企業内容等開示ガイドラインB13−3参照）。

　また、発行登録制度を利用する場合にも、発行登録追補目論見書（企業開示府令十六の四）を作成し（金商23の12②・13①）、これを交付等しなければなりません（同23の12③・15②）。

作成書類等　○有価証券届出書及びその写し
　　　　　　　○発行登録書及び発行登録追補書類
　　　　　　　○有価証券通知書
　　　　　　　○目論見書

3　適時開示等　　　　　　　　　　　　　　　　　　　　▶上場規程402

　上場会社は、業務執行を決定する機関が募集新株予約権を引き受ける者の募集を行うことについての決定をした場合、軽微基準に該当するものを除き、直ちにその内容を開示しなければなりません（上場規程402一a）。また、上場会社は、その場合、証券取引所に所定の書類の提出を行うものとされています（同421、上場規程規417一）。

　なお、②の有価証券届出書の提出が必要な場合は、有価証券届出書提出前に「募集」（取

得勧誘）を行うことが禁じられますが（金商4①）、証券取引所規程に基づく適時開示は、基本的に、取得勧誘に該当しません（企業内容等開示ガイドラインB2−12④）。ただし、合理的な範囲を超えた開示を行うことにより、提出予定の届出書に係る有価証券に対する投資者の関心を惹起しようとするような場合には、取得勧誘に該当しうるとされており（大谷潤ほか「上場企業の資金調達の円滑化に向けた施策に伴う開示ガイドライン等の改正」旬刊商事法務2046号35頁）、そのような開示を有価証券届出書提出前に行うことは禁止されますので、留意が必要です。

作成書類等 ○開示資料（「募集新株予約権発行に関するお知らせ」等）

4 株主への通知又は公告 ▶会社240、会社規53、振替161

　公開会社は、取締役会決議によって募集事項を決定した場合には、割当日の2週間前までに、株主に対し、当該募集事項を通知しなければなりません（会社240②）。上記通知は、公告をもって代えることができます（同240③）。なお、振替株式を発行している会社は、上記通知（当該振替株式の株主に対してするものに限ります。）に代えて、当該募集事項を公告しなければなりません（振替161②）。

　ただし、会社が割当日の2週間前までに有価証券届出書（募集事項に相当する事項をその内容とするものに限ります。）を提出している場合であって内閣総理大臣が当該割当日の2週間前の日から当該割当日まで継続して当該有価証券届出書を公衆の縦覧に供しているときその他の法務省令で定める場合（会社規53）には、上記通知及び公告は不要です（会社240④）。

　また、この手続は、株主総会で募集事項を決定した場合には不要です（同240②参照）。

作成書類等 ○通知又は公告

5 申込みをしようとする者に対する通知 ▶会社242、会社規54、振替184

　会社は、募集に応じて募集新株予約権の引受けの申込みをしようとする者に対し、募集事項その他の事項（会社242①、会社規54）を通知しなければなりません（会社242①）。なお、振替新株予約権を発行する場合には、会社は、当該通知において、当該振替新株予約権について振替法の規定の適用がある旨を示さなければなりません（振替184①）。また、この事項について変更があったときは、会社は、直ちに、その旨及び変更があった事項を6の申込みをした者（申込者といいます。）に通知しなければなりません（会社242⑤）。

　会社は、上記募集事項等とともに、申込期間（募集期間）を定めて、これらを申込みをしようとする者に対して通知するのが一般的です。

　会社が申込みをしようとする者に対して目論見書を交付している場合その他一定の場合（会社規55）には、上記通知は不要です（会社242④）。

作成書類等 ○通知書（「募集事項等のご通知」）

6 申込み　　　　　　　　　　　　　　　　　　　　　　　　　　　　▶会社242

　募集に応じて募集新株予約権の引受けの申込みをする者は、会社に対し、①氏名又は名称及び住所、②引き受けようとする募集新株予約権の数を記載等した書面等を交付等しなければなりません（会社242②③）。

　当該書面等は、会社が作成しなければならないものではありませんが、定型のものを作成し、⑤の通知に合わせて交付することもできます。

　なお、振替新株予約権の引受けの申込みをする者は、自己のために開設された当該振替新株予約権の振替を行うための口座（特別口座を除きます。）を当該書面に記載しなければなりません（振替184③）。

作成書類等　○引受申込書

7 割当ての決定及び申込者に対する通知　　　　　　　　　　　　　▶会社243

(1)　割当ての決定

　会社は、申込者の中から募集新株予約権の割当てを受ける者とその者に割り当てる募集新株予約権の数を決定しなければなりません（会社243①）。

　この決定は、①募集新株予約権の目的である株式の全部又は一部が譲渡制限株式である場合、又は②募集新株予約権が譲渡制限新株予約権である場合には、定款に別段の定めがある場合を除き、取締役会決議（取締役会非設置会社の場合は株主総会決議）によらなければなりませんが、それ以外の場合は取締役に委任することもできます（同243②）。

(2)　申込者に対する通知

　会社は、割当日の前日までに、申込者に対し、当該申込者に割り当てる募集新株予約権の数を通知しなければなりません（会社243③）。

作成書類等　○割当通知

8 総数引受契約　　　　　　　　　　　　　　　　　　　　　　　　▶会社244

　募集新株予約権を引き受けようとする者がその総数の引受けを行う契約を締結する場合には⑤、⑥、⑦の手続を省略することができます（会社244①）。

　平成26年改正会社法では、①募集新株予約権の目的である株式の全部又は一部が譲渡制限株式である場合、又は②募集新株予約権が譲渡制限新株予約権である場合には、定款に別段の定めがある場合を除き、取締役会決議（取締役会非設置会社の場合は株主総会決議）によって、総数の引受けを行う契約の承認を受けなければならないこととされました（同244③）。

　なお、振替新株予約権の引受けの申込みをする者は、総数の引受けを行う契約を締結する際に、自己のために開設された当該振替新株予約権の振替を行うための口座（特別口座を除きます。）を当該振替新株予約権の発行者に示さなければなりません（振替184③）。

9 支配株主の異動を伴う新株予約権の発行

▶会社244の2、会社規55の2〜55の5、振替161、上場規程432

(1) 公開会社における募集新株予約権の割当て等の特則

　平成26年改正会社法では、公開会社は、募集新株予約権の引受人（募集新株予約権の割当てを受けた申込者又は総数引受契約により募集新株予約権の総数を引き受けた者）が、当該募集新株予約権の行使等の結果として公開会社の総株主の議決権の過半数を有することとなり得る場合、すなわち、次の①を分子とし、次の②を分母として計算される割合が2分の1を超える場合（この場合の募集新株予約権の引受人を特定引受人といいます。）には、(a)株主に対して当該引受人（特定引受人）に関する情報を開示するとともに（(2)参照）、(b)総株主の議決権の10分の1以上の議決権を有する株主から反対の通知があった場合には、特定引受人に対する募集新株予約権の割当て等について、株主総会の承認を受けなければならない（(3)参照）こととされました（会社244の2）。

① 当該引受人（その子会社等を含みます。）がその引き受けた募集新株予約権に係る交付株式の株主となった場合に有することとなる最も多い議決権の数

② 上記①の場合における最も多い総株主の議決権の数

　ただし、(ⅰ)当該特定引受人が当該公開会社の親会社等（同2四の二）である場合、又は(ⅱ)株主割当ての場合には、これらの規律は適用されません（同244の2①ただし書）。

(2) 特定引受人に関する事項の株主への通知又は公告

　公開会社は、上記(1)の場合、割当日の2週間前までに、株主に対し、下記の事項を通知しなければなりません（会社244の2①②、会社規55の2・55の3）。上記通知は、公告をもって代えることができます（会社244の2③）。なお、振替株式を発行している会社は、上記通知（当該振替株式の株主に対してするものに限ります。）に代えて、下記の事項を公告しなければなりません（振替161②）。

　この通知又は公告の期限は、4の通知又は公告の期限と同じであり、4の通知又は公告とこの通知又は公告を一括して行うことも可能です。

　ただし、会社が割当日の2週間前までに有価証券届出書（下記の事項に相当する事項をその内容とするものに限ります。）を提出している場合であって、内閣総理大臣が当該割当日の2週間前の日から当該割当日まで継続して当該有価証券届出書を公衆の縦覧に供しているときその他の法務省令で定める場合（会社規55の4）には、上記通知及び公告は不要です（会社244の2④）。

【特定引受人に関する通知事項】

① 特定引受人の氏名又は名称及び住所
② 特定引受人がその引き受けた募集新株予約権に係る交付株式の株主となった場合に有することとなる最も多い議決権の数
③ ②の交付株式に係る最も多い議決権の数
④ ②の場合における最も多い総株主の議決権の数

⑤　特定引受人に対する募集新株予約権の割当て又は特定引受人との間の総数引受契約の締結に関する取締役会の判断及びその理由

⑥　社外取締役を置く株式会社において、⑤の取締役会の判断が社外取締役の意見と異なる場合には、その意見

⑦　特定引受人に対する募集新株予約権の割当て又は特定引受人との間の総数引受契約の締結に関する監査役、監査等委員会又は監査委員会の意見

(3)　株主総会決議による承認

　総株主（株主総会において議決権を行使することができない株主を除きます。）の議決権の10分の1（これを下回る割合を定款で定めた場合には、その割合）以上の議決権を有する株主が、上記(2)の通知又は公告等の日から2週間以内に、会社に対し、特定引受人（その子会社等を含みます。）による募集新株予約権の引受けに反対する旨の通知をしたときは、会社は、割当日の前日までに、株主総会の決議によって、当該特定引受人に対する募集新株予約権の割当て又は当該特定引受人との間の総数引受契約の承認を受けなければなりません（会社244の2⑤、会社規55の5）。なお、振替株式を発行している会社の場合、振替株式の株主による上記の反対の通知は、「少数株主権等」（振替147④）の行使に該当すると解され、振替株式の株主が上記の反対の通知をするに当たっては、個別株主通知の手続をとる必要があります（同154②）。

　上記の株主総会決議は、議決権を行使することができる株主の議決権の過半数（3分の1以上の割合を定款で定めた場合には、その割合以上）を有する株主が出席し、出席した当該株主の議決権の過半数（これを上回る割合を定款で定めた場合には、その割合以上）をもって行わなければなりません（会社244の2⑥）。上場会社は、株主総会において決議事項が決議された場合、遅滞なく、臨時報告書を内閣総理大臣（財務局長等）に提出しなければなりません（金商24の5④、企業開示府令19②九の二）。

　ただし、会社の財産の状況が著しく悪化している場合において、会社の事業の継続のため緊急の必要があるときは、上記の株主総会決議による承認は不要です（会社244の2⑤ただし書）。

　株主総会決議による承認を受けるために臨時株主総会を開催するときは、当該臨時株主総会において議決権を行使する株主を確定するための基準日（同124①）を定めることになるケースが多いと考えられ、その場合、当該基準日の2週間前までに公告をしなければなりません（同124③）。また、株主総会を開催するに当たっては、株主総会の日の2週間前までに、株主に対して招集通知を発しなければなりません（同299①）。このように、株主総会決議による承認が必要となる場合、相当の期間を要することになりますので、これらの期間も考慮した上で、スケジュールを設定する必要があります。

(4)　証券取引所の有価証券上場規程による規制

　なお、上場会社については、支配株主の異動を伴う新株予約権の発行等を行う場合、別途、証券取引所の有価証券上場規程による規制の適用も受けることになります。

　例えば、上場会社は、①希薄化率が25％以上となる第三者割当による募集新株予約権の

割当てを行う場合、又は②当該割当て及び当該割当てに係る募集新株予約権の行使等により支配株主が異動する見込みがある場合は、当該割当ての緊急性が極めて高いものとして有価証券上場規程施行規則で定める場合を除き、(a)経営者から一定程度独立した者による当該割当ての必要性及び相当性に関する意見の入手、又は(b)当該割当てに係る株主総会決議などによる株主の意思確認の手続のいずれかを行うものとされています（上場規程2八四の二・432、上場規程規435の2）。

作成書類等　○通知又は公告
　　　　　　　○株主総会招集通知
　　　　　　　○株主総会議事録

10　割当日（新株予約権発行日）　　　　　　　▶会社245

　募集新株予約権の割当てを受けた申込者及び総数引受契約により募集新株予約権の総数を引き受けた者は、割当日に当該募集新株予約権の新株予約権者となります（会社245①）。

11　払込み　　　　　　　　　　　　　　　　　▶会社246

　募集新株予約権と引換えに金銭の払込みを要することとした場合には、新株予約権者は、新株予約権の行使期間の初日の<u>前日（会社法238条1項5号の「払込みの期日」を定めた場合には、当該期日。これらを払込期日といいます。）</u>までに、会社が定めた銀行等の払込取扱場所において、募集新株予約権の払込金額全額を払い込まなければなりません（会社246①）。新株予約権者は、払込期日までに払込金額の全額の払込みをしないときは、当該募集新株予約権を行使することができません（同246③）。

12　新株予約権原簿の作成　　　　　　　▶会社249・252、振替184

　会社は、割当日以後<u>遅滞なく</u>、新株予約権原簿を作成し、一定の事項を記載等しなければなりません（会社249、振替184②）。
　また、会社は、新株予約権原簿をその本店（株主名簿管理人がある場合にあってはその営業所）に備え置かなければなりません（会社252①）。

作成書類等　○新株予約権原簿

13　新株予約権証券の発行　　　　　　　▶会社236・288・289

　会社は、新株予約権証券を発行することとするときは、その旨を、新株予約権の内容として募集事項において定めることとされています（会社236①十・238①一）。
　新株予約権の内容として新株予約権証券を発行する旨の定めがある場合には、会社は、割当日以後<u>遅滞なく</u>、新株予約権証券を発行しなければなりません（同288①）。ただし、会

社は、新株予約権者から請求があるまでは新株予約権証券を発行しないことができます（同288②）。新株予約権証券には、①会社の商号、②新株予約権の内容及び数、③番号を記載し、代表取締役がこれに署名又は記名押印しなければならないとされています（同289）。

　新株予約権証券には、記名式のものと無記名式のものがあり、新株予約権の内容として特に定めがなければ、いつでも、記名式のものと無記名式のものの間で転換を請求することができます（同290）。両者の相違は、新株予約権原簿に、新株予約権者の氏名・住所等が記載等されるか否かにあります。

　なお、振替新株予約権については、一定の場合（振替164②）を除き、新株予約権証券を発行することができません（振替164①）。

作成書類等　○新株予約権証券

14　変更の登記等　　　　　　　　　　　　　　　▶会社911・915、上場規程301

　会社は、新株予約権に関する事項を登記しなければなりません（会社911③十二）。新株予約権の発行によりこれらの事項に変更が生じますので、会社は、新株予約権発行後2週間以内に、本店所在地において、変更の登記をしなければなりません（同915①・911③十二）。

　なお、上場会社は、新株予約権を発行した場合、新株予約権の行使期間開始日の2週間前までに、新株予約権の行使によって発行することとなる新株式の数について一括して、証券取引所に有価証券上場申請書を提出するものとされています（上場規程301②、上場規程規302一）。もっとも、実務上は、行使期間開始日の3週間前までに有価証券上場申請書を提出することが要請されます（株式会社東京証券取引所上場部編『東京証券取引所会社情報適時開示ガイドブック（2015年6月版）』743頁（株式会社東京証券取引所、2015年）参照）。また、新株予約権の権利行使に際して、新株式を発行せず、全て保有する自己株式を移転することとなる場合には、新株予約権の行使期間開始日の3週間前までに、証券取引所に新株予約権の権利行使に関する通知書を提出するものとされています。

作成書類等　○登記申請書
　　　　　　　○有価証券上場申請書／新株予約権の権利行使に関する通知書

29 株主割当ての場合

スケジュール

◆取締役会設置会社・公開会社

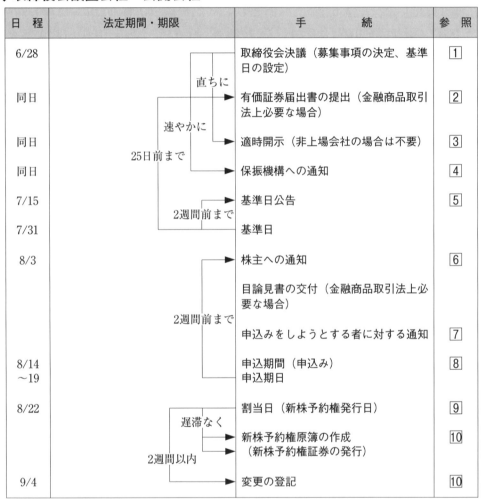

日程	法定期間・期限	手続	参照
6/28		取締役会決議（募集事項の決定、基準日の設定）	1
同日	直ちに	有価証券届出書の提出（金融商品取引法上必要な場合）	2
同日	速やかに	適時開示（非上場会社の場合は不要）	3
同日	25日前まで	保振機構への通知	4
7/15	2週間前まで	基準日公告	5
7/31		基準日	
8/3		株主への通知	6
		目論見書の交付（金融商品取引法上必要な場合）	
	2週間前まで	申込みをしようとする者に対する通知	7
8/14～19		申込期間（申込み）申込期日	8
8/22		割当日（新株予約権発行日）	9
	遅滞なく	新株予約権原簿の作成（新株予約権証券の発行）	10
9/4	2週間以内	変更の登記	10

解　説

本項では、募集新株予約権を引き受ける者の募集を行う場合のうち、株主割当ての場合の新株予約権の発行手続について解説します。

1　募集事項の決定等　　　　　　　　　　　　　　　　　　　　　　　▶会社241

(1)　募集事項の決定

　会社は、定款に別段の定めがある場合を除き、公開会社の場合は取締役会決議、非公開会社の場合は株主総会の特別決議により、株主に新株予約権の割当てを受ける権利を与えることができます（会社241①③・309②六）。

　これによって、当該会社を除く株主は、その持株数に応じて募集新株予約権の割当てを受ける権利を有することとなりますが、割当てを受ける新株予約権の数に1に満たない端数があるときは、その端数は切り捨てられます（同241②）。

　上記決議に際しては、通常の募集事項（同238①。第3章　第1　28の1参照）に加えて、①株主に対し、申込みをすることにより当該会社の募集新株予約権の割当てを受ける権利を与える旨、及び②募集新株予約権の引受けの申込期日を決定しなければなりません（同241①）。

　また、株主割当ての場合には、会社は、新株予約権の割当てを受ける権利が与えられる株主を確定するために、上記決議に合わせて、基準日（同124①）を定めることが多いでしょう。

　なお、この募集新株予約権の割当てを受ける権利を株主が譲渡する手続に関する規定はなく、譲渡はできないと解されています。

(2)　種類株式発行会社の場合の特則

　種類株式発行会社において、株主に募集新株予約権の割当てを受ける権利を与える場合、これによってある種類の株式の種類株主に損害を及ぼすおそれがあるときは、当該新株予約権を引き受ける者の募集は、定款に別段の定めがある場合を除き、当該種類の株式の種類株主総会の特別決議がなければその効力を生じません（会社322①五②③・324②四）。ただし、当該種類株主総会において議決権を行使することができる種類株主が存在しない場合は、この限りではありません（同322①ただし書）。

作成書類等　　○各招集通知　※省略できる場合あり
　　　　　　　　○各議事録

2　有価証券届出書の提出等　　　　　　　　　　　　　　　　　　　　▶金商4

(1)　有価証券届出書の提出

　募集新株予約権を引き受ける者の募集が、金融商品取引法2条3項の「有価証券の募集」

に当たる場合には、一定の場合を除き、会社は、基準日の<u>25日前</u>までに、内閣総理大臣（財務局長等）に、有価証券届出書を提出しなければなりません（金商4④）。その他の手続は、株主割当て以外の場合と同様です。

(2) 目論見書の作成及び交付

会社は、有価証券届出書を提出しなければならない場合には、目論見書（金商2⑩）を作成し（同13①）、原則として、募集により新株予約権を取得させる前、又は取得させるのと同時に、これを交付又は電磁的方法により提供しなければなりません（同15②・27の30の9）。

作成書類等 ○有価証券届出書
○目論見書

3 適時開示等 ▶上場規程402

上場会社は、業務執行を決定する機関が募集新株予約権を引き受ける者の募集を行うことについての決定をした場合、<u>直ちに</u>その内容を開示しなければなりません（上場規程402一a）。なお、株主割当てによる募集新株予約権を引き受ける者の募集については、適時開示の軽微基準はありません。また、上場会社は、その場合、証券取引所に所定の書類の提出を行うものとされています（同421、上場規程規417一）。

さらに、上場会社は、基準日を設定した場合、証券取引所に所定の書類の提出を行うものとされています（上場規程421、上場規程規418六）。

なお、2の有価証券届出書の提出が必要な場合は、有価証券届出書提出前に「募集」（取得勧誘）を行うことが禁じられますが（金商4①）、証券取引所規則に基づく適時開示は、基本的に、取得勧誘に該当しません（企業内容等開示ガイドラインB2−12④）。ただし、合理的な範囲を超えた開示を行うことにより、提出予定の届出書に係る有価証券に対する投資者の関心を惹起しようとするような場合には、取得勧誘に該当しうるとされており（大谷潤ほか「上場企業の資金調達の円滑化に向けた施策に伴う開示ガイドライン等の改正」旬刊商事法務2046号35頁）、そのような開示を有価証券届出書提出前に行うことは禁止されますので、留意が必要です。

作成書類等 ○開示資料（「募集新株予約権発行に関するお知らせ」等）

4 保振機構への通知
▶振替151、振替命令23、株式等の振替に関する業務規程12、株式等の振替に関する業務規程施行規則6

振替株式を発行している会社は、基準日を設定した場合、<u>速やかに</u>（かつ、基準日の<u>2週間前の日までに</u>）その内容を保振機構に対して通知しなければなりません（振替151⑦、振替命令23、株式等の振替に関する業務規程12、株式等の振替に関する業務規程施行規則6・別表1．1(16)）。

作成書類等 ○通知（「基準日設定に関するご通知」等）

第3章　新株予約権　　第1　新株予約権の発行　　205

5　基準日公告　　▶会社124

　基準日を設定した場合には、会社は、当該基準日の2週間前までに、当該基準日及び当該基準日時点の株主に募集新株予約権を割り当てる旨を公告しなければなりません（会社124③）。

6　株主への通知　　▶会社241

　会社は、申込期日の2週間前までに、株主に対し、募集事項、当該株主が割当てを受ける募集新株予約権の内容及び数並びに申込期日を通知しなければなりません（会社241④）。

作成書類等　○通知（「募集事項等のご通知」）

7　申込みをしようとする者に対する通知　　▶会社242、会社規54、振替184

　会社は、募集に応じて募集新株予約権の引受けの申込みをしようとする者に対し、募集事項、その他の事項（会社242①、会社規54）を通知しなければなりません（会社242①）。なお、振替新株予約権を発行する場合には、会社は、当該通知において、当該振替新株予約権について振替法の規定の適用がある旨を示さなければなりません（振替184①）。また、この事項について変更があったときは、会社は、直ちに、その旨及び変更があった事項を⑧の申込みをした者（申込者といいます。）に通知しなければなりません（会社242⑤）。

　会社が申込みをしようとする者に対して目論見書を交付している場合その他一定の場合（会社規55）には、上記通知は不要です（会社242④）。

　この通知は、⑥の株主への通知と同時に行われるのが一般的です。

作成書類等　○通知（「募集事項等のご通知」）

8　申込み　　▶会社242・243

　募集に応じて募集新株予約権の引受けの申込みをする者は、会社に対し、①氏名又は名称及び住所、②引き受けようとする募集新株予約権の数を記載等した書面等を交付等しなければなりません（会社242②③）。

　なお、振替新株予約権の引受けの申込みをする者は、自己のために開設された当該振替新株予約権の振替を行うための口座（特別口座を除きます。）を当該書面に記載しなければなりません（振替184③）。

　株主は、申込期日（会社241①二）までにこの申込みをしなければ、募集新株予約権の割当てを受ける権利を失います（同243④）。

作成書類等　○引受申込書

9 割当日（新株予約権発行日）　▶会社241・245

　株主が申込期日（会社241①二）までに申込みをした場合には、当該株主は、その有する株式数に応じて募集新株予約権が割り当てられます（同241②）。株主割当て以外の場合に必要とされている割当ての決定及び通知の手続（同243①～③）は不要です。

　申込者は、割当日に、募集新株予約権の新株予約権者となります（同245①）。

10 割当日以後の手続

　割当日以後の手続（払込み、新株予約権原簿の作成、新株予約権証券の発行、変更の登記等）は、株主割当て以外の場合と同様です。

第2　新株予約権の譲渡

30　譲渡制限新株予約権の譲渡承認手続

スケジュール

日　程	法定期間・期限	手　　続	参　照
7/1		譲渡等承認請求	1
7/8	2週間以内	譲渡承認決定（取締役会決議）	2
7/12		決定内容の通知	3

解　説

新株予約権者は、その有する新株予約権を譲渡することができます（会社254①）。

他方、会社は、新株予約権の内容として、譲渡による新株予約権の取得について会社の承認を要することと定めることができます（同236①六）。この譲渡制限の定めは、株式につき譲渡制限が付されていない会社においても付すことができます。

譲渡制限の方法として株式の場合と異なるのは、募集事項を決定する度に譲渡制限を付すか否かを定めることができるということと、新株予約権発行後に譲渡制限を付すことができないということです。

本項では、譲渡制限が付された場合の譲渡の承認手続について解説します。

1　譲渡等承認請求　　　　　　　　　　　　　　　　　　　　▶会社262・263・264

譲渡制限新株予約権の新株予約権者は、その有する譲渡制限新株予約権を他人に譲渡しようとするときは、会社に対し、会社法264条1号に定める事項を明らかにして、当該他人が当該新株予約権を取得することについて承認するか否かの決定をすることを請求することができます（会社262）。また、譲渡制限新株予約権の取得者も、会社に対し、同法264条2号に定める事項を明らかにして、当該新株予約権を取得したことについて承認をするか否かの決定をすることを請求することができます（同263①）。ただし、後者の場合、取得者は、一定の場合を除き（会社規57）、新株予約権者として新株予約権原簿に記載等された者又はその一般承継人と共同して請求をしなければなりません（会社263②）。これらの請求を譲渡等承認請求といいます。

2　譲渡承認決定　　　　　　　　　　　　　　　　　　　　　　　　　　　▶会社265

会社は、新株予約権の内容として別段の定めがある場合を除き、取締役会決議（取締役会非設置会社の場合には株主総会の普通決議）により、承認をするか否かを決定しなければなりません（会社265①）。

3　決定内容の通知　　　　　　　　　　　　　　　　　　　　　　　▶会社265・266

会社は、2の決定をしたときは、譲渡等承認請求をした者に対し、当該決定の内容を通知しなければなりません（会社265②）。会社と当該譲渡等承認請求をした者との合意により別段の定めをした場合を除き、会社が、譲渡等承認請求の日から2週間（これを下回る期間を定款で定めた場合にあっては、その期間）以内にこの通知をしなかった場合には、会社

第3章　新株予約権　　第2　新株予約権の譲渡　　209

はこれを承認したものとみなされます（同266）。なお、新株予約権については、譲渡制限株式の場合と異なり、会社又は指定買受人による買取りを求める権利は認められていません。

作成書類等　○通知（「承認決定のご通知」）

第3　自己新株予約権の取得

31　自己新株予約権の取得

スケジュール

◆取得条項付新株予約権の取得

日　程	法定期間・期限	手　　　続	参　照
8/10		取締役会決議（取得日及び取得する新株予約権の決定）	1
	直ちに	取得する新株予約権の通知又は公告	2
		（新株予約権証券の提出に関する公告等）	3
8/31	1か月前まで	取得日の通知又は公告	4
	2週間前まで		
9/15		取得日	5

解　説

　会社が、自己新株予約権を取得する方法には、新株予約権者との合意により任意に取得する方法と、新株予約権者の意思にかかわらず強制的に取得する方法とがあります。新株予約権は、株式と異なり、前者のような任意取得についての規制はなく、発行会社はこれを自由に取得することができます。これに対し、後者の強制取得は、新株予約権の内容として、一定の事由が生じたことを条件としてこれを取得することができる旨をあらかじめ定めておき（会社236①七）、当該定めに基づき、新株予約権を取得するというものです（このような定めがある新株予約権を取得条項付新株予約権といいます（同273①）。）。本項では、取得条項付新株予約権の取得の手続について解説します。募集事項の決定から割当日までの手続は通常の募集新株予約権の発行手続を行いますので、その部分は省略し、以下では割当日より後の手続について述べます。

　なお、取得条項付新株予約権については、その内容として、一定の事由が生じた日に当該会社がその新株予約権を取得する旨及びその事由（以下この項において「取得事由」といいます。）を定めることになりますが（同236①七イ）、以下では、新株予約権の内容として、会社が別に定める日が到来することをもって取得事由とする旨（同236①七ロ）を定め、かつ、取得事由が生じた日に新株予約権の一部を取得する旨及び取得する新株予約権の一部の決定方法（同236①七ハ）を定めた場合について述べます。

1　取得日及び取得する新株予約権の決定　▶会社273・274

(1)　取得条項付新株予約権の内容として、会社が別に定める日が到来することをもって取得事由とする旨（会社236①七ロ）を定めた場合には、会社は、その日を取締役会決議（取締役会非設置会社の場合は株主総会の普通決議）により定めなければなりません（同273①）。

　　ただし、当該取得条項付新株予約権の内容として、決定機関につき、別段の定めをすることもできます（同273①ただし書）。

　　振替株式等を発行している会社は、上記の決定をした場合又は取得事由が生じた場合であって、当該取得条項付新株予約権の全部を取得するとき（取得条項付新株予約権が振替新株予約権である場合又は取得条項付新株予約権が振替新株予約権でなく取得の対価が振替株式等であって対価の交付に際して発行又は移転する場合に限ります。）には、速やかに、保振機構に対し、その内容を通知するものとされています（株式等の振替に関する業務規程12①、株式等の振替に関する業務規程施行規則6・別表1．3(3)）。

(2)　取得条項付新株予約権の内容として、取得事由が生じた日に当該新株予約権の一部を取得する旨及び取得する新株予約権の一部の決定方法を定めた場合（会社236①七ハ）において、取得条項付新株予約権を取得しようとするときは、会社は、その取得する取得

条項付新株予約権を取締役会決議（取締役会非設置会社の場合は株主総会の普通決議）により定めなければなりません（同274①②）。ただし、当該取得条項付新株予約権の内容として、決定機関につき、別段の定めをすることもできます（同274②ただし書）。

　振替株式等を発行している会社は、上記の決定をした場合又は取得事由が生じた場合（取得の対価が振替株式等であって対価の交付に際して発行又は移転する場合に限ります。）には、速やかに、保振機構に対し、その内容を通知するものとされています（株式等の振替に関する業務規程12①、株式等の振替に関する業務規程施行規則6・別表1. 3(4)）。

2　取得する新株予約権の通知又は公告　　　▶会社274

　上記1(2)により取得する取得条項付新株予約権を決定した場合、会社は、直ちに、その取得条項付新株予約権の新株予約権者及びその登録新株予約権質権者に対し、当該取得条項付新株予約権を取得する旨を通知し、又は公告しなければなりません（会社274③④）。
作成書類等　○通知又は公告（「取得する新株予約権のご通知」）

3　新株予約権証券の提出に関する公告等　　　▶会社293

　会社は、取得条項付新株予約権を取得する場合において、新株予約権証券を発行しているときは、取得日までに会社に対し新株予約権証券を提出しなければならない旨を、取得日の1か月前までに、公告し、かつ、当該新株予約権の新株予約権者及びその登録新株予約権質権者に各別に通知しなければなりません（会社293①一の二）。したがって、新株予約権証券を発行している場合には、会社は、この1か月の期間を確保できるように取得日を定める必要があります。
作成書類等　○公告及び通知（「新株予約権証券の提出に関するご通知」）

4　取得日の通知又は公告　　　▶会社273

　上記1(1)により取得日を定めた場合、会社は、取得日の2週間前までに、取得条項付新株予約権の新株予約権者及びその登録新株予約権質権者に対し、取得日を通知し、又は公告しなければなりません（会社273②③）。
作成書類等　○通知又は公告（「取得日に関するご通知」）

5　取得日　　　▶会社275

　会社は、取得事由が生じた日に、取得条項付新株予約権を取得します（会社275①）。ただし、会社が、取得条項付新株予約権の内容として上記1(2)の事項を定めた場合には、取得事由が生じた日、又は上記2による通知若しくは公告の日から2週間を経過した日のいずれか遅い日に、取得条項付新株予約権を取得することとなります（同275①）。

6　取得事由発生の通知又は公告　　　　　　　▶会社275

　会社は、取得事由が生じた後、遅滞なく、取得条項付新株予約権の新株予約権者及びその登録新株予約権質権者に対し、取得事由が生じた旨を通知し、又は公告しなければなりません（会社275④⑤）。ただし、④による通知又は公告をした場合には、この手続は不要です（同275④ただし書）。

作成書類等　〇通知又は公告（「取得事由発生のご通知」）

32　自己新株予約権の処分・消却

解　　説

1　自己新株予約権の処分　　　　　　　　　　　　　　　▶上場規程402

　自己新株予約権の処分については、自己株式の場合と異なり、会社法上特段の規制が設けられていませんので、会社は自由にこれを処分することができます。例えば、他の財産と同様に売買契約を結び自己新株予約権を売却することもできますし、その価格も自由に設定することができます。

　なお、上場会社は、業務を決定する機関が処分する自己新株予約権を引き受ける者の募集を行うことについての決定をした場合、軽微基準に該当するものを除き、直ちにその内容を開示しなければなりません（上場規程402一 a）。

　また、新株予約権証券が発行されている場合、自己新株予約権の処分による譲渡について、新株予約権証券を交付しなくとも譲渡の効力に影響はありませんが（会社255①ただし書）、その場合でも、会社は自己新株予約権を処分した日以後遅滞なく、当該自己新株予約権を取得した者に対し、新株予約権証券を交付しなければなりません（同256①）。ただし、会社は請求があるまでは、新株予約権証券を交付しないこともできます（同256②）。

2　自己新株予約権の消却　　　　　　　　　　　　　　　　▶会社276

　会社は、自己新株予約権を消却することができます（会社276①前段）。この場合、取締役会決議により、消却する自己新株予約権の内容及び数を定めなければなりません（同276①後段②）。

　なお、自己新株予約権が振替新株予約権である場合には、会社は、自己の振替新株予約権を消却するときに、当該振替新株予約権について抹消の申請をしなければならず（振替187①）、また、上記取締役会決議後速やかに、自己新株予約権の消却を決定したことを保振機構に対して通知しなければなりません（株式等の振替に関する業務規程12①、株式等の振替に関する業務規程施行規則6・別表1. 3(5)）。

第4 新株予約権無償割当て

33 新株予約権無償割当て

スケジュール

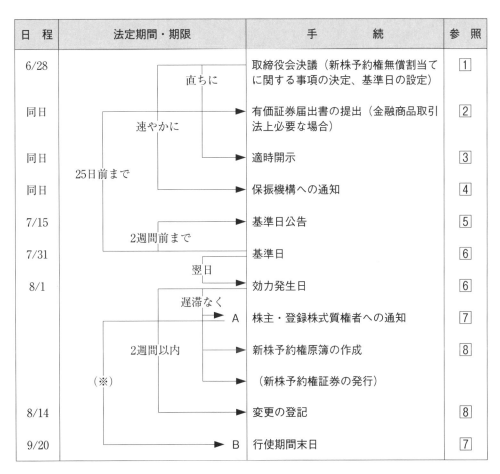

※ BがAから2週間経過する日より前に到来するときは、BはAから2週間経過する日まで延長

解　説

　新株予約権無償割当てとは、株主に対して新たに払込みをさせないで会社の新株予約権の割当てをすることをいいます（会社277）。募集新株予約権を株主割当て（同241）の方法により無償（同238①二）にて発行する場合と異なり、新株予約権無償割当ては、株主からの申込み（同242参照）等の手続を経ることなく、株主に自動的に新株予約権を取得させることができるものです。

　本項では、新株予約権無償割当ての手続について解説します。

1　新株予約権無償割当てに関する事項の決定等　　　　　　　　　　　▶会社278

(1)　新株予約権無償割当てに関する事項の決定

　会社は、新株予約権無償割当てをしようとするときは、その都度、株主に割り当てる新株予約権の内容及び数又はその算定方法、効力発生日等の新株予約権無償割当てに関する事項を決定しなければなりません（会社278①）。この決定は、定款に別段の定めがある場合を除き、取締役会決議（取締役会非設置会社の場合は株主総会の普通決議）によらなければなりません（同278③）。

　会社法上この際定める効力発生日の時期については、特に規定されていませんので、効力発生日を決議日と同日とすることもできます。

　また、新株予約権無償割当てにおいては、効力発生日時点の株主に対して新株予約権が割り当てられることになりますが、振替株式を発行している会社の場合、効力発生日時点の株主を確定するために、基準日（同124①）を設定して、保振機構から総株主通知（振替151①一）を受ける等の手続をとる必要があります（会社は、この総株主通知により通知された事項を株主名簿に記載等することになり、これにより、基準日に株主名簿の名義書換え（会社130①）がなされたものとみなされます（振替152①）。）。そのため、振替株式を発行している会社の場合、取締役会において、上記の割当てに関する事項を決定するのと併せて、基準日を定め、その基準日の<u>翌日</u>を効力発生日として定めることが多いでしょう。

　なお、会社は自己の有する株式に対し、新株予約権無償割当てを行うことはできません（会社278②）。

(2)　種類株式発行会社の場合の特則

　種類株式発行会社において、新株予約権無償割当てを行う場合、これによってある種類の株式の種類株主に損害を及ぼすおそれがあるときは、当該新株予約権無償割当ては、定款に別段の定めがある場合を除き、当該種類株主総会の特別決議がなければその効力を生じません（会社322①六②③・324②四）。ただし、当該種類株主総会において議決権を行使することができる種類株主が存在しない場合は、この限りではありません（同322①ただし書）。

作成書類等　○各招集通知　※省略できる場合あり
　　　　　　　○各議事録

第3章　新株予約権　　第4　新株予約権無償割当て　　217

2　有価証券届出書の提出等　　▶金商4

　新株予約権無償割当てが金融商品取引法2条3項の「有価証券の募集」に該当する場合（企業内容等開示ガイドラインB2-3参照）の有価証券届出書の提出、目論見書の作成及び交付の手続については、新株予約権の株主割当ての場合と基本的に同様ですが（第3章　第1　29の②参照）、一定の新株予約権無償割当てについては、次のとおり、特則等が定められています。

　まず、新株予約権無償割当てに係る有価証券届出書の提出は、株主割当ての場合と同様、基準日の25日前までにしなければならないのが原則ですが（金商4④本文）、新株予約権無償割当てに係る新株予約権であって、証券取引所において売買を行うこととなるものの募集を行う場合は、基準日の25日前までに有価証券届出書を提出することは要求されません（同4④ただし書、企業開示府令3五）。

　また、有価証券届出書による届出の効力は、内閣総理大臣（財務局長等）が有価証券届出書を受理した日から15日を経過した日に生じるのが原則ですが（金商8③。なお、組込方式（同5③）又は参照方式（同5④）による有価証券届出書を提出することができる会社は、有価証券届出書を受理した日からおおむね7日を経過した日に効力が発生するという取扱いを受けることができます（同8③、企業内容等開示ガイドラインB8-2）。）、①届出者が「特に周知性が高い者」として企業内容等開示ガイドラインが定める一定の要件を満たす者であること、②新株予約権無償割当てに係る上場（予定）新株予約権であって、上場株式を目的とするものの募集に係る届出であること、③希薄化率が20％以下であることの全ての要件を満たす場合には、適当でないと認められる場合を除き、直ちに届出の効力が発生するという取扱いを受けることができます（金商8③、企業内容等開示ガイドラインB8-3）。

　さらに、新株予約権無償割当てにより行う新株予約権の募集であって、①当該新株予約権が上場されており、又はその発行後、遅滞なく上場されることが予定されていること、②有価証券届出書による届出後、遅滞なく、一定の事項を日刊新聞紙に掲載することという要件の全てに該当する場合は、目論見書の作成義務及び交付義務が免除されます（金商13①ただし書・15②三）。

3　適時開示等　　▶上場規程402

　上場会社は、業務執行を決定する機関が新株予約権の無償割当てを行うことについての決定をした場合、直ちにその内容を開示しなければなりません（上場規程402一f）。また、上場会社は、その場合、証券取引所に所定の書類の提出を行うものとされています（同421、上場規程規417三）。

　さらに、上場会社は、基準日を設定した場合、証券取引所に所定の書類の提出を行うものとされています（上場規程421、上場規程規418六）。

作成書類等　○開示文書（「新株予約権無償割当てに関するお知らせ」等）

4 保振機構への通知

▶振替151、振替命令23、株式等の振替に関する業務規程12、株式等の振替に関する業務規程施行規則6

　振替株式等を発行している会社は、新株予約権無償割当てを決定した場合、速やかにその内容を保振機構に対して通知するものとされています（株式等の振替に関する業務規程12、株式等の振替に関する業務規程施行規則6・別表1.　3(1)）。

　また、振替株式を発行している会社は、基準日を定めた場合、速やかに（かつ、基準日の2週間前の日までに）その内容を保振機構に対して通知しなければなりません（振替151⑦、振替命令23①、株式等の振替に関する業務規程12①、株式等の振替に関する業務規程施行規則6・別表1.　1(16)）。

作成書類等　○通知（「新株予約権無償割当てに関するご通知」等）

5 基準日公告

▶会社124

　基準日を設定した場合には、会社は、当該基準日の2週間前までに、基準日及び当該基準日時点の株主に新株予約権無償割当てをする旨を公告しなければなりません（会社124③）。

6 効力発生日

▶会社279

　新株予約権の割当てを受けた株主は、定められた効力発生日に、当該新株予約権の新株予約権者となります（会社279①）。

7 株主・登録株式質権者への通知

▶会社279

　会社は、効力発生日後遅滞なく、株主及びその登録株式質権者に対し、当該株主が割当てを受けた新株予約権の内容及び数を通知しなければなりません（会社279②）。また、新株予約権の行使期間の末日が当該通知の日から2週間を経過する日前に到来するときには、行使期間は、当該通知の日から2週間を経過する日まで延長されたものとみなされます（同279③）。

作成書類等　○通知

8 効力発生日以後の手続

　効力発生日以後の手続（新株予約権原簿の作成、新株予約権証券の発行、変更の登記等）は、通常の募集新株予約権発行の場合と同様です。

第5　新株予約権の行使

34　新株予約権の行使

スケジュール

日　程	法定期間・期限	手　　　続	参　照
8/20	2週間前まで	有価証券上場申請書等の提出	1
9/15〜		新株予約権の行使期間開始日	
		新株予約権の行使・払込み	2・3・4
10/5		証券取引所への通知	5
10/10		変更の登記	6

解説

新株予約権者は、会社に対して新株予約権を行使することにより当該会社の株式の交付を受けることができます。

本項では、その行使の手続について解説します。

1 有価証券上場申請書等の提出

上場会社は、新株予約権を発行した場合、新株予約権の行使期間開始日の2週間前までに、新株予約権の行使によって発行することとなる新株式の数について一括して、証券取引所に有価証券上場申請書を提出するものとされています（上場規程301②、上場規程規302一）。もっとも、実務上は、行使期間開始日の3週間前までに有価証券上場申請書を提出することが要請されます（株式会社東京証券取引所上場部編『東京証券取引所会社情報適時開示ガイドブック（2015年6月版）』743頁（株式会社東京証券取引所、2015年）参照）。また、新株予約権の権利行使に際して、新株式を発行せず、全て保有する自己株式を移転することとなる場合には、新株予約権の行使期間開始日の3週間前までに、証券取引所に新株予約権の権利行使に関する通知書を提出するものとされています。

作成書類等 ○有価証券上場申請書
○新株予約権の権利行使に関する通知書

2 新株予約権の行使　　　　　　　　　　　　　　　　　　　▶会社280

新株予約権の行使は、行使期間内に、行使に係る新株予約権の内容及び数、新株予約権を行使する日を明らかにしてしなければなりません（会社280①）。

また、新株予約権証券を発行している場合には、当該新株予約権者は、新株予約権証券を会社に提出しなければなりません（同280②）。

会社は、自己新株予約権を行使することはできません（同280⑥）。

3 新株予約権の行使に際しての払込み　　　　　　　　　　　▶会社281・284

(1) 金銭を新株予約権の行使に際してする出資の目的とするとき

新株予約権者は、新株予約権を行使する日に、会社が定めた銀行等の払込取扱場所において、行使価額全額を払い込まなければなりません（会社281①）。

(2) 金銭以外の財産を新株予約権の行使に際してする出資の目的とするとき

新株予約権者は、新株予約権を行使する日に、当該財産を給付しなければなりません（会社281②）。

第3章　新株予約権　第5　新株予約権の行使　221

会社は、原則として、給付があった後、<u>遅滞なく</u>、当該財産の価格を調査させるため、裁判所に対し、検査役の選任の申立てをしなければなりません（同284①）。

4　株主となる時期　▶会社282

新株予約権を行使した新株予約権者は、新株予約権を行使した日に、当該新株予約権の目的である株式の株主となります（会社282①）。新株予約権を行使した場合に、新株予約権者に交付する株式の数に1株に満たない端数が生じるときは、新株予約権の内容（同236①九）として端数を切り捨てる旨を定めている場合を除き、金銭の交付により調整しなければなりません（同283、会社規58）。

ただし、平成26年改正会社法では、新株予約権を行使した新株予約権者であって、募集新株予約権に係る払込みを仮装した者等又は新株予約権の行使に際しての払込み等を仮装した者は、払込み等が仮装された金銭の全額等の支払等がなされた後でなければ、払込み等が仮装された新株予約権の目的である株式について、株主の権利を行使することはできないこととされました（会社282②）。

5　証券取引所への通知　▶上場規程421

上場会社は、新株予約権の行使がされる場合には、証券取引所に所定の書類を提出しなければなりません（上場規程421、上場規程規421①）。

6　変更の登記　▶会社911・915

新株予約権の行使があった場合、発行済株式の総数や新株予約権の数等について登記された事項に変更が生じますので、会社は、毎月末日現在により、当該末日から<u>2週間以内</u>に、本店所在地において、変更の登記をしなければなりません（会社915③一・911③九・十二）。

作成書類等　○登記申請書

第 4 章

計 算

224

第1　資本金・準備金の額の減少

35　資本金・準備金の額の減少

スケジュール

◆資本金の額の減少（原則）

日　程	法定期間・期限	手　　　続	参　照
4/27		資本金の額の減少を株主総会に付議することについての取締役会決議	
		適時開示（非上場会社は不要）	1
6/26	遅滞なく	資本金の額の減少の株主総会特別決議	2
		臨時報告書の提出（非上場会社は不要）	4
6/27	1か月以上	債権者に対する公告・催告	5
8/2		債権者異議申述期間末日	
8/3	前日まで	効力発生日	6
8/16	2週間以内	資本金の額の変更の登記	7

◆資本金の額の減少（欠損のてん補目的の場合）

日　程	法定期間・期限	手　　続	参　照
4/27		資本金の額の減少及び剰余金の処分を株主総会に付議することについての取締役会決議	
		適時開示（非上場会社は不要）	1
6/26		定時株主総会における普通決議（①資本金の額の減少、②剰余金の処分）	2
	遅滞なく	臨時報告書の提出（非上場会社は不要）	4
6/27		債権者に対する公告・催告	5
	1か月以上		
8/2		債権者異議申述期間末日	
	前日まで		
8/3		効力発生日	6
	2週間以内		
8/16		資本金の額の変更の登記	7

第4章 計 算 第1 資本金・準備金の額の減少

◆準備金の額の減少（原則）

日　程	法定期間・期限	手　　　続	参　照
4/27		準備金の額の減少を株主総会に付議することについての取締役会決議	
		適時開示（非上場会社は不要）	1
6/26	遅滞なく	準備金の額の減少の株主総会普通決議	3
		臨時報告書の提出（非上場会社は不要）	4
6/27	1か月以上	債権者に対する公告・催告	5
8/2	前日まで	債権者異議申述期間末日	
8/3		効力発生日	6

228　　　　第4章　計　算　　第1　資本金・準備金の額の減少

◆準備金の額の減少（会社法459条1項の定款の定めがある会社／欠損のてん補目的の場合）

日　程	法定期間・期限	手　　　続	参　照
5/24		計算書類承認の取締役会における決議（①準備金の額の減少、②剰余金の処分）	③
		適時開示（非上場会社は不要）	①
同日		効力発生日	⑥

解　説

　会社は、会社法に定める手続を経ることにより、資本金の額の減少（会社447）、準備金（資本準備金・利益準備金）の額の減少（同448）をすることができます。資本金・準備金の額を減少して、0円にすることもできます。

　資本金の額と準備金の額については、どちらを先に減少しても構いません（ただし、準備金の額の減少の方が資本金の額の減少よりも手続が簡易であるため、例えば、欠損のてん補目的の場合は、通常、先に準備金の額を減少することになります。）。また、準備金のうち、資本準備金と利益準備金のどちらを先に減少しなければならないかについての規制もありません。

　資本金・準備金の額の減少のうち、欠損のてん補のために行われるものについては、会社法により、手続の特則が設けられています（2(2)、3(2)、5(2)参照）。欠損のてん補とは、会社の分配可能額（同461②）がマイナスとなっている場合に、資本金・準備金の額を減少することにより、分配可能額のマイナスを解消することをいいます。

　なお、会社法では、資本金・準備金の額の減少は、もっぱら資本金・準備金の計数の変動のみを指すものとして整理されており、資本金・準備金の額の減少に際して株主への払戻しを行うためには、別途、剰余金の配当の手続を行う必要があります。

1　適時開示　　　　　　　　　　　　　　　　　　　　　　　　　　　▶上場規程402

　上場会社は、業務執行を決定する機関が「資本金の額の減少」「資本準備金又は利益準備金の額の減少」を行うことについての決定をした場合、直ちにその内容を開示しなければなりません（上場規程402一c・d）。

　資本金・準備金の額の減少を株主総会で決議する場合（2(1)(2)、3(1)参照）は、株主総会に先立つ取締役会において、資本金・準備金の額の減少を株主総会に付議することを決定した時点で適時開示をするのが通常であり、一方、資本金・準備金の額の減少を取締役会で決議する場合（2(3)、3(2)(3)参照）は、当該取締役会決議の時点で適時開示をするのが通常です。

作成書類等　○開示資料（「減資に関するお知らせ」「資本準備金の額の減少に関するお知らせ」等）

2　資本金の額の減少の株主総会決議又は取締役会決議　　　　　　　　　　▶会社447

(1)　原則―株主総会の特別決議

　資本金の額の減少をする場合には、原則として、株主総会の特別決議によって、次の事

項を定めなければなりません（会社447①・309②九）。

【資本金の額の減少の決議事項】

---

① 減少する資本金の額

② 減少する資本金の額の全部又は一部を準備金とするときは、その旨及び準備金とする額

③ 資本金の額の減少の効力発生日

この場合、①の減少する資本金の額は、③の効力発生日における資本金の額を超えてはなりません（会社447②）。減少する資本金の額が超えてはならないのは、株主総会決議時点の資本金の額ではなく、効力発生日時点の資本金の額です。例えば、株主総会決議の日における資本金の額が1億円であったとしても、効力発生日までに、新株発行や吸収合併等により資本金の額が2億円に増加することが予定されている場合は、株主総会において、減少する資本金の額を2億円と定めることができます。

作成書類等 ○株主総会招集通知

○株主総会参考書類・議決権行使書面

○株主総会議事録

(2) 定時株主総会における欠損のてん補の場合―株主総会の普通決議

欠損が生じている場合、すなわち、分配可能額（会社461②）がマイナスとなっている場合において、定時株主総会で、欠損の額（分配可能額のマイナス額）を超えない範囲で資本金の額の減少を決議するときは、株主総会の特別決議ではなく、普通決議によって、上記(1)の①から③までの事項を定めることにより、資本金の額の減少を行うことができます（同309②九イロ、会社規68）。

なお、分配可能額（会社461②）がマイナスの場合、表示上の項目としては、その他利益剰余金（繰越利益剰余金）がマイナスとなっているのが通常ですが、この表示上の損失（その他利益剰余金のマイナス）は、資本金の額の減少によって分配可能額が0円まで回復した場合であっても、当然には解消されません。すなわち、資本金の額を減少した場合、その他利益剰余金ではなく、その他資本剰余金の額が増加することになるため（会算規27①一）、資本金の額の減少の手続をしただけでは、その他利益剰余金のマイナスは、そのまま残ることになります。資本金の額の減少をする際に、表示上の損失（その他利益剰余金のマイナス）をも解消するためには、別途、会社法452条に基づき、株主総会の普通決議によって、資本金の額の減少により増加するその他資本剰余金を取り崩し、その他利益剰余金に振り替えるという「剰余金の処分」を行う必要があります。なお、この会社法452条に基づく剰余金の処分の決議は、資本金の額の減少の決議と同じ株主総会において、併せて行うこともできます。

作成書類等 ○株主総会招集通知

○株主総会参考書類・議決権行使書面

○株主総会議事録

第4章　計　算　第1　資本金・準備金の額の減少　　231

(3)　株式発行と同時に行う場合─取締役会決議

　株式発行と同時に資本金の額を減少する場合において、資本金の額の減少の効力発生日
後の資本金の額が効力発生日前の資本金の額を下回らないとき（すなわち、株式発行によ
る資本金の増加額の範囲内で資本金の額を減少するとき）は、株主総会の決議ではなく、
取締役会の決議（取締役会を設置しない会社については、取締役の決定）によって、上記
(1)の①から③までの事項を定めることにより、資本金の額の減少を行うことができます
（会社447③）。これにより、取締役会決議で新株発行を行う際に、資本金の額を増加させな
い扱いをすることが可能となります。

作成書類等　○取締役会招集通知　※省略できる場合あり
　　　　　　　　○取締役会議事録

3　準備金の額の減少の株主総会決議又は取締役会決議　▶会社448・459①二

(1)　原則─株主総会の普通決議

　準備金の額の減少をする場合には、原則として、株主総会の普通決議によって、次の事
項を定めなければなりません（会社448①）。

【準備金の額の減少の決議事項】

> ①　減少する準備金の額
> ②　減少する準備金の額の全部又は一部を資本金とするときは、その旨及び資本金と
> 　する額
> ③　準備金の額の減少の効力発生日

　この場合、①の減少する準備金の額は、③の効力発生日における準備金の額を超えては
なりません（同448②）。資本金の額の減少と同様、減少する準備金の額が超えてはならない
のは、株主総会決議時点の準備金の額ではなく、効力発生日時点の準備金の額です。

作成書類等　○株主総会招集通知
　　　　　　　　○株主総会参考書類・議決権行使書面
　　　　　　　　○株主総会議事録

(2)　会社法459条1項に基づく定款の定めがある会社の欠損てん補の場合─取締役会決議

　会社法459条1項の規定に基づき、定款で、剰余金の配当等を取締役会で決定することが
できる旨を定めている会社は、欠損が生じている場合、すなわち、分配可能額（会社461②）
がマイナスとなっている場合、計算書類承認の取締役会（同436③）において、欠損の額（分
配可能額のマイナス額）を超えない範囲で準備金の額の減少を決議するときに限り、株主
総会ではなく、取締役会の決議によって、上記(1)の①及び③の事項を定めることにより、
準備金の額の減少を行うことができます（同459①二・449①二、会算規151）。

　なお、欠損のてん補のために資本準備金の額を減少する場合、欠損のてん補のための資
本金の額の減少と同様（②(2)参照）、資本準備金の額の減少により分配可能額（会社461②）

が0円まで回復したとしても、表示上の損失（その他利益剰余金のマイナス）については、当然には解消されません。資本準備金の額を減少した場合、その他利益剰余金ではなく、その他資本剰余金の額が増加することになるからです（会算規27①二）。資本準備金の額の減少をする際に、表示上の損失（その他利益剰余金のマイナス）をも解消するためには、別途、会社法452条に基づき、株主総会の普通決議（会社法459条1項に基づく定款の定めがある場合は取締役会決議）によって、資本準備金の額の減少により増加するその他資本剰余金を取り崩し、その他利益剰余金に振り替えるという「剰余金の処分」を行う必要があります。

作成書類等　○取締役会招集通知　※省略できる場合あり
　　　　　　　　○取締役会議事録

(3)　株式発行と同時に行う場合―取締役会決議

　株式発行と同時に準備金の額を減少する場合において、準備金の額の減少の効力発生日後の準備金の額が効力発生日前の準備金の額を下回らないとき（すなわち、株式発行による準備金の増加額の範囲内で準備金の額を減少するとき）は、株主総会の決議ではなく、取締役会の決議（取締役会を設置しない会社については、取締役の決定）によって、上記(1)の①から③までの事項を定めることにより、準備金の額の減少を行うことができます（会社448③）。

作成書類等　○取締役会招集通知　※省略できる場合あり
　　　　　　　　○取締役会議事録

4　臨時報告書　　　　　　　　　　　　　　▶金商24の5、企業開示府令19

　上場会社は、株主総会において決議事項が決議された場合、遅滞なく、臨時報告書を内閣総理大臣（財務局長等）に提出しなければなりません（金商24の5④、企業開示府令19②九の二）。したがって、上場会社が資本金・準備金の額の減少を株主総会で決議する場合（前記②(1)(2)、③(1)）、臨時報告書の提出が必要になります。

作成書類等　○臨時報告書

5　債権者異議手続　　　　　　　　　　　　　　　　　　　▶会社449

(1)　債権者に対する公告・催告

　会社は、資本金又は準備金の額の減少をする場合には、後記(2)に記載の場合を除き、以下の事項を官報に公告し、かつ、知れている債権者には、各別に催告しなければなりません（会社449②、会算規152）。ただし、定款所定の公告方法が、時事に関する事項を掲載する日刊新聞紙に掲載する方法（以下この項において「日刊紙公告」といいます。）又は電子公告の場合は、以下の事項を①官報のほか②当該定款所定の公告方法によって公告することにより、知れている債権者に対する各別の催告は不要となります（会社449③）。

第4章　計　算　第1　資本金・準備金の額の減少　　　233

【公告・催告すべき事項】

①　資本金又は準備金の額の減少の内容
②　当該会社の計算書類に関する事項として法務省令（会算規152）で定める事項
③　債権者が一定の期間内に異議を述べることができる旨

　③の異議申述期間は、1か月以上でなければなりません（会社449②ただし書）。日刊紙公告又は電子公告を行うことにより各別の催告を省略する場合（公告のみを行う場合）、異議申述期間は、公告日の翌日から起算して1か月以上とする必要があります（初日不算入（民140））。例えば、5月10日に官報公告をするとともに日刊紙公告又は電子公告をする場合、翌日の5月11日から起算して1か月以上の異議申述期間を設ける必要があり、異議申述期間の末日は、6月10日以降の日としなければなりません。

　一方、日刊紙公告又は電子公告を行わず、債権者に対する各別の催告を行う場合は、催告の「発送日」の翌日が1か月の起算点となるのか、それとも、「到達日」の翌日が起算点となるのかについて、議論があります。実務上は、「到達日」を基準とした場合でも1か月以上となるように、郵送に要する日数を考慮して、1か月に数日加えた期間を異議申述期間として定めるのが通常です。

　また、資本金・準備金の額の減少が効力を生ずるためには、資本金・準備金の額の減少の効力発生日（⑥参照）までに債権者異議手続が終了している必要があるため（会社449⑥）、異議申述期間の末日は、効力発生日の前日までの日としなければなりません。したがって、債権者に対する公告・催告をする日と効力発生日との間には、少なくとも中1か月以上なければならないことになります。

　なお、会社法では、株主総会の時期と債権者に対する公告・催告の時期の先後については定められていませんので、株主総会決議の前に、債権者に対する公告・催告を行うこともできます。株主総会は、資本金・準備金の額の減少の効力発生日までに開催すれば足り、例えば、株主総会決議の日と効力発生日を同一の日とすることもできます。

作成書類等　〇公告・催告（債権者異議）

(2)　債権者異議手続を要しない準備金の額の減少

　準備金の額の減少のうち、以下に掲げるものについては、債権者に対する公告・催告の手続（債権者異議手続）は不要となります。

　ア　準備金の資本金への組入れ

　準備金の額の減少をする場合において、減少する準備金の額の全部を資本金とする場合（会社449①）。

　イ　欠損のてん補のための準備金の額の減少

　欠損が生じている場合、すなわち、分配可能額（同461②）がマイナスとなっている場合に、定時株主総会において（会社法459条1項に基づく定款の定めがある会社にあっては、定時株主総会又は計算書類承認の取締役会（同436③）において）、欠損の額（分配可能額のマイナス額）を超えない範囲で準備金の額の減少を決議する場合（同449①ただし書・459③、

会算規151）。

(3)　債権者が異議を述べた場合

　債権者が公告・催告において定めた異議申述期間内に異議を述べなかったときは、その債権者は、資本金・準備金の額の減少について承認をしたものとみなされます（会社449④）。他方、債権者が異議を述べたときは、会社は、資本金・準備金の額の減少をしてもその債権者を害するおそれがない場合を除き、その債権者に対し、弁済し、若しくは相当の担保を提供し、又はその債権者に弁済を受けさせることを目的として信託会社等に相当の財産を信託しなければなりません（同449⑤）。

6　効力発生日　　　　　　　　　　　　　　　▶会社447～449

　資本金・準備金の額の減少は、株主総会決議又は取締役会決議で定めた効力発生日（会社447①三・448①三。2(1)③、3(1)③参照）に、その効力を生じます（同449⑥）。

　ただし、効力発生日の時点で債権者異議手続が終了していないときは、資本金・準備金の額の減少の効力は生じません（同449⑥ただし書）。したがって、債権者が異議を述べるなどして、債権者異議手続が当初定めた効力発生日までに終了しないような場合には、効力発生日を変更する必要があります。効力発生日の変更は、当該効力発生日の前であれば、いつでもできます（同449⑦）。なお、会社法には、効力発生日の変更の決定をする機関についての定めはありませんので、効力発生日の変更は、株主総会や取締役会の決議によらず、業務執行をする者が定めることも可能です（相澤哲＝岩崎友彦「株式会社の計算等」商事法務1746号32頁）。また、資本金・準備金の額の減少の効力発生日の変更については、吸収合併等の効力発生日の変更の場合（同790②）と異なり、公告を行う必要はありません。

7　登　記　　　　　　　　　　　　　　▶会社915①・911③五

　資本金の額の減少をしたときは、効力発生日から2週間以内に、本店の所在地において、資本金の額の変更の登記をしなければなりません（会社915①・911③五）。

　一方、準備金の額は登記事項ではありませんので、準備金の額の減少については、原則として、登記は不要です。ただし、減少する準備金の額の全部又は一部を資本金とするときは、資本金の額の変更の登記が必要となります。

作成書類等　○登記申請書

第2　剰余金の配当

36　剰余金の配当

スケジュール

◆期末配当（定時株主総会で決議する場合）

日　程	法定期間・期限	手　　　　続	参　照
3/31		配当基準日	1
4/27		決算（発表）についての取締役会決議	
		決算発表（決算短信）（非上場会社は不要）	2
6/11	3か月以内	定時株主総会招集通知発送	
6/26	2週間前まで	定時株主総会における剰余金の配当の決議（普通決議）	3
	遅滞なく	臨時報告書の提出（非上場会社は不要）	3
同日		配当関係書類の発送（決議通知と併せて送付）	5
6/27		効力発生日	5
		支払開始	5

◆期末配当（会社法459条１項の定款の定めに基づき取締役会で決議する場合）

日　程	法定期間・期限	手　　　　続	参　照
3/31		配当基準日	1
4/27		決算（発表）についての取締役会決議	
		決算発表（決算短信）（非上場会社は不要）	2
5/24	3か月以内	取締役会決議（①計算書類承認、②剰余金の配当）	3
6/11		（定時株主総会招集通知、）配当関係書類の発送	5
6/12		効力発生日	5
		支払開始	5
6/26		（定時株主総会）	

◆**中間配当（会社法454条5項）／会社法459条1項の定款の定めに基づく中間期配当**

日　程	法定期間・期限	手　　続	参　照
9/30		配当基準日	1
10/26		取締役会決議（①第2四半期決算、②中間配当/中間期配当）	3
	3か月以内	第2四半期決算発表（第2四半期決算短信）（非上場会社は不要）	2
12/3		配当関係書類の発送	5
12/4		効力発生日	5
		支払開始	5

◆現物配当（非公開会社・臨時株主総会）

日　程	法定期間・期限	手　　　　続	参　照
11/1		臨時株主総会における剰余金の配当の普通決議 （金銭分配請求権を与えない場合は特別決議）	③
11/9	20日前まで	株主に対する金銭分配請求権の通知	④
11/30	以前	金銭分配請求権の行使期間の末日	④
12/1		効力発生日	⑤
		配当財産の交付・金銭支払	⑤

解説

　剰余金の配当とは、会社が会社法453条以下に定める手続に従って、株主に対し、会社の財産（配当財産）を分配する行為をいいます。

　会社法では、株主に対する財産の分配が広く剰余金の配当として整理されています。例えば、資本金・準備金の減少に伴う株主への払戻しは、剰余金の配当として行うことになります。また、いわゆる人的分割は、分割会社が会社分割の対価として取得した承継会社又は新設会社の株式を剰余金の配当として株主に分配する行為であると整理されています（会社758八ロ・763十二ロ）。

　会社は、事業年度中に、回数の制限なく、いつでも剰余金の配当を行うことができます。したがって、いわゆる四半期配当を行うことも可能です。また、臨時計算書類を作成して（同441）、期間利益等を加算して配当することもできます（同461②二）。

　剰余金の配当により株主に対して交付する金銭その他の財産の帳簿価額の総額は、剰余金の配当の効力発生日における分配可能額（同461②）を超えてはなりません（同461①八）。また、純資産額が300万円を下回る場合には、剰余金の配当をすることができません（同458）。

1　基準日　　　　　　　　　　　　　　　　　　　　　　　　　　　　　▶会社124

　剰余金の配当については、基準日（会社124①）を定め、基準日において株主名簿に記載等されている株主（基準日株主）に対し剰余金の配当を行う扱いをするのが一般的です。

　剰余金の配当の基準日は、定款で定めている例が多く（同124③ただし書参照）、例えば、3月決算の会社であれば、定款で、3月31日と9月30日（四半期配当を行う会社は、加えて6月30日と12月31日）を剰余金の配当の基準日と定めるのが一般的です。もっとも、定款に定めた基準日以外の日を基準日として定め、その基準日時点の株主に対し剰余金の配当を行うことも可能です。この場合は、当該基準日の2週間前までに、当該基準日及び当該基準日時点の株主に対して剰余金の配当を行う旨を公告しなければなりません（同124③本文）。

　基準日を定めた場合、剰余金の配当の効力発生日（3(1)参照）は、当該基準日から3か月以内の日でなければなりません（同124②）。

　一方、基準日を定めない場合は、剰余金の配当の効力発生日時点の株主に対して剰余金の配当を行うことになります。

2　適時開示・決算発表等　　　　　　　　　　　　　　　　　　　　　▶上場規程402

　上場会社は、業務執行を決定する機関が剰余金の配当を行うことについての決定をした場合、直ちにその内容を開示しなければなりません（上場規程402一ｈ）。ただし、決算短信や

四半期決算短信の開示日に、併せて剰余金の配当について決定した場合において、併せて決定した額が、直近の配当予想の額（無配の予想を含みます。配当予想の額を開示していない場合及び未定として開示している場合にあっては、直前事業年度の配当実績額）と同額であるときは、「決算短信（サマリー情報）」「四半期決算短信（サマリー情報）」の「配当状況」欄において所定の記載を行うことで足りるものとされています（株式会社東京証券取引所上場部編『東京証券取引所会社情報適時開示ガイドブック（2015年6月版）』160頁（株式会社東京証券取引所、2015年））。

作成書類等　〇開示資料（「剰余金の配当に関するお知らせ」等）／決算短信／四半期決算短信

---

③ 剰余金の配当の株主総会決議又は取締役会決議　▶会社454

(1)　原則―株主総会の普通決議

会社が剰余金の額の配当をしようとするときは、その都度、原則として、株主総会の普通決議によって、次の事項を定めなければなりません（会社454①）。

【剰余金の配当の決議事項】

> ①　配当財産の種類及び帳簿価額の総額
> ②　株主に対する配当財産の割当てに関する事項
> ③　剰余金の配当の効力発生日

②の配当財産の割当てについては、株主の有する株式の数に応じて、配当財産を割り当てるようにしなければなりません（会社454③）。ただし、剰余金の配当について内容の異なる2以上の種類の株式を発行しているときは、当該種類の株式の内容に応じ、ある種類の株式の株主に対して配当財産の割当てをしないこと（同454②一）や株式の種類ごとに配当財産の割当てについて異なる取扱いをすること（同454②二）ができます。

また、①に記載のとおり、③の効力発生日は、剰余金の配当の基準日から3か月以内の日でなければなりません（同124②）。

上場会社は、株主総会において決議事項が決議された場合、遅滞なく、臨時報告書を内閣総理大臣（財務局長等）に提出しなければなりません（金商24の5④、企業開示府令19②九の二）。

作成書類等　〇株主総会招集通知
　　　　　　　〇株主総会参考書類・議決権行使書面
　　　　　　　〇株主総会議事録
　　　　　　　〇臨時報告書

(2)　決定機関・決議要件の特則

剰余金の配当については、(1)に記載のとおり、株主総会の普通決議によって決定するのが原則ですが、決定機関・決議要件について、以下のような例外があります。

ア　一定の現物配当の場合―株主総会の特別決議

配当財産が金銭以外の財産であり（4参照）、かつ、株主に対して金銭分配請求権（会社454④一）を与えない場合は、株主総会の特別決議による必要があります（同309②十）。

イ　中間配当―取締役会決議

取締役会設置会社は、定款で、1事業年度の途中において1回に限り取締役会の決議によって剰余金の配当（中間配当）をすることができる旨を定めることができます（会社454⑤）。

この定款の定めがある場合、株主総会の決議ではなく、取締役会の決議によって、上記(1)の①から③までの事項を定めることにより、中間配当を行うことができます。ただし、配当財産は金銭に限られます。

なお、中間配当についての定款の定めは、基準日（1参照）についての定款の定め（例えば9月30日を中間配当の基準日とする等）と併せてなされるのが通常です。

作成書類等　○取締役会招集通知　※省略できる場合あり
　　　　　　　　○取締役会議事録

ウ　会社法459条1項に基づく定款の定めがある場合―取締役会決議

①会計監査人設置会社であること、②取締役（監査等委員会設置会社にあっては、監査等委員である取締役以外の取締役）の任期が1年以内であること、③監査役会設置会社、監査等委員会設置会社又は指名委員会等設置会社であることの3つの要件を満たす会社は、定款で、剰余金の配当に関する事項を取締役会で決定することができる旨を定めることができます（会社459①四）。この会社法459条1項に基づく定款の定めは、最終事業年度に係る計算書類が法令及び定款に従い会社の財産及び損益の状況を正しく表示しているものとして法務省令（会算規155）で定める要件に該当する場合に限り、効力を有します（会社459②）。

会社法459条1項に基づく定款の定めがある会社は、回数の制限なく、いつでも、取締役会の決議によって、上記(1)の①から③までの事項を定めることにより、剰余金の配当を行うことができます。したがって、同法459条1項の定款の定めがある会社は、同法454条5項の中間配当（上記イ）についての定款の定めがなくても、中間期等に、取締役会の決議によって剰余金の配当を行うことができるため、中間配当についての定款の定めは必ずしも必要ではありません（なお、会社法上の「中間配当」とは、同法454条5項の定款の定めに基づく剰余金の配当を指しますが、同法459条1項の定款の定めに基づく取締役会決議による中間期の配当を、事実上「中間配当」と呼ぶ場合もあります。）。

ただし、配当財産が金銭以外の財産であり、かつ、株主に対して金銭分配請求権（同454④一）を与えない場合は、取締役会決議によって剰余金の配当を行うことはできません（同459①四ただし書）。

同法459条1項の定款の定めに基づき、取締役会決議によって、いわゆる期末配当を行う場合、同法436条3項の計算書類承認の取締役会において、併せて剰余金の配当を決議する例が多いようです。

作成書類等　○取締役会招集通知　※省略できる場合あり
　　　　　　　　○取締役会議事録

4 現物配当 ▶会社454〜456

(1) 現物配当の許容

　会社は、現物配当、すなわち、金銭以外の財産を配当財産とする剰余金の配当を行うことができます（会社454①―④）。

　配当財産の種類には、特別の制限はありませんが、当該会社自身の株式等（株式、社債及び新株予約権（同107②ニホ））を配当財産とすることはできません（同454①一）。また、株主の有する株式の数に応じて配当財産を割り当てることが求められるため（同454③）、複数の株主に対して配当を行う場合は、種類物以外の財産を配当財産とすることは困難となります。

　現物配当を行う場合は、③(2)アに記載のとおり、株主に金銭分配請求権（(2)参照）を与える場合を除き、株主総会の特別決議による必要があります（同309②十）。

(2) 金銭分配請求権

　会社は、現物配当を行う場合、株主に対し、現物配当に代えて金銭を交付することを会社に請求する権利（金銭分配請求権）を与えることができます（会社454④一）。

　会社は、株主に金銭分配請求権を与えるときは、株主総会の普通決議（同法459条1項に基づく定款の定めがある場合は取締役会の決議）によって、その旨及び株主が金銭分配請求権を行使することができる期間を定め（同454④一）、その行使期間の末日の20日前までに、株主に対して通知しなければなりません（同455①）。なお、当該期間の末日は、剰余金の配当の効力発生日以前の日でなければなりません（同454④ただし書）。会社は、行使期間内に金銭分配請求権を行使した株主に対しては、現物配当に代えて、当該配当財産の価額に相当する金銭を支払わなければなりません（同455②）。

(3) 基準株式数

　現物配当を行う場合、配当財産の1単位の価値によっては、1株当たりの配当財産が1単位に満たない端数となってしまうことから、一定の数（基準株式数）以上の株式を有する者に対しては現物配当を行い、基準株式数未満の株式を有する株主に対しては、その価値に相当する金銭を支払うという扱いをすることが認められています（会社454④二・456）。この扱いをする場合、剰余金の配当の決議において、基準株式数及び基準株式数未満の数の株式を有する株主に対して配当財産の割当てをしない旨を定める必要があります（同454④二）。

5 配当財産の交付 ▶会社457

　剰余金の配当決議（③参照）において定めた効力発生日に、剰余金の配当の効力が発生し、会社は、配当財産を株主に交付する義務を負います。

　配当財産の交付は、株主名簿に記載等した株主（登録株式質権者を含みます。以下、この項において同じです。）の住所又は株主が会社に通知した場所においてしなければならず（会社457①）、かつ、その交付に要する費用は、会社が負担すべきものとされています（同

第4章　計　算　　第2　剰余金の配当　　243

457②)。実務的には、①効力発生日に株主が指定した口座等へ配当金を振り込む方法、②配当金領収証を株主に送付し、株主が取扱いの金融機関において、配当金領収証と引換えに配当金を受領する方法等がとられます。

　上場会社の場合、実務上、配当金計算書（支払通知書）や配当金領収証等の配当関係書類を株主に送付することになりますが、これらの配当関係書類は、効力発生日の前日に発送する例が多いようです。定時株主総会において剰余金の配当を決議する場合は、効力発生日を定時株主総会の日の翌日とした上で、定時株主総会の決議通知と併せてこれらの配当関係書類を送付するのが一般的であり、一方、会社法459条1項の定款の定めに基づき取締役会で期末配当の決議をする場合は、効力発生日を定時株主総会の招集通知の発送日の翌日とした上で、招集通知と併せて配当関係書類を送付する例と、効力発生日を定時株主総会の日の翌日とした上で、定時株主総会の決議通知と併せて配当関係書類を送付する例などがあるようです。

第 5 章

社　　債

246

第5章　社　債　第1　普通社債の発行　　247

第1　普通社債の発行

37　普通社債の発行

スケジュール

◆取締役会設置会社

日　程	法定期間・期限	手　　　続	参　照
7/1		普通社債発行の取締役会決議（募集事項の決定）	1
		社債管理者設置の取締役会決議	2・12
	直ちに	社債管理者との間の管理委託契約締結	2
		有価証券届出書の提出（金融商品取引法上必要な場合）	3
	15日経過	適時開示（非上場会社は不要）	4
7/17		届出の効力発生	3
		目論見書の交付（金融商品取引法上必要な場合）	3
		申込みをしようとする者に対する通知（目論見書を交付している場合は不要）	5
7/19 ～7/21		申込期間（申込み）	6
7/23		割当ての取締役会決議	7
	前日まで	割当ての通知	7
7/28	遅滞なく	払込期日	9
7/31		社債原簿の作成	10・12
		社債券の発行	11・12

（申込みをしようとする者に対する通知から割当ての取締役会決議まで：8）

解説

　社債とは、会社法の規定により会社が行う割当てにより発生する当該会社を債務者とする金銭債権であって、会社法676条各号に掲げる事項についての定めに従い償還されるものをいいます（会社2二十三）。

　社債には、新株予約権を付した社債である新株予約権付社債（同2二十二）と、それ以外の社債（普通社債）があります。

　以下では、普通社債の発行手続について解説をします。

1　募集事項の決定　　　　　　　　　　　　　　　　　　▶会社676、会社規162

(1)　募集事項

　会社が、その発行する社債を引き受ける者の募集をしようとするときは、その都度、以下に掲げる事項（募集事項）を定めなければなりません（会社676、会社規162）。なお、短期社債以外の振替社債の場合は、これらのほか、当該決定に基づき発行する社債の全部について振替法の規定の適用を受けることとする旨を定めます（振替66二）。

【社債の募集事項】

①　募集社債の総額（②の総額）
②　各募集社債の金額
③　募集社債の利率
④　募集社債の償還の方法及び期限
⑤　利息支払の方法及び期限
⑥　社債券を発行するときは、その旨
⑦　社債権者が、社債券について、記名式・無記名式の間の転換請求の全部又は一部をすることができないこととするときは、その旨
⑧　社債管理者が、社債権者集会の決議によらずに、当該社債の全部についてする訴訟行為等会社法706条1項2号に掲げる行為をすることができることとするときは、その旨
⑨　各募集社債の払込金額若しくはその最低金額又はこれらの算定方法
⑩　募集社債と引換えにする金銭の払込みの期日
⑪　一定の日までに募集社債の総額について割当てを受ける者を定めていない場合において、募集を中止する（打切発行をしない）こととするときは、その旨及びその一定の日
⑫　分割払込みをさせるときは、その旨及び各払込みの期日における払込金額

第5章　社　債　第1　普通社債の発行　　　249

⑬　他の会社と合同して募集社債を発行（合同発行）するときは、その旨及び各会社
　の負担部分
⑭　募集社債と引換えにする金銭の払込みに代えて金銭以外の財産を給付する旨の契
　約（代物弁済契約）を締結するときは、その契約の内容
⑮　社債管理者との間の管理委託契約において、社債管理者に法定権限以外の権限（約
　定権限）を付与するときは、その権限の内容
⑯　社債管理者との間の管理委託契約において、社債管理者の辞任事由を定めるとき
　は、その事由
⑰　募集社債が信託社債（会社規2③十七）であるときは、その旨及び当該信託社債につ
　いての信託を特定するために必要な事項

(2)　決定機関

　社債の募集事項の決定機関については特別の定めがないので、会社の業務執行の一環と
して、業務執行の決定権限を有する機関が、社債の募集事項を決定します。

　したがって、取締役会設置会社の場合、社債の募集事項は、取締役会決議により決定す
るのが原則ですが（会社362②一）、一定の重要な事項（同362④五・399の13④五、会社規99・110の
5）を除き、代表取締役等にその決定を委任することができます。ただし、指名委員会等設
置会社においては、募集事項の決定の全てを執行役に委任することができます（会社416④）。

　また、監査等委員会設置会社においては、取締役の過半数が社外取締役である場合、又
は定款で委任できる旨を定めた場合には、募集事項の決定の全てを取締役に委任すること
ができます（同399の13⑤⑥）。

作成書類等　○取締役会招集通知　※省略できる場合あり
　　　　　　　○取締役会議事録（社債の募集事項の決定）

2　社債管理者の設置　　　▶会社702

　会社は、社債を発行する場合には、原則として、社債管理者を定め、社債権者のために
社債の管理を行うことを委託しなければなりません（会社702本文）。したがって、取締役会
設置会社の場合、取締役会で社債の管理を委託すべき者を定めた上で、代表取締役等がそ
の者との間で管理委託契約を結ぶ必要があります。なお、社債管理者となることができる
のは、銀行、信託会社、及びこれらに準ずるものとして法務省令で定める者に限定されて
います（同703、会社規170）。

　社債管理者の名称及び住所並びに社債管理者との間の管理委託契約の内容が、社債の種
類の一内容とされていること（会社681一、会社規165八）から分かるとおり、募集ごとに、社
債管理者や管理委託契約の内容を異ならせることができます。

　社債管理者が誰であるかは、適時開示が要求される場合における開示事項、有価証券届
出書の提出が義務付けられる場合における届出事項（金商5①一、企業開示府令8①・第二号様式
等）及び申込みをしようとする者に対する通知事項（会社677①三、会社規163一）の、いずれに

も含まれるので、これら開示等の前に社債管理者を定める必要があります。もっとも、社債の募集事項（会社676）には含まれていないので、募集の都度定める必要はなく、事前に包括的に定めることもできます。

　以上の例外として、①各社債の金額が1億円以上である場合、又は②社債の総額を各社債の金額の最低額で除して得た数が50未満である場合（すなわち社債の数が50以上となりえない場合）は、社債管理者を設置する必要はありません（同702ただし書、会社規169）。実務上、社債発行コストを削減するため、各社債の金額を1億円以上として、社債管理者を設置せず、代わりに財務代理人（会社のために社債の元利金支払事務等を行う銀行等）を設置する例も多く見られます。

　また、社債に物上担保を設定しようとするときは、物上担保の目的である財産を有する者と信託会社との間の信託契約によらなければならないこととされています（担信2①前段）が、この場合、受託会社は社債権者のために、単に担保の管理をするだけでなく、社債の管理を行うため（同2②・35）、受託会社とは別に社債管理者を設置する必要はないこととされています（同2③）。

作成書類等　○取締役会招集通知　※省略できる場合あり
　　　　　　　○取締役会議事録（社債管理者の設置）

3　有価証券届出書の提出等　　　　　　　　　　　　　　▶金商4・5・8・15

(1)　有価証券届出書の提出

　ア　有価証券届出書の提出義務

　社債を引き受ける者の募集が、金融商品取引法における「募集」（金商2③）に該当する場合には、原則として、「募集」を行う前に内閣総理大臣（財務局長等）に対して有価証券届出書を提出しなければなりません（同4①・5①）。

　そして、上場会社の場合、内閣総理大臣（財務局長等）に有価証券届出書を提出したときは、遅滞なく、その写しを証券取引所に提出しなければなりません（同6一）（ただし、有価証券届出書をEDINETで提出した場合は、写しの提出は不要です（同27の30の6）。）。なお、このほかにも、各証券取引所の有価証券上場規程等により、証券取引所に提出すべき各書類が定められているので、注意が必要です。

　イ　届出の効力発生日

　有価証券届出書の届出は、受理日から原則として15日を経過した日に効力が発生します（金商8①）。会社は、届出の効力が発生するまでは、社債を募集によって取得させることができません（同15①）。実務上は、届出の効力が発生した後に申込期間を設けるのが一般的です（⑤参照）。

　なお、組込方式（同5③）又は参照方式（同5④）による有価証券届出書を提出することができる会社は、その提出した届出について、提出先の財務局において適当と認められない場合を除き、15日に満たない期間（おおむね7日）を経過した日に効力が発生するという取扱いを受けることができます（同8③、企業内容等開示ガイドラインB8−2）。上場会社の場合は、参照方式によるのが一般的です。

ウ　発行登録制度の利用

　発行登録制度の利用適格要件を満たす者が、発行予定額及び発行予定期間等を記載した発行登録書をあらかじめ内閣総理大臣（財務局長等）に提出し、提出後15日が経過して発行登録の効力が生じている場合には（金商23の3①・23の5①・23の6）、社債発行時に有価証券届出書を提出する必要はなく、その募集ごとに発行条件等を記載した発行登録追補書類を提出すれば足ります（同23の3③・23の8①）。なお、発行登録についても、有価証券届出書による届出と同様、組込方式又は参照方式による有価証券届出書を提出することができる会社は、発行登録書の提出後おおむね7日を経過した日にその効力が発生するという取扱いを受けることができます（同23の5①・8③、企業内容等開示ガイドラインB23の5－1・8－2）。

　さらに、振替法278条1項にいう振替債のうち短期社債その他政令で定めるものについては、直ちに発行登録の効力が発生するという取扱いを受けることができ（金商23の5①・8③、企業内容等開示ガイドラインB23の5－2）、かつ、発行登録がその効力を生じているだけで足り、発行登録追補書類を提出する必要もありません（金商23の8②、金商令3の2の2、企業開示府令14の9の2）。

(2)　有価証券通知書の提出

　有価証券届出書の届出義務がない場合であっても、一定の場合には、会社は、内閣総理大臣（財務局長等）に対し、有価証券通知書を提出しなければなりません（金商4⑥、企業開示府令4）。

(3)　目論見書の作成及び交付

　会社は、有価証券届出書を提出しなければならない場合には、目論見書を作成し（金商13①）、原則として、募集により社債を取得させる前、又は取得させるのと同時に、これを交付又は電磁的方法により提供しなければなりません（同15②・27の30の9）。届出の効力発生前に、投資勧誘に利用するため届出仮目論見書（企業開示府令十六）を使用した場合であっても、届出の効力発生後、改めて、届出目論見書（同十五の二）を作成し、交付等する必要があります（ただし、企業内容等開示ガイドラインB13－3参照）。

　また、発行登録制度を利用する場合にも、発行登録追補目論見書（企業開示府令十六の四）を作成し（金商23の12②・13①）、これを交付等しなければなりません（同23の12③・15②）。

作成書類等　〇有価証券届出書及びその写し
　　　　　　　〇発行登録書及び発行登録追補書類
　　　　　　　〇有価証券通知書
　　　　　　　〇目論見書

4　適時開示　　　　　　　　　　　　　　　　　　　▶上場規程402

　上場会社が社債を発行する場合であっても、社債の発行というだけでは適時開示事由のいずれにも該当しませんから、原則として、適時開示は不要です。

　ただし、募集総額等によっては、いわゆるバスケット条項（上場規程402一ar「当該上場会社

の運営、業務若しくは財産・・・に関する重要な事項であって投資者の投資判断に著しい影響を及ぼすもの」）に該当する場合があるので、その場合は、募集事項決定後<u>直ちに</u>その内容を開示しなければなりません。

なお、③の有価証券届出書の提出が必要な場合は、有価証券届出書提出前に「募集」（取得勧誘）を行うことが禁じられますが（金商4①）、証券取引所規則に基づく適時開示は、基本的に、取得勧誘に該当しません（企業内容等開示ガイドラインB2−12④）。ただし、合理的な範囲を超えた開示を行うことにより、提出予定の届出書に係る有価証券に対する投資者の関心を惹起しようとするような場合には、取得勧誘に該当しうるとされており（大谷潤ほか「上場企業の資金調達の円滑化に向けた施策に伴う開示ガイドライン等の改正」旬刊商事法務2046号35頁）、そのような開示を有価証券届出書提出前に行うことは禁止されますので、留意が必要です。

作成書類等 ○開示資料（「普通社債の発行に関するお知らせ」等）

5 申込みをしようとする者に対する通知 ▶会社677、会社規163、担信24・25

会社は、募集社債の引受けの申込みをしようとする者に対し、募集事項等一定の事項を通知しなければなりません（会社677①、会社規163、担信24①・25、振替84①）。

会社は、募集事項等とともに、申込期間（募集期間）を定めて、これらを申込みをしようとする者に対して通知するのが一般的です。

会社が、申込みをしようとする者に目論見書を交付（又は電磁的方法により提供）している場合その他一定の場合には、上記通知は不要とされています（会社677④、会社規164）。

作成書類等 ○募集事項等通知書

6 申込み ▶会社677

募集社債の引受けの申込みをする者は、一定の事項を記載した書面を会社に交付しなければなりません（会社677②、振替84③）。会社の承諾を得て、電磁的方法による提供（会社令1①、会社規230）をもってこれに代えることもできます（会社677③）。

作成書類等 ○引受申込書

7 割当て ▶会社678

(1) 割当て

会社は、申込者の中から募集社債の割当てを受ける者を定め、かつ、その者に割り当てる募集社債の金額及び金額ごとの数を定めなければなりません（会社678①）。取締役会設置会社の場合、割当て先の決定は、取締役会決議により行うのが原則ですが（同362②一）、代表取締役等にその決定を委任することができます。

会社が募集社債の割当てを行うと、その時点で、申込者は社債権者となります（同680一）。

第5章 社 債 第1 普通社債の発行 253

(2) 打切発行の原則

申込みのあった額の総額が募集社債の総額に達さず、募集社債の総額について割当てをすることができない場合であっても、会社は、原則として、割当てをした分についてのみ社債を発行することができます（打切発行の原則）。

ただし、募集事項として、一定の日までに募集社債の総額について割当てを受ける者を定めていない場合には募集社債の全部を発行しない（募集を中止する）こととする旨を定めたとき（会社676十一）は、一部についてのみ社債を発行することはできません。

(3) 割当ての通知

会社は、払込期日の前日までに、申込者に対し、当該申込者に割り当てる募集社債の金額及び金額ごとの数を通知しなければなりません（会社678②）。

作成書類等 ○取締役会招集通知 ※省略できる場合あり
○取締役会議事録（募集社債の割当て）
○割当通知書

8 総額引受けの場合の特則 ▶会社679

社債を引き受けようとする者がその総額の引受けを行う契約を締結する場合は、5から7までの手続はいずれも不要です（会社679、振替84③参照）。

したがって、会社は、1の募集事項決定決議と同日に、引受人との間の総額引受契約を締結すれば、1日で社債を発行することも可能です（ただし、金融商品取引法上、有価証券届出書の提出が義務付けられている場合には、1日で発行することはできません。）。

なお、「引き受けようとする者」は複数でも構いませんが、総額引受契約というためには、実質的に同一の機会に一体的な契約で総額の引受けがされたものと評価できることを要するので、契約書を1通にするとか、各引受人との契約書に他の引受人全ての名称及びその全員で総数の引受けを行うことを明記するといった工夫が必要となります。

9 払込み ▶会社676

申込者は、社債の割当てを受けた場合、払込期日（会社676十）までに払込金額（同676九）を払い込む義務を負います。

割当てを受けた申込者（社債権者）が払込期日までに払込みをしなかったとしても、社債は消滅せず、また払込義務も消滅しませんが、会社は、催告の上、申込み及び割当てにより成立した社債発行契約を解除することができます（特約により、無催告解除又は払込期日経過による当然解除を定めることもできます。）。

このような事態を未然に防止するため、会社は、申込みをしようとする者に対し、払込金額に相当する金額を申込証拠金として支払うことを要求するのが通常です。この場合、払込期日において、申込証拠金が払込金に充当されます。

10　社債原簿の作成　　　　　　　　　　　　　　　　　▶会社681

　会社は、社債を発行した日（割当てをした日）以後遅滞なく、社債原簿を作成し、これに一定の事項を記載等しなければなりません（会社681）。

　会社は、社債原簿管理人（会社に代わって社債原簿の作成及び備置きその他の社債原簿に関する事務を行う者）を定め、当該事務を行うことを委託することができます（同683）。

　会社は、社債原簿を会社の本店（社債原簿管理人がある場合にあっては、その営業所）に備え置き、これを社債権者等による閲覧及び謄写に供しなければなりません（同684）。

作成書類等　○社債原簿

11　社債券の発行　　　　　　　　　　　　　　　　　　▶会社696

　社債券は、不発行が原則であり、発行する場合には募集事項においてその旨を定める必要があります（会社676六）。社債券には、記名社債券と無記名社債券の2種類があります（同681六）。

　募集事項に社債券を発行する旨の定めがある場合には、社債を発行した日（割当てをした日）以後遅滞なく、当該社債に係る社債券を発行しなければなりません（同696）。ただし、「遅滞なく」とは、「正当な理由がない限り速やかに」という意味と解されていますから、会社は、社債の割当てを受けた者がその払込みをしない場合には、払込みをするまで、社債券の発行を拒むことができます。

　全額払込み前に社債券が発行された場合であっても、当該社債券は有効ですが、全額払込みがなされない限り（分割払込みの場合（会社規162一）で一部の払込みしかない場合を含みます。）、会社は、社債権者に対する利息の支払や償還を拒むことができます（全額払込み未了の抗弁）。ただし、譲渡により抗弁が切断する危険があるので（手形法17参照）、全額払込み前の社債券の発行にはリスクが伴うといえます。

作成書類等　○社債券

12　短期社債等の特例　　　　　　　　　　　　　　　　▶振替83・84

　次に掲げる要件の全てに該当する社債、すなわち「短期社債」（振替66一）については、手続を簡便にするための会社法の特例が設けられており、いわゆる電子CPとして実務上広く利用されています。

---

①　各社債の金額が1億円を下回らないこと。

②　元本の償還について、社債の総額の払込みのあった日から1年未満の日とする確定期限の定めがあり、かつ、分割払の定めがないこと。

③　利息の支払期限を、②の元本の償還期限と同じ日とする旨の定めがあること。

④　担保付社債信託法の規定により担保が付されるものでないこと。

第5章　社　債　第1　普通社債の発行　255

　具体的には、短期社債は、各社債の金額が1億円以上であることから②の社債管理者の設置は不要であり（会社702）、⑩の社債原簿の作成も不要とされています（振替83②）。社債権者集会に係る規定の適用もありません（同83③）。前述のとおり、総額引受契約を締結すれば、⑤から⑦までの手続も不要となります（なお、引受人は、総額引受契約を締結する際に、自己のために開設された振替口座を会社に示さなければなりません（同84③）。）。

　また、⑪の社債券の発行は行うことができず、権利の帰属は、振替口座簿の記載又は記録により定まります（ただし、差押えを受けることなく弁済期が到来した利息の請求権は、振替の申請により振替口座簿の記載又は記録がされても権利移転しません。）（同66・67①・73）。なお、短期社債には、新株予約権を付することはできません（同83①）。

　短期社債の要件を充足しない場合でも、社債の発行の決定において、当該決定に基づき発行する社債の全部について振替法の規定の適用を受けることとする旨を定めれば、「振替社債」として、上記と同様に、⑪の社債券の発行はされず、振替口座簿の記載又は記録により権利の帰属が定まることとなります（同66二・67①・73）。このほか、短期社債以外の振替社債については、⑤の通知において振替法の適用がある旨を示さなければならない等の特例もあります（同84①等）。

┌── コラム ──
○社債のシリーズ発行・プログラム発行
(1)　社債のシリーズ発行
　会社法は、取締役会が、社債の募集事項のうち、重要な事項以外の多くの事項について、その決定を取締役に委任することを認めています（会社362④五、会社規99）。

　これにより、取締役会において、①2以上の募集に係る募集事項の決定を委任する旨（同99一）、②募集社債の総額の上限の合計額（同99二）、③募集社債の利率の上限（同99三）、④払込金額に関する事項の要綱（同99四、例えば、払込金額は、社債の金額の○○％以上とする等）を定め、他の事項については代表取締役に委任することで、代表取締役が、市場動向に応じて、募集条件を変化させながら断続的に社債を募集することが可能となります。このような社債の発行方法を、「社債のシリーズ発行」と呼びます。

　社債のシリーズ発行により、会社はより機動的な資金調達をすることができます。
(2)　社債のプログラム発行
　会社法は、「社債の総額」の概念と、「募集社債の総額」の概念とを、区別しています。「社債の総額」とは、既に発行された社債の総額（累積総額）を意味し、いったん社債が発行されればその額が加算され、その後に償還されても減少しません（会社法718条1項に、「社債の総額（償還済みの額を除く。）」との記載がありますが、これは、「社債の総額」という概念自体には、本来、償還された分も含まれることを前提とするものです。）。

　これに対して、「募集社債の総額」（会社676一）とは、これからどの程度の社債を募集及び発行できるかという枠を意味し、償還された金額を再度その枠の中に組み入れることとすることができます。したがって、取締役会が、代表取締役に対し、2以上の募集に係る募集事項の決定を委任した上で（会社規99一）、発行後に償還された社債の金額を再度

枠の中に組み込む形で、募集社債の総額の上限の合計額（同99二）を定めることが認められます。この場合、代表取締役は、定められた枠の範囲内で、社債の発行と償還を繰り返すことができます。

　また、ある種類の社債が償還された場合に、その償還相当額を他の種類の募集社債の総額の枠に再度組み入れるという方式（プログラム・アマウント方式）を採用することも認められます。プログラム・アマウント方式を採用すれば、取締役会が定めた発行可能額の枠の範囲内で、代表取締役が、市場動向に応じて募集条件を変化させながら、異なる種類の社債の発行と償還を繰り返すことが可能となります。プログラム・アマウント方式により社債を発行する方法を、「社債のプログラム発行」と呼びます。

　社債のプログラム発行は、社債のシリーズ発行の一形態といえますが、設定した枠内で社債の発行と償還を繰り返すことができる点で、さらに自由度の高い資金調達が可能となります。

第2　新株予約権付社債の発行

38　新株予約権付社債の発行

スケジュール

◆第三者割当ての場合（取締役会設置会社・公開会社・非有利発行の場合）

日　程	法定期間・期限	手　　　続	参　照
7/1		新株予約権付社債発行の取締役会決議（募集事項の決定）	1
	速やかに	社債管理者設置の取締役会決議	2
	直ちに	社債管理者との間の管理委託契約締結	2
		有価証券届出書の提出（金融商品取引法上必要な場合）	3
		適時開示（非上場会社は不要）	3
		保振機構への通知	4
	15日経過	募集事項の株主への通知又は公告（割当日の2週間前までに有価証券届出書を提出している場合等は不要）	5
7/17		届出の効力発生	3
		目論見書の交付（金融商品取引法上必要な場合）	3
	2週間前まで	申込者に対する募集事項等の通知（目論見書を交付している場合は不要）	5
7/20〜7/22		申込期間（申込み）	6
7/24		割当ての取締役会決議	7
		割当ての通知	
	前日まで		
7/29		割当日	9
	遅滞なく	払込期日	10
8/1		新株予約権原簿及び社債原簿の作成	11
	2週間以内	新株予約権付社債券の発行	12
8/3		新株予約権の登記	13

※申込者に対する募集事項等の通知・申込期間・割当ての取締役会決議について参照8

解　説

　新株予約権付社債とは、新株予約権を付した社債をいいます（会社２二十二）。

　新株予約権付社債の募集については、社債の募集手続についての規定（同676～680）は適用されず（同248）、新株予約権の募集手続（第3章　第1参照）によることとされています。

　なお、会社法の定める新株予約権付社債は、発行後に新株予約権と社債とを分離して譲渡することができないという特徴を有します（同254②③）ので、発行後に両者を分離して譲渡できることとしたい場合（従来「分離型の新株引受権付社債」と呼ばれていたものを発行したい場合）には、新株予約権と社債をそれぞれ同時に募集し、両者を同時に同一人に対し割り当てる方法によることになります。

1　募集事項の決定　　　　　　　　　　　　　　　　　　　　▶会社238

(1)　新株予約権付社債一般の決定事項

　募集新株予約権が新株予約権付社債に付されたものである場合には、通常の新株予約権の募集事項（第3章　第1　28の1参照）に加え、社債の募集事項として規定されている事項（会社676、会社規162）を定めなければなりません（会社238①六）。

　また、譲渡制限の定めを設ける定款変更をする場合や他の会社と合併する場合等に、新株予約権者が新株予約権買取請求をするときは、併せて社債の買取りも請求しなければならないのが原則ですが、募集事項の決定の際に「別段の定め」をすれば、新株予約権のみの買取請求権を与えることも許されます（同238①七・118②・179③・777②・787②・808②）。この場合、新株予約権者に対し、新株予約権の買取請求権だけを与える（社債部分の買取請求を認めない）こともできますし、社債部分の買取請求をするか否かの選択権を与えることもできます。

　なお、新株予約権付社債に付された新株予約権の数は、当該新株予約権付社債についての社債の金額ごとに、均等に定めなければなりません（同236②）。

(2)　「転換社債型」特有の決定事項

　新株予約権付社債には、当該社債を出資する形で新株予約権が行使される「転換社債型」と、金銭等当該社債以外の財産を出資する形で新株予約権が行使される「新株引受権付社債型」があります。

　「転換社債型」の場合、新株予約権の内容（会社238①一）については、「新株予約権の行使に際して出資される財産の価額」（同236①二。以下この項において「出資財産の価額」といいます。）を当該新株予約権に係る社債の金額（償還金額のことです。）と同額にした上で、「当該新株予約権の行使に際して出資される財産の内容」（同236①三）は当該社債、「その価額」（同236①三）は当該社債の金額と定めるのが通常です。もっとも、出資財産の価額を必

ず社債の金額と一致させなければならないわけではなく、出資財産の価額を100万円、社債の金額を80万円として、差額の20万円を金銭で払い込ませることもできますし、逆に、出資財産の価額を80万円、社債の金額を100万円として、社債の金額のうち80万円のみを新株予約権行使時の出資に充て、差額の20万円は償還されることとすることもできます（社債の金額と新株予約権の行使に際して払い込むべき金額が同額であることを前提とする旧商法341条ノ3第2項は削除されました。）。

　また、「当該新株予約権の目的である株式の数の算定方法」（同236①一）については、出資財産の価額を社債の金額と一致させることを前提に、「社債の金額の総額を転換価額で除して得た数」と定めるのが通常です（併せて、交付すべき株式の数に1株に満たない端数が生じた場合はこれを切り捨て、現金による調整は行わない旨の定めを置くことが可能です（同283ただし書・236①九）。）。転換価額とは、「転換社債型」新株予約権付社債に付された新株予約権の行使に際して出資をなすべき1株当たりの価額のことです。なお、転換価額が株式の時価等に応じて調整される条項を付した「転換社債型」新株予約権付社債（転換価額修正条項付転換社債型新株予約権付社債・通称：MSCB）については、その発行が既存株主の利益を損ねている場合がある等の指摘を踏まえ、日本証券業協会が金融商品取引業者等の自主規制規則として「第三者割当増資等の取扱いに関する規則」において遵守すべき事項を定め、また、東証も有価証券上場規程において、MSCB等の転換又は行使の状況の開示義務（上場規程410）、MSCB等の発行に係る遵守事項（同434、上場規程規436）を定めているほか、これらを含む「MSCB等の発行に関する実務上の留意事項」を公表しています。

　「転換社債型」新株予約権付社債は、金銭以外の財産を新株予約権行使時の出資の目的とするものなので、原則として検査役の調査が必要であることになりますが（会社284①）、社債の価額が当該社債に係る負債の帳簿価額を超えず、かつ新株予約権の行使時に会社が期限の利益を放棄して弁済期を到来させることとすれば、会社法284条9項5号に該当し、検査役の調査は不要となります。

作成書類等　○取締役会招集通知　※省略できる場合あり
　　　　　　　○取締役会議事録（新株予約権付社債の募集事項の決定）

2　社債管理者の設置　　　　　　　　　　　　　　　　　　　　　▶会社702

　社債についての規定のうち、新株予約権付社債に適用されないのは、会社法676条から680条までの規定だけですから（会社248）、社債管理者の設置義務を定める同法702条は、新株予約権付社債にも適用されます（社債管理者の設置については第5章　第1　37の②参照）。

作成書類等　○取締役会招集通知　※省略できる場合あり
　　　　　　　○取締役会議事録（社債管理者の設置）

260 第5章 社 債 第2 新株予約権付社債の発行

3 有価証券届出書の提出等及び適時開示 ▶金商4・5・8・15、上場規程402

通常の新株予約権の発行の場合と同様です（第3章 第1 28の②・③参照）。ただし、前述したMSCB等を発行する場合は、有価証券届出書において一定の事項の追加開示が求められ（企業開示府令第二号様式（記載上の注意）(14)・(12) i ・(8) d、企業内容等開示ガイドラインB5−7−2〜B5−7−4）、また、適時開示においても開示事項の特例が設けられているので、注意が必要です。

4 保振機構への通知 ▶株式等の振替に関する業務規程12

株式等振替制度において取り扱われている新株予約権付社債を発行している会社が、新株予約権付社債の発行の決議を行った場合は、保振機構に対して、速やかにその決議内容を通知しなければなりません（株式等の振替に関する業務規程12、株式等の振替に関する業務規程施行規則6・別表1.2(1)）。

5 株主への通知又は公告及び申込みをしようとする者に対する通知 ▶会社240・242、会社規53・54

通常の新株予約権の発行の場合と同様です（第3章 第1 28の④・⑤参照）。

6 申込み ▶会社242

新株予約権付社債の引受けの申込みをする者は、会社に対して、一定の事項を記載した書面等を交付等しなければなりませんが（会社242②③、第3章 第1 28の⑥参照）、申込者は、たとえ新株予約権のみの申込みをしたとしても、社債の申込みをもしたものとみなされます（同242⑥）。

作成書類等 ○引受申込書

7 割当ての決定及び通知 ▶会社243

会社は、新株予約権の割当ての決定をし、割当日の前日までに、申込者に対して当該申込者に割り当てる新株予約権の数を通知しなければなりませんが（第3章 第1 28の⑦参照）、新株予約権付社債の場合は、これに加えて、当該新株予約権付社債についての社債の種類及び各社債の金額の合計額も、通知しなければなりません（会社243③）。

作成書類等 ○取締役会招集通知 ※省略できる場合あり
○取締役会議事録（募集新株予約権付社債の割当て）
○割当通知書

第5章　社　債　　第2　新株予約権付社債の発行　　261

8　総数引受け　　　　　　　　　　　　　　　　　　　　　▶会社244

通常の新株予約権の発行の場合と同様です（**第3章　第1　28の⑧参照**）。

9　割当日（新株予約権付社債発行日）　　　　　　　　　　▶会社245

新株予約権付社債に付された新株予約権の割当てがなされた者又はその総数引受者は、割当日において、新株予約権者となるだけでなく、当然に、当該新株予約権付社債についての社債の社債権者となります（会社245②）。

10　払込み　　　　　　　　　　　　　　　　　　　　　▶会社246・287

通常の新株予約権の発行の場合と同様です（**第3章　第1　28の⑪参照**）。

11　新株予約権原簿及び社債原簿の作成　　　　　　　　　▶会社249・681

社債についての規定のうち、新株予約権付社債に適用されないのは、会社法676条から680条までの規定だけですから（会社248）、社債発行会社に社債原簿の作成を義務付ける同法681条は、会社が新株引受権付社債を発行する場合にも適用されます。

また、会社が新株予約権付社債を発行する場合は、当然に新株予約権の発行を伴いますから、新株予約権発行会社に新株予約権原簿の作成を義務付ける同法249条も、この場合に適用されます。

したがって、会社は、割当日以後遅滞なく、新株予約権原簿（同249）及び社債原簿（同681）を作成し、これらに一定の事項を記載等しなければなりません。

作成書類等　○新株予約権原簿
　　　　　　　　○社債原簿

12　新株予約権付社債券　　　　　　　　　　　　　　　　　▶会社696

(1)　新株予約権付社債券の発行

新株予約権付社債については、新株予約権証券は発行されず（会社236①十）、募集事項において社債券を発行することとする旨の定め（同238①六・676六）がある場合に、新株予約権付社債券が発行されます。

そして、その場合、会社は、社債を発行した日（割当日）以後遅滞なく、新株予約権付社債券を発行しなければなりません（同696）。

新株予約権付社債券には、社債券の記載事項（同697①）に加え、当該新株予約権付社債に付された新株予約権の内容及び数を記載しなければなりません（同292①）。

新株予約権付社債券は、その1枚が、新株予約権と社債をともに表章します。ただし、新

株予約権が行使されて社債のみが残存する場合には、それ以降は社債だけを表章する有価証券となりますし、逆に、社債が償還されて新株予約権のみが残存する場合には、それ以降は新株予約権だけを表章する有価証券となります。

(2)　権利行使時における提示又は提出

　新株予約権付社債券が発行された新株予約権付社債について、権利行使の際に、社債又は新株予約権のいずれか一方が消滅するにすぎず、他方が残存する場合には、当該新株予約権付社債券を提示すれば足りますが、社債及び新株予約権の両方が消滅することとなる場合には、当該新株予約権付社債券を会社に提出する必要があります。

　すなわち、新株予約権付社債に付された新株予約権を行使する場合、新株予約権付社債券が発行されているときは、新株予約権者は、当該新株予約権付社債券を発行会社に提示すれば足りるのが原則です（会社280③）が、「転換社債型」の場合や、行使時に既に社債が償還されている場合は、新株予約権付社債券を提出しなければなりません（同280④⑤）。

　また、新株予約権付社債券が発行された新株予約権付社債についての社債の償還をする場合、新株予約権が消滅していないときは、会社は、新株予約権付社債券と引換えに社債の償還をすることを請求することはできず、当該新株予約権付社債券の提示を求め、社債の償還をした旨の記載をすることができるにすぎませんが（同292②）、新株予約権が既に消滅しているときは、会社は、新株予約権付社債券と引換えに社債の償還をすることを請求することができます。

作成書類等　○新株予約権付社債券

13　新株予約権の登記　　　　　　　　　　　　▶会社911・915

　通常の新株予約権の発行の場合と同様です（第3章　第1　28の14参照）。

第5章 社 債 第3 社債権者集会の開催 263

第3　社債権者集会の開催

39　社債権者集会の開催

スケジュール

◆取締役会設置会社において会社が招集する場合

日　程	法定期間・期限	手　　続	参　照
7/1		社債権者集会招集の取締役会決議	1・2
	速やかに　直ちに	適時開示（非上場会社は不要）	3
		保振機構への通知	4
7/2		公　告	5
7/3	3週間前まで	招集通知	5
7/24	2週間前まで	社債権者集会	6
7/26	1週間以内	決議の認可の申立て	7
		（裁判所の審理期間）	
10/1		裁判所による認可・不認可の決定	
10/3	遅滞なく	認可・不認可の公告	8
10/15		（認可があった場合）決議の執行	9

解説

　社債権者集会は、同じ種類の社債の社債権者で組織される（会社715）臨時的な合議体であり、会社法に規定されている事項及び社債権者の利害に関する事項（社債契約の内容の変更など）について決議を行うために招集されます（同716）。

　社債の種類については、会社法681条1号及び会社法施行規則165条が定義しており、そこでいう「種類」が同じであれば、発行時期が異なる社債であっても、1つの社債権者集会を構成します。

1 招集者　　　　　　　　　　　　　　　　　　　　　　　　　▶会社717・718

　会社及び社債管理者は、それぞれ、必要がある場合には、いつでも、社債権者集会を招集することができます（会社717）。

　また、ある種類の社債の総額（償還済みの額を除きます。）の10分の1以上に当たる社債を有する社債権者は、会社又は社債管理者に対し、社債権者集会の目的である事項及び招集の理由を示して、社債権者集会の招集を請求することができます（同718①）。そして、この請求後遅滞なく招集手続が行われない場合又はこの請求があった日から8週間以内の日を社債権者集会の日とする社債権者集会の招集通知が発せられない場合には、この請求をした社債権者は、裁判所の許可を得て、社債権者集会を招集することができます（同718③）。裁判所の許可を得るためには、会社の本店所在地を管轄する地方裁判所に対し、許可の申立てをする必要があります（同868④）。

2 招集の決定　　　　　　　　　　　　　　　　　　　　　▶会社719、会社規172

　招集者は、社債権者集会を招集する場合には、社債権者集会の日時及び場所、社債権者集会の目的である事項等一定の事項を定めなければなりません（会社719、会社規172）。

　この際、社債権者集会においては、招集者が当該集会の目的として定めた事項についてしか決議することができないこと（会社724③）に注意する必要があります。

　取締役会設置会社において、会社が社債権者集会を招集する場合には、原則として、取締役会決議により上記事項を定めなければなりません（同362②一）。

作成書類等　○取締役会招集通知　※省略できる場合あり
　　　　　　　○取締役会議事録（社債権者集会の招集の決定）

3 適時開示　　　　　　　　　　　　　　　　　　　　　　　　▶上場規程402

　普通社債又は新株予約権付社債を上場している会社が、当該普通社債又は新株予約権付

第5章　社　債　　第3　社債権者集会の開催　　265

社債に係る社債権者集会の招集を決定した場合は、招集決定後直ちに、②の決定事項を開示しなければなりません（上場規程402一ah）。また、上場会社は、その場合、遅滞なく証券取引所に所定の書類の提出を行うものとされています（同421、上場規程規417）。

　社債管理者又は①の手続を踏んだ社債権者が社債権者集会を招集する場合であっても、会社は、これら招集者による招集決定を認識したら直ちに、②の決定事項（全事項の開示が不可能な場合は、最低限、「招集の理由」及び「社債権者集会の日程」）を開示しなければなりません（上場規程402二ｓ）。この場合も、上場会社は、遅滞なく証券取引所に所定の書類の提出を行うものとされています（同421、上場規程規419）。

作成書類等　○開示資料（「社債権者集会の招集に関するお知らせ」等）

4　保振機構への通知　　▶株式等の振替に関する業務規程12

　株式等振替制度において取り扱われている新株予約権付社債を発行している会社において、①の招集者が社債権者集会の招集を決定した場合、当該会社は、保振機構に対し、速やかにその招集決定の内容を通知しなければなりません（株式等の振替に関する業務規程12、株式等の振替に関する業務規程施行規則6・別表1．2(14)）。

5　招集通知及び公告　　▶会社720

(1)　招集通知

　社債権者集会を招集するには、招集者は、社債権者集会の日の**2週間前**までに、知れている社債権者及び会社並びに社債管理者がある場合にあっては社債管理者に対して、②の決定事項を記載した書面をもって、その通知を発しなければなりません（会社720①③）。そして、招集者は、この通知に際しては、知れている社債権者に対し、社債権者集会参考書類（会社規173）及び議決権行使書面（同174）を交付しなければなりません（会社721①）。

　ただし、通知を受けるべき者の承諾を得て、電磁的方法による提供（会社令2①、会社規230）をもって、これらに代えることもできます（会社720②・721②）。

(2)　公　告

　会社が無記名社債券を発行している場合において、社債権者集会を招集するには、招集者は、社債権者集会の日の**3週間前**までに、社債権者集会を開催する旨及び②の決定事項を公告しなければなりません（会社720④）。

　招集者は、この公告をした場合において、社債権者集会の日の1週間前までに無記名社債の社債権者の請求があったときは、直ちに、社債権者集会参考書類及び議決権行使書面を当該社債権者に交付（又は電磁的方法により提供）しなければなりません（同721③④）。

作成書類等　○社債権者集会招集通知
　　　　　　　○社債権者集会参考書類
　　　　　　　○議決権行使書面
　　　　　　　○公告（官報・時事日刊新聞紙・電子公告）

6　決　議　　　　　　　　　　　　　　　　　　　　　　　▶会社723〜731・736

(1)　議決権

社債権者は、その有する当該種類の社債の金額の合計額（償還済みの額を除きます。）に応じて、議決権を有します（会社723①）が、発行会社が有する社債には、議決権が認められません（同723②）。

また、無記名社債の社債権者は、社債権者集会の日の1週間前までに、その社債券を招集者に提示しなければ、議決権を行使することができません（同723③）。

議決権については、代理人による行使（同725）、書面による行使（同726）、電磁的方法による行使（同719三・727）及び不統一行使（同728）が、それぞれ一定の要件のもとで認められています。

(2)　決議要件

社債権者集会の決議は、出席した議決権者の議決権の総額の過半数を有する者の同意により成立するのが原則です（普通決議（会社724①））。

しかし、当該社債の全部についてする支払の猶予等、一定の重大な事項を可決するには、議決権者の議決権の総額の5分の1以上で、かつ、出席した議決権者の議決権の総額の3分の2以上の議決権を有する者の同意がなければなりません（特別決議（同724②、担信32））。

社債権者集会においては、その特別決議により、当該種類の社債の総額（償還済みの額を除きます。）の1,000分の1以上に当たる社債を有する社債権者の中から、1人又は2人以上の代表社債権者を選任し、これに社債権者集会の決議事項の決定を委任することができます（会社736①・724②二）。

(3)　決議事項

社債権者集会は、いかなる事項でも決議することができるわけではなく、会社法に規定する事項（法定決議事項）及び社債権者の利害に関係のある事項についてのみ、決議をすることができます（会社716）。会社法制定前は、法定決議事項以外の事項を社債権者集会で決議するには、事前に裁判所の許可を要することとされていました（旧商319）が、決議の効力発生に裁判所の認可が必要とされる（会社734①）以上、二重に裁判所の関与を要求する必要はないとして、事前許可制は廃止されました。

また、2に記載のとおり、社債権者集会においては、招集者が当該集会の目的として定めた事項についてしか、決議することができません（同724③）。

(4)　議事録の作成

招集者は、社債権者集会の議事について、議事録を作成しなければなりません（会社731①、会社規177）。そして、会社は、社債権者集会の日から10年間、議事録をその本店に備え置き、社債管理者及び社債権者による閲覧及び謄写に供しなければなりません（会社731②③）。

作成書類等　○社債権者集会議事録

7　決議の認可の申立て　　　　　　　　　　　　　　　　　　　▶会社732

社債権者集会の決議は、それのみでは効力がなく、裁判所の認可を受けることにより効

力が生じます（会社734①）。

　そこで、社債権者集会の決議があったときは、招集者は、当該決議があった日から1週間以内に、会社の本店所在地を管轄する地方裁判所に対し、当該決議の認可の申立てをしなければなりません（同732・868④）。

　裁判所は、利害関係人の陳述を聴いた上で（同870①七）、理由を付して（同871）、決議の認可又は不認可の決定を下しますが、一定の場合には、裁判所は決議の認可をすることができないこととされています（同733）。

　裁判所による認可の決定がされると、社債権者集会の決議は、当該種類の社債を有する全ての社債権者に対して、その効力を生じます（同734②）。

作成書類等 ○認可申立書

8 認可・不認可の公告　　　　　　　　　　　　　　　　　　▶会社735

　会社は、社債権者集会の決議について、裁判所による認可又は不認可の決定があった場合には、遅滞なく、その旨を公告しなければなりません（会社735）。

作成書類等 ○公告（官報・時事日刊新聞紙・電子公告）

9 決議の執行　　　　　　　　　　　　　　　　　　　▶会社737、担信34

　社債権者集会決議の中には、効力が生じただけでその目的を達するものもあります（代表社債権者の選任（会社736）等）し、執行行為を要するものもあります（訴訟行為（同706①二）、期限の利益喪失措置（同739①）等）。

　執行行為を要する場合は、社債管理者又は担保の受託会社が執行行為を行うのが原則ですが、一定の場合には、社債権者集会の決議により選任した決議執行者又は代表社債権者がこれを行います（同737①、担信34①）。

　┌─**コラム**─┐

○社債の銘柄統合

　日本の社債は、欧米諸国と比べて流動性が低いといわれてきました。その理由の1つは、これまで日本では、社債は発行決議ごとに別の種類であると解され、発行決議が異なれば取引銘柄も区別されるという扱いであったため、取引単位が小さくなりやすい点にありました。

　そこで、会社法は、社債の発行時期いかんにかかわらず、権利内容を基礎とした社債の「種類」についての定義規定を置き（会社681一、会社規165）、社債の流動性を高めるために、発行時期の異なる社債を同一の銘柄とすること（社債の銘柄統合）が可能であることを明らかにしました。

　社債の銘柄統合を行うためには、前提として、社債の種類を同一にすることが必要です。

社債の種類を同一にする方法としては、①既発行の社債と同一の種類の社債を新たに発行する方法と、②既発行の2種類の社債を同一の種類の社債とする方法があります。①の方法による場合は、新たに発行する社債の募集事項を決定する際に、会社法施行規則165条に掲げられた事項の全てについて、既発行の社債と同一の内容を定めます。②の方法による場合は、社債権者集会の決議に基づき、社債の権利内容を変更して、2種類の社債について会社法施行規則165条に掲げられた事項の全てを同一にします。

　社債の種類を同一としたからといって、当然に、取引市場において同一の銘柄として取り扱われるわけではありません。社債の種類とは、会社法上は、社債権者集会を構成するグループを画する意味しかなく、取引市場の中で、同一の種類の社債につき、発行時期の相違等に基づき取引銘柄を区別して取り扱うことを禁止するものではないからです。

　したがって、社債の銘柄統合は、社債の種類を同一にした上で、取引市場において同一取引銘柄として取り扱われることにより、実現されることになります。

　なお、社債の種類を同一にすると、社債の種類ごとに社債権者集会を開かずに済むことになるため、社債権者集会開催のコスト（会社742①）を削減でき、また、会社の経営状態が悪化した際に、再生型の倒産処理手続を円滑に進めることができるというメリットもあります。

第 6 章

組 織 再 編

270

第1　組織変更

40　株式会社の組織変更手続

スケジュール

◆公開・大会社（取締役会設置会社）

日程	法定期間・期限	手続	参照
		組織変更計画立案	1
8/20		組織変更計画決定取締役会	1
8/25		事前開示書類備置開始	2
同日	A	総株主の同意（効力発生日の前日まで）	3
同日		株券・新株予約権証券提出の公告・通知	4
		株券・新株予約権証券提出手続（効力発生日まで）	4
同日	B	債権者に対する公告・催告	5
		債権者異議手続（効力発生日の前日まで）	5
9/1	C	新株予約権買取請求の通知又は公告	6
		新株予約権買取請求（効力発生日の前日まで）	6
同日		登録株式質権者・登録新株予約権質権者に対する通知又は公告	7
9/30		効力発生日の前日	
10/1		組織変更効力発生日	8
10/4		株式会社の解散登記、持分会社の設立登記	9
10/30		（新株予約権買取価格の協議が調わないとき）	
10/31		新株予約権買取価格の決定の申立て	6
11/29		新株予約権の買取りについて協議が調ったときの代金支払期限	6
同日		新株予約権買取価格決定の申立期間の満了	6
3/31		組織変更無効の訴えの提訴期間終了	10

法定期間・期限欄の注記：

- AからCまでのいずれか早い日から効力発生日まで
- 効力発生日の1か月前まで
- 1か月以上前まで・効力発生日の前日の
- 20日前まで・効力発生日の
- 6か月間
- 60日以内
- 30日以内
- 2週間以内
- 協議期間満了後30日以内

解　説

　組織変更とは、会社が法人格の同一性を維持しながら、組織を変更して他の種類の会社になることをいいます。会社法では、株式会社が持分会社（合名会社・合資会社・合同会社のいずれか）へ組織変更することと、持分会社が株式会社へ組織変更することが定められています（会社2二十六）。

　特例有限会社から株式会社への変更は、組織変更ではなく、定款変更による商号変更手続をとればよく、また、持分会社のうち、他の持分会社への種類の変更も、組織変更手続ではなく定款変更手続になります（同638）。

　株式会社が持分会社に組織変更するには総株主の同意を、持分会社が株式会社に組織変更するには総社員の同意を得なければなりません（同776①・781①）。

　本スケジュール及び解説は、株式非上場の株式会社が持分会社へ組織変更する場合のものです。

1　組織変更計画承認取締役会　　　　　　　　　　　　　　▶会社743・744

　会社は、組織変更をするには組織変更計画を作成しなければなりません（会社743）。取締役会設置会社では、組織変更計画の内容の決定は取締役会で行います（同362④）。監査等委員会設置会社及び指名委員会等設置会社においても同様です（同399の13④・416①）。取締役会非設置会社では、定款に別段の定めがある場合を除き、取締役の過半数をもって決定します（同348②）。

【組織変更計画の法定決定事項】（会社744）

> ①　組織変更後の持分会社の種類（合名会社・合資会社・合同会社のいずれであるかの別）
> ②　組織変更後の持分会社の目的、商号及び本店の所在地
> ③　組織変更後の持分会社の社員について氏名又は名称及び住所、当該社員が無限責任社員又は有限責任社員のいずれであるかの別（例えば、合同会社であれば社員全部を無限責任社員とする旨）、当該社員の出資の価額
> ④　その他、組織変更後の持分会社の定款で定める事項
> ⑤　組織変更に際し、株主に対してその株式に代わる金銭等を交付するときは、その内容、数若しくは額又は算定方法及びその割当てに関する事項
> ⑥　新株予約権を発行しているときは新株予約権者に対し交付する当該新株予約権に代わる金銭の額又は算定方法及びその割当てに関する事項
> ⑦　効力発生日

第6章　組織再編　第1　組織変更　273

作成書類等　○取締役会招集通知　※省略できる場合あり
　　　　　　　○取締役会議事録
　　　　　　　○組織変更計画書

2　事前開示　▶会社775、会社規180

　組織変更をする会社は、組織変更計画の内容その他法務省令で定める事項を記載等した書面等を作成し、本店に備え置かなければなりません（会社775①、会社規180）。当事会社の株主及び債権者はこれらの事前開示書類の閲覧等・謄抄本交付請求等をすることができます（会社775③）。

　備置きの期間は、次に掲げる日のいずれか早い日から組織変更の効力発生日までになります（同775①②）。

①　組織変更計画について総株主の同意を得た日
②　新株予約権買取請求に係る通知又は公告の日のいずれか早い日
③　債権者異議手続の催告又は公告の日のいずれか早い日

　合併等の場合、事前開示書類等を効力発生日後6か月経過する日まで備置き・開示することとされていることに加えて、事後開示制度もありますが、組織変更の場合には、事前開示は効力発生日までとされ、事後開示制度はありません。

【事前開示書類に記載すべき事項】

> ①　新株予約権を発行しているときは、新株予約権者に交付する対価の相当性に関する事項
> ②　組織変更をする株式会社において最終事業年度がないときは、当該組織変更をする株式会社の成立の日における貸借対照表
> ③　組織変更後の持分会社の債務の履行の見込みに関する事項
> ④　①から③に掲げる事項に変更が生じたときは、変更後の当該事項

作成書類等　○事前開示書類

3　総株主の同意　▶会社776

　組織変更する会社は、組織変更の効力発生日の前日までに、組織変更計画について、総株主の同意を得なければなりません（会社776①）。

作成書類等　○総株主の同意書

4　株券提出手続・新株予約権証券提出手続　▶会社219・293

　株券発行会社であって株券を発行している場合、組織変更の効力発生日までに株券を提出しなければならない旨を、効力発生日の1か月前までに公告し、かつ、株主及び登録株式

質権者に通知しなければなりません（会社219①五）。ただし、株式の全部について株券を発行していない場合は不要です。

　会社が新株予約権証券（又は新株予約権付社債等。以下この項において同じです。）を発行している場合、組織変更の効力発生日までに新株予約権証券を提出しなければならない旨を、効力発生日の<u>1か月前まで</u>に公告し、かつ、新株予約権者及び登録新株予約権質権者に通知しなければなりません（同293①二）。

作成書類等　○通知及び公告（株券提出手続・新株予約権証券提出手続）

5　債権者異議手続　　　　　　　　　　　　　　　　　　　　　　▶会社779

　組織変更する会社の債権者は、組織変更について異議を述べることができます。債権者異議申述期間は<u>1か月以上</u>と定められています。また、組織変更の効力発生日までに、債権者異議手続が終了していない場合には組織変更の効力は生じませんので（会社745⑥）、債権者異議手続は、組織変更の効力発生日の<u>前日まで</u>には終了させておく必要があります。

　したがって、会社は、債権者異議申述期間（<u>1か月以上</u>）を確保できる時期にて組織変更する旨など次に掲げる事項を官報に公告し、かつ、知れている債権者には、各別に催告しなければなりません（同779①②）。ただし、会社が官報のほか、定款に定めた時事に関する事項を掲載する日刊新聞紙又は電子公告により、公告をする場合には、知れている債権者に各別に催告する必要はなくなります（同779③）。

【公告・催告事項】

① 組織変更をする旨
② 計算書類に関する事項として法務省令で定めるもの（会社規181）
③ 債権者が一定の期間内に異議を述べることができる旨

　債権者が異議申述期間内に異議を述べなかったときは、その債権者は組織変更について承認をしたものとみなされます（会社779④）。一方、債権者が異議申述期間内に異議を述べた場合は、組織変更をしてもその債権者を害するおそれがないときを除き、異議を述べられた会社は、その債権者に対し、弁済し、若しくは相当の担保を提供し、又はその債権者に弁済を受けさせることを目的として信託会社等に相当の財産を信託しなければなりません（同779⑤）。

作成書類等　○公告・催告（債権者異議）
　　　　　　　　○異議申述書（債権者）

6　新株予約権買取請求　　　　　　　　　　　　　　　　　　　　▶会社777・778

　新株予約権は組織変更の効力発生日に消滅しますが（会社745⑤）、組織変更計画において定められた新株予約権に代わる金銭の交付（同744①七・八）に不満のある新株予約権者は、

第6章　組織再編　第1　組織変更　　275

組織変更の効力発生日の20日前の日から効力発生日の前日までの間に、新株予約権を公正な価格で買い取ることを請求できます（同777①⑤）。なお、新株予約権付社債に付された新株予約権の買取りを請求する場合には、別段の定めがない限り、併せて、新株予約権付社債についての社債の買取りも請求しなければなりません（同777②）。

　組織変更しようとする会社は、組織変更の効力発生日の20日前までに、全ての新株予約権者に対し、組織変更する旨を通知又は公告しなければなりません（同777③④）。

　新株予約権の買取請求があった場合、新株予約権（併せて新株予約権付社債についての社債の買取請求があったときは当該社債も含みます。）の価格の決定について、新株予約権者と会社（効力発生日後にあっては組織変更後の持分会社）との間に協議が調ったときは、会社は、効力発生日から60日以内にその代金の支払をしなければなりません（同778①。なお、⑦⑧参照）。

　新株予約権の価格の決定について、効力発生日から30日以内に協議が調わないときは、新株予約権者又は会社は、その期間満了の日後30日以内に、裁判所に対し、価格の決定の申立てをすることができます（同778②）。効力発生日から60日以内に当該申立てがないときは、その期間満了後は、新株予約権者は、いつでも買取請求を撤回することができます（同778③）。

　買取りの効力は、組織変更の効力発生日に発生します（同778⑥）。

作成書類等　○通知又は公告（新株予約権買取請求）
　　　　　　　　○新株予約権買取請求書
　　　　　　　　○新株予約権売買契約書

7　登録株式質権者・登録新株予約権質権者に対する通知・公告

▶会社776

　会社は、組織変更の効力発生日の20日前までに、登録株式質権者及び登録新株予約権質権者に対し、組織変更をする旨を通知又は公告しなければなりません（会社776②③）。

　なお、会社が振替株式を発行している場合は、登録株式質権者に対しては、通知に代えて、当該通知をすべき事項を公告しなければなりません（振替161②）。

作成書類等　○通知又は公告（登録株式質権者・登録新株予約権質権者）

8　組織変更の効力の発生

▶会社744・745・780

　組織変更においては、組織変更計画で組織変更の効力が生じる日と定めた日が効力発生日となります（会社744①九）。

　株式会社は、効力発生日に持分会社となり、組織変更計画に定められたとおり、定款を変更したものとみなされ、株主は当該持分会社の社員となります（同745①〜③）。

　組織変更しようとする会社は、効力発生日を変更することができます（同780①）。その場合には、会社は、変更前の効力発生日（変更後の効力発生日が変更前の効力発生日前の日

である場合にあっては、当該変更後の効力発生日）の前日までに、変更後の効力発生日を公告しなければなりません（同780②）。

作成書類等 ○公告（効力発生日変更）

9 登 記 ▶会社920

組織変更をした場合には、効力発生日から2週間以内に、本店の所在地において、株式会社においては解散の登記をし、持分会社については設立の登記をしなければなりません（会社920）。そして、これら解散の登記と設立の登記は同時に申請しなければなりません（商登78①）。

作成書類等 ○登記申請書

10 組織変更無効の訴え ▶会社828

組織変更の無効は、組織変更の効力発生日から6か月以内に、訴えをもってのみ主張することができます（会社828①六）。

第2　合　併

41　吸収合併の手続

スケジュール

◆取締役会設置会社

日程	法定期間・期限	手続（存続会社）	手続（消滅会社）	参照
		吸収合併の計画立案	吸収合併の計画立案	
		（公正取引委員会との協議）	（公正取引委員会との協議）	①
		基本合意・秘密保持契約の締結	基本合意・秘密保持契約の締結	
		デューデリジェンス	デューデリジェンス	
	業務執行機関により決定された場合は直ちに取締役会決議後速やかに	適時開示・プレスリリース・保振機構への通知	適時開示・プレスリリース・保振機構への通知	②・⑪ ②
		臨時報告書の提出	臨時報告書の提出	③
	業務執行機関により決定された場合は遅滞なく	合併契約承認取締役会	合併契約承認取締役会	④
	業務執行機関により決定された場合は直ちに	適時開示（追加）	適時開示（追加）	②
		買取口座の開設	買取口座の開設	⑫
		合併契約の締結	合併契約の締結	⑤
		訂正報告書の提出	訂正報告書の提出	③
		株主総会招集のための取締役会	株主総会招集のための取締役会	⑧
		（有価証券届出書・有価証券通知書の提出）		⑥
6/13	効力発生日後6か月経過する日までのいずれか早い日から、AからDまで	承認総会の2週間前まで	株主総会招集通知発送	株主総会招集通知発送	⑧
		事前開示書類等備置開始	事前開示書類等備置開始	⑦
6/14		A	株主総会の日の2週間前の日	株主総会の日の2週間前の日	
		先立って	反対株主の合併に反対する旨の会社に対する通知	反対株主の合併に反対する旨の会社に対する通知	⑫
6/28			合併契約承認株主総会	合併契約承認株主総会	⑧

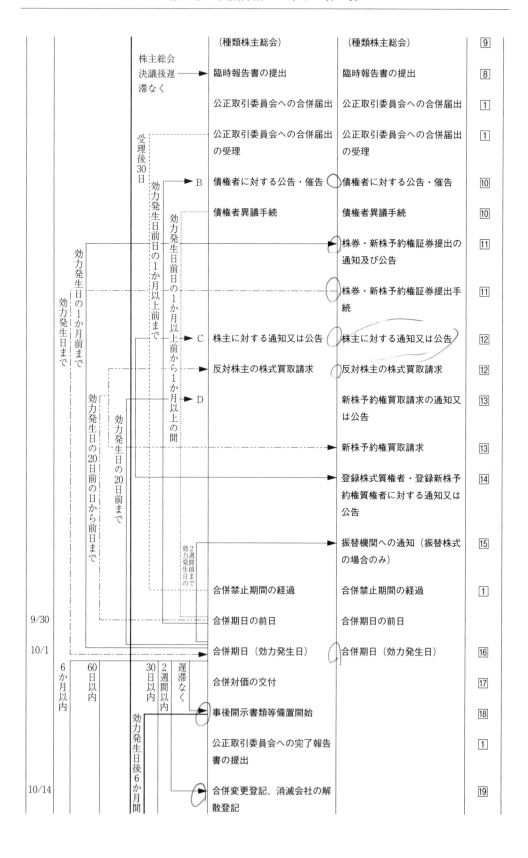

第6章 組織再編 第2 合併

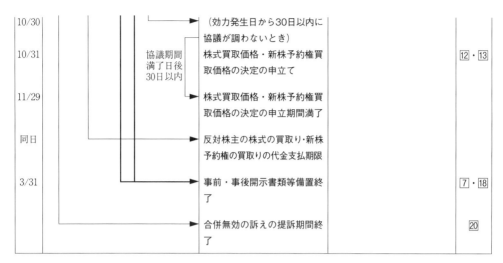

※　株主総会・種類株主総会・債権者異議手続・反対株主の株式買取手続・新株予約権買取手続は効力発生日の前日までに行えばよく、時間的先後関係は定められておらず、並行して行ってもよい

吸収合併（短期集中型） ※ 株主総会や債権者異議手続等を並行して行うことにより、短期間で行う場合の手続の流れの概略です。

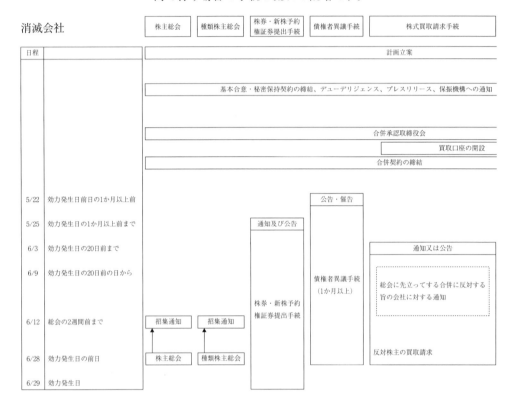

第6章 組織再編　第2　合併

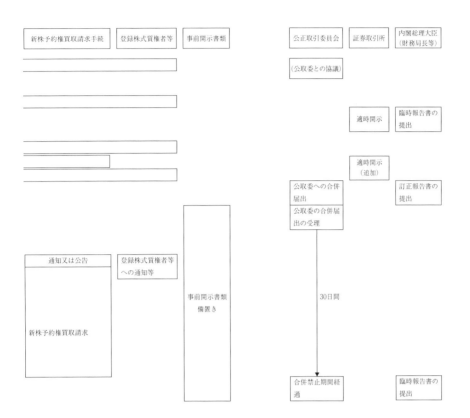

第6章 組織再編　第2 合併

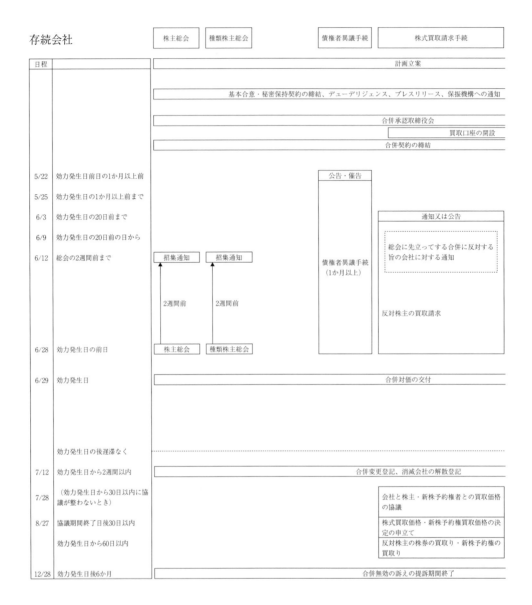

第6章 組織再編　第2 合併

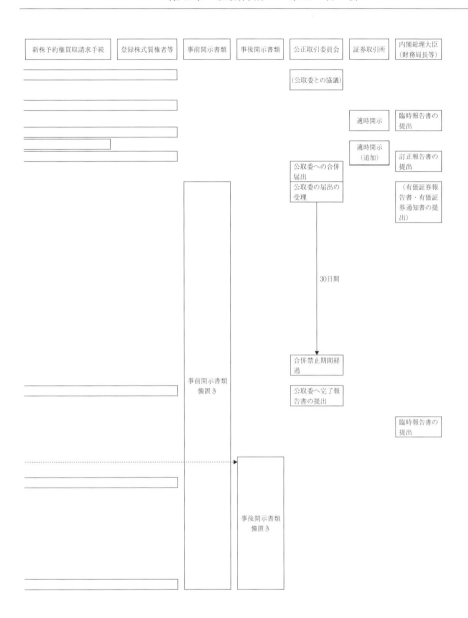

解　説

　吸収合併とは、会社が他の会社とする合併であって、合併により消滅する会社（消滅会社）の権利義務の全部を合併後存続する会社（存続会社）に承継させることをいいます（会社2二十七）。

　原則として、吸収合併の存続会社及び消滅会社は、株主総会の決議によって合併契約の承認を受けなければなりませんが、株主総会決議による承認が不要となる場合もあります（第6章　第2　42・43参照）。

　なお、改正前会社法では、略式合併ではない合併については、株主による差止請求に係る明文規定が置かれていませんでしたが、平成26年改正会社法では、吸収合併により不利益を受ける株主の事前の救済手段として、吸収合併が法令又は定款に違反する場合において、当事会社の株主が不利益を受けるおそれがあるときは、株主は、当該吸収合併の効力発生前に、その差止めを請求することができることとなりました（同784の2一・796の2一）。

　本スケジュール及び解説は、株式会社（取締役会設置会社）同士の吸収合併の場合において、定時株主総会で合併契約を承認するケースを対象としています。

1　公正取引委員会への合併届出等　　　▶独禁15、独禁令18、独禁手続規7

　会社は、合併によって一定の取引分野における競争を実質的に制限することとなる場合又は合併が不公正な取引方法によるものである場合には、合併をしてはなりません（独禁15①）。

　また、原則として当事会社のいずれか一の会社の国内売上高合計額（当該会社の国内売上高と当該会社が属する企業結合集団（会社及び当該会社の子会社並びに当該会社の親会社であって他の会社の子会社でないもの及び当該親会社の子会社（当該会社及び当該会社の子会社を除きます。）からなる集団）に属する当該会社以外の会社等の国内売上高を公正取引委員会規則で定める方法により合計した額。独禁10②、独禁手続規2の2・2の3）が200億円を超え、かつ、他のいずれか一の会社の国内売上高合計額が50億円を超える合併の場合にはあらかじめ合併に関する計画を公正取引委員会に届け出なければなりません（独禁15②、独禁令18、独禁手続規5）。ただし、全ての合併会社が同一の企業結合集団に属する場合には届出は不要です（独禁15②ただし書）。届出を行った会社は、原則として、届出受理の日から30日を経過するまでは合併をしてはなりません（同15③・10⑧）。届出会社は、合併の効力が生じたときは、完了報告書を公正取引委員会に提出しなければなりません（独禁手続規7⑤）。

　なお、平成23年には、従来行われていた事前相談の制度が廃止されましたが、実務上は、吸収合併手続を検討する段階から、公正取引委員会と事前に協議することが行われており、公正取引委員会の審査手続を円滑に進めるためにも有用です（ただし、従前行われていた

第6章　組織再編　第2　合　併　285

事前相談の制度とは異なり、公正取引委員会との事前の協議において、企業結合の違法性に係る判断が示されることはありません。）。

作成書類等　○合併届出書
　　　　　　　　○完了報告書

2　適時開示等　　　　　　　　　　　　　　　　　　　　▶上場規程402

　上場会社では、上場会社の業務執行を決定する機関が、合併を行うことについての決定をした場合、直ちにその内容を開示しなければなりません（上場規程402一ｋ）。また、上場会社は、その場合、証券取引所に、所定の時期に、所定の書類の提出を行うものとされています（同421①、上場規程規417八）。なお、業務執行を決定する機関が吸収合併を行うことについての決定をした時点では、まだ開示事項の全てが決定されていない場合もあります。そのように、最初の開示時点において開示できない開示事項がある場合は、開示が可能となり次第「開示事項の経過」として速やかに追加開示を行います。

　株式等振替制度で取り扱う株式等を発行している会社（存続会社においては、吸収合併消滅会社の株式が振替株式でない場合であって吸収合併消滅会社の株主に対し振替株式を発行する場合、又は吸収合併存続会社が吸収合併に際して自己株式を移転しようとする場合に限ります。）は、吸収合併契約の内容を決定した場合、取締役会決議後速やかに保振機構に対しその内容を通知しなければなりません（株式等の振替に関する業務規程12、株式等の振替に関する業務規程施行規則6・別表1．1(9)）。

作成書類等　○適時開示（「合併に関するお知らせ」等）

3　臨時報告書　　　　　　　　　　　　　　　▶金商24の5、企業開示府令19

　有価証券報告書提出会社は、一定の要件（企業開示府令19②七の三）に該当する吸収合併を行うことを、業務執行を決定する機関により決定した場合には、遅滞なく、内閣総理大臣（財務局長等）に臨時報告書を提出しなければなりません（金商24の5④）。合併契約内容の変更等臨時報告書の記載事項に変更が生じたときは、訂正報告書を提出しなければなりません（同24の5⑤・7）。

【企業内容等の開示に関する内閣府令19条2項7号の3に基づく臨時報告書の記載事項】

---

①　合併の相手会社の商号、本店の所在地、代表者の氏名、資本金の額又は出資の額、純資産の額、総資産の額及び事業の内容

②　相手会社の最近3年間に終了した各事業年度の売上高、営業利益、経常利益及び純利益

③　相手会社の大株主の氏名又は名称及び発行済株式の総数に占める大株主の持株数の割合

④　相手会社との間の資本関係、人的関係及び取引関係

⑤　吸収合併の目的

⑥　吸収合併の方法、吸収合併に係る割当ての内容その他の吸収合併契約の内容

⑦　吸収合併に係る割当ての内容の算定根拠

⑧　吸収合併後の存続会社の商号、本店の所在地、代表者の氏名、資本金の額又は出資の額、純資産の額、総資産の額及び事業の内容

⑨　吸収合併に係る割当ての内容が存続会社の株式、社債、新株予約権又は新株予約権付社債又は持分以外の有価証券に係るものである場合、当該有価証券の発行者について①から④に掲げる事項

作成書類等　○臨時報告書
　　　　　　　　○訂正報告書

4　合併契約承認取締役会　　　　　　　　▶会社362・399の13・416・348

　取締役会設置会社では、合併契約の内容の決定は取締役会で行います（会社362④）。監査等委員会設置会社及び指名委員会等設置会社においても同様です（同399の13④⑤十三・416④十六）。なお、取締役会非設置会社では、定款に別段の定めがある場合を除き、取締役の過半数をもって決定します（同348②）。

作成書類等　○取締役会招集通知　※省略できる場合あり
　　　　　　　　○取締役会議事録

5　合併契約の締結　　　　　　　　　　　　▶会社748・749

　吸収合併をする場合には、当事会社は、下記の法定決定事項（会社749）を定めた吸収合併契約を締結しなければなりません（同748）。合併契約に要式行為性はありませんが、吸収合併に係る登記の添付書面として要求されている関係上（商登80一）、合併契約書の作成は必要です。

【合併契約の法定決定事項】

①　存続会社及び消滅会社の商号及び住所

②　存続会社が、消滅会社の株主に対し、その株式に代えて交付する株式、社債、新株予約権、新株予約権付社債、その他の財産の内容及び数若しくは額又はそれらの算定方法等（また、存続会社が株式を交付するときは、存続会社の資本金及び準備金の額に関する事項）

③　②の割当てに関する事項

④　消滅会社が新株予約権を発行しているときは、その新株予約権者に対して交付する存続会社の新株予約権、新株予約権付社債又は金銭の内容及び数若しくは額又はその算定方法（並びに新株予約権付社債に付された新株予約権の新株予約権者に交

第6章　組織再編　第2　合　併　　287

付するときは、存続会社が当該新株予約権付社債についての社債に係る債務を承継
する旨）

⑤　④の割当てに関する事項

⑥　効力発生日

作成書類等　○合併契約書

6　有価証券届出書・有価証券通知書
▶金商2の2・4・5・8・15、金商令2の2～2の7、企業開示府令4・8

　吸収合併において消滅会社の株主等に存続会社の有価証券が発行又は交付され、当該吸収合併に係る事前開示書類の備置き（7参照）が特定組織再編成発行手続（金商2の2④、金商令2の2～2の5）又は特定組織再編成交付手続（金商2の2⑤、金商令2の6～2の7）に該当する場合において、消滅会社が開示会社で、消滅会社の株主等に発行又は交付される有価証券について開示が行われておらず、かつ、発行価額又は売出価額の総額が1億円以上のときは、当該有価証券の発行会社は、内閣総理大臣（財務局長等）に対し、有価証券届出書の提出を行わなければなりません（金商5①、企業開示府令8）。当該届出は、特定組織再編成発行手続又は特定再編成交付手続の前、すなわち、消滅会社による事前開示書類の備置き（7参照）より前に行う必要があります（金商2の2③参照）。有価証券届出書は、内閣総理大臣（財務局長等）が受理した日から15日を経過した日にその効力を生じ（金商8①）（有価証券届出書の提出時に申出をすることにより、直ちに若しくは届出書を受理した日の翌日に届出の効力が生じることになる可能性があります（同8③、企業内容等開示ガイドラインB8−1・8−3）。）、発行会社は、届出の効力が生じているのでなければ、特定組織再編成発行手続又は特定組織再編成交付手続により有価証券を取得させてはなりません（金商15①）。

　なお、金融商品取引法5条4項に規定する一定の要件を満たす場合は、当該有価証券の発行会社は、参照方式により有価証券の届出を行うことができます（同5④、企業開示府令9の4）。この場合は、内閣総理大臣（財務局長等）が受理した日から、おおむね7日を経過した日に届出の効力が発生します（企業内容等開示ガイドラインB8−2②③）。

　また、吸収合併において消滅会社の株主等に存続会社の有価証券が発行又は交付され、当該吸収合併に係る事前開示書類の備置き（7参照）が特定組織再編成発行手続又は特定組織再編成交付手続に該当する場合において、消滅会社が開示会社で、消滅会社の株主等に発行又は交付される有価証券について開示が行われておらず、かつ、発行価額又は売出価額の総額が1,000万円超1億円未満のときは、発行会社は、特定組織再編成発行手続又は特定組織再編成交付手続が開始される前に、内閣総理大臣（財務局長等）に対し、有価証券通知書の提出を行わなければなりません（金商4⑥、企業開示府令4①⑤）。

作成書類等　○有価証券届出書
　　　　　　　○有価証券通知書

7 事前開示
▶会社782・794、会社規182・191

　当事会社は、吸収合併契約の内容その他法務省令で定める事項を記載等した書面等を作成し、本店に備え置かなければなりません（会社782①・794①、会社規182・191）。当事会社の株主及び債権者はこれらの事前開示書類等の閲覧・謄抄本交付請求等をすることができます（会社782③・794③）。

　備置きの期間は、次に掲げる日のいずれか早い日から吸収合併の効力発生日後6か月を経過する日までになります（同782①②・794①②）。

① 　吸収合併契約について承認を受ける株主総会の日の2週間前の日
② 　反対株主の株式買取請求に係る通知又は公告の日のいずれか早い日
③ 　新株予約権買取請求に係る通知又は公告の日のいずれか早い日（消滅会社のみ）
④ 　債権者異議手続の公告又は催告の日のいずれか早い日

【事前開示書類等に記載等すべき事項】

---

① 　合併契約の内容（合併契約書）
② 　合併対価の相当性に関する事項
③ 　合併対価について参考となるべき事項（消滅会社のみ）
④ 　吸収合併に係る新株予約権の定めの相当性に関する事項
⑤ 　相手方当事会社の計算書類等の内容（最終事業年度に係る計算書類等（臨時計算書類等）の内容、及び重要な後発事象等の内容等）
⑥ 　重要な後発事象等の内容（存続会社のみ）
⑦ 　効力発生日以後における存続会社の債務の履行の見込みに関する事項
⑧ 　①から⑦に掲げる事項に変更が生じたときは、変更後の当該事項

作成書類等　○事前開示書類　等

8 合併契約承認株主総会
▶会社783・795

　存続会社及び消滅会社は、吸収合併の効力発生日の前日までに、それぞれ株主総会の決議によって、吸収合併契約の承認を受けなければなりません（会社783①・795①）。存続会社においては特別決議によらなければなりません（同309②十二）。消滅会社においては消滅会社の株主に交付される対価に応じて決議要件が異なります。原則は、特別決議ですが（同309②十二）、一定の場合は、特殊決議や総株主の同意を要します（同309③二・783②）。株主総会の手続については第1章　第1　1を参照してください。

　存続会社において、取締役は、吸収合併の際に存続会社に合併差損が生じる場合（①消滅会社から承継する承継債務額が承継資産額を超えるとき、②消滅会社の株主に対し交付する合併対価（存続会社の株式等を除きます。）の帳簿価額が承継資産額から承継債務額を控除して得た額を超えるとき）は、その旨を株主総会において説明しなければなりません（同795②一・二、会社規195）。

第6章　組織再編　第2　合　併　　289

　また、存続会社が、吸収合併により消滅会社が保有する自己株式を取得する場合は、取締役は、取得する自己株式に関する事項を株主総会において説明しなければなりません（会社795③）。

　なお、上場会社は、株主総会において決議事項が決議された場合、遅滞なく、臨時報告書を内閣総理大臣（財務局長等）に提出しなければなりません（金商24の5④、企業開示府令19②九の二）。

【企業内容等の開示に関する内閣府令19条2項9号の2に基づく臨時報告書の記載事項】

> ①　株主総会が開催された年月日
> ②　決議事項の内容
> ③　決議事項に対する賛成、反対及び棄権の意思の表示に係る議決権の数、決議事項が可決されるための要件並びに決議の結果
> ④　③の議決権の数に株主総会に出席した株主の議決権の数の一部を加算しなかった場合には、その理由

作成書類等　○株主総会招集通知　※省略できる場合あり
　　　　　　　○株主総会議事録（合併契約の承認）
　　　　　　　○臨時報告書

9　種類株主総会　　▶会社783・795・322・323

　種類株主総会は以下の場合に必要となります。なお、消滅会社が種類株式発行会社である場合において、合併対価が持分等であるときは、当該持分等の割当てを受ける種類の株主の全員の同意がなければ合併の効力は生じません（会社783④）。

①　存続会社が種類株式発行会社であって譲渡制限株式を発行している場合において、合併対価として存続会社の譲渡制限株式が交付される場合には、原則として当該株式の株主を構成員とする種類株主総会の特別決議による承認を得なければなりません（同795④一・324②六）。

②　消滅会社が種類株式発行会社であって合併対価として譲渡制限株式等（会社規186）が交付される場合には、原則として当該譲渡制限株式等の割当てを受ける種類の株式の株主を構成員とする種類株主総会の特殊決議がなければ、吸収合併の効力は生じません（会社783③・324③二）。

③　吸収合併に関する拒否権付種類株式を発行している場合においては、当該種類株式の株主を構成員とする種類株主総会の普通決議がなければ、吸収合併の効力は生じません（同323・324①）。

④　吸収合併によりある種類株式の株主に損害を及ぼすおそれがある場合においては、原則として、当該種類株式の株主を構成員とする種類株主総会の特別決議がなければ、吸収合併の効力は生じません（同322①七・324②四）。

作成書類等　○種類株主総会議事録（合併契約の承認）

10 債権者異議手続 ▶会社789・799

　当事会社の債権者は、合併について異議を述べることができます。債権者異議申述期間は1か月以上と定められています（会社789②ただし書・799②ただし書）。また、債権者異議手続が終了していない場合には、合併の効力が発生しませんので（同750⑥）、債権者異議手続は、合併の効力発生日の前日までには終了させておく必要があります。したがって、当事会社は、債権者異議申述期間（1か月以上）を確保できる時期にて吸収合併をする旨等次に掲げる事項を官報に公告し、かつ、知れている債権者には各別に催告しなければなりません（同789①②・799①②）。ただし、会社が官報のほか、定款に定めた時事に関する事項を掲載する日刊新聞紙又は電子公告により、公告をする場合には、知れている債権者に各別に催告する必要はなくなります（同789③・799③・939①二・三）。

【公告・催告事項】

> ① 吸収合併をする旨
> ② 相手方当事会社の商号及び住所
> ③ 当事会社の計算書類に関する事項として法務省令で定めるもの（会社規188・199）
> ④ 債権者が一定の期間内に異議を述べることができる旨

　債権者が異議申述期間内に異議を述べなかったときは、その債権者は吸収合併について承認をしたものとみなされます（会社789④・799④）。他方、債権者が異議申述期間内に異議を述べた場合は、吸収合併をしてもその債権者を害するおそれがないときを除き、異議を述べられた会社は、その債権者に対し、弁済し、若しくは相当の担保を提供し、又はその債権者に弁済を受けさせることを目的として信託会社等に相当の財産を信託しなければなりません（同789⑤・799⑤）。

作成書類等 ○公告・催告（債権者異議）
　　　　　　　○異議申述書

合併により当該会社が消滅する場合に限る。

11 株券提出手続・新株予約権証券提出手続 ▶会社219・293

　消滅会社が株券発行会社であって株券を発行している場合、吸収合併の効力発生日までに株券を提出しなければならない旨を効力発生日の1か月前までに、公告し、かつ、株主及び登録株式質権者に通知しなければなりません（会社219①六）。ただし、株式の全部について株券を発行していない場合は不要です。

　消滅会社が新株予約権証券（又は新株予約権付社債券。以下この項において同じです。）を発行している場合、新株予約権証券を吸収合併の効力発生日までに提出しなければならない旨を効力発生日の1か月前までに公告し、かつ、新株予約権者及び登録新株予約権質権者に通知しなければなりません（同293①三）。

作成書類等 ○通知及び公告（株券提出手続・新株予約権証券提出手続）

第6章　組織再編　第2　合　併　　291

12　反対株主の株式買取請求　　▶会社785・786・797・798、振替155

(1)　吸収合併に反対する株主は、会社に対し、原則として、株主総会（種類株主総会を含
みます。）に先立って吸収合併に反対する旨を通知し、かつ、株主総会において吸収合併
に反対したことを要件として（例外：会社785②一ロ・二・797②一ロ・二）、吸収合併の効力発
生日の20日前の日から効力発生日の前日までの間に、株式を公正な価格で買い取ること
を請求できます（同785①②⑤・797①②⑤。例外：同785①一）。なお、株主は、振替法に係る振
替株式の買取請求を行う場合には、振替機関から会社に対する個別株主通知がされた後
4週間（振替令40）が経過する日までの間に、権利を行使する必要があります（振替154②③）。
　　消滅会社及び存続会社のいずれにおいても、買取りの効力は、吸収合併の効力発生日
に発生します（会社786⑥・798⑥）。改正前会社法では、存続会社においては買取りの効力
は当該株式の代金の支払のときに発生するとされていましたが、この場合、株式買取請
求を受けた会社は価格決定の申立てにつき裁判所が決定した価格に対して、効力発生日
から60日が経過した後年6分の利息を支払わなければならないこと（同798④）との関係で、
株式買取請求を行った株主は、代金の支払までは、当該代金に対する利息を受領しつつ、
剰余金配当請求権も有し得ることになるという、二重取りをすることができることとな
り相当でない等が指摘されていました。そこで、平成26年改正会社法では、買取りの効
力は、吸収合併の効力発生日に発生することとされました。

(2)　当事会社は、株主に株式買取請求の機会を与えるため、吸収合併の効力発生日の20日
前までに、①吸収合併をする旨、②相手会社の商号及び住所を、全ての株主に通知をし
なければなりません（同785③・797③。例外：同783④・785①各号）。この通知は合併契約承認
株主総会の招集通知と併せて行うこともできますが、合併契約承認株主総会の基準日時
における株主と株式買取請求の機会を与えるための通知の時点における株主とが異なる
場合には、個別に通知することが必要になります。当事会社が公開会社であるか、株主
総会決議で合併契約の承認を受けた場合には、公告をもって通知に代えることができま
す（同785④・797④）。公告についても、株式買取請求の前提としてのこの公告と新株予約
権買取請求の前提としての新株予約権者に対する公告、債権者異議手続における公告及
び登録株式質権者・登録新株予約権質権者に対する公告を1回の公告で行うこともでき
ます（実務上は、これらの公告を1回の公告で行う場合が多いようです。）。なお、当事会
社が振替株式を発行している場合は、通知に代えて、当該通知をすべき事項を公告しな
ければならず（振替161②）、また、後述のとおり、併せて、会社の買取口座も公告しなけ
ればなりません（同155②）。
　　株式の買取請求があった場合において、株式の価格の決定について、株主とその当事
会社（効力発生日後にあっては存続会社）との間に協議が調ったときは、当事会社は、
効力発生日から60日以内にその支払をしなければなりません（会社786①・798①）。
　　株式の価格の決定について、効力発生日から30日以内に協議が調わないときは、株主
又は当事会社（効力発生日後にあっては存続会社）は、その期間の満了の日後30日以内

に、裁判所に対し、価格の決定の申立てをすることができます（同786②・798②）。効力発生日から60日以内に上記の申立てがないときは、その期間の満了後は、株主は、いつでも買取請求を撤回することができます（同786③・798③）。

なお、裁判所に価格決定の申立てがされた場合には、会社は、裁判所が決定した価格に対して、効力発生日から60日が経過した後年6分の利息を支払わなければならないことから、株式買取請求の濫用を招く原因となっているとの指摘がされていました。そこで、平成26年改正会社法では、会社の利息の負担の軽減を図ること及び株式買取請求の濫用を防止するという観点から、株式買取請求があった場合には、会社は、株式買取請求を行った株主に対し、株式の価格決定がされる前に、会社が公正な価格と認める額を支払うことができることになりました（同786⑤・798⑤）。

(3)　また、平成26年改正会社法施行に伴う他の改正として、反対株主による株式買取請求権行使の際に会社の買取口座への振替申請が必要となったことが挙げられます。

反対株主が株式買取請求を行った場合、会社の承諾を得ない限り、同請求を撤回することができないものとされていますが（同785⑦・797⑦）、株式買取請求権を行使した反対株主は、買取りを請求した株式を市場等で売却することにより、事実上、会社の承諾を得ることなく株式買取請求を撤回することが可能となっていることが指摘されていました。

そこで、振替法を改正し、株式買取請求権行使後における株式買取請求の撤回制限規定の実効性を確保するため、反対株主は、振替法に定める振替株式について株式買取請求を行う際、当該請求に係る振替株式について、会社の買取口座を振替先口座とする振替の申請を行うことを要するものとされました（振替155③。会社の買取口座に振替が行われれば、株主は同株式を市場等で売却することができなくなります。）。

振替株式を発行する会社は、株式買取請求権が生じる組織再編等（吸収合併もこれに含まれます。）を行おうとする場合、振替機関等に対し、買取口座の開設の申出を行う必要があります（同155①。ただし、既に買取口座を開設されている場合や株式買取請求をすることができる振替株式の株主がいない場合は不要です。）。また、会社は、株式買取請求に係る公告を行う場合、併せて、会社の買取口座も公告しなければなりません（同155②）。

また、会社は、株式買取請求の振替申請により会社の買取口座に記載・記録された振替株式について、組織再編等の効力発生日まで、自己の口座を振替先口座とする振替の申請を行うことができません（同155④）。そして、反対株主による株式買取請求の撤回につき承諾した場合には、遅滞なく、当該撤回に係る振替株式について、当該株主の口座を振替先口座とする振替の申請を行わなければなりません（同155⑤）。

作成書類等　○通知又は公告（株式買取請求）
　　　　　　　　○株式買取請求書
　　　　　　　　○株式売買契約書

13 新株予約権買取請求 ▶会社787・788

　消滅会社の新株予約権は、効力発生日に消滅しますが（会社750④）、消滅会社の新株予約権者は、新株予約権を発行するときに定められた条件（同236①ハイ）と合致する新株予約権の交付を受ける場合を除き、吸収合併の効力発生日の20日前の日から効力発生日の前日までの間に、新株予約権を公正な価格で買い取ることを請求できます（同787①一・⑤）。なお、新株予約権者が新株予約権付社債に付された新株予約権の買取りを請求する場合には、別段の定めがない限り、併せて、新株予約権付社債についての社債の買取りも請求しなければなりません（同787②）。また、買取りを請求するのが振替新株予約権又は振替新株予約権付社債である場合は、買取口座（振替183①・215①）を振替先口座とする振替の申請をしなければなりません（同183④・215④）。買取りの効力は、合併の効力発生日に発生します（会社788⑥）。

　消滅会社は、新株予約権者に新株予約権買取請求の機会を与えるため、吸収合併の効力発生日の20日前までに、①吸収合併をする旨、②相手会社の商号及び住所を、全ての新株予約権者に通知又は公告をしなければなりません（同787③④）。また、振替新株予約権又は振替新株予約権付社債を発行している場合は、併せて、買取口座についても通知又は公告をしなければなりません（振替183②③・215②③）。

　新株予約権の買取請求があった場合において、新株予約権（併せて新株予約権付社債についての社債の買取請求があったときは当該社債も含みます。）の価格の決定について、新株予約権者と消滅会社（効力発生日後にあっては存続会社）との間に協議が調ったときは、消滅会社（効力発生日後にあっては存続会社）は、効力発生日から60日以内にその支払をしなければなりません（会社788①）。

　新株予約権の価格の決定について、効力発生日から30日以内に協議が調わないときは、新株予約権者又は消滅会社（効力発生日後にあっては存続会社）は、その期間の満了の日後30日以内に、裁判所に対し、価格の決定の申立てをすることができます（同788②）。効力発生日から60日以内に上記の申立てがないときは、その期間の満了後は、新株予約権者は、いつでも買取請求を撤回することができます（同788③）。

　なお、平成26年改正会社法においては、12で述べたとおり、会社の利息の負担の軽減を図ること及び株式買取請求の濫用を防止するという観点から、会社は、株式買取請求を行った株主に対し、株式の価格決定がされる前に、会社が公正な価格と認める額を支払うことができることになりましたが、新株予約権買取請求の場合も、これと同様に、消滅会社は、新株予約権買取請求を行った新株予約権者に対し、新株予約権の価格決定がされる前に、消滅会社が公正な価格と認める額を支払うことができることになりました（同788⑤）。

作成書類等　○通知又は公告（新株予約権買取請求）
　　　　　　　○新株予約権買取請求書
　　　　　　　○新株予約権売買契約書

14 登録株式質権者・登録新株予約権質権者に対する通知・公告

▶会社783

　消滅会社は、吸収合併の効力発生日の20日前までに登録株式質権者及び会社法787条3項1号に定める登録新株予約権質権者に対し、吸収合併をする旨を通知又は公告しなければなりません（会社783⑤⑥）。

　なお、消滅会社が振替株式を発行している場合は、登録株式質権者に対しては、通知に代えて、当該通知をすべき事項を公告しなければなりません（振替161②）。

作成書類等　○通知又は公告（登録株式質権者・登録新株予約権質権者）

15 振替機関への通知

▶振替138

　①消滅会社の株式が振替株式である場合において、存続会社が吸収合併に際して振替株式を交付しようとするときは、消滅会社は、合併の効力発生日の2週間前までに、振替機関に対し、消滅会社の振替株式の株主に対して吸収合併に際して交付する振替株式の銘柄・消滅会社の振替株式の銘柄等、必要な事項を通知しなければなりません（振替138①）。他方、②消滅会社の株式が振替株式ではない場合において、存続会社が振替株式を交付するときは、消滅会社は、効力発生日の1か月前までに、株主等に対して、振替株式の新規記録をするための口座を通知すべき旨等の必要な事項の通知を行い（同160①・131①）、効力発生日以後遅滞なく、振替機関に対し、必要な事項を通知しなければなりません（同130①）。また、③消滅会社の株式が振替株式である場合において、存続会社が振替株式ではない株式を交付するときは、消滅会社は、効力発生日の2週間前までに、振替機関に対し、効力発生日等を通知しなければなりません（同160③・135①）。

作成書類等　○社債、株式等の振替に関する法律138条に基づく通知

16 合併期日（効力発生日）

▶会社749・750・790

　吸収合併においては、合併契約で吸収合併の効力が生じる日と定めた日が効力発生日となります（会社749①六）。

　合併の効力発生により、消滅会社は解散し（同471四）、存続会社は消滅会社の権利義務を承継します（同750①）。

　また、消滅会社の株主は、効力発生日に、存続会社の株式を割り当てられた場合は存続会社の株主に、存続会社の社債を割り当てられた場合は存続会社の社債権者に、存続会社の新株予約権を割り当てられた場合は存続会社の新株予約権者に、存続会社の新株予約権付社債を割り当てられた場合は存続会社の社債権者及び新株予約権付社債に付された新株予約権の新株予約権者に、それぞれなります（同750③）。消滅会社の新株予約権者は、存続会社の新株予約権が交付された場合、効力発生日に存続会社の新株予約権者になります（同750⑤）。

第6章　組織再編　第2　合　併　　295

　消滅会社は、存続会社との合意により、効力発生日を変更することができます（同790①）。その場合には、消滅会社は、変更前の効力発生日（変更後の効力発生日が変更前の効力発生日前の日である場合にあっては、当該変更後の効力発生日）の前日までに、変更後の効力発生日を公告しなければなりません（同790②）。

　なお、銀行等特定の業種又は会社については、主務大臣の認可を受けなければ合併の効力が生じないとされていますので留意が必要です。

作成書類等　〇公告（効力発生日変更の場合）

17　合併対価の交付　　　　　　　　　　　　　　▶会社749

　吸収合併における合併対価は、存続会社の株式に限定されず、株式（親会社等他の会社の株式等も含みます。）、社債、新株予約権、新株予約権付社債、金銭その他の財産を交付することができます（会社749①二・三②③）。

　なお、消滅会社が有する自己株式及び存続会社が有する消滅会社株式のいずれについても合併対価の割当てはなされません。

　また、存続会社の株式を消滅会社株主に対し機械的に持株数に比例して配分すると、各株主に交付する株式数に端数が生じ、競売等の処理が必要になる場合がありますが（同234①五）、合併契約において、割当比率の調整のための金銭の交付を定めることも可能です（同749①二ホ）。

18　事後開示　　　　　　　　　　　　　　▶会社801、会社規200

　存続会社は、吸収合併の効力発生日後遅滞なく吸収合併に関する事項として法務省令で定める事項を記載等した書面等を作成し、効力発生日から6か月間本店に備え置かなければなりません（会社801①③一、会社規200）。存続会社の株主及び債権者はこれらの事後開示書類等の閲覧・謄抄本交付請求等をすることができます（会社801④）。

　なお、上場会社において吸収合併がなされた場合、効力発生日以後速やかに、事後開示事項を記載した書面を証券取引所に提出しなければなりません（上場規程402一ｋ、上場規程規417八ｄ）。

【事後開示書類等に記載等すべき事項】

---

　①　効力発生日
　②　当事会社における合併の差止請求手続の経過に関する事項
　③　当事会社における株式買取請求手続の経過に関する事項
　④　消滅会社における新株予約権買取請求手続の経過に関する事項
　⑤　当事会社における債権者異議手続の経過に関する事項

⑥　吸収合併により存続会社が消滅会社から承継した重要な権利義務に関する事項

⑦　消滅会社の事前開示書類等（合併契約書を除きます。）

⑧　存続会社の変更登記の日（登記が開示より後になる場合は追加して開示）

⑨　上記のほか吸収合併に関する重要な事項

作成書類等　○事後開示書類　等

19　登　記　　　　　　　　　　　　　　　　　　　　　　　　　▶会社921

　吸収合併をした場合には、効力発生日から<u>2週間以内</u>に本店の所在地において、消滅会社においては解散の登記をし、存続会社については変更の登記をしなければなりません（会社921、商登79・80・82・83）。消滅会社の合併による解散は、合併の登記をするまでの間は、第三者に対抗できません（会社750②）。

作成書類等　○登記申請書

20　合併無効の訴え　　　　　　　　　　　　　　　　　　　　　▶会社828

　合併の無効は、吸収合併の効力発生日から<u>6か月以内</u>に、訴えをもってのみ主張することができます（会社828①七）。

　コラム

○株式買取請求について

　改正前会社法では、存続会社等について、簡易組織再編の要件を満たす場合、全ての株主が株式買取請求を有することとされていましたが、株式買取請求の制度趣旨は、会社組織の基礎に本質的変更をもたらす行為に反対する株主に投下資本回収の機会を与えるものであるところ、簡易組織再編は会社組織の基礎に本質的変更をもたらすものとはいえないことから、平成26年改正会社法では、存続会社等の株主は株式買取請求権を有しないこととされました（会社797①ただし書）。

　また、改正前会社法では、略式組織再編の場合、全ての株主が株式買取請求権を有することとされていましたが、略式組織再編の要件を満たす場合に株主総会の決議による承認を要しないこととされているのは、特別支配会社が組織再編の相手方である場合には、仮に株主総会を開催したとしても、特別支配会社による賛成の議決権行使により、当該組織再編が株主総会において承認されることが明らかであるためであり、特別支配会社に株式買取請求権を認める合理的な理由はないことから、平成26年改正会社法では、株式買取請求を行うことのできる株主から特別支配会社を除くこととされました（同785②二括弧書・797②二括弧書）。

			改正前	改正後
合　併	通常の合併		○	○
	簡易合併	消滅会社の株主	○	○
		存続会社の株主	○	×
	略式合併		○	○ （特別支配会社を除きます。）
会社分割	通常の会社分割		○	○
	簡易分割	分割会社の株主	○ （×）	○ （×）
		承継会社の株主	○ （○）	× （○）
	略式分割		○	○ （特別支配会社を除きます。）
株式交換	通常の株式交換		○	○
	簡易株式交換	完全子会社となる会社の株主	○	○
		完全親会社となる会社の株主	○	×
	略式株式交換		○	○ （特別支配会社を除きます。）
株式移転			○	○

※1　「○」は、株式買取請求が認められることを意味します。

　2　「×」は、株式買取請求が認められないことを意味します。

　3　「簡易分割」欄は、承継会社において簡易分割手続を行い、その相手方である分割会社においては通常の会社分割を行う場合を前提としています。また、同欄の括弧内は、分割会社において簡易分割手続で会社分割を行う場合の株式買取請求権の存否を意味しています。

○差止請求について

　改正前会社法では、略式組織再編については、株主による差止請求の規定が設けられていましたが、略式組織再編以外の通常の組織再編については、かかる規定は設けられておらず、通常の組織再編について差止請求が認められるかについては解釈が分かれていました。また、組織再編の効力を争う手段としては、組織再編の無効の訴えがありますが、一旦効力が発生した後に事後的に組織再編の効力を否定すると法律関係を複雑かつ不安定にするおそれがあります。

　そこで、事前の差止めを認めるのが相当であるとして、平成26年改正会社法では一般的な組織再編の差止めに関する規定が設けられました（会社784の2・796の2・805の2）。ただし、簡易組織再編については、株主に及ぼす影響が軽微であるとして株主総会決議が不要とされていることに鑑み、存続会社等の株主にはその必要性がないとして、差止請求権は認めないこととされました（同784の2ただし書・796の2ただし書・805の2ただし書）。

　また、組織再編における差止請求の共通の差止事由として、法令又は定款に違反し、当事会社の株主が不利益を受けるおそれがあることが規定されていますが、略式組織再編固有の差止事由として、組織再編の対価が不当であり、当事会社の株主が不利益を受けるおそれがあることが規定されています（同784の2二・796の2二）。

			改正前	改正後
合　併	通常の合併		―	○
	簡易合併	消滅会社の株主	―	○
		存続会社の株主	―	×
	略式合併		○	○
会社分割	通常の会社分割		―	○
	簡易分割	分割会社の株主	―	○（×）
		承継会社の株主		×（○）
	略式分割		○	○
株式交換	通常の株式交換		―	○
	簡易株式交換	完全子会社となる会社の株主	―	○
		完全親会社となる会社の株主	―	×
	略式株式交換		○	○

株式移転			―	○

※1　「―」は、差止請求が明文では認められていないことを意味します。

2　「×」は、差止請求が認められないことを意味します（ただし、「×」となっている簡易組織再編の場合であっても、①当該組織再編によって差損が生ずる場合（会社795②）及び②消滅会社等の株主に対して交付する金銭等の全部又は一部が存続会社等の譲渡制限株式であって、存続会社等が公開会社ではない場合（同796①ただし書）又は③一定数の存続会社の株主が吸収合併等に反対する旨を存続会社等に対し通知したために簡易手続を適用できない場合（同796③）には、差止請求が認められます。）。

3　「○」は、差止請求が認められることを意味します。

4　「簡易分割」の「改正後」欄は、承継会社において簡易分割手続を行い、その相手方である分割会社においては通常の会社分割を行う場合を前提としています。また、同欄の括弧内は、分割会社において簡易分割手続で会社分割を行う場合の差止請求権の存否を意味しています。

〇米国ＳＥＣへの登録

　米国証券法（1933年法）では、事業再編に際して対価として交付される株式についても証券の「募集」に該当するとみなし、ＳＥＣに登録届出書を提出しなければならないとされています。しかも、かかる規制は、外国企業が米国に居住する株主を有する場合には、当該外国企業にも適用されます。例えば、日本企業同士が合併する場合でも、吸収合併のケースでは消滅会社の株主に存続会社の株式を交付することが多いと思いますが、消滅会社の米国居住株主に存続会社の株式を交付することが「募集」に当たりますので、当該存続会社はＳＥＣに登録届出書を提出しなければなりません。株式交換の場合は、完全親会社となる会社が登録届出書の提出義務を負うことになります。

　なお、一定の要件（米国居住株主の保有割合が10％以下（大株主等が保有する株式数を除いた株式数に対する割合）で、米国居住株主が他の株主と平等に取り扱われ、かつ、一定の情報開示がなされること）を満たす場合には、手続が簡易になります。

　他方、正式手続が必要になると、米国会計基準に基づいて作成された監査済財務諸表（又は、日本の会計基準に基づいて作成された財務諸表を米国会計基準に合わせて調整を加えたもの）、当事会社の交渉経緯、事業統合に至った経緯、統合比率の算定方法等、日本国内の開示基準を超える詳細な開示（その後の継続開示も）を要請されているので、統合計画自体を見直さなければならなくなる事態も予想されます。

　いずれにせよ、当該手続があることを踏まえ、十分に余裕を持ったスケジュールを策定しなければなりません。

　以上の手続に違反した場合には、一般的な制裁のほか、米国居住株主から全ての株式の買取りを求められるなどの制裁を受ける可能性があります。

42 簡易吸収合併の手続

スケジュール

◆取締役会設置会社

日程	法定期間・期限	手続 存続会社	手続 消滅会社	参照
		吸収合併の計画立案	吸収合併の計画立案	
		（公正取引委員会との協議）	（公正取引委員会との協議）	[1]
		基本合意・秘密保持契約の締結	基本合意・秘密保持契約の締結	
		デューデリジェンス	デューデリジェンス	
	業務執行機関により決定された場合は直ちに →	適時開示・プレスリリース・保振機構への通知	適時開示・プレスリリース・保振機構への通知	[2]・[11]
	取締役会決議後速やかに →	臨時報告書の提出	臨時報告書の提出	[3]
	業務執行機関により決定された場合は遅滞なく →			
		合併契約承認取締役会	合併契約承認取締役会	[4]
	業務執行機関により決定された場合は直ちに →	適時開示（追加）	適時開示（追加）	[2]
		買取口座の開設	買取口座の開設	[12]
		合併契約の締結	合併契約の締結	[5]
		訂正報告書の提出	訂正報告書の提出	[3]
		（種類株主総会招集のための取締役会）	株主総会招集のための取締役会	[8]
		（有価証券届出書・有価証券通知書の提出）		[6]
6/13		（種類株主総会招集通知発送）	株主総会招集通知発送	[8]
		事前開示書類等備置開始	事前開示書類等備置開始	[7]
6/14	承認総会の2週間前まで A		株主総会の日の2週間前の日	
			反対株主の合併に反対する旨の会社に対する通知	[12]
6/28	先立って		合併契約承認株主総会	[8]
		（種類株主総会）	（種類株主総会）	[9]
	株主総会決議後遅滞なく →		臨時報告書の提出	[8]

（左欄）Aから発生日後6か月経過する日まで、AからDのいずれか早い日から、効力

第6章 組織再編 第2 合併

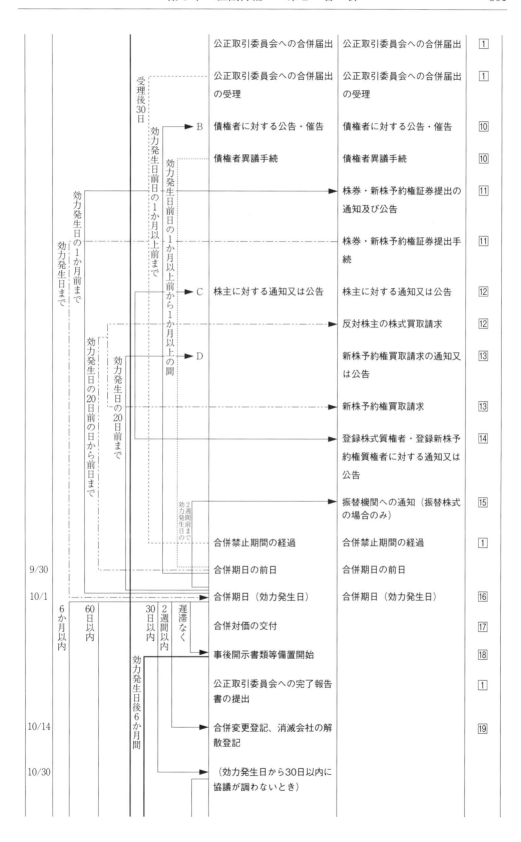

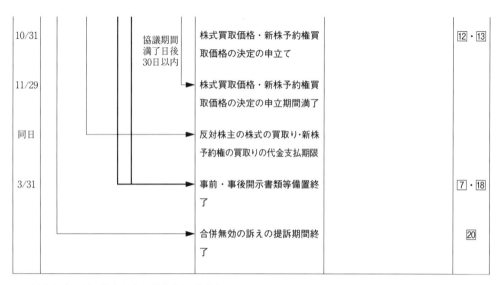

※　株主総会・種類株主総会・債権者異議手続・反対株主の株式買取手続・新株予約権買取手続は効力発生日の前日までに行えばよく、時間的先後関係は定められておらず、並行して行ってもよい

解　説

　簡易吸収合併とは、消滅会社の規模が存続会社の規模に比して小さいとき等、吸収合併が存続会社の株主に及ぼす影響が軽微な吸収合併であって、その存続会社における株主総会の決議を省略して行う吸収合併をいいます。

　簡易吸収合併は、存続会社が消滅会社の株主（消滅会社が持分会社の場合は消滅会社の社員も含みます。）に対し合併に際し交付する存続会社の株式の数に1株当たりの純資産額（会社規196）を乗じて得た額、及び、合併に際し交付する存続会社の社債その他の財産の帳簿価額の合計額が、存続会社の純資産額の5分の1（存続会社の定款でこれを下回る割合を定めることも可能です。）を超えない場合に行うことができます（会社796②）。

　ただし、存続会社に合併差損が生じる場合、又は、存続会社が公開会社でない場合において、合併に際し消滅会社の株主に対し存続会社の譲渡制限株式を交付する場合には、簡易吸収合併の方法により、株主総会の決議を省略することはできません（同796②ただし書・795②一・二・796①ただし書）。また、一定の数（会社規197）の株式を有する株主が、反対株主の株式買取請求に係る通知又は公告（会社797③④）の日から2週間以内に吸収合併に反対する旨を存続会社に対し通知したときは、存続会社は効力発生日の前日までに、株主総会決議によって、吸収合併契約の承認を得なければなりません（同796③）。

　なお、平成26年改正会社法では、吸収合併が法令又は定款に違反する場合において、当事会社の株主が不利益を受けるおそれがあるときに、株主が、当該吸収合併の効力発生前に、その差止めを請求することができることとなりましたが（同784の2一・796の2一）、簡易吸収合併の要件を満たす場合については、株主に及ぼす影響が軽微であるとして株主総会の決議が不要とされていることに鑑み、存続会社の株主は、かかる差止請求を行うことはできません。

　本スケジュール及び解説は、株式会社（取締役会設置会社）同士の簡易吸収合併の場合において、消滅会社が定時株主総会で合併契約を承認するケースを対象としています。

1　公正取引委員会への合併届出等　　　　　▶独禁15、独禁令18、独禁手続規7

　手続については、第6章　第2　41の①を参照してください。

2　適時開示等　　　　　　　　　　　　　　　　　　　　　　▶上場規程402

　手続については、第6章　第2　41の②を参照してください。

3　臨時報告書　　　　　　　　　　　　　　　▶金商24の5、企業開示府令19

　手続については、第6章　第2　41の③を参照してください。

4　合併契約承認取締役会　　　　　　　　　　▶会社362・399の13・416・348

手続については、第6章　第2　41の4を参照してください。

5　合併契約の締結　　　　　　　　　　　　　　　　　▶会社748・749

手続については、第6章　第2　41の5を参照してください。

6　有価証券届出書・有価証券通知書
　　　　　　　　　▶金商2の2・4・5・8・15、金商令2の2〜2の7、企業開示府令4・8

手続については、第6章　第2　41の6を参照してください。

7　事前開示　　　　　　　　　　　　　　　　▶会社782・794、会社規182・191

手続については、第6章　第2　41の7を参照してください。

8　合併契約承認株主総会　　　　　　　　　　　　▶会社783・795・796

　簡易吸収合併の方法によるときは、存続会社においては株主総会決議による承認を要しません（会社796②）。ただし、特別決議を阻止できる数等法務省令で定める数（会社規197）の株式を有する株主が、会社法797条3項又は4項に定める通知又は公告の日から2週間以内に吸収合併に反対する旨を通知したときは、存続会社は、効力発生日の前日までに株主総会の決議によって、吸収合併契約の承認を得なければなりません（会社796③）。したがって、この場合は簡易吸収合併ができなくなります。

　消滅会社は、吸収合併の効力発生日の前日までに、株主総会の決議によって、吸収合併契約の承認を受けなければなりません（同783①）。消滅会社においては消滅会社の株主に交付される対価に応じて決議要件が異なります。原則は、特別決議ですが（同309②十二）、一定の場合は、特殊決議や総株主の同意を要します（同309③二・783①②）。株主総会の手続については第1章　第1　1を参照してください。

　なお、株主総会決議、株式買取請求手続、新株予約権買取請求手続、債権者異議手続等について、時間的な先後関係を定められていないので、これらを並行して行うこともできます。

作成書類等　○株主総会招集通知　※省略できる場合あり
　　　　　　○株主総会議事録（合併契約の承認）
　　　　　　○臨時報告書

第6章　組織再編　第2　合　併　305

9　種類株主総会　▶会社783・795・322・323

手続については、第6章　第2　41の⑨を参照してください。

10　債権者異議手続　▶会社789・799

手続については、第6章　第2　41の⑩を参照してください。

11　株券提出手続・新株予約権証券提出手続　▶会社219・293

手続については、第6章　第2　41の⑪を参照してください。

12　反対株主の株式買取請求　▶会社785・786・797・798、振替155

消滅会社において、吸収合併に反対する株主は、消滅会社に対し、原則として、株主総会（種類株主総会を含みます。）に先立って吸収合併に反対する旨を通知し、かつ、株主総会において吸収合併に反対したことを要件として（例外：会社785②一ロ）、株主は、吸収合併の効力発生日の20日前の日から効力発生日の前日までの間に、株式を公正な価格で買い取ることを請求できます（同785①②⑤。例外：同785①一）。

なお、改正前会社法では、存続会社において、簡易吸収合併の要件を満たす場合、全ての株主が株式買取請求権を有するものとされていましたが、株式買取請求の制度趣旨は、会社組織の基礎に本質的変更をもたらす行為に反対する株主に投下資本を回収する機会を与えるものであるところ、簡易吸収合併は、存続会社の株主にとっては、会社の組織の基礎に本質的変更をもたらす行為とはいえないことから、平成26年改正会社法では、簡易吸収合併の要件を満たす場合の存続会社の株主は、株式買取請求権を有しないこととされました（同797①ただし書）。消滅会社における株式買取請求の手続等については、第6章　第2　41の⑫を参照してください。

作成書類等　○通知又は公告（株式買取請求）
　　　　　　　○株式買取請求書
　　　　　　　○株式売買契約書

13　新株予約権買取請求　▶会社787・788

手続については、第6章　第2　41の⑬を参照してください。

14　登録株式質権者・登録新株予約権質権者に対する通知・公告　▶会社783

手続については、第6章　第2　41の⑭を参照してください。

15 振替機関への通知　　　　　　　　　　　　　　　▶振替138

　手続については、第6章　第2　41の15を参照してください。

16 合併期日（効力発生日）　　　　　　　　　　▶会社749・750・790

　手続については、第6章　第2　41の16を参照してください。

17 合併対価の交付　　　　　　　　　　　　　　　　　▶会社749

　手続については、第6章　第2　41の17を参照してください。

18 事後開示　　　　　　　　　　　　　　　　▶会社801、会社規200

　手続については、第6章　第2　41の18を参照してください。

19 登　記　　　　　　　　　　　　　　　　　　　　▶会社921

　手続については、第6章　第2　41の19を参照してください。

20 合併無効の訴え　　　　　　　　　　　　　　　　▶会社828

　手続については、第6章　第2　41の20を参照してください。

第6章 組織再編 第2 合 併

43 略式吸収合併の手続

スケジュール

◆取締役会設置会社（存続会社が特別支配会社、消滅会社が被支配会社の場合）

日程	法定期間・期限	手続 存続会社	手続 消滅会社	参照
		吸収合併の計画立案	吸収合併の計画立案	
		公正取引委員会との協議	公正取引委員会との協議	1
		合併契約承認取締役会	合併契約承認取締役会	2
		買取口座の開設	買取口座の開設	12
		合併契約の締結	合併契約の締結	3
	業務執行機関により決定された場合は直ちに →	適時開示・プレスリリース	適時開示・プレスリリース	4・11
	取締役会決議後速やかに →	保振機構への通知	保振機構への通知	2
	業務執行機関により決定された場合は遅滞なく →	臨時報告書の提出	臨時報告書の提出	5
		株主総会招集のための取締役会	（種類株主総会招集のための取締役会）	8
		（有価証券届出書・有価証券通知書の提出）		6
6/13		株主総会招集通知発送	（種類株主総会招集通知発送）	8
		事前開示書類等備置開始	事前開示書類等備置開始	7
6/14	A 株主総会の日の2週間前の日			
		反対株主の合併に反対する旨の会社に対する通知		12
6/28		合併契約承認株主総会		8
		（種類株主総会）	（種類株主総会）	9
	株主総会決議後遅滞なく →	臨時報告書の提出		8
	→ B	債権者に対する公告・催告	債権者に対する公告・催告	10
		債権者異議手続	債権者異議手続	10

（左欄記載）承認総会の2週間前まで／先立って／AからDのいずれか早い日から、効力／発生日後6か月経過する日まで

第6章 組織再編 第2 合併

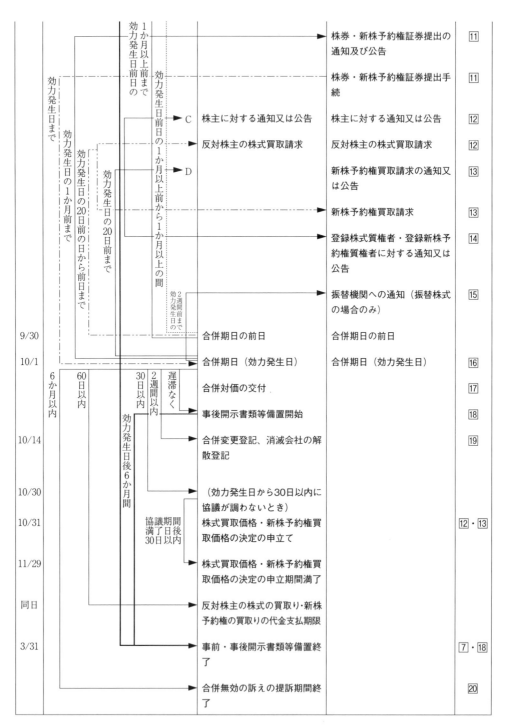

※ 株主総会・種類株主総会・債権者異議手続・反対株主の株式買取手続・新株予約権買取手続は効力発生日の前日までに行えばよく、時間的先後関係は定められておらず、並行して行ってもよい

解　説

　略式吸収合併とは、支配関係のある会社間において、被支配会社における株主総会の決議を省略して行う吸収合併をいいます（会社784①・796①）。

　略式吸収合併は、当事会社の一方が他方当事会社の総株主の議決権の10分の9（これを上回る割合を定款で定めた場合にはその割合）以上を有する場合等特別支配会社である場合（同468①）に行うことができます。

　ただし、存続会社が消滅会社の特別支配会社であっても、合併対価等の全部又は一部が譲渡制限株式等（同783③）である場合であって、消滅会社が公開会社であり、かつ、種類株式発行会社でないときは略式吸収合併をすることはできません（同784①ただし書）。また、消滅会社が存続会社の特別支配会社であっても、合併に際し消滅会社の株主に対し存続会社の譲渡制限株式を交付する場合であって、存続会社が公開会社でないときは略式吸収合併をすることはできません（同796①ただし書）。

　なお、略式吸収合併が法令又は定款に違反する場合や、合併対価が存続会社又は消滅会社の財産の状況その他の事情に照らして著しく不当である場合において、当事会社の株主が不利益を受けるおそれがあるときは、株主は、当該略式吸収合併の効力発生前に、その差止めを請求することができます（同784の2・796の2）。

　本スケジュール及び解説は、株式会社（取締役会設置会社）同士の略式吸収合併の場合において、特別支配会社が定時株主総会において合併契約を承認するケースを対象としています。また、特に断らない限り、存続会社を特別支配会社、消滅会社を被支配会社としています。

1　公正取引委員会との協議　　　　　　　　　　　　　　　　▶独禁15

　会社は、合併によって一定の取引分野における競争を実質的に制限することとなる場合又は合併が不公正な取引方法によるものである場合には、合併をしてはならず（独禁15①）、当該合併がこれに抵触するときは、排除措置命令が出される可能性もあります（同17の2①）。

　従前は、当該違法性に係る公正取引委員会の判断を確認できるよう、事前相談の制度が行われていましたが、平成23年に同制度は廃止されました。もっとも、現在も、実務上は、吸収分割手続を検討する段階から、公正取引委員会と事前に協議をすることが行われており、公正取引委員会の審査手続を円滑に進めるためにも有用です（ただし、従前行われていた事前相談の制度とは異なり、公正取引委員会との事前協議において、企業結合の違法性に係る判断が示されることはありません。）。

　なお、略式吸収合併の要件を満たす会社間での吸収合併は、同一の企業結合集団に属する会社間での吸収合併に該当するため、届出は不要となり（独禁15②ただし書）、完了報告書の提出も不要です（独禁手続規7⑤参照）。

2　合併契約承認取締役会　　　▶会社362・399の13・416・348

　手続については、第6章　第2　41の④を参照してください。

3　合併契約の締結　　　▶会社748・749

　手続については、第6章　第2　41の⑤を参照してください。

4　適時開示等　　　▶上場規程402

　上場会社では、上場会社の業務執行を決定する機関が、合併を行うことについての決定をした場合、直ちにその内容を開示しなければなりません（上場規程402一ｋ）。また、上場会社は、その場合、証券取引所に、所定の時期に、所定の書類の提出を行うものとされています（同421①、上場規程規417ハ）。

　株券保管振替制度において取り扱う株式等を発行している会社は、吸収合併契約の内容を決定した場合、速やかにその内容を保振機構に対して通知するものとされています（株式等の振替に関する業務規程12、株式等の振替に関する業務規程施行規則6・別表1.　1(9)）。

作成書類等　○適時開示（「合併に関するお知らせ」等）
　　　　　　　○株式等の振替に関する業務施行規則6条に基づく通知書

5　臨時報告書　　　▶金商24の5、企業開示府令19

　手続については、第6章　第2　41の③を参照してください。

6　有価証券届出書・有価証券通知書　　　▶金商2の2・4・5・8・15、金商令2の2～2の7、企業開示府令4・8

　手続については、第6章　第2　41の⑥を参照してください。

7　事前開示　　　▶会社782・794、会社規182・191

　手続については、第6章　第2　41の⑦を参照してください。

8　合併契約承認株主総会　　　▶会社783・784・795・796

　略式吸収合併の方法によるときは、被支配会社においては株主総会決議による承認を要しません（会社784①・796①）。

　他方、特別支配会社は、吸収合併の効力発生日の前日までに、株主総会の決議によって、

第6章　組織再編　第2　合　併　311

吸収合併契約の承認を受けなければなりません（同783①・795①）。特別支配会社が存続会社の場合においては特別決議によらなければなりません（同309②十二）。なお、特別支配会社が消滅会社の場合は決議要件が異なりますので注意が必要です（第6章　第2　41の⑧参照）。株主総会の手続については第1章　第1　1を参照してください。

　その他の手続については、第6章　第2　41の⑧を参照してください。

作成書類等　○株主総会招集通知　※省略できる場合あり
　　　　　　　　○株主総会議事録（合併契約の承認）
　　　　　　　　○臨時報告書

9　種類株主総会　▶会社783・795・322・323

　手続については、第6章　第2　41の⑨を参照してください。

10　債権者異議手続　▶会社789・799

　手続については、第6章　第2　41の⑩を参照してください。

11　株券提出手続・新株予約権証券提出手続　▶会社219・293

　手続については、第6章　第2　41の⑪を参照してください。

12　反対株主の株式買取請求　▶会社785・786・797・798、振替155

　吸収合併に反対する株主は、会社に対し、原則として、株主総会（種類株主総会を含みます。）に先立って吸収合併に反対する旨を通知し、かつ、株主総会において吸収合併に反対することを要件として（例外：会社785②一ロ・二・797②一ロ・二）、株主は、吸収合併の効力発生日の20日前の日から効力発生日の前日までの間に、株式を公正な価格で買い取ることを請求できますが（同785①②⑤・797①②⑤。例外：同785①一）、略式吸収合併による場合には、被支配会社（本項では消滅会社）においては、株主総会決議は行われませんので（種類株主総会決議が行われる場合はあります。）、以下に述べる特別支配会社を除く全ての株主（種類株主総会が行われない場合の種類株主を含みます。）は、上記のような条件はなく株式買取請求をすることができます（同785②二）。

　改正前会社法では、略式吸収合併の場合、全ての株主が株式買取請求権を有するものとされていましたが、略式吸収合併の要件を満たす場合に株主総会による承認を要しないこととされているのは、特別支配会社が吸収合併の相手方である場合には、仮に株主総会を開催したとしても、特別支配会社による賛成の議決権行使により、当該吸収合併が株主総会において承認されることが明らかであるためであり、特別支配会社に株式買取請求を認めるべき合理的な理由はないことから、平成26年改正会社法では、株式買取請求を行うこ

とのできる株主から、特別支配会社を除くこととされました（同785②二括弧書・797②二括弧書）。株式買取請求の手続等については、第6章　第2　41の⑫を参照してください。

作成書類等　○通知又は公告（株式買取請求）
　　　　　　　○株式買取請求書
　　　　　　　○株式売買契約書

13　新株予約権買取請求　　　　　　　　　　　　　▶会社787・788

手続については、第6章　第2　41の⑬を参照してください。

14　登録株式質権者・登録新株予約権質権者に対する通知・公告
▶会社783

手続については、第6章　第2　41の⑭を参照してください。

15　振替機関への通知　　　　　　　　　　　　　　▶振替138

手続については、第6章　第2　41の⑮を参照してください。

16　合併期日（効力発生日）　　　　　　　　▶会社749・750・790

手続については、第6章　第2　41の⑯を参照してください。

17　合併対価の交付　　　　　　　　　　　　　　　▶会社749

手続については、第6章　第2　41の⑰を参照してください。

18　事後開示　　　　　　　　　　　　　　▶会社801、会社規200

手続については、第6章　第2　41の⑱を参照してください。

19　登　記　　　　　　　　　　　　　　　　　　　▶会社921

手続については、第6章　第2　41の⑲を参照してください。

20　合併無効の訴え　　　　　　　　　　　　　　　▶会社828

手続については、第6章　第2　41の⑳を参照してください。

第6章　組織再編　　第2　合　併　　313

44　新設合併の手続

スケジュール

◆取締役会設置会社

日程	法定期間・期限	手　　　　続		参照
		新　設　会　社	消　滅　会　社	
			新設合併の計画立案	
			（公正取引委員会との協議）	①
			基本合意・秘密保持契約の締結	
			デューデリジェンス	
	業務執行機関により決定された場合は直ちに		適時開示・プレスリリース	②・⑪
	取締役会決議後速やかに		保振機構への通知	②
	業務執行機関により決定された場合は遅滞なく		臨時報告書の提出	③
			合併契約承認取締役会	④
	業務執行機関により決定された場合は直ちに		適時開示（追加）	②
			買取口座の開設	⑫
			合併契約の締結	⑤
			訂正報告書の提出	③
			株主総会招集のための取締役会	⑧
			（有価証券届出書・有価証券通知書の提出）	⑥
6/13			株主総会招集通知発送	⑧
			事前開示書類等備置開始	⑦

314　第6章　組織再編　第2　合　併

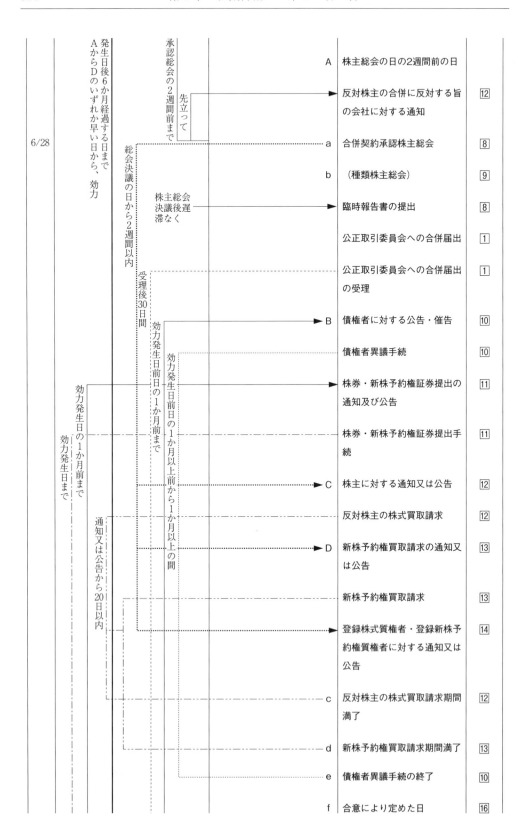

第6章　組織再編　第2　合　併

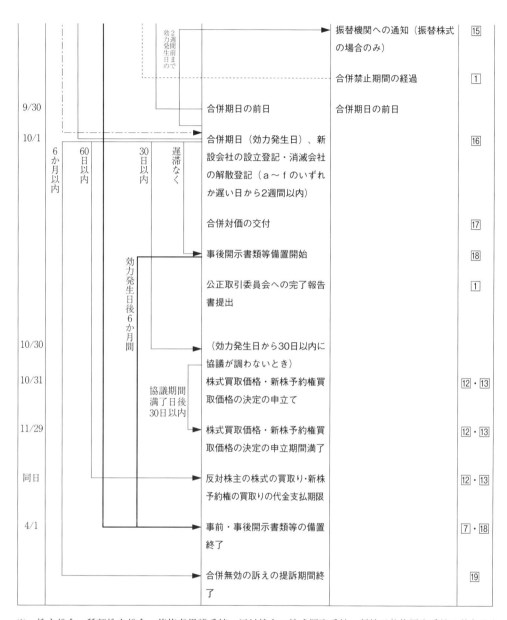

※　株主総会・種類株主総会・債権者異議手続・反対株主の株式買取手続・新株予約権買取手続は効力発生日の前日までに行えばよく、時間的先後関係は定められておらず、並行して行ってもよい

解　説

　新設合併とは、2社以上の会社がする合併であって、合併により消滅する会社（消滅会社）の権利義務の全部を合併により設立する会社（新設会社）に承継させるものをいいます（会社2二十八）。なお、新設合併には、簡易・略式組織再編の規定はありません。

　新設合併については、吸収合併に比べ登録免許税が高いこと、消滅会社の受けていた営業の許認可及び証券取引所の上場資格等が一旦消滅し、再申請が必要となることから、実務上、吸収合併の方が多く行われています。

　新設合併に際し、消滅会社の株主に対しては、新設会社の株式に加えて、新設会社の社債・新株予約権・新株予約権付社債を交付することができます（同753①六・七・八・九・753④）。

　なお、改正前会社法では、略式合併ではない合併については、株主による差止請求に係る明文規定が置かれていませんでしたが、平成26年改正会社法では、新設合併により不利益を受ける株主の事前の救済手段として、新設合併が法令又は定款に違反する場合において、当事会社の株主が不利益を受けるおそれがあるときは、株主は、当該新設合併の効力発生前に、その差止めを請求することができることとなりました（同805の2）。

　本スケジュール及び解説は、株式会社（取締役会設置会社）同士が新設会社を株式会社とする新設合併の場合において、定時株主総会で合併契約を承認するケースを対象としています。

1　公正取引委員会への合併届出等　　▶独禁15、独禁令18、独禁手続規7

　会社は、合併によって一定の取引分野における競争を実質的に制限することとなる場合又は合併が不公正な取引方法によるものである場合には、合併をしてはなりません（独禁15①）。

　また、原則として当事会社のいずれか一の会社の国内売上高合計額（当該会社の国内売上高と当該会社が属する企業結合集団（会社及び当該会社の子会社並びに当該会社の親会社であって他の会社の子会社でないもの及び当該親会社の子会社（当該会社及び当該会社の子会社を除きます。）からなる集団）に属する当該会社以外の会社等の国内売上高を公正取引委員会規則で定める方法により合計した額。独禁10②、独禁手続規2の2・2の3）が200億円を超え、かつ、他のいずれか一の会社の国内売上高合計額が50億円を超える合併の場合にはあらかじめ合併に関する計画を公正取引委員会に届け出なければなりません（独禁15②、独禁令18、独禁手続規5）。ただし、全ての合併会社が同一の企業結合集団に属する場合には届出は不要です（独禁15②ただし書）。届出を行った会社は、原則として、届出受理の日から30日を経過するまでは合併をしてはなりません（同15③・10⑧）。届出会社は、合併の効力が生

じたときは、完了報告書を公正取引委員会に提出しなければなりません（独禁手続規7⑤）。

　なお、平成23年には、従来行われていた事前相談の制度が廃止されましたが、実務上は、新設合併手続を検討する段階から、公正取引委員会と事前に協議することが行われており、公正取引委員会の審査手続を円滑に進めるためにも有用です（ただし、従前行われていた事前相談の制度とは異なり、公正取引委員会との事前協議において、企業結合の違法性に係る判断が示されることはありません。）。

作成書類等　○合併届出書
　　　　　　　○完了報告書

2　適時開示等　　　　　　　　　　　　　　　　　　　▶上場規程402

　上場会社では、上場会社の業務執行を決定する機関が、合併を行うことについての決定をした場合、<u>直ちに</u>その内容を開示しなければなりません（上場規程402一k）。また、上場会社は、その場合、証券取引所に、<u>所定の時期に所定の書類の提出</u>を行うものとされています（同421、上場規程規417）。なお、業務執行を決定する機関が新設合併を行うことについての決定をした時点では、まだ開示事項の全てが決定されていない場合もあります。そのように、最初の開示時点において開示できない開示事項がある場合は、開示が可能となり次第「開示事項の経過」として速やかに追加開示を行います。

　株式等振替制度で取り扱う株式等を発行している消滅会社は、新設合併契約の内容を決定した場合、取締役会決議後<u>速やかに</u>保振機構に対しその内容を通知しなければなりません（株式等の振替に関する業務規程12、株式等の振替に関する業務規程施行規則6別表1. 1(10)、11参照）。

作成書類等　○適時開示（「合併に関するお知らせ」等）

3　臨時報告書　　　　　　　　　　　　　　　　▶金商24の5、企業開示府令19

　有価証券報告書提出会社は、一定の要件（企業開示府令19②七の四）に該当する新設合併を行うことを業務執行を決定する機関により決定した場合には、<u>遅滞なく</u>、内閣総理大臣（財務局長等）に臨時報告書を提出しなければなりません（金商24の5④）。合併契約内容の変更等臨時報告書の記載事項に変更が生じたときは、訂正報告書を提出しなければなりません（同24の5⑤・7）。

【企業内容等の開示に関する内閣府令19条2項7号の4に基づく臨時報告書の記載事項】

---

① 　当該提出会社以外の消滅会社の商号、本店の所在地、代表者の氏名、資本金の額、純資産の額、総資産の額及び事業の内容

② 　当該提出会社以外の消滅会社の最近3年間に終了した各事業年度の売上高、営業利益、経常利益及び純利益

③ 　当該提出会社以外の消滅会社の大株主の氏名又は名称及び発行済株式の総数に占

める大株主の持株数の割合

④　当該提出会社以外の消滅会社との間の資本関係、人的関係及び取引関係

⑤　新設合併の目的

⑥　新設合併の方法、新設合併に係る割当ての内容その他の新設合併契約の内容

⑦　新設合併に係る割当ての内容の算定根拠

⑧　新設合併後の新設会社の商号、本店の所在地、代表者の氏名、資本金の額、純資産の額、総資産の額及び事業の内容

作成書類等　○臨時報告書
　　　　　　　　○訂正報告書

4　合併契約承認取締役会　　　　▶会社362・399の13・416・348

　取締役会設置会社では、合併契約の内容の決定は取締役会で行います（会社362④）。監査等委員会設置会社及び指名委員会等設置会社においても同様です（同399の13④⑤十三・416④十六）。なお、取締役会非設置会社では、定款に別段の定めがある場合を除き、取締役の過半数をもって決定します（同348②）。

作成書類等　○取締役会招集通知　　※省略できる場合あり
　　　　　　　　○取締役会議事録

5　合併契約の締結　　　　　　　　　　　　　▶会社748・753

　新設合併をする場合には、当事会社は、下記の法定決定事項（会社753）を定めた新設合併契約を締結しなければなりません（同748）。また、合併契約に要式行為性はありませんが、新設合併に係る登記の添付書面として要求されている関係上（商登81一）、合併契約書の作成は必要です。

【合併契約の法定決定事項】

①　消滅会社の商号及び住所

②　新設会社の目的、商号、本店の所在地及び発行可能株式総数

③　②以外の新設会社の定款で定める事項

④　新設会社の設立時取締役の氏名

⑤　新設会社の機関設計の内容

　ア　新設会社が会計参与設置会社である場合は、新設会社の設立時会計参与の氏名又は名称

　イ　新設会社が監査役設置会社である場合は、新設会社の設立時監査役の氏名

　ウ　新設会社が会計監査人設置会社である場合は、新設会社の設立時会計監査人の

氏名又は名称

⑥　新設会社が新設合併に際して消滅会社の株主に対して交付するその株式に代わる新設会社の株式の数（種類株式発行会社にあっては、株式の種類及び種類ごとの数）又はその数の算定方法並びに新設会社の資本金及び準備金の額に関する事項

⑦　⑥の株式の割当てに関する事項

⑧　新設会社が新設合併に際して消滅会社の株主に対してその株式に代わる新設会社の社債等を交付するときは、当該社債等に関する事項

⑨　⑧の社債等の割当てに関する事項

⑩　消滅会社が新株予約権を発行しているときは、新設会社が新設合併に際して新株予約権の新株予約権者に対して交付する新株予約権に代わる新設会社の新株予約権又は金銭に関する事項

⑪　⑩の新設会社の新株予約権又は金銭の割当てに関する事項

作成書類等　○合併契約書

6　有価証券届出書・有価証券通知書
▶金商2の2・4・5・8・15、金商令2の2～2の7、企業開示府令4・8

　新設合併において消滅会社の株主等に新設会社の有価証券が発行又は交付され、当該新設合併に係る事前開示書類の備置き（⑦参照）が特定組織再編成発行手続（金商2の2④、金商令2の2～2の5）又は特定組織再編成交付手続（金商2の2⑤、金商令2の6～2の7）に該当する場合において、消滅会社が開示会社で、かつ発行価額の総額が1億円以上のときは、新設会社は、内閣総理大臣（財務局長等）に対し、有価証券届出書の提出を行わなければなりません（金商5①、企業開示府令8）。当該届出は、特定組織再編成発行手続又は特定組織再編成交付手続の前、すなわち、消滅会社による事前開示書類の備置き（⑦参照）より前に行う必要があります（金商2の2③参照）。この場合新設合併設立会社の代表取締役として就任予定である者が有価証券届出書を提出することになります。有価証券届出書は、内閣総理大臣（財務局長等）が受理した日から15日を経過した日にその効力を生じ（金商8①）（有価証券届出書の提出時に申出をすることにより、直ちに若しくは届出書を受理した日の翌日に届出の効力が生じることになる可能性があります（同8③、企業内容等開示ガイドラインB8-1・8-3）。）、発行会社は、届出の効力が生じているのでなければ、特定組織再編成発行手続又は特定組織再編成交付手続により有価証券を取得させてはなりません（金商15①）。

　なお、金融商品取引法5条4項に規定する一定の要件を満たす場合は、当該有価証券の発行会社は、参照方式により有価証券の届出を行うことができます（同5④、企業開示府令9の4）。この場合は、内閣総理大臣（財務局長等）が受理した日から、おおむね7日を経過した日に届出の効力が発生します（企業内容等開示ガイドラインB8-2②③）。

　また、新設合併において消滅会社の株主等に新設会社の有価証券が発行又は交付され、

第6章　組織再編　第2　合　併

当該新設合併に係る事前開示書類の備置き（7参照）が特定組織再編成発行手続又は特定組織再編成交付手続に該当する場合において、消滅会社が開示会社で、かつ発行価額の総額が1,000万円超1億円未満のときは、新設会社は、特定組織再編成発行手続又は特定組織再編成交付手続が開始される前に、内閣総理大臣（財務局長等）に対し、有価証券通知書の提出を行わなければなりません（金商4⑥、企業開示府令4①⑤）。

作成書類等　○有価証券届出書
　　　　　　　○有価証券通知書

7　事前開示　　　　　　　　　　　　　　　　　　▶会社803、会社規204

当事会社は、新設合併契約の内容その他法務省令で定める事項を記載等した書面等を作成し、本店に備え置かなければなりません（会社803①、会社規204）。当事会社の株主及び債権者はこれらの事前開示書類等の閲覧・謄抄本交付請求等をすることができます（会社803③）。

備置きの期間は、次に掲げる日のいずれか早い日から新設会社成立の日後6か月を経過する日（新設合併消滅会社にあっては、新設合併設立の日）までになります（同803①②）。

① 新設合併契約について承認を受ける株主総会の日の2週間前の日
② 反対株主の株式買取請求に係る通知又は公告の日のいずれか早い日
③ 新株予約権買取請求に係る通知又は公告の日のいずれか早い日
④ 債権者異議手続の公告又は催告の日のいずれか早い日

【事前開示書類等に記載等すべき事項】

① 合併契約の内容（合併契約書）
② 合併対価の相当性に関する事項
③ 他の消滅会社（清算会社を除きます。）の最終事業年度に係る計算書類等（臨時計算書類等）の内容及び重要な後発事象等の内容等
④ （他の消滅会社が清算会社である場合）貸借対照表
⑤ 当該消滅会社（清算会社を除きます。）についての重要な後発事象等の内容及び最終事業年度がないときは、成立の日における貸借対照表
⑥ 効力発生日以後における新設会社の債務の履行の見込みに関する事項
⑦ ①から⑥に掲げる事項に変更が生じたときは、変更後の当該事項

作成書類等　○事前開示書類　等

8　合併契約承認株主総会　　　　　　　　　　　　　　　　　▶会社804

各消滅会社は、新設会社成立の日の前までに、それぞれ株主総会の特別決議によって、新設合併契約の承認を受けなければなりません（会社804①・309②十二）。株主総会の手続に

第6章　組織再編　第2　合　併　321

ついては第1章　第1　1を参照してください。

　なお、上場会社は、株主総会において決議事項が決議された場合、遅滞なく、臨時報告書を内閣総理大臣（財務局長等）に提出しなければなりません（金商24の5④、企業開示府令19②九の二）。

---

　①　株主総会が開催された年月日
　②　決議事項の内容
　③　決議事項に対する賛成、反対及び棄権の意思の表示に係る議決権の数、決議事項が可決されるための要件並びに決議の結果
　④　③の議決権の数に株主総会に出席した株主の議決権の数の一部を加算しなかった場合には、その理由

作成書類等　○株主総会招集通知　※省略できる場合あり
　　　　　　　　○株主総会議事録（合併契約の承認）
　　　　　　　　○臨時報告書

9　種類株主総会　　　　　　　　　　　　　　▶会社804・322・323

種類株主総会は以下の場合に必要となります。
①　消滅会社が種類株式発行会社であって合併対価として新設会社の譲渡制限株式が交付される場合には、原則として当該譲渡制限株式の割当てを受ける種類の株式の株主を構成員とする種類株主総会の特殊決議がなければ、新設合併の効力は生じません（会社804③・324③二）。
②　新設合併に関する拒否権付種類株式を発行している場合においては、当該種類株式の株主を構成員とする種類株主総会の普通決議がなければ、新設合併の効力は生じません（同323・324①）。
③　新設合併によりある種類株式の株主に損害を及ぼすおそれがある場合においても、原則として、当該種類株式の株主を構成員とする種類株主総会の特別決議がなければ、新設合併の効力は生じません（同322①七・324②四）。

作成書類等　○種類株主総会議事録（合併契約の承認）

10　債権者異議手続　　　　　　　　　　　　　　▶会社810

　消滅会社の債権者は、合併について異議を述べることができます。債権者異議申述期間は1か月以上と定められています（会社810②ただし書）。また、債権者異議手続が終了していない場合には、新設合併による設立の登記ができず（商登81八）、新設合併の効力は生じませんので、債権者異議手続は、合併の効力発生の前までには終了させておく必要があります。

したがって、当事会社は、債権者異議申述期間（1か月以上）を確保できる時期にて新設合併をする旨等次に掲げる事項を官報に公告し、かつ、知れている債権者には各別に催告しなければなりません（会社810①②）。ただし、会社が官報のほか、定款に定めた時事に関する事項を掲載する日刊新聞紙又は電子公告により、公告をする場合には、知れている債権者に各別に催告する必要はなくなります（同810③・939①二・三）。

【公告・催告事項】

---

① 新設合併をする旨
② 他の消滅会社及び新設会社の商号及び住所
③ 当事会社の計算書類に関する事項として法務省令で定めるもの（会社規208）
④ 債権者が一定の期間内に異議を述べることができる旨

債権者が異議申述期間内に異議を述べなかったときは、その債権者は新設合併について承認をしたものとみなされます（会社810④）。他方、債権者が異議申述期間内に異議を述べた場合は、新設合併をしてもその債権者を害するおそれがないときを除き、異議を述べられた会社は、その債権者に対し、弁済し、若しくは相当の担保を提供し、又はその債権者に弁済を受けさせることを目的として信託会社等に相当の財産を信託しなければなりません（同810⑤）。

作成書類等 ○公告又は催告（債権者異議）
　　　　　　○異議申述書

11 株券提出手続・新株予約権証券提出手続　　　▶会社219・293

消滅会社が株券発行会社であって株券を発行している場合、新設合併の効力発生日までに株券を提出しなければならない旨を効力発生日の1か月前までに公告し、かつ、株主及び登録株式質権者に通知しなければなりません（会社219①六）。

消滅会社が新株予約権証券（又は新株予約権付社債券。以下この項において同じです。）を発行している場合、新株予約権証券を新設合併の効力発生日までに提出しなければならない旨を効力発生日の1か月前までに公告し、かつ、新株予約権者及び登録新株予約権質権者に通知しなければなりません（同293①三）。

作成書類等 ○通知及び公告（株券提出手続・新株予約権証券提出手続）

12 反対株主の株式買取請求　　　▶会社806・807

(1) 新設合併に反対する株主は、会社に対し、原則として、株主総会（種類株主総会を含みます。）に先立って新設合併に反対する旨を通知し、かつ、株主総会において新設合併に反対したことを要件として（例外：会社806②二）、株式を公正な価格で買い取ることを請

第6章　組織再編　第2　合　併　323

求できます（同806①②⑤。例外：同806①一）。なお、株主は、振替法に係る振替株式の買取
請求を行う場合には、振替機関から会社に対する個別株主通知がされた後4週間（振替令
40）が経過する日までの間に、権利を行使する必要があります（振替154②③）。買取りの効
力は、新設会社の成立の日に発生します（会社807⑥）。

(2)　消滅会社は、株主に株式買取請求の機会を与えるため、合併承認株主総会決議の日か
ら2週間以内に、①新設合併をする旨、②他の消滅会社の商号及び住所、③新設会社の商
号及び住所を、全ての株主に通知又は公告をしなければなりません（同806③④）。もっと
も、合併承認株主総会決議前に通知又は公告を行うことについては禁止されていません。
この通知は合併承認株主総会の招集通知と併せて行うこともできますが、合併承認株主
総会の基準日時における株主と株式買取請求の機会を与えるための通知の時点の株主と
が異なる場合には、個別に通知することが必要になります。株式買取請求の前提として
の公告と新株予約権買取請求の前提としての新株予約権者に対する公告、債権者保護手
続における公告及び登録株式質権者・登録新株予約権質権者に対する公告を1回の公告
で行うことも可能です（実務上は、これらの公告を1回の公告で行う場合が多いようで
す。）。なお、当事会社が振替株式を発行している場合は、通知に代えて、当該通知をす
べき事項を公告しなければならず（振替161②）、また、後述のとおり、併せて、会社の買
取口座も公告しなければなりません（同155②）。

　　株式買取請求をする場合において、株主は、上記の通知又は公告をした日から20日以
内に、その株式買取請求に係る株式の数を明らかにして請求をしなければなりません（会
社806⑤）。

　　株式の買取請求があった場合において、株式の価格の決定について、株主と消滅会社
（新設会社の成立の日後にあっては新設会社）との間に協議が調ったときは、消滅会社
は、新設会社の成立の日から60日以内にその支払をしなければなりません（同807①）。

　　株式の価格の決定について、新設会社の成立の日から30日以内に協議が調わないとき
は、株主又は消滅会社は、その期間の満了の日後30日以内に、裁判所に対し、価格の決
定の申立てをすることができます（同807②）。新設会社の成立の日から60日以内に上記
の申立てがないときは、その期間の満了後は、株主は、いつでも買取請求を撤回するこ
とができます（同807③）。

　　なお、裁判所に価格決定の申立てがされた場合には、会社は、裁判所が決定した価格
に対して、効力発生日から60日が経過した後年6分の利息を支払わなければならないこ
とから、株式買取請求の濫用を招く原因となっているとの指摘がされていました。そこ
で、平成26年改正会社法では、会社の利息の負担の軽減を図ること及び株式買取請求の
濫用を防止するという観点から、株式買取請求があった場合には、会社は、株式買取請
求を行った株主に対し、株式の価格決定がされる前に、会社が公正な価格と認める額を
支払うことができることになりました（同807⑤）。

(3)　また、平成26年改正会社法施行に伴う他の改正として、反対株主による株式買取請求
権行使の際に会社の買取口座への振替申請が必要となったことが挙げられます。

反対株主が株式買取請求を行った場合、会社の承諾を得ない限り、同請求を撤回することができないものとされていますが（同806⑦）、株式買取請求権を行使した反対株主は、買取りを請求した株式を市場等で売却することにより、事実上、会社の承諾を得ることなく株式買取請求を撤回することが可能となっていることが指摘されていました。

そこで、振替法を改正し、株式買取請求権行使後における株式買取請求の撤回制限規定の実効性を確保するため、反対株主は、振替法に定める振替株式について株式買取請求を行う際、当該請求に係る振替株式について、会社の買取口座を振替先口座とする振替の申請を行うことを要するものとされました（振替155③。会社の買取口座に振替が行われれば、株主は同株式を市場等で売却することができなくなります。）。

振替株式を発行する会社は、株式買取請求権が生じる組織再編等（新設合併もこれに含まれます。）を行おうとする場合、振替機関等に対し、買取口座の開設の申出を行う必要があります（同155①。ただし、既に買取口座が開設されている場合や株式買取請求をすることができる振替株式の株主がいない場合は不要です。）。また、会社は、株式買取請求に係る公告を行う場合、併せて、会社の買取口座も公告しなければなりません（同155②）。

また、会社は、株式買取請求の振替申請により会社の買取口座に記載・記録された振替株式について、組織再編等の効力発生日まで、自己の口座を振替先口座とする振替の申請を行うことができません（同155④）。そして、反対株主による株式買取請求の撤回につき承諾した場合には、遅滞なく、当該撤回に係る振替株式について、当該株主の口座を振替先口座とする振替の申請を行わなければなりません（同155⑤）。

作成書類等　○通知又は公告（株式買取請求）
　　　　　　　　○株式買取請求書
　　　　　　　　○株式売買契約書

13　新株予約権買取請求　　　　　　　　　　　　　　　▶会社808・809

消滅会社の新株予約権は、新設会社の成立の日に消滅しますが（会社754④）、消滅会社の新株予約権者は、新株予約権を発行するときに定められた条件（同236①ハイ）と合致する新株予約権の交付を受ける場合を除き、新株予約権を公正な価格で買い取ることを請求できます（同808①）。なお、新株予約権者が新株予約権付社債に付された新株予約権の買取りを請求する場合には、別段の定めがない限り、併せて、新株予約権付社債についての社債の買取りも請求しなければなりません（同808②）。また、買取りを請求するのが振替新株予約権又は振替新株予約権付社債である場合は、買取口座（振替183①・215①）を振替先口座とする振替の申請をしなければなりません（同183④・215④）。買取りの効力は、新設会社の成立の日に発生します（会社809⑥）。

消滅会社は、新株予約権者に新株予約権買取請求の機会を与えるため、合併承認株主総

第6章　組織再編　第2　合　併　　325

会決議の日から2週間以内に、①新設合併をする旨、②他の消滅会社の商号及び住所、③新設会社の商号及び住所を、全ての新株予約権者に通知又は公告をしなければなりません（同808③④）。もっとも、合併承認株主総会決議前に通知又は公告を行うことについては禁止されていません。公告については、株式買取請求の前提としてのこの公告と新株予約権買取請求の前提としての新株予約権者に対する公告、債権者保護手続における公告及び登録株式質権者・登録新株予約権質権者に対する公告を1回の公告で行うことも可能です。

また、振替新株予約権又は振替新株予約権付社債を発行している場合は、併せて、買取口座についても通知又は公告をしなければなりません（振替183②③・215②③）。

新株予約権買取請求をする場合において、新株予約権者は、上記の通知又は公告をした日から20日以内に、その新株予約権買取請求に係る新株予約権の内容及び数を明らかにして請求をしなければなりません（会社808⑤）。

新株予約権の買取請求があった場合、新株予約権（併せて新株予約権付社債についての社債の買取請求があったときは当該社債も含みます。）の価格の決定について、新株予約権者と消滅会社（新設会社の成立の日後にあっては新設会社）との間に協議が調ったときは、消滅会社は、新設会社の成立の日から60日以内にその支払をしなければなりません（同809①）。

新株予約権の価格の決定について、新設会社の成立の日から30日以内に協議が調わないときは、新株予約権者又は消滅会社は、その期間の満了の日後30日以内に、裁判所に対し、価格の決定の申立てをすることができます（同809②）。新設会社の成立の日から60日以内に上記の申立てがないときは、その期間の満了後は、新株予約権者は、いつでも買取請求を撤回することができます（同809③）。

なお、平成26年改正会社法においては、12で述べたとおり、会社の利息の負担の軽減を図ること及び株式買取請求の濫用を防止するという観点から、会社は、株式買取請求を行った株主に対し、株式の価格決定がされる前に、会社が公正な価格と認める額を支払うことができることになりましたが、新株予約権買取請求の場合も、これと同様に、消滅会社は、新株予約権買取請求を行った新株予約権者に対し、新株予約権の価格決定がされる前に、消滅会社が公正な価格と認める額を支払うことができることになりました（同809⑤）。

作成書類等　○通知又は公告（新株予約権買取請求）
　　　　　　　○新株予約権買取請求書
　　　　　　　○新株予約権売買契約書

14　登録株式質権者・登録新株予約権質権者に対する通知・公告

▶会社804

消滅会社は、合併承認株主総会決議の日から2週間以内に登録株式質権者及び会社法808条3項各号に定める新株予約権の登録新株予約権質権者に対し、新設合併をする旨を通知又は公告しなければなりません（会社804④⑤）。

なお、消滅会社が振替株式を発行している場合は、登録株式質権者に対しては、通知に代えて、当該通知をすべき事項を公告しなければなりません（振替161②）。

作成書類等　○通知又は公告（登録株式質権者・登録新株予約権質権者）

15　振替機関への通知　　　　　　　　　　　　　　　　　　　　　　　　　　▶振替138

　①消滅会社の株式が振替株式である場合において、新設会社が新設合併に際して振替株式を交付しようとするときは、消滅会社は、合併の効力発生日の2週間前までに、振替機関に対し、消滅会社の振替株式の株主に対して新設合併に際して交付する振替株式の銘柄・消滅会社の振替株式の銘柄等、必要な事項を通知しなければなりません（振替138①）。他方、②消滅会社の株式が振替株式ではない場合において、新設会社が振替株式を交付するときは、消滅会社は、効力発生日の1か月前までに、株主等に対して、振替株式の新規記録をするための口座を通知すべき旨等の必要な事項の通知を行い（同160①・131①）、効力発生日以後遅滞なく、振替機関に対し、必要な事項を通知しなければなりません（同130①）。また、③消滅会社の株式が振替株式である場合において、新設会社が振替株式ではない株式を交付するときは、消滅会社は、効力発生日の2週間前までに、振替機関に対し、効力発生日等を通知しなければなりません（同160③・135①）。

16　合併期日（効力発生日）・登記　　　　　　　　　　　　　　　　　　　▶会社754・922

　新設合併においては、新設会社の成立の日、すなわち新設会社の設立の登記がなされた日が効力発生日となります（会社754①・49）。

　合併の効力発生により、消滅会社は解散し（同471四）、新設会社は消滅会社の権利義務を承継します（同754①）。

　また、消滅会社の株主は、新設会社の成立の日に新設会社の株主になります（同754②）。消滅会社の株主は、新設会社成立の日に、新設会社の社債を割り当てられた場合はその社債権者、新設会社の新株予約権を割り当てられた場合はその新株予約権者、新設会社の新株予約権付社債を割り当てられた場合はその社債権者及び新株予約権付社債に付された新株予約権の新株予約権者に、それぞれなります（同754③）。消滅会社の新株予約権者は、新設会社の新株予約権が交付された場合は、新設会社の成立の日にその新株予約権者になります（同754⑤）。

　なお、銀行等特定の業種又は会社については、主務大臣の認可を受けなければ合併の効力が生じないとされていますので留意が必要です。

　新設合併をする場合には、次に掲げる日のいずれか遅い日から2週間以内に本店の所在地において、消滅会社については解散の登記をし、新設会社については設立の登記をしなければなりません（同922）。

①　合併承認株主総会の決議の日

第6章　組織再編　第2　合　併　327

② 　新設合併をするための種類株主総会の決議の日
③ 　反対株主の株式買取請求に係る通知又は公告をした日から20日を経過した日
④ 　新株予約権買取請求に係る通知又は公告をした日から20日を経過した日
⑤ 　債権者異議手続の終了した日
⑥ 　消滅会社が合意により定めた日

作成書類等　○登記申請書

17　合併対価の交付　　　　　　　　　　　　　　　　　　　▶会社753

　消滅会社の株主に対しては、消滅会社の株式に代えて新設会社の株式が交付されますが（会社753①六・七③）、新設会社の株式に加えて、新設会社の社債・新株予約権・新株予約権付社債を交付することもできます（同753①八・九④）。

　なお、新設会社の株式を消滅会社株主に対し機械的に持株数に比例して配分すると、各株主に交付する株式数に端数が生じ、競売等の処理が必要になる場合があります（同234①六）。

18　事後開示　　　　　　　　　　　　　　　　　　　▶会社815、会社規211

　新設会社は、成立の日後遅滞なく新設合併に関する事項として法務省令で定める事項を記載等した書面等を作成し、新設会社成立の日から6か月間本店に備え置かなければなりません（会社815①③一、会社規211・213）。新設会社の株主及び債権者はこれらの事後開示書類等の閲覧・謄抄本交付請求等をすることができます（会社815④）。

　なお、上場会社において新設合併がなされた場合、効力発生日以後速やかに、事後開示事項を記載した書面を証券取引所に提出しなければなりません（上場規程402一k、上場規程規417八d）。

【事後開示書類等に記載等すべき事項】

---

① 　効力発生日
② 　消滅会社における合併の差止請求手続の経過に関する事項
③ 　消滅会社における株式買取請求手続の経過に関する事項
④ 　消滅会社における新株予約権買取請求手続の経過に関する事項
⑤ 　消滅会社における債権者異議手続の経過に関する事項
⑥ 　新設合併により新設会社が消滅会社から承継した重要な権利義務に関する事項
⑦ 　上記のほか新設合併に関する重要な事項

作成書類等　○事後開示書類　等

19 合併無効の訴え ▶会社828

　合併の無効は、新設合併の効力発生日から6か月以内に、訴えをもってのみ主張すること
ができます（会社828①八）。

第6章　組織再編　第3　会社分割　329

第3　会社分割

45　吸収分割の手続

スケジュール

◆取締役会設置会社

日程	法定期間・期限	手続		参照
		承 継 会 社	分 割 会 社	
		吸収分割の計画立案	吸収分割の計画立案	
		（公正取引委員会との協議）	（公正取引委員会との協議）	①
		基本合意・秘密保持契約の締結	基本合意・秘密保持契約の締結	
		デューデリジェンス	デューデリジェンス	
	業務執行機関により決定された場合は直ちに →	適時開示・プレスリリース	適時開示・プレスリリース	②
	取締役会決議後速やかに →	保振機構への通知	保振機構への通知	②
	業務執行機関により決定された場合は遅滞なく →	臨時報告書の提出	臨時報告書の提出	③
	労働者に対する通知期限日までに開始され、以後も必要に応じて行われる。 ──	→	労働者の過半数で組織される労働組合、これがない場合は、労働者の過半数の代表者との間の会社分割についての理解と協力を得るための協議開始	④
	労働者に対する通知期限日まで ──	→	労働者との協議開始	④
	吸収分割契約締結まで ──	→	労働協約中の吸収分割契約書記載部分の労使合意	④
		吸収分割契約承認取締役会	吸収分割契約承認取締役会	⑤
	業務執行機関により決定された場合は直ちに →	適時開示（追加）	適時開示（追加）	②
		買取口座の開設	買取口座の開設	⑭
		吸収分割契約の締結	吸収分割契約の締結	⑥
		訂正報告書の提出	訂正報告書の提出	③

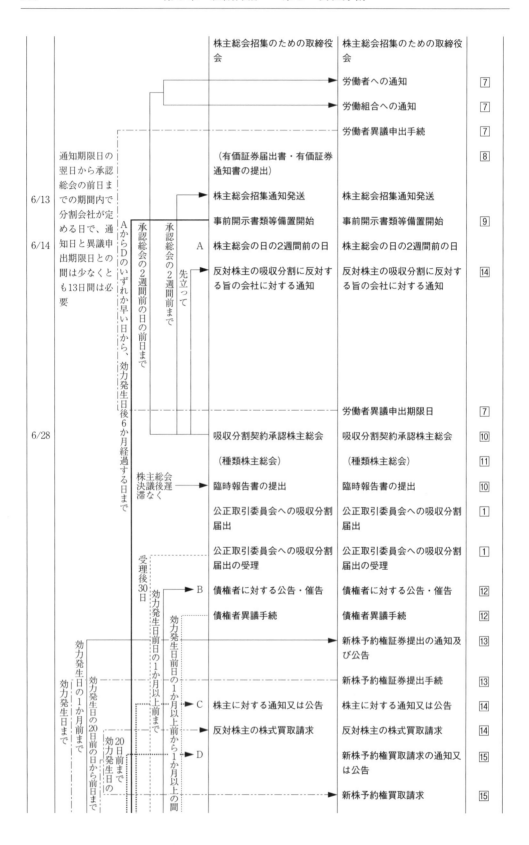

第6章 組織再編　第3　会社分割

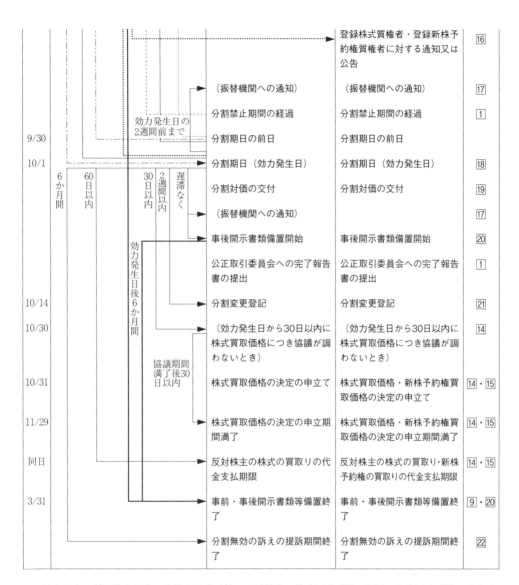

※　株主総会・種類株主総会・債権者異議手続・反対株主の株式買取手続・新株予約権買取手続は効力発生日の前日までに行えばよく、時間的先後関係は定められておらず、並行して行ってもよい

332　第6章　組織再編　第3　会社分割

吸収分割（短期集中型）　※　株主総会や債権者異議手続等を並行して行うことにより、短期間で行う場合の手続の流れの概略です。

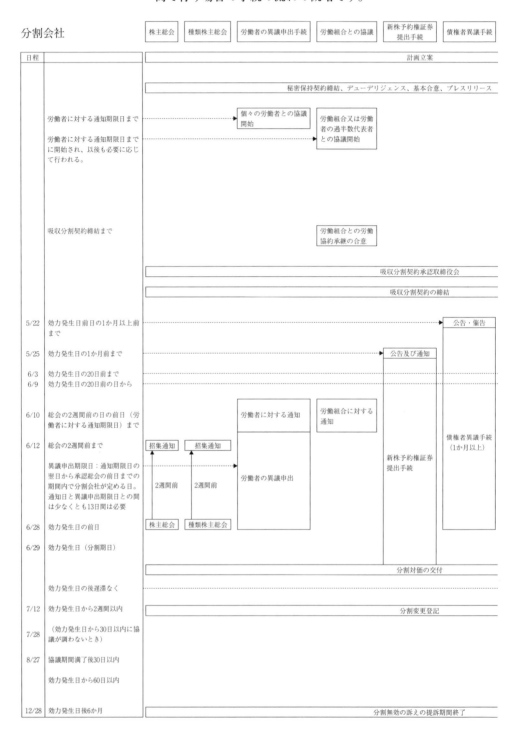

第6章 組織再編　第3 会社分割

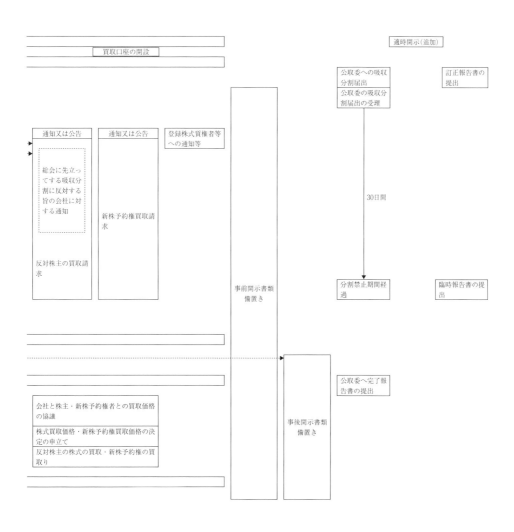

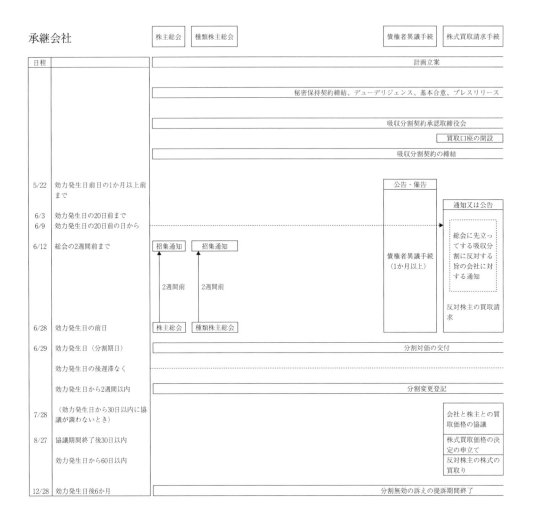

第6章 組織再編　第3 会社分割

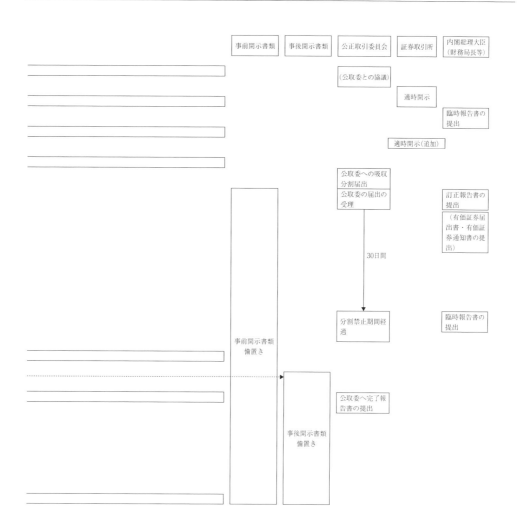

解　説

　会社分割とは、株式会社又は合同会社が事業に関して有する権利義務の全部又は一部を、分割後、既存の会社又は分割によって新たに設立する会社に承継させることをいいます。このうち、既存の会社に権利義務を承継させる場合を吸収分割といい、新たに設立する会社に承継させる場合を新設分割といいます（会社2二十九・三十）。

　吸収分割、新設分割の当事者としては、株式会社、特例有限会社、合同会社は分割会社となることができますが、合名会社、合資会社は分割会社になることはできません（同757・762①・2二十九・三十）。他方、承継会社、新設会社については、全ての会社がなることができますが、特例有限会社（整備法2）は吸収分割の承継会社になることはできません（同37）。なお、有限会社を新たに設立することはできませんので、有限会社を新設会社とすることはできません。

　なお、改正前会社法では、略式吸収分割ではない会社分割については、株主による差止請求に係る明文規定が置かれていませんでしたが、平成26年改正会社法では、吸収分割により不利益を受ける株主の事前の救済手段として、吸収分割が法令又は定款に違反する場合において、当事会社の株主が不利益を受けるおそれがあるときは、株主は、当該吸収分割の効力発生前に、その差止めを請求することができることとなりました（会社784の2一・796の2一）。

　また、改正前会社法では、承継会社に承継されない債務の債権者（以下「残存債権者」といいます。）を害する詐害的な会社分割が行われた場合において、残存債権者の保護を図るための特別な制度が設けられていませんでしたが、平成26年改正会社法では、分割会社が残存債権者を害することを知って会社分割をした場合には、当該債権者は、承継会社に対して、承継した財産の価額を限度として、債務の履行を請求することができることとなりました（同759④）。

　ただし、承継会社が吸収分割の効力が生じたときにおいて残存債権者を害すべき事実を知らなかったときはかかる請求はできません（同759④ただし書）。また、分割会社が分割対価として交付された承継会社の株式を全部取得条項付株式の取得対価又は剰余金の配当として株主に分配する場合は、当該債権者は承継会社に対して債務の履行を請求することができません（同759⑤）。

　なお、承継会社の上記債務の履行責任は、分割会社が残存債権者を害することを知って吸収分割をしたことを知った時から<u>2年以内</u>に請求又は請求の予告をしない残存債権者に対しては、その期間を経過した時に消滅します。吸収分割の効力発生日から<u>20年を経過したとき</u>も同様です（同759⑥）。

　本スケジュール及び解説は、吸収分割のうち、株式会社（取締役会設置会社）が、既存の株式会社（取締役会設置会社）に、事業に関して有する権利義務を承継させる場合において、定時株主総会において分割契約を承認するケースを対象としています。

第6章 組織再編 第3 会社分割 337

1 公正取引委員会への分割届出等 ▶独禁15の2、独禁令19、独禁手続規7

会社は、吸収分割によって一定の取引分野における競争を実質的に制限することとなる場合又は吸収分割が不公正な取引方法によるものである場合には、吸収分割をしてはなりません（独禁15の2①）。

また、原則として、吸収分割によって事業の全部を承継させようとする会社の国内売上高合計額（当該会社の国内売上高と当該会社が属する企業結合集団（会社及び当該会社の子会社並びに当該会社の親会社であって他の会社の子会社でないもの及び当該親会社の子会社（当該会社及び当該会社の子会社を除きます。）からなる集団）に属する当該会社以外の会社等の国内売上高を公正取引委員会規則で定める方法により合計した額。同10②、独禁手続規2の2・2の3）が200億円を超え、かつ承継会社の国内売上高合計額が50億円を超える等の一定の場合は、あらかじめ吸収分割に関する計画を公正取引委員会に届け出なければなりません（独禁15の2③、独禁令19、独禁手続規5の2）。ただし、全ての吸収分割をしようとする会社が同一の企業結合集団に属する場合には届出は不要です（独禁15の2③ただし書）。届出を行った会社は、原則として、受理の日から30日を経過するまで、吸収分割をしてはなりません（同15の2④・10⑧）。届出会社は、吸収分割の効力が生じたときは、完了報告書を公正取引委員会に提出しなければなりません（独禁手続規7⑤）。

なお、平成23年には、従来行われていた事前相談の制度が廃止されましたが、実務上は、吸収分割手続を検討する段階から、公正取引委員会と事前に協議をすることが行われており、公正取引委員会の審査手続を円滑に進めるためにも有用です（ただし、従前行われていた事前相談の制度とは異なり、公正取引委員会との事前協議おいて、企業結合の違法性に係る判断が示されることはありません。）。

作成書類等 ○分割届出書
○完了報告書

2 適時開示等 ▶上場規程402

上場会社では、上場会社の業務執行を決定する機関が、吸収分割を行うことについての決定をした場合、直ちに、その内容を開示しなければなりません（上場規程402一1）。また、上場会社は、その場合、証券取引所に、所定の時期に、所定の書類の提出を行うものとされています（同421①、上場規程規417九）。なお、業務執行を決定する機関が吸収分割を行うことについての決定をした時点では、まだ開示事項の全てが決定されていない場合もあります。そのように、最初の開示時点において開示できない開示事項がある場合は、開示が可能となり次第「開示事項の経過」として速やかに追加開示を行います。

株式等振替制度で取り扱う株式等を発行している会社（承継会社においては、吸収分割に際して承継会社銘柄を発行する場合、分割会社においては、人的分割類似行為を行う場合に限ります。）は、吸収分割契約の内容を決定した場合（交付する承継会社の株式が振替株式である場合又は分割会社が人的分割類似行為を行う場合に限ります。）、取締役会決議

後速やかに保振機構に対しその内容を通知しなければなりません（株式等の振替に関する業務規程12、株式等の振替に関する業務規程施行規則6・別表1．1(11)）。

作成書類等 ○適時開示（「分割に関するお知らせ」等）

3 臨時報告書 ▶金商24の5、企業開示府令19

　有価証券報告書提出会社においては、一定の要件（企業開示府令19②七）に該当する吸収分割を行うことを、業務執行を決定する機関により決定した場合には、遅滞なく内閣総理大臣（財務局長等）に臨時報告書を提出しなければなりません（金商24の5④）。吸収分割契約の内容の変更等、臨時報告書の記載事項に変更が生じたときは、訂正報告書を提出しなければなりません（金商24の5⑤・7）。

【企業内容等の開示に関する内閣府令19条2項7号に基づく臨時報告書の記載事項】

> ① 吸収分割の相手会社の商号、本店所在地、代表者の氏名、資本金の額、純資産の額、総資産の額及び事業の内容
> ② 相手会社の最近3年間に終了した各事業年度の売上高、営業利益、経常利益及び純利益
> ③ 相手会社の大株主の氏名又は名称及び発行済株式の総数に占める大株主の持株数の割合
> ④ 相手会社との資本関係、人的関係及び取引関係
> ⑤ 吸収分割の目的
> ⑥ 吸収分割の方法、分割会社に割り当てられる承継会社の株式の数その他の財産の内容、その他の吸収分割契約の内容
> ⑦ 吸収分割に係る割当その内容の算定根拠
> ⑧ 吸収分割後の承継会社の商号、本店の所在地、代表者の氏名、資本金の額、純資産の額、総資産の額及び事業内容
> ⑨ 吸収分割に係る割当ての内容が承継会社の株式、社債、新株予約権又は新株予約権付社債以外の有価証券に係るものである場合、当該有価証券の発行者について①から④に掲げる事項

作成書類等 ○臨時報告書
　　　　　　○訂正報告書

4 労働者との協議開始 ▶労働承継7・6

　平成12年商法等改正附則5条では、分割会社は、労働契約承継法2条1項に基づく通知の期限日（労働承継2③。通知期限日といいます。）（7参照）までに労働契約の承継に関し労働者と協議をするものと規定され、これを受けて、「分割会社及び承継会社等が講ずべき当該分

第6章　組織再編　第3　会社分割　　339

割会社が締結している労働契約及び労働協約の承継に関する措置の適切な実施を図るための指針」（平成12年12月27日労働省告示第127号）（以下この項において「告示」といいます。）では、分割会社は、<u>通知期限日までに</u>、承継される事業に従事する個々の労働者との間で、当該労働者が勤務することとなる会社の概要、労働者が労働契約承継法2条1項1号に掲げる労働者に該当するか否かの考え方等を十分説明し、本人の希望を聴取した上で、当該労働者に係る労働契約の承継の有無、承継するとした場合又は承継しないとした場合の当該労働者が従事することを予定する業務の内容、就業場所その他の就業形態等について協議しなければならないとされています（告示第2－4(1)イ）。

また、労働契約承継法7条では、分割会社は、その雇用する労働者の理解と協力を得るよう努めるものとすると規定され、これを受けて、告示では、分割会社は、労働者の過半数で組織される労働組合（これがない場合は労働者の過半数の代表者）との間で協議すること等により、労働者の理解と協力を得るよう努めるものとされ（告示第2－4(2)イ）、この協議は、遅くとも、上記平成12年商法等改正附則5条の規定に基づく<u>労働者との協議の開始まで</u>に開始され、その後も必要に応じて適宜行わなければならないとされています（告示第2－4(2)ニ）。

なお、労働協約のうち、労働組合法16条の基準以外の部分が定められている場合において、その部分の全部又は一部について、吸収分割契約の定めに従って承継会社に承継させる旨の労使合意があった場合には、当該労働協約が承継されることとされています（労働承継6②）。この合意については、吸収分割契約の締結前にあらかじめ労使間で協議をすることにより合意しておくことが望ましいとされています（告示第2－3(1)イ）。

作成書類等　○協議申入れ
　　　　　　　　○会社分割の理由書・会社分割の概要書等
　　　　　　　　○合意書（労働協約承継に関するもの）

5　吸収分割契約承認取締役会　　▶会社362・399の13・416・348

取締役会設置会社では、吸収分割契約の内容の決定は取締役会で行います（会社362④）。監査等委員会設置会社及び指名委員会等設置会社においても同様です（同399の13④⑤十四・416④十七）。なお、取締役会非設置会社では、定款に別段の定めがある場合を除き、取締役の過半数をもって吸収分割契約の内容を決定します（同348②）。

作成書類等　○取締役会招集通知　※省略できる場合あり
　　　　　　　　○取締役会議事録

6　吸収分割契約の締結　　▶会社757・758

吸収分割をする場合には、当事会社は、下記の法定決定事項（会社758）を定めた吸収分割契約を締結しなければなりません（同757）。なお、承継会社が吸収分割に際して振替株式を

交付しようとする場合には、吸収分割契約において、吸収分割をする会社のために開設された当該振替株式の振替を行うための口座（特別口座（振替69の2③））を除きます。）を定めなければなりません（同160⑤）。吸収分割契約に要式行為性はありませんが、吸収分割に係る登記の添付書面として要求されている関係上（商登85一）、吸収分割契約書の作成は必要です。

【吸収分割契約の法定決定事項】

① 分割会社及び承継会社の商号及び住所
② 承継会社が分割により分割会社から承継する資産、債務、雇用契約その他の権利義務に関する事項
③ 吸収分割により分割会社又は承継会社の株式を承継会社に承継させるときは、当該株式に関する事項
④ 承継会社が吸収分割に際して分割会社に対してその事業に関する権利義務の全部又は一部に代えて交付する株式、社債、新株予約権、新株予約権社債、その他の財産の数若しくは額又はそれらの算定方法等（また、承継会社が株式を交付するときは、承継会社の資本金及び準備金の額に関する事項）
⑤ 承継会社が分割会社の新株予約権者に対して当該新株予約権に代わる承継会社の新株予約権を交付するときは、それらの内容に関する事項、交付する新株予約権の数又はその算定方法及び交付する新株予約権の割当てに関する事項。この場合において、当該新株予約権が新株予約権付社債に付されたものであるときは、承継会社が当該新株予約権付社債についての社債に係る債務を承継する旨並びにその承継に係る社債の種類及び種類ごとの合計額又はその算定方法
⑥ 効力発生日
⑦ 分割会社が効力発生日に、全部取得条項付種類株式の取得（取得対価が分割対価として交付された承継会社の株式のみであるもの）や剰余金の配当（配当財産が分割対価として交付された承継会社の株式のみであるもの）を行うときは、その旨

作成書類等 ○分割契約書

7 労働者の異議申出手続 ▶労働承継2〜6、労働承継規1・2

(1) 分割会社は、次に掲げる労働者に対して、吸収分割契約承認株主総会の日の2週間前の日の前日（通知期限日）（労働承継2③一）までに、次に掲げる事項を書面により通知しなければならないとされています（同2①・3）。これは、労働者保護の観点から特別に定められたものですが、告示第2−1(1)では、この通知は、吸収分割契約書等を本店に備え置く日又は吸収分割契約承認株主総会の招集通知発送日のいずれか早い日と同じ日に行われることが望ましいとされています。

第6章 組織再編 第3 会社分割 341

【通知の対象労働者】（労働承継2①、労働承継規2）

① 分割会社が雇用する労働者であって、承継会社に承継される事業に主として従事するものとして厚生労働省令（労働承継規2）で定めるもの（以下この項において「承継事業主要従事労働者」といいます。）

② 分割会社が雇用する労働者（承継事業主要従事労働者を除きます。）であって、吸収分割契約にその者が当該会社との間で締結している労働契約を承継会社が承継する旨の定めがあるもの（以下この項において「指定承継労働者」といいます。）

【通知すべき事項】（労働承継2①、労働承継規1）

① 承継事業主要従事労働者又は指定承継労働者との間で締結している労働契約を承継会社が承継する旨の吸収分割契約における定めの有無

② 異議申出期限日（労働承継4③）

③ 通知の相手方たる労働者が労働契約承継法2条1項各号のいずれに該当するかの別

④ 承継会社に承継される事業の概要

⑤ 効力発生日以後における分割会社及び承継会社の商号、住所、事業内容及び雇用することを予定している労働者の数

⑥ 効力発生日

⑦ 効力発生日以後における分割会社又は承継会社において当該労働者について予定されている従事する業務の内容、就業場所その他の就業形態

⑧ 効力発生日以後における分割会社及び承継会社の債務の履行の見込みに関する事項

⑨ 労働契約の承継に異議がある場合は、その申出を行うことができる旨及び異議の申出を行う際の当該申出を受理する部門の名称及び住所又は担当者の氏名、職名及び勤務場所

(2) 吸収分割契約に承継事業主要従事労働者の労働契約を承継会社に承継させる旨の記載がある場合は、当該労働者との労働契約は承継会社に承継されます（労働承継3）。吸収分割契約に承継事業主要従事労働者との労働契約を承継会社に承継させる旨の記載がない場合は、当該労働者には書面による異議が認められます。この異議申出期間は、労働契約承継法2条1項の通知がされた日から異議申出期限日（通知期限日の翌日から吸収分割承認株主総会の日の前日までの期間内で会社の定める日）（同4③一）までです。通知がされた日と異議申出期限日との間に少なくとも13日間を置かなければなりません（同4②）。この期間内に承継事業主要従事労働者から書面による異議があった場合は、当該労働契約は効力発生日に承継会社に承継されます（同4①④）。

他方、指定承継労働者は、前述の異議申出期限日までに書面による異議を述べることができ、異議があった場合は、労働契約は承継されないことになります（同5①③）。

342 　　第6章　組織再編　　第3　会社分割

(3)　分割会社は、労働組合との間で労働協約を締結している場合は、吸収分割契約承認株主総会の日の2週間前の日の前日（通知期限日）（労働承継2③一）までに、労働組合に対し、次に掲げる事項を書面により通知しなければならないとされています（同2②、労働承継規3）。

---

①　労働協約を承継会社が承継する旨の吸収分割契約における定めの有無
②　承継会社に承継される事業の概要
③　効力発生日以後における分割会社及び承継会社の商号、住所、事業内容及び雇用することを予定している労働者の数
④　効力発生日
⑤　効力発生日以後における分割会社又は承継会社の債務の履行の見込みに関する事項
⑥　分割会社との間で締結している労働契約が承継会社に承継される労働者の範囲及び当該範囲の明示によっては当該労働組合にとって当該労働者の氏名が明らかとならない場合には当該労働者の氏名
⑦　承継会社が承継する労働協約の内容（労働契約承継法2条2項の規定に基づき、分割会社が、当該労働協約を承継会社が承継する旨の当該分割契約中の定めがある旨を通知する場合に限ります。）

　分割会社は、労働協約のうち承継会社が承継する部分を吸収分割契約において定めることができ（労働承継6①）、労働協約の規範的部分（労働組合法16条規定部分）以外の全部又は一部について労働組合との間で吸収分割契約の定めに従い当該承継会社に承継させる旨の合意があったときは、当該合意に係る部分は、吸収分割の効力が生じた日に、吸収分割契約の定めに従い承継会社に承継されます（労働承継6②）。それ以外の部分（労働協約の規範的部分等）については、労働組合の組合員と分割会社との労働契約が承継会社に承継される場合は、同一内容の労働協約（前述の合意に係る部分を除きます。）が締結されたものとみなされます（同6③）。

作成書類等　○通知（労働者及び労働組合に対するもの）
　　　　　　　　○異議申出書

8　有価証券届出書・有価証券通知書
▶金商2の2・4・5・8・15、金商令2の2〜2の7、企業開示府令4・8

　分割会社が効力発生日に剰余金の配当を行う場合でその配当財産が承継会社の株式のみであるときは、金融商品取引法上の開示規制が適用されます（金商2の2④、金商令2の2。いわゆる物的分割を行う場合は、金融商品取引法施行令2条の2で定める「吸収分割会社」に該当しません。）。

　吸収分割において分割会社に承継会社の有価証券が発行又は交付され、当該吸収分割に

第6章　組織再編　　第3　会社分割　　343

係る事前開示書類の備置き（⑨参照）が特定組織再編成発行手続（金商2の2④、金商令2の2～2の5）又は特定組織再編成交付手続（金商2の2⑤、金商令2の6～2の7）に該当する場合において、分割会社が開示会社で、分割会社に発行又は交付される有価証券について開示が行われておらず、かつ、発行価額又は売出価額の総額が1億円以上のときは、当該有価証券の発行会社は、内閣総理大臣（財務局長等）に対し、有価証券届出書の提出を行わなければなりません（金商5①、企業開示府令8）。当該届出は、特定組織再編成発行手続又は特定組織再編成交付手続の前、すなわち、分割会社による事前開示書類の備置き（⑨参照）より前に行う必要があります（金商2の2③参照）。有価証券届出書は、内閣総理大臣（財務局長等）が受理した日から15日を経過した日にその効力を生じ（金商8①）（有価証券届出書の提出時に申出をすることにより、直ちに若しくは届出書を受理した日の翌日に届出の効力が生じることになる可能性があります（同8③、企業内容等開示ガイドラインB8-1・8-3）。）、発行会社は、届出の効力が生じているのでなければ、特定組織再編成発行手続又は特定組織再編成交付手続により有価証券を取得させてはなりません（金商15①）。

　なお、金融商品取引法5条4項に規定する一定の要件を満たす場合は、当該有価証券の発行会社は、参照方式により有価証券の届出を行うことができます（同5④、企業開示府令9の4）。この場合は、内閣総理大臣（財務局長等）が受理した日から、おおむね7日を経過した日に届出の効力が発生します（企業内容等開示ガイドラインB8-2②③）。

　また、吸収分割において分割会社に承継会社の有価証券が発行又は交付され、当該吸収分割に係る事前開示書類の備置き（⑨参照）が特定組織再編成発行手続又は特定組織再編成交付手続に該当する場合において、分割会社が開示会社で、分割会社に発行又は交付される有価証券について開示が行われておらず、かつ、発行価額又は売出価額の総額が1,000万円超1億円未満のときは、発行会社は、特定組織再編成発行手続又は特定組織再編成交付手続が開始される前に、内閣総理大臣（財務局長等）に対し、有価証券通知書の提出を行わなければなりません（金商4⑥、企業開示府令4⑤）。

作成書類等　○有価証券届出書
　　　　　　　　○有価証券通知書

⑨　事前開示　　　　　　　　　　　　　▶会社782・794、会社規183・192

　当事会社は、吸収分割契約の内容その他法務省令で定める事項を記載等した書面等を作成し、本店に備え置かなければなりません（会社782①・794①、会社規183・192）。当事会社の株主及び債権者はこれらの事前開示書類等の閲覧・謄抄本交付請求等をすることができます（会社782③・794③）。

　備置きの期間は、次に掲げる日のいずれか早い日から吸収分割の効力発生日後6か月を経過する日までになります（同782①②・794①②）。

①　吸収分割契約について承認を受ける株主総会の日の2週間前の日

②　反対株主の株式買取請求に係る通知又は公告の日のいずれか早い日

344　　第6章　組織再編　　第3　会社分割

③　新株予約権買取請求に係る通知又は公告の日のいずれか早い日（分割会社のみ）

④　債権者異議手続の催告又は公告の日のいずれか早い日

⑤　①ないし④以外の場合には、吸収分割契約の締結日から2週間を経過した日（分割会社のみ）

【事前開示書類等に記載等すべき事項】

---

①　吸収分割契約の内容（分割契約書）

②　分割対価の相当性に関する事項

③　分割会社が、吸収分割の効力発生日に全部取得条項付種類株式の取得又は剰余金の配当を行うことを決めた場合において、そのための株主総会決議が行われているときは決議内容

④　分割会社の新株予約権者に対して交付する承継会社の新株予約権の内容等の相当性に関する事項

⑤　相手方当事会社の最終事業年度に係る計算書類等（臨時計算書類等）の内容

⑥　当事会社の重要な後発事象等の内容

⑦　効力発生日以後における分割会社の債務及び承継会社に承継させる債務の履行の見込みに関する事項（分割会社）、承継会社の債務の履行の見込みに関する事項（承継会社）

⑧　①から⑦に掲げる事項に変更が生じたときは、変更後の当該事項

作成書類等　○事前開示書類　等

10　吸収分割契約承認株主総会　　　　　　　　▶会社783・795

分割会社及び承継会社は、吸収分割の効力発生日の<u>前日</u>までに、それぞれ吸収分割契約について株主総会の特別決議による承認を受けなければなりません（会社783①・795①・309②十二）。株主総会の手続については**第1章　第1　1**を参照してください。

承継会社の取締役は、吸収分割の際に承継会社に分割差損が生じる場合（①分割会社から承継する承継債務額が承継資産額を超えるとき、②分割会社の株主に対し交付する分割対価（承継会社の株式等を除きます。）の帳簿価額が承継資産額から承継債務額を控除して得た額を超えるとき）は、その旨を、株主総会で説明しなければなりません（同795②一・二）。また、吸収分割により承継会社が承継する資産の中に、分割会社が保有する承継会社の株式が含まれている場合は、承継会社の取締役は、当該株式（自己株式）に関する事項を株主総会において説明しなければなりません（同795③）。

なお、上場会社は、株主総会において決議事項が決議された場合、<u>遅滞なく</u>、臨時報告書を内閣総理大臣（財務局長等）に提出しなければなりません（金商24の5④、企業開示府令19②九の二）。

第6章　組織再編　　第3　会社分割　　345

【企業内容等の開示に関する内閣府令19条2項9号の2に基づく臨時報告書の記載事項】

①　株主総会が開催された年月日

②　決議事項の内容

③　決議事項に対する賛成、反対及び棄権の意思の表示に係る議決権の数、決議事項が可決されるための要件並びに決議の結果

④　③の議決権の数に株主総会に出席した株主の議決権の数の一部を加算しなかった場合には、その理由

作成書類等　○株主総会招集通知　※省略できる場合あり

　　　　　　　○株主総会議事録（吸収分割契約の承認）

　　　　　　　○臨時報告書

11　種類株主総会　　▶会社795・322・323

種類株主総会は以下の場合に必要となります。

①　承継会社が譲渡制限種類株式発行会社である場合において、分割対価として承継会社の譲渡制限種類株式が交付される場合には、原則として当該株主を構成員とする種類株主総会の特別決議による承認を得なければなりません（会社795④二・324②六）。

②　吸収分割に関する拒否権付種類株式を発行している場合においては、当該種類株式の株主を構成員とする種類株主総会の普通決議がなければ吸収分割の効力は生じません（同323・324①）。

③　吸収分割によりある種類株式の株主に損害を及ぼすおそれがある場合においても、原則として、当該種類株式の株主を構成員とする種類株主総会の特別決議がなければ、吸収分割の効力が生じません（同322①八・九・324②四）。

作成書類等　○種類株主総会議事録（吸収分割契約の承認）

12　債権者異議手続　　▶会社789・799

吸収分割の当事会社の債権者のうち、次の者は債権者異議手続の対象となります。

【分割会社の債権者】

①　吸収分割後に分割会社に対し債務の履行を請求できなくなる債権者（吸収分割契約において承継会社に承継されるものと定められた債務に係る債権者であっても、分割会社が重畳的債務引受や連帯保証を行う場合は、吸収分割後に分割会社に対し債務の履行を請求できるため、次の②の場合を除き、債権者異議手続の対象となりません。）（会社789①二）

②　分割会社が分割対価として交付された承継会社の株式を全部取得条項付株式の取

得対価又は剰余金の配当として株主に分配する場合における債権者（同789①二括弧書）

【承継会社の債権者】

承継会社の全債権者（会社799①二）

　債権者異議申述期間は1か月以上と定められています（会社789②ただし書・799②ただし書）。また、債権者異議手続が終了していない場合には吸収分割の効力が発生しませんので（同759⑩）、債権者異議手続は、吸収分割の効力発生日の前日までには終了させておく必要があります。したがって、当事会社は、当該当事会社に異議を述べることができる債権者がいる場合、債権者異議申述期間（1か月以上）を確保できる時期にて吸収分割をする旨等次に掲げる事項を官報に公告し、かつ、知れている債権者には各別に催告しなければなりません（同789①②・799①②）。ただし、会社が官報のほか、定款に定めた時事に関する事項を掲載する日刊新聞紙又は電子公告により公告をする場合には、知れている債権者に各別に催告する必要はなくなります（同789③・799③・939①二・三）。なお、分割会社の不法行為により生じた債務の債権者に対しては、各別の催告を省略することはできません（同789③括弧書）。

　また、異議を述べることができる分割会社の債権者のうち、各別の催告を受けなかった債権者（官報による公告に加え、日刊新聞紙による公告又は電子公告を行った場合は、分割会社の不法行為債権者に限ります。）は、吸収分割契約において吸収分割後に分割会社に対して債務の履行を請求できないとされている場合も、吸収分割の効力発生日の財産額を限度として、分割会社に対して当該債務の履行を請求することができ（同759②）、また、吸収分割契約において分割後に承継会社に対して債務の履行を請求できないとされている場合であっても、承継した財産額を限度として、承継会社に対して当該債務の履行を請求することができます（同759③）。なお、改正前会社法では、分割会社に知れている債権者かどうかによって、その保護のあり方に差が生じることとなっていましたが、平成26年改正会社法では、そのような差はなくなりました。

【公告・催告事項】（会社789②各号・799②各号）

① 吸収分割をする旨
② 相手方当事会社の商号及び住所
③ 当事会社の計算書類に関する事項として法務省令で定めるもの（会社規188・199）
④ 債権者が一定の期間内に異議を述べることができる旨

　債権者が異議申述期間内に異議を述べなかったときは、その債権者は吸収分割について承認をしたものとみなされます（会社789④・799④）。他方、債権者が異議申述期間内に異議を述べた場合は、吸収分割をしてもその債権者を害するおそれがないときを除き、異議を述べられた会社は、その債権者に対し、弁済し、若しくは相当の担保を提供し、又はその

第6章　組織再編　第3　会社分割　　　347

債権者に弁済を受けさせることを目的として信託会社等に相当の財産を信託しなければなりません（同789⑤・799⑤）。

作成書類等　○公告・催告（債権者異議）
　　　　　　　○異議申述書

13　新株予約権証券提出手続　▶会社219・293

　吸収分割契約の内容として、分割会社の新株予約権者に対して、その者が有する分割会社の新株予約権に代えて承継会社の新株予約権が交付されることが定められている場合（この定めのある分割会社の新株予約権を「吸収分割契約新株予約権」といいます（会社758五イ）。）において、吸収分割契約新株予約権に新株予約権証券（又は新株予約権付社債券。以下この項において同じです。）が発行されている場合は、新株予約権証券を吸収分割の効力発生日までに提出しなければならない旨を効力発生日の1か月前までに公告し、かつ、新株予約権者及び登録新株予約権質権者に通知しなければなりません（同293①四）。

　なお、分割会社が、会社法758条8号イの定めにより全部取得条項付種類株式を取得する場合において、当該種類株式につき株券が発行されている場合には、当該株券を吸収分割の効力発生日までに提出しなければならない旨を効力発生日の1か月前までに公告し、かつ全部取得条項付種類株式の株主及び登録株式質権者に通知しなければなりません（同219①三）。

作成書類等　○通知及び公告（新株予約権証券提出手続・株券提出手続）

14　反対株主の株式買取請求　▶会社785・786・797・798、振替155

(1)　会社分割に反対する株主は、会社に対し、原則として、株主総会（種類株主総会を含みます。）に先立って吸収分割に反対する旨を通知し、かつ、株主総会において吸収分割に反対したことを要件として（例外：会社785②一ロ・二・797②一ロ・二）、吸収分割の効力発生日の20日前の日から効力発生日の前日までの間に、株式を公正な価格で買い取ることを請求できます（同785①②⑤・797①②⑤。例外：同785①各号）。なお、株主は、振替法に係る振替株式の買取請求を行う場合には、振替機関から会社に対する個別株主通知がされた後4週間（振替令40）が経過する日までの間に、権利を行使する必要があります（振替154②③）。

　買取りの効力は、吸収分割の効力発生日に発生します（会社786⑥・798⑥）。改正前会社法のもとでは、買取りの効力は当該株式の代金支払のときに発生するとされていましたが、株式買取請求を受けた会社が価格決定の申立てにつき裁判所が決定した価格に対して、効力発生日から60日が経過した後年6分の利息を支払わなければならないこと（同786④・798④）との関係で、株式買取請求を行った株主は、その代金に対する利息を受領しつつ、剰余金配当請求権も有し得ることとなるという、二重取りをすることができることとなり相当でないこと等が指摘されていました。そこで、平成26年改正会社法において

は、買取りの効力は、吸収分割の効力発生日に発生することとされました。

(2)　当事会社は、株主に株式買取請求の機会を与えるため、吸収分割の効力発生日の20日前までに、①吸収分割をする旨、②相手会社の商号及び住所を全ての株主に通知をしなければなりません（同785③・797③）。この通知は吸収分割契約承認株主総会の招集通知と併せて行うこともできますが、吸収分割契約承認株主総会の基準日時点における株主と株式買取請求の機会を与えるための通知時における株主が異なる場合には、個別に通知することが必要になります。当事会社が公開会社であるか、株主総会決議で吸収分割契約の承認を受けた場合には、通知ではなく公告をもって通知に代えることができます（同785④・797④）。公告についても、株式買取請求の前提としてのこの公告と新株予約権買取請求の前提としての新株予約権者に対する公告、債権者異議手続における公告及び登録株式質権者・登録新株予約権質権者に対する公告を1回の公告で行うこともできます（実務上は、これらの公告を1回の公告で行う場合が多いようです。）。なお、当事会社が振替株式を発行している場合は、通知に代えて、当該通知をすべき事項を公告しなければならず（振替161②）、また、後述のとおり、併せて、会社の買取口座も公告しなければなりません（同155②）。

　　株式の買取請求があった場合において、株式の価格の決定について、株主とその当事会社との間に協議が調ったときは、当事会社は、効力発生日から60日以内にその支払をしなければなりません（会社786①・798①）。

　　株式の価格の決定について、効力発生日から30日以内に協議が調わないときは、株主又は当事会社は、その期間の満了の日後30日以内に、裁判所に対し、価格の決定の申立てをすることができます（同786②・798②）。買取請求権を行使した株主は、原則として承継会社の承諾がなければ買取請求を撤回できませんが、効力発生日から60日以内に上記の申立てがないときは、その期間の満了後は、株主は、いつでも買取請求を撤回することができます（同786③・798③）。

　　なお、裁判所に価格決定の申立てがされた場合には、会社は、裁判所が決定した価格に対して、効力発生日から60日が経過した後年6分の利息を支払わなければならないことから、株式買取請求の濫用を招く原因となっているとの指摘がされていました。そこで、平成26年改正会社法においては、会社の利息の負担の軽減を図ること及び株式買取請求の濫用を防止するという観点から、株式買取請求があった場合には、会社は、株式買取請求を行った株主に対し、株式の価格決定がされる前に、会社が公正な価格と認める額を支払うことができるようになりました（同786⑤・798⑤）。

(3)　また、平成26年改正会社法施行に伴う他の改正として、反対株主による株式買取請求権行使の際に会社の買取口座への振替申請が必要となったことが挙げられます。

　　反対株主が株式買取請求を行った場合、会社の承諾を得ない限り、同請求を撤回することができないものとされていますが（同785⑦・797⑦）、株式買取請求権を行使した反対株主は、買取りを請求した株式を市場等で売却することにより、事実上、会社の承諾を得ることなく株式買取請求を撤回することが可能となっていることが指摘されていました。

第6章　組織再編　第3　会社分割　349

　そこで、振替法を改正し、株式買取請求権行使後における株式買取請求の撤回制限規定の実効性を確保するため、反対株主は、振替法に定める振替株式について株式買取請求を行う際、当該請求に係る振替株式について、会社の買取口座を振替先口座とする振替の申請を行うことを要するものとされました（振替155③。会社の買取口座に振替が行われれば、株主は同株式を市場等で売却することができなくなります。）。

　振替株式を発行する会社は、株式買取請求権が生じる組織再編等（吸収分割もこれに含まれます。）を行おうとする場合、振替機関等に対し、買取口座の開設の申出を行う必要があります（同155①。ただし、既に買取口座を開設されている場合や株式買取請求をすることができる振替株式の株主がいない場合は不要です。）。また、会社は、株式買取請求に係る公告を行う場合、併せて、会社の買取口座も公告しなければなりません（同155②）。

　また、会社は、株式買取請求の振替申請により会社の買取口座に記載・記録された振替株式について、組織再編等の効力発生日まで、自己の口座を振替先口座とする振替の申請を行うことができません（同155④）。そして、反対株主による株式買取請求の撤回につき承諾した場合には、遅滞なく、当該撤回に係る振替株式について、当該株主の口座を振替先口座とする振替の申請を行わなければなりません（同155⑤）。

作成書類等　○通知又は公告（株式買取請求）
　　　　　　　○株式買取請求書
　　　　　　　○株式売買契約書

15　新株予約権買取請求　▶会社787・788

　①「吸収分割契約新株予約権」の新株予約権者のうち、(a)当該新株予約権者に対して交付される承継会社の新株予約権の内容等についての吸収分割契約の定めが新株予約権発行時において定められた条件に合致しないもの、及び(b)新株予約権発行時に吸収分割の際に承継会社の新株予約権を交付する定めのなかったもの、②新株予約権の発行の際には吸収分割の際に承継会社の新株予約権が交付される定めがあったのに、吸収分割契約では、「吸収分割契約新株予約権」とされなかったものは、吸収分割の効力発生日の20日前の日から効力発生日の前日までの間に、新株予約権を公正な価格で買い取ることを請求できます（会社787①二⑤）。

　なお、新株予約権者が新株予約権付社債に付された新株予約権の買取りを請求する場合には、併せて、新株予約権付社債についての社債の買取りも請求しなければなりません（同787②）。ただし、当該新株予約権付社債に付された新株予約権について別段の定めがある場合はこの限りではありません。また、買取りを請求するのが振替新株予約権又は振替新株予約権付社債である場合は、買取口座（振替183①・215①）を振替先口座とする振替の申請をしなければなりません（同183④・215④）。

　分割会社は、新株予約権者に新株予約権買取請求の機会を与えるため、吸収分割の効力発生日の20日前までに、①吸収分割をする旨、②承継会社の商号及び住所を、全ての「吸

350 第6章 組織再編 第3 会社分割

収分割契約新株予約権」の新株予約権者、及び新株予約権の発行の際には会社分割の際に
承継会社の新株予約権が交付される定めがあったのに吸収分割契約では「吸収分割契約新
株予約権」とされなかった新株予約権者に、通知又は公告をしなければなりません（会社
787③④）（新株予約権発行時の条件と吸収分割契約の定めが合致しているか否かの判断が
難しい場面も想定されることから、全ての「吸収分割契約新株予約権」の新株予約権者に
通知又は公告をしなければならないとされていますので注意が必要です。）。また、振替新
株予約権又は振替新株予約権付社債を発行している場合は、併せて、買取口座についても
通知又は公告をしなければなりません（振替183②③・215②③）。

　新株予約権の買取請求があった場合において、新株予約権（併せて新株予約権付社債に
ついての社債の買取請求があったときは当該社債も含みます。）の価格の決定について、新
株予約権者と分割会社との間に協議が調ったときは、分割会社は、効力発生日から60日以
内にその支払をしなければなりません（会社788①）。

　新株予約権の価格の決定について、効力発生日から30日以内に協議が調わないときは、
新株予約権者又は分割会社は、その期間の満了の日後30日以内に、裁判所に対し、価格の
決定の申立てをすることができます（同788②）。効力発生日から60日以内に上記の申立て
がないときは、その期間の満了後は、新株予約権者は、いつでも買取請求を撤回すること
ができます（同788③）。

　買取りの効力は、吸収分割の効力発生日に発生します（同788⑥）。

　なお、平成26年改正会社法においては、14で述べたとおり、会社の利息の負担の軽減を
図ること及び株式買取請求の濫用を防止するという観点から、会社は、株式買取請求を行
った株主に対し、株式の価格決定がされる前に、会社が公正な価格と認める額を支払うこ
とができることになりましたが、新株予約権買取請求の場合も、これと同様に、分割会社
は、新株予約権買取請求を行った新株予約権者に対し、新株予約権の価格決定がされる前
に、分割会社が公正な価格と認める額を支払うことができることになりました（同788⑤）。

作成書類等　○通知又は公告（新株予約権買取請求）
　　　　　　　○新株予約権買取請求書
　　　　　　　○新株予約権売買契約書

---

16 登録株式質権者・登録新株予約権質権者に対する通知・公告

▶会社783

　分割会社は、吸収分割の効力発生日の20日前までに登録株式質権者及び会社法787条3項
2号に定める新株予約権の登録新株予約権質権者に対し、吸収分割をする旨を通知又は公
告しなければなりません（会社783⑤⑥）。

　なお、分割会社が振替株式を発行している場合は、登録株式質権者に対しては、通知に
代えて当該通知をすべき事項を公告しなければなりません（振替161②）。

作成書類等　○通知又は公告（登録株式質権者・登録新株予約権質権者）

第6章 組織再編 第3 会社分割 351

17 振替機関への通知
▶振替130、株式等の振替に関する業務規程102、株式等の振替に関する業務規程施行規則155

　承継会社が、分割会社に対し、分割対価として振替株式を交付する場合、承継会社は、振替株式を新規に発行するときは、吸収分割の効力発生日以後遅滞なく、振替機関に対し、一定の事項を通知しなければならず(振替130①)、振替株式たる自己株式を交付するときは、振替申請を行います。また、分割会社が、分割対価として交付された承継会社の振替株式を、吸収分割の効力発生日において、全部取得条項付種類株式の取得対価又は剰余金の配当として分割会社の株主に交付する場合には、振替申請を行いますが、その際、承継会社の株式及び分割会社の株式がいずれも振替株式であるときは、承継会社及び分割会社は、吸収分割の効力発生日の2週間前までに、振替機関に対し、一定の事項を通知しなければなりません(承継会社について(株式等の振替に関する業務規程102①、株式等の振替に関する業務規程施行規則155・156)、分割会社について(株式等の振替に関する業務規程102②、株式等の振替に関する業務規程施行規則155・156))。

作成書類等　○社債、株式等の振替に関する法律130条に基づく通知

18 分割期日(効力発生日)
▶会社758・759・790

　吸収分割においては、吸収分割契約で吸収分割の効力が生じる日と定めた日(会社758七)が効力発生日となります。

　承継会社は、吸収分割の効力発生日に、吸収分割契約の定めに従い、分割会社の権利義務を承継します(同759①)。分割会社は、効力発生日に、承継会社の株式を割り当てられた場合はその株主に、承継会社の社債を割り当てられた場合はその社債権者に、承継会社の新株予約権を割り当てられた場合はその新株予約権者に、承継会社の新株予約権付社債を割り当てられた場合はその社債権者及び新株予約権付社債に付された新株予約権の新株予約権者に、それぞれなります(同759⑧)。また、吸収分割の効力発生日に、吸収分割契約新株予約権(13参照)は消滅し、当該吸収分割契約新株予約権の新株予約権者は、承継会社の新株予約権者になります(同759⑨)。なお、権利義務の変動につき対抗要件が必要な場合には、承継会社において別途対抗要件を備える必要があります。

　分割会社は、承継会社との合意により、効力発生日を変更することができます(同790①)。その場合には、分割会社は、変更前の効力発生日(変更後の効力発生日が変更前の効力発生日前の日である場合にあっては、当該変更後の効力発生日)の前日までに、変更後の効力発生日を公告しなければなりません(同790②)。

　なお、銀行等特定の業種又は会社については、主務大臣の認可を受けなければ吸収分割の効力が生じないとされていますので留意が必要です。

作成書類等　○公告(効力発生日変更の場合)

19 分割対価の交付　　　　　　　　　　　　　　　　　　　　　　▶会社758

　吸収分割における分割対価は、承継会社の株式に限定されず、株式（親会社等他の会社
の株式等も含みます。）、社債、新株予約権、新株予約権付社債、金銭その他の財産を交付
することができます（会社758四）。

20 事後開示　　　　　　　　　　　　　　　　　　　　　▶会社791・801、会社規189

　分割会社は、吸収分割の効力発生日後遅滞なく、承継会社と共同して、吸収分割に関す
る事項として法務省令で定める事項を記載等した書面等を作成しなければなりません（会
社791①一、会社規189）。また、当該書面等はそれぞれ両当事会社において、効力発生日から6
か月間本店に備え置かなければなりません（会社791②・801③二）。

　分割会社の株主、債権者その他の利害関係人は分割会社に対し、承継会社の株主、債権
者その他の利害関係人は承継会社に対し、それぞれ、事後開示書類等の閲覧・謄抄本交付
請求等をすることができます（同791③・801⑤④）。

　なお、上場会社において吸収分割がなされた場合、効力発生日以後速やかに、事後開示
書類の写しを証券取引所に提出しなければなりません（上場規程417①、上場規程規417九ｄ）。

【事後開示書類等に記載等すべき事項】

①　効力発生日
②　当事会社における吸収分割の差止請求手続の経過に関する事項
③　当事会社における株式買取請求手続の経過に関する事項
④　分割会社における新株予約権買取請求手続の経過に関する事項
⑤　当事会社における債権者異議手続の経過に関する事項
⑥　吸収分割により承継会社が分割会社から承継した重要な権利義務に関する事項
⑦　吸収分割についての変更登記の日（変更登記が開示より後になる場合は追加して
　　開示）
⑧　上記のほか吸収分割に関する重要な事項

作成書類等　○事後開示書類　等

21 登　記　　　　　　　　　　　　　　　　　　　　　　　　　　　　▶会社923

　吸収分割をした場合には、分割会社及び承継会社は、吸収分割の効力発生日から2週間以
内に、それぞれの本店の所在地において、変更の登記をしなければなりません（会社923、商
登84・85・87・88）。

作成書類等　○登記申請書

22 分割無効の訴え ▶会社828

　吸収分割の無効は、吸収分割の効力発生日から6か月以内に、訴えをもってのみ主張することができます（会社828①九）。

46 簡易吸収分割の手続

> スケジュール

◆取締役会設置会社（承継会社において簡易分割制度を利用する場合）

日程	法定期間・期限	手続 承継会社	手続 分割会社	参照
		吸収分割の計画立案	吸収分割の計画立案	
		（公正取引委員会との協議）	（公正取引委員会との協議）	1
		基本合意・秘密保持契約	基本合意・秘密保持契約	
		デューデリジェンス	デューデリジェンス	
	業務執行機関により決定された場合は直ちに	適時開示・プレスリリース	適時開示・プレスリリース	2
	取締役会決議後速やかに	保振機構への通知	保振機構への通知	2
	業務執行機関により決定された場合は遅滞なく	臨時報告書の提出	臨時報告書の提出	3
	労働者に対する通知期限日までに開始され、以後も必要に応じて行われる。		労働者の過半数で組織される労働組合、これがない場合は、労働者の過半数の代表者との間の会社分割についての理解と協力を得るための協議開始	4
	労働者に対する通知期限日まで		労働者との協議開始	4
	分割契約締結まで		労働協約中の吸収分割契約書記載部分の労使合意	4
		吸収分割契約承認取締役会	吸収分割契約承認取締役会	5
	業務執行機関により決定された場合は直ちに	適時開示（追加）	適時開示（追加）	2
			買取口座の開設	14
		吸収分割契約の締結	吸収分割契約の締結	6
		訂正報告書の提出	訂正報告書の提出	3
			株主総会招集のための取締役会	
		（種類株主総会招集のための取締役会）		
			労働者への通知	7
			労働組合への通知	7

第6章　組織再編　　第3　会社分割

左側欄外注記：
通知期限日の翌日から承認総会の前日までの期間内で分割会社が定める日。通知日と異議申出期限日との間は少なくとも13日間は必要

期間（縦書き）：
- 承認総会の2週間前の日の前日まで
- AからDのいずれか早い日から、効力発生日後6か月経過する日まで
- 2週間前まで　承認総会の
- 先立って
- 株主総会決議後遅滞なく
- 受理後30日
- 効力発生日前日の1か月以上前まで
- 効力発生日前日の1か月以上前から1か月以上の間
- 効力発生の1か月前まで
- 効力発生日の1か月前まで
- 効力発生日の20日前の日から前日まで
- 効力発生日の20日前の日から前日まで
- 効力発生日まで

日付	時期	手続（左）	手続（右）	No.
			労働者異議申出手続	7
			（有価証券届出書・有価証券通知書の提出）	8
6/13	2週間前まで	（種類株主総会招集通知発送）	株主総会招集通知発送	
		事前開示書類等備置開始	事前開示書類等備置開始	9
6/14	A	株主総会の日の2週間前の日	株主総会の日の2週間前の日	
	先立って		反対株主の吸収分割に反対する旨の会社に対する通知	14
			労働者異議申出期限日	7
6/28			吸収分割契約承認株主総会	10
		（種類株主総会）	（種類株主総会）	11
	株主総会決議後遅滞なく		臨時報告書の提出	10
		公正取引委員会への吸収分割届出	公正取引委員会への吸収分割届出	1
	受理後30日	公正取引委員会への吸収分割届出の受理	公正取引委員会への吸収分割届出の受理	1
	B	債権者に対する公告・催告	債権者に対する公告・催告	12
		債権者異議手続	債権者異議手続	12
			新株予約権証券提出の通知及び公告	13
			新株予約権証券提出手続	13
	C	株主に対する通知又は公告	株主に対する通知又は公告	14
			反対株主の株式買取請求	14
	D		新株予約権買取請求に係る通知又は公告	15
			新株予約権買取請求	15
			登録株式質権者・登録新株予約権質権者に対する通知又は公告	16
		（振替機関への通知）	（振替機関への通知）	17
		分割禁止期間の経過	分割禁止期間の経過	1

第6章 組織再編 第3 会社分割

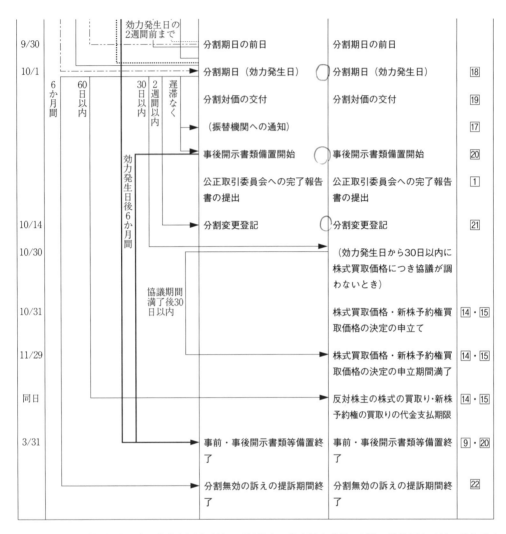

※ 株主総会・種類株主総会・債権者異議手続・反対株主の株式買取手続・新株予約権買取手続は効力発生日の前日までに行えばよく、時間的先後関係は定められておらず、並行して行ってもよい

解　説

　簡易分割制度は、承継会社に承継させる分割会社の事業の規模・経済的価値が分割会社の規模に比べて相当小さい場合には、分割会社の株主にとって、その事業承継による経済的影響が相当小さいと考えられ、また、承継会社の財産に比べ吸収分割により交付する財産等が相当少ない場合には、承継会社の株主にとって吸収分割の影響は大きくないと考えられるため、株主総会決議を経なくても、株主保護に欠けるところはないことから設けられた制度です。

　簡易分割制度を利用できる場合は、吸収分割の場合は、吸収分割契約の承認のための株主総会決議、新設分割の場合は、新設分割計画の承認のための株主総会決議は不要となります。

---
① 分割会社において簡易吸収分割制度が利用できる場合
　吸収分割によって承継会社に承継させる資産の帳簿価額の合計が、分割会社の総資産額（会社規187）の5分の1（定款でこれより小さい割合を定めることは可能です。）を超えない場合は、分割会社においては、株主総会の承認は不要となります（会社784②）。
② 承継会社において簡易吸収分割制度が利用できる場合
　分割会社に交付する承継会社の株式の数に1株当たりの純資産額（会社規196）を乗じて得た額、及び分割会社に対して交付する承継会社の社債等の財産の帳簿価額の合計額が、承継会社の純資産額の5分の1（定款でこれより小さい割合を定めることは可能です。）を超えない場合は、株主総会の承認は不要となります（会社796②）。

　承継会社に分割差損が生じる場合又は承継会社が公開会社でない場合において、当該承継会社の譲渡制限株式を吸収分割に際し交付する場合には、承継会社の株主総会の決議を省略することはできません（同796②ただし書・795②各号・796①ただし書）。

　なお、平成26年改正会社法では、会社分割が法令又は定款に違反する場合において、当事会社の株主が不利益を受けるおそれがあるときに、株主が、当該会社分割の差止めを請求することができることとなりましたが（同784の2一・796の2一）、簡易分割の要件を満たす場合については、株主に及ぼす影響が軽微であるとして株主総会の決議が不要とされていることに鑑み、当該当事会社の株主は、かかる差止請求を行うことはできません（簡易分割の要件を満たさない他方当事会社の株主は、通常どおり差止めを請求することができます。）。

　本スケジュール及び解説は、吸収分割のうち、株式会社（取締役会設置会社）が、既存の株式会社（取締役会設置会社）に、事業に関して有する権利義務を承継させる場合において、分割会社が定時株主総会で吸収分割契約を承認するケース（承継会社が吸収分割承認株主総会決議を省略するケース）を対象としていますが、分割会社が吸収分割承認株主総会決議を省略するケースについても、必要に応じて解説しています。

358　　　　第6章　組織再編　　第3　会社分割

1　公正取引委員会への分割届出等　　▶独禁15の2、独禁令19、独禁手続規7

　　手続については、第6章　第3　45の①を参照してください。

2　適時開示等　　▶上場規程402

　　手続については、第6章　第3　45の②を参照してください。

3　臨時報告書　　▶金商24の5、企業開示府令19

　　手続については、第6章　第3　45の③を参照してください。

4　労働者との協議開始　　▶労働承継7・6

　　手続については、第6章　第3　45の④を参照してください。

5　吸収分割契約承認取締役会　　▶会社362・399の13・416・348

　　手続については、第6章　第3　45の⑤を参照してください。

6　吸収分割契約の締結　　▶会社757・758

　　手続については、第6章　第3　45の⑥を参照してください。

7　労働者の異議申出手続　　▶労働承継2〜6、労働承継規1・2

(1)　分割会社は、一定の労働者に対して、吸収分割契約承認株主総会の日の2週間前の日の前日（通知期限日）(労働承継2③一)までに、一定の事項を書面で通知しなければならないとされています（第6章　第3　45の⑦(1)参照）。なお、分割会社が簡易吸収分割手続を行う場合は、吸収分割契約が締結された日から起算して2週間を経過する日が通知期限日とされています(同2③二)。これは、労働者保護の観点から特別に定められたものですが、「分割会社及び承継会社等が講ずべき当該分割会社が締結している労働契約及び労働協約の承継に関する措置の適切な実施を図るための指針」（平成12年12月27日労働省告示第127号）第2─1(1)では、この通知は、吸収分割契約書等を本店に備え置く日又は吸収分割契約承認株主総会の招集通知発送日のいずれか早い日と同じ日に行われることが望ましいとされています。

(2)　吸収分割契約に承継事業主要従事労働者の労働契約を承継会社に承継させる旨の記

第6章　組織再編　第3　会社分割　　　359

載がある場合は、当該労働者との労働契約は承継会社に承継されます（労働承継3）。吸収分割契約に承継事業主要従事労働者との労働契約を承継会社に承継させる旨の記載がない場合は、当該労働者には書面による異議が認められます。この異議申出期間は、労働契約承継法2条1項の通知がされた日から異議申出期限日（通知期限日の翌日から吸収分割契約承認株主総会の日の前日までの期間内で会社の定める日（同4③一））までです。なお、分割会社が簡易吸収分割を行う場合は、吸収分割の効力が生ずる日の前日までの期間内で分割会社が定める日が異議申出期限日となります（同4③二）。通知がされた日と異議申出期限日との間に少なくとも13日間を置かなければなりません（同4②）。この期間内に承継事業主要従事労働者から書面による異議があった場合は、当該労働契約は効力発生日に承継会社に承継されます（同4①④）。

　他方、指定承継労働者は、前述の異議申出期限日までに書面による異議を述べることができ、異議があった場合は、労働契約は承継されないことになります（同5①③）。

(3)　分割会社は、労働組合との間で労働協約を締結している場合は、吸収分割契約承認株主総会の日の2週間前の日の前日（通知期限日）（労働承継2③一）（分割会社が簡易吸収分割手続を行う場合は、吸収分割契約が締結された日から起算して2週間を経過する日）（同2③二）までに、労働組合に対し、一定の事項を書面により通知しなければならないとされています（第6章　第3　45の⑦(3)参照）。

　分割会社は、労働協約のうち承継会社が承継する部分を吸収分割契約において定めることができ（同6①）、労働協約の規範的部分（労働組合法16条規定部分）以外の全部又は一部について労働組合との間で吸収分割契約の定めに従い当該承継会社に承継させる旨の合意があったときは、当該合意に係る部分は、吸収分割の効力が生じた日に、吸収分割契約の定めに従い承継会社に承継されます（同6②）。それ以外の部分（労働協約の規範的部分等）については、労働組合の組合員と分割会社との労働契約が承継会社に承継される場合は、同一内容の労働協約（前述の合意に係る部分を除きます。）が締結されたものとみなされます（同6③）。

作成書類等　○通知（労働者及び労働組合に対するもの）
　　　　　　　○異議申出書

8　有価証券届出書・有価証券通知書
▶金商2の2・4・5・8・15、金商令2の2〜2の7、企業開示府令4・8

手続については、第6章　第3　45の⑧を参照してください。

9　事前開示
▶会社782・794、会社規183・192

手続については、第6章　第3　45の⑨を参照してください。

10　吸収分割契約承認株主総会　　　▶会社783・796

　承継会社が簡易吸収分割をする場合は、吸収分割契約についての株主総会による承認を要しません（会社796②）。

　特別決議を阻止できる数等法務省令で定める数（会社規197）の株式を有する株主が、会社法797条3項又は4項に定める通知又は公告の日から2週間以内に吸収分割に反対する旨を承継会社に対し通知したときは、承継会社は効力発生日の前日までに、株主総会決議によって、吸収分割契約の承認を得なければなりません（会社796③）。したがって、この場合は簡易吸収分割ができなくなります（なお、この一定の数の株主の吸収分割に反対する旨の通知により簡易吸収分割を阻止する制度は、承継会社が簡易吸収分割を行う場合にのみ認められており、分割会社が簡易吸収分割を行う場合には認められていません。）。

　分割会社は、吸収分割の効力発生日の前日までに、吸収分割契約の特別決議による承認を受けなければなりません（同783①・309②十二）。株主総会の手続については**第1章　第1　1**を参照してください。

　その他の手続については、第6章　第3　45の10を参照してください。

作成書類等　○株主総会招集通知　※省略できる場合あり
　　　　　　　　○株主総会議事録（吸収分割契約の承認）
　　　　　　　　○臨時報告書

11　種類株主総会　　　▶会社795・322・323

　手続については、第6章　第3　45の11を参照してください。

12　債権者異議手続　　　▶会社789・799

　手続については、第6章　第3　45の12を参照してください。

13　新株予約権証券提出手続　　　▶会社219・293

　手続については、第6章　第3　45の13を参照してください。

14　反対株主の株式買取請求　　　▶会社785・786・797・798、振替155

　分割会社において、会社分割に反対する株主は、分割会社に対し、原則として、株主総会（種類株主総会を含みます。）に先立って吸収分割に反対する旨を通知し、かつ、株主総会において吸収分割に反対したことを要件として（例外：会社785②一ロ）、吸収分割の効力発生日の20日前の日から効力発生日の前日までの間に、株式を公正な価格で買い取ることを請求できます（同785①②⑤。例外：同785①各号）。分割会社における株式買取請求の手続につ

いては、第6章　第3　45の14を参照してください。なお、本スケジュールは承継会社が簡易吸収分割を行う場合のものですが、分割会社が簡易吸収分割を行う場合は、分割会社の株主は株式買取請求権を有しないため（同785①二）、株式買取請求権を前提とする手続は不要となります。

　なお、改正前会社法においては、承継会社において簡易吸収分割を行う場合、全ての株主が株式買取請求権を有することとされていましたが、株式買取請求の制度趣旨は、会社組織の基礎に本質的変更をもたらす行為に反対する株主に投下資本を回収する機会を与えるものであるところ、簡易吸収分割は会社組織の基礎に本質的変更をもたらす行為とはいえないことから、平成26年改正会社法では、承継会社において簡易吸収分割を行う場合の承継会社の株主は、株式買取請求権を有しないこととされました（同797①ただし書）。

作成書類等　○通知又は公告（株式買取請求）
　　　　　　　　○株式買取請求書
　　　　　　　　○株式売買契約書

15　新株予約権買取請求　　　　　　　　　　　　　▶会社787・788

　手続については、第6章　第3　45の15を参照してください。

16　登録株式質権者・登録新株予約権質権者に対する通知・公告
　　　　　　　　　　　　　　　　　　　　　　　　　▶会社783

　手続については、第6章　第3　45の16を参照してください。

　なお、分割会社が簡易吸収分割をする場合は、登録株式質権者への通知又は公告は不要です（会社783⑤括弧書）。

17　振替機関への通知
　▶振替130、株式等の振替に関する業務規程102、株式等の振替に関する業務規程施行規則155

　手続については、第6章　第3　45の17を参照してください。

18　分割期日（効力発生日）　　　　　　　　　　　▶会社758・759・790

　手続については、第6章　第3　45の18を参照してください。

19　分割対価の交付　　　　　　　　　　　　　　　▶会社758

　手続については、第6章　第3　45の19を参照してください。

20 事後開示 ▶会社791・801、会社規189

手続については、第6章 第3 45の20を参照してください。

21 登 記 ▶会社923

手続については、第6章 第3 45の21を参照してください。

22 分割無効の訴え ▶会社828

手続については、第6章 第3 45の22を参照してください。

第6章　組織再編　　第3　会社分割

47　略式吸収分割の手続

スケジュール

◆取締役会設置会社（分割会社が略式吸収分割制度を利用する場合）

日程	法定期間・期限	承 継 会 社	分 割 会 社	参照
		吸収分割の計画立案	吸収分割の計画立案	
		（公正取引委員会との協議）	（公正取引委員会との協議）	1
		吸収分割契約承認取締役会	吸収分割契約承認取締役会	2
		買取口座の開設	買取口座の開設	14
		吸収分割契約の締結	吸収分割契約の締結	3
	業務執行機関により決定された場合は直ちに	適時開示・プレスリリース	適時開示・プレスリリース	4
	取締役会決議後速やかに	保振機構への通知	保振機構への通知	4
	業務執行機関により決定された場合は遅滞なく	臨時報告書の提出	臨時報告書の提出	5
	労働者に対する通知期限日までに開始され、以後も必要に応じて行われる。		労働者の過半数で組織される労働組合、これがない場合は、労働者の過半数の代表者との間の会社分割についての理解と協力を得るための協議開始	6
	労働者に対する通知期限日まで		労働者との協議開始	6
	吸収分割契約締結まで		労働協約中の吸収分割契約書記載部分の労使合意	6
	通知期限日：吸収分割契約が締結された日から2週間を経過する日	株主総会招集のための取締役会	（種類株主総会招集のための取締役会）	
			労働者への通知	7
			労働組合への通知	7
			労働者異議申出手続	7
	吸収分割の効力が生ずる日の前日までの期間内で、分割会社が定める日。通知日と異議申出期限日との間は少なくとも13日間は必要		（有価証券届出書・有価証券通知書の提出）	8
6/13		株主総会招集通知発送	（種類株主総会招集通知発送）	
		事前開示書類等備置開始	事前開示書類等備置開始	9
6/14		株主総会の日の2週間前の日　A		
		反対株主の吸収分割に反対する旨の会社に対する通知		14
			労働者異議申出期限日	7
6/28		吸収分割契約承認株主総会		10

第6章 組織再編　第3 会社分割

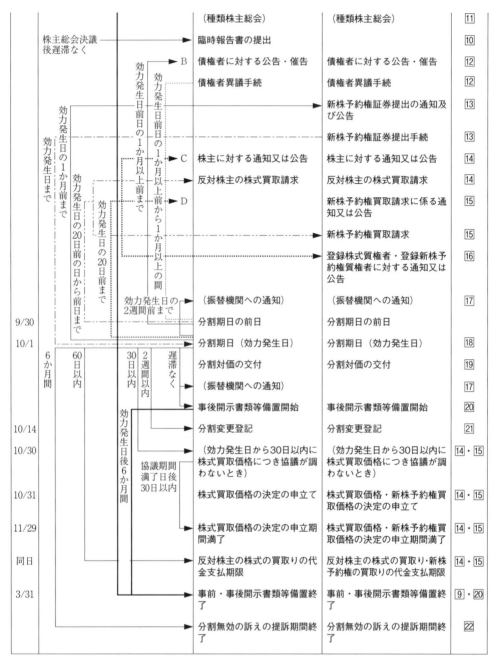

※　株主総会・種類株主総会・債権者異議手続・反対株主の株式買取手続・新株予約権買取手続は効力発生日の前日までに行えばよく、時間的先後関係は定められておらず、並行して行ってもよい

解　説

　略式吸収分割とは、一定の支配関係のある会社間において、被支配会社（以下この項において「被支配会社」といいます。）における株主総会の決議を省略して行う吸収分割をいいます（会社784①・796①）。

　略式吸収分割は、当事会社の一方が他方当事会社の総株主の議決権の10分の9（被支配会社の定款でこれを上回る割合を定めた場合にはその割合）以上を有する場合等の特別支配会社である場合（同468①）には、被支配会社が分割会社になる場合（同784①）も、被支配会社が承継会社になる場合（同796①）も、被支配会社における株主総会決議を要しないで吸収分割を行うことができるというものです。

　ただし、被支配会社である承継会社が公開会社でない場合において、吸収分割に際し当該承継会社の株式を交付する場合には、承継会社は、略式吸収分割の手続を取ることができません（同796①ただし書）。

　なお、略式吸収分割が法令又は定款に違反する場合や、分割対価が承継会社又は分割会社の財産の状況その他の事情に照らして著しく不当である場合において、当事会社の株主が不利益を受けるおそれがあるときは、株主は、当該略式吸収分割の効力発生前に、その差止めを請求することができます（同784の2・796の2）。

　本スケジュール及び解説は、株式会社（取締役会設置会社）同士の吸収分割で、承継会社が特別支配会社、分割会社が被支配会社である場合において、承継会社が定時株主総会で吸収分割契約を承認するケース（分割会社の分割承認株主総会決議を省略するケース）を対象としています。

1　公正取引委員会との協議　　　　　　　　　　　　　　　　　▶独禁15の2

　会社は、吸収分割によって一定の取引分野における競争を実質的に制限することとなる場合又は吸収分割が不公正な取引方法によるものである場合には、分割をしてはならず（独禁15の2①）、当該吸収分割がこれに抵触するときは、排除措置命令が出される可能性もあります（同17の2①）。

　従前は、当該違法性に係る公正取引委員会の判断を確認できるよう、事前相談の制度が行われていましたが、平成23年に同制度は廃止されました。もっとも、現在も、実務上は、吸収分割手続を検討する段階から、公正取引委員会と事前に協議をすることが行われており、公正取引委員会の審査手続を円滑に進めるためにも有用です（ただし、従前行われていた事前相談の制度とは異なり、公正取引委員会との事前協議において、企業結合の違法性に係る判断が示されることはありません。）。

　なお、略式吸収分割の要件を満たす会社間での吸収分割は、同一の企業結合集団に属す

る会社間での吸収分割に該当するため、届出は不要となり（独禁15の2③ただし書）、完了報告書の提出も不要です（独禁手続規7⑤参照）。

2　吸収分割契約承認取締役会　　　　　　▶会社362・399の13・416・348

手続については、第6章　第3　45の⑤を参照してください。

3　吸収分割契約の締結　　　　　　　　　　　▶会社757・758

手続については、第6章　第3　45の⑥を参照してください。

4　適時開示等　　　　　　　　　　　　　　　　　　▶上場規程402

　上場会社では、上場会社の業務執行を決定する機関が、吸収分割を行うことについての決定をした場合、<u>直ちに</u>、その内容を開示しなければなりません（上場規程402一1）。また、上場会社は、その場合、証券取引所に、<u>所定の時期</u>に、所定の書類の提出を行うものとされています（同421①、上場規程規417九）。

　株式等振替制度で取り扱う株式等を発行している会社（承継会社においては、吸収分割に際して承継会社銘柄を発行する場合、分割会社においては、人的分割類似行為を行う場合に限ります。）は、吸収分割契約の内容を決定した場合（交付する承継会社の株式が振替株式である場合又は分割会社が人的分割類似行為を行う場合に限ります。）、取締役会決議後<u>速</u>やかに保振機構に対しその内容を通知しなければなりません（株式等の振替に関する業務規程12、株式等の振替に関する業務規程施行規則6・別表1．1(11)）。

作成書類等　○適時開示（「吸収分割に関するお知らせ」等）

5　臨時報告書　　　　　　　　　　　　　▶金商24の5、企業開示府令19

手続については、第6章　第3　45の③を参照してください。

6　労働者との協議開始　　　　　　　　　　　　　▶労働承継7・6

手続については、第6章　第3　45の④を参照してください。

7　労働者の異議申出手続　　　　　　▶労働承継2〜6、労働承継規1・2

(1)　分割会社は、一定の労働者に対して、吸収分割契約が締結された日から起算して<u>2週間を経過する日</u>（通知期限日）（労働承継2③二）までに、一定の事項を書面で通知しなけれ

第6章　組織再編　　第3　会社分割　　367

ばならないとされています（**第6章　第3　45の**7**(1)参照**）。これは、労働者保護の観点から特別に定められたものですが、「分割会社及び承継会社等が講ずべき当該分割会社が締結している労働契約及び労働協約の承継に関する措置の適切な実施を図るための指針」（平成12年12月27日労働省告示第127号）第2−1(1)では、この通知は、吸収分割契約書等を本店に備え置く日又は吸収分割契約承認株主総会の招集通知発送日のいずれか早い日と同じ日に行われることが望ましいとされています。

(2)　吸収分割契約に承継事業主要従事労働者の労働契約を承継会社に承継させる旨の記載がある場合は、当該労働者との労働契約は承継会社に承継されます（労働承継3）。吸収分割契約に承継事業主要従事労働者との労働契約を承継会社に承継させる旨の記載がない場合は、当該労働者には書面による異議が認められます。この異議申出期間は、労働契約承継法2条1項の通知がされた日から異議申出期限日（吸収分割の効力が生ずる日の前日までの期間内で分割会社が定める日（同4③二）までです。通知がされた日と異議申出期限日との間に少なくとも13日間を置かなければなりません（同4②）。この期間内に承継事業主要従事労働者から書面による異議があった場合は、当該労働契約は効力発生日に承継会社に承継されます（同4①④）。

　　他方、指定承継労働者は、前述の異議申出期限日までに書面による異議を述べることができ、異議があった場合は、労働契約は承継されないことになります（同5①③）。

(3)　分割会社は、労働組合との間で労働協約を締結している場合は、吸収分割契約が締結された日から起算して2週間を経過する日（通知期限日）（労働承継2③二）までに、労働組合に対し、一定の事項を書面により通知しなければならないとされています（**第6章　第3　45の**7**(3)参照**）。

　　分割会社は、労働協約のうち承継会社が承継する部分を吸収分割契約書に記載することができ（同6①）、労働協約の規範的部分（労働組合法16条規定部分）以外の全部又は一部について労働組合との間で吸収分割契約の定めに従い当該承継会社に承継させる旨の合意があったときは、当該合意に係る部分は、吸収分割の効力が生じた日に、吸収分割契約の定めに従い承継会社に承継されます（同6②）。それ以外の部分（労働協約の規範的部分等）については、労働組合の組合員と分割会社との労働契約が承継会社に承継される場合は、同一内容の労働協約（前述の合意に係る部分を除きます。）が締結されたものとみなされます（同6③）。

作成書類等　○通知（労働者及び労働組合に対するもの）
　　　　　　　　○異議申出書

8　有価証券届出書・有価証券通知書

▶金商2の2・4・5・8・15、金商令2の2〜2の7、企業開示府令4・8

手続については、**第6章　第3　45の**8**を参照してください。**

368　　第6章　組織再編　　第3　会社分割

9　事前開示　　　　　　　　　　　　　　▶会社782・794、会社規183・192

　手続については、第6章　第3　45の**9**を参照してください。

10　吸収分割契約承認株主総会　　　　　　　　　▶会社783・784・795

　分割会社が被支配会社である場合は、分割会社においては吸収分割契約の株主総会決議による承認を要しません（会社784①）。特別支配会社である承継会社は、分割の効力発生日の前日までに、吸収分割契約について、株主総会の特別決議による承認を受けなければなりません（同795①・309②十二）。株主総会の手続については第1章　第1　1を参照してください。

　その他の手続については、第6章　第3　45の**10**を参照してください。

作成書類等　○株主総会招集通知　※省略できる場合あり

　　　　　　　○株主総会議事録（吸収分割契約の承認）

　　　　　　　○臨時報告書

11　種類株主総会　　　　　　　　　　　　　　▶会社795・322・323

　手続については、第6章　第3　45の**11**を参照してください。

12　債権者異議手続　　　　　　　　　　　　　　▶会社789・799

　手続については、第6章　第3　45の**12**を参照してください。

13　新株予約権証券提出手続　　　　　　　　　　▶会社219・293

　手続については、第6章　第3　45の**13**を参照してください。

14　反対株主の株式買取請求　　　　　▶会社785・786・797・798、振替155

　会社分割に反対する株主は、会社に対し、原則として、株主総会（種類株主総会を含みます。）に先立って吸収分割に反対する旨を通知し、かつ、株主総会において吸収分割に反対することを要件として（例外：会社785②一ロ・二・797②一ロ・二）、吸収分割の効力発生日の20日前の日から効力発生日の前日までの間に、株式を公正な価格で買い取ることを請求できます（同785①②⑤・797①②⑤。例外：同785①各号）。また、略式吸収分割による場合には、被支配会社（本スケジュールでは分割会社）において株主総会決議は行われませんので（種類株主総会決議が行われる場合はあります。）、以下に述べる特別支配会社を除く全ての株

主（種類株主総会が行われない場合の種類株主を含みます。）は、上記のような要件はなく株式買取請求をすることができます。改正前会社法では、略式吸収分割の場合、全ての株主が株式買取請求権を有するものとされていましたが、略式吸収分割の要件を満たす場合に株主総会の決議による承認を要しないこととされているのは、特別支配会社が吸収分割の相手方である場合には、仮に株主総会を開催したとしても、特別支配会社による賛成の議決権行使により、当該吸収分割が株主総会において承認されることが明らかであるためであり、特別支配会社による株式買取請求を認めるべき合理的な理由はないことから、平成26年改正会社法では、株式買取請求を行うことのできる株主から、特別支配会社を除くこととされました（同785②二括弧書・797②二括弧書）。

　株式買取請求の手続等については、第6章　第3　45の14を参照してください。

作成書類等　○通知又は公告（株式買取請求）
　　　　　　　　○株式買取請求書
　　　　　　　　○株式売買契約書

15　新株予約権買取請求　　　　　　　　　　　　　▶会社787・788

　手続については、第6章　第3　45の15を参照してください。

16　登録株式質権者・登録新株予約権質権者に対する通知・公告
　　　　　　　　　　　　　　　　　　　　　　　　▶会社783

　手続については、第6章　第3　45の16を参照してください。

17　振替機関への通知
　▶振替130、株式等の振替に関する業務規程102、株式等の振替に関する業務規程施行規則155

　手続については、第6章　第3　45の17を参照してください。

18　分割期日（効力発生日）　　　　　　　　　　　▶会社758・759・790

　手続については、第6章　第3　45の18を参照してください。

19　分割対価の交付　　　　　　　　　　　　　　　▶会社758

　手続については、第6章　第3　45の19を参照してください。

20 事後開示 ▶会社791・801、会社規189

手続については、第6章　第3　45の20を参照してください。

21 登　記 ▶会社923

手続については、第6章　第3　45の21を参照してください。

22 分割無効の訴え ▶会社828

手続については、第6章　第3　45の22を参照してください。

第6章　組織再編　　第3　会社分割

48　新設分割の手続

スケジュール

◆取締役会設置会社

日程	法定期間・期限	手続 新設会社	手続 分割会社	参照
			新設分割の計画立案	
			（公正取引委員会との協議）	1
			基本合意	
	業務執行機関により決定された場合は直ちに		適時開示・プレスリリース	2
	取締役会決議後速やかに		保振機構への通知	2
	業務執行機関により決定された場合は遅滞なく		臨時報告書の提出	3
	労働者に対する通知期限日までに開始され、以後も必要に応じて行われる。		労働者の過半数で組織される労働組合、これがない場合は、労働者の過半数の代表者との間の会社分割についての理解と協力を得るための協議開始	4
	労働者に対する通知期限日まで		労働者との協議開始	4
	新設分割計画作成まで		労働協約中の新設分割計画記載部分の労使合意	4
			新設分割計画承認取締役会	5
	業務執行機関により決定された場合は直ちに		適時開示（追加）	2
			買取口座の開設	14
			新設分割計画の作成	6
			訂正報告書の提出	3
			株主総会招集のための取締役会	
			労働者への通知	7
			労働組合等への通知	7
			労働者異議申出手続	7
			（有価証券届出書・有価証券通知書の提出）	8
6/13	通知期限日の翌日から承認総会の前日までの期間内で分割会社が定める日。通知日と異議申出期限日との間は少なくとも13日間は必要	承認総会の2週間前の日の前日まで 効力発生日後6か月経過する日まで AからDのいずれか早い日から、 承認総会の2週間前まで 先立って	株主総会招集通知発送	
			事前開示書類等備置開始	9
6/14		A	株主総会の日の2週間前の日	
			反対株主の新設分割に反対する旨の会社に対する通知	14
			労働者異議申出期限日	7
6/28		a	新設分割計画承認株主総会	10
		b	（種類株主総会）	11
	株主総会決議後遅滞なく		臨時報告書の提出	10

372　第6章　組織再編　第3　会社分割

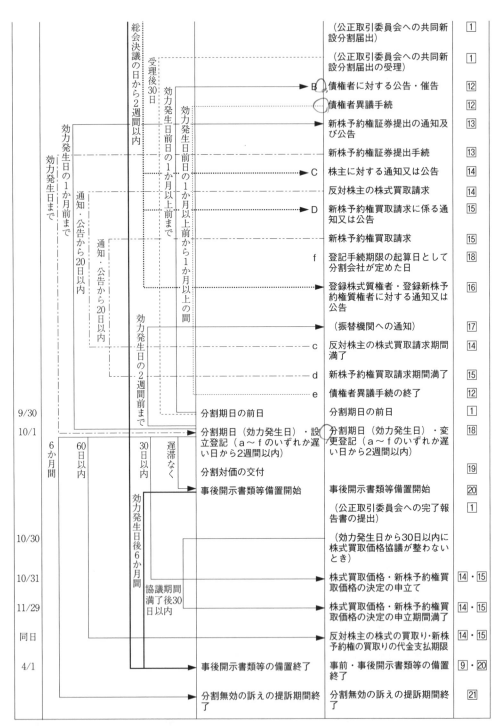

第6章　組織再編　　第3　会社分割　　　373

解　　説

　会社分割とは、株式会社又は合同会社が事業に関して有する権利義務の全部又は一部を、分割後、分割により新たに設立する会社又は既存の会社に承継させることとされています。このうち、新たに設立する会社に承継させる場合を新設分割といい、既存の会社に承継させることを吸収分割といいます（会社2二十九・三十）。新設分割には、1つの会社が、その事業に関して有する権利義務の全部又は一部を新設会社に承継させるものと、複数の会社が、その事業に関して有する権利義務の全部又は一部を新設会社に承継させるもの（共同新設分割）（同762②）があります。また、分割によって新設会社に承継させる資産の帳簿価額の合計額が、分割会社の総資産額（会社規207）の5分の1（定款でこれより小さい割合を定めることは可能です。）を超えない場合は、新設分割計画の株主総会承認決議を省略することができます（簡易新設分割）（会社805）。なお、略式新設分割の規定はありません。

　新設分割の当事者としては、株式会社、特例有限会社、合同会社は分割会社となることができますが、合名会社、合資会社は分割会社になることはできません（同757・762①・2二十九・三十）。他方、新設会社については、全ての会社がなることができますが、有限会社を新たに設立することはできませんので、有限会社を新設会社とすることはできません。

　なお、改正前会社法では、略式吸収分割ではない会社分割については、株主による差止請求に係る明文規定が置かれていませんでしたが、平成26年改正会社法では、新設分割により不利益を受ける株主の事前の救済手段として、新設分割が法令又は定款に違反する場合において、当事会社の株主が不利益を受けるおそれがあるときは、株主は、当該新設分割の効力発生前に、その差止めを請求することができることとなりました（同805の2）。

　また、改正前会社法では、新設会社に承継されない債務の債権者（以下「残存債権者」といいます。）を害する詐害的な会社分割が行われた場合において、残存債権者の保護を図るための特別な制度は設けられていませんでしたが、平成26年改正会社法では、分割会社が残存債権者を害することを知って新設分割をした場合には、当該債権者は、新設会社に対して、承継した財産の価額を限度として、債務の履行を請求することができることとなりました（同764④）。なお、新設分割の場合は、吸収分割の場合と異なり、資産を承継する側、すなわち新設会社の主観（詐害性の認識の有無）は問題となりません。

　ただし、分割会社が分割対価として交付された新設会社の株式を全部取得条項付株式の取得対価又は剰余金の配当として株主に分配する場合は、当該債権者は新設会社に対して債務の履行を請求することができないことは、吸収分割の場合と同様です（同764⑤）。

　なお、新設会社の上記債務の履行責任は、分割会社が残存債権者を害することを知って新設分割をしたことを知った時から2年以内に請求又は請求の予告をしない残存債権者に対しては、その期間を経過した時に消滅します。新設分割の効力発生日から20年を経過したときも同様です（同764⑥）。

　本スケジュール及び解説は、新設分割のうち、1つの株式会社（取締役会設置会社）が、分

割によって新設する株式会社に事業に関して有する権利義務を承継させる場合において、定時株主総会で新設分割計画を承認するケースを対象としています。

1　公正取引委員会への分割届出等　　▶独禁15の2、独禁令19、独禁手続規7

　会社は、共同新設分割によって一定の取引分野における競争を実質的に制限することとなる場合又は共同新設分割が不公正な取引方法によるものである場合には、共同新設分割をしてはなりません（独禁15の2①）。

　また、原則として、共同新設分割によって事業の全部を承継させようとする会社の国内売上高合計額（当該会社の国内売上高と当該会社が属する企業結合集団（会社及び当該会社の子会社並びに当該会社の親会社であって他の会社の子会社でないもの及び当該親会社の子会社（当該会社及び当該会社の子会社を除きます。）から成る集団）に属する当該会社以外の会社等の国内売上高を公正取引委員会規則で定める方法により合計した額。独禁10②、独禁手続規2の2・2の3）が200億円を超える会社があり、それ以外の事業の全部を承継させようとする会社の総資産が50億円を超える等の一定の場合は、あらかじめ共同新設分割に関する計画を公正取引委員会に届け出なければなりません（独禁15の2②、独禁令19、独禁手続規5の2）。ただし、全ての共同新設分割をしようとする会社が同一の企業結合集団に属する場合には届出は不要です（独禁15の2②ただし書）。届出を行った会社は、原則として、受理の日から30日を経過するまで、共同新設分割をしてはなりません（同15の2④・10⑧）。届出会社は、共同新設分割の効力が生じたときは、完了報告書を公正取引委員会に提出しなければなりません（独禁手続規7⑤）。

　なお、平成23年には、従来行われていた事前相談の制度が廃止されましたが、実務上は、吸収分割手続を検討する段階から、公正取引委員会と事前に協議をすることが行われており、公正取引委員会の審査手続を円滑に進めるためにも有用です（ただし、従前行われていた事前相談の制度とは異なり、公正取引委員会との事前協議において、企業結合の違法性に係る判断が示されることはありません。）。

作成書類等　〇分割届出書
　　　　　　　〇完了報告書

2　適時開示等　　▶上場規程402

　上場会社では、上場会社の業務執行を決定する機関が、新設分割を行うことについての決定をした場合、直ちにその内容を開示しなければなりません（上場規程402―1）。また、上場会社は、その場合、証券取引所に、所定の時期に、所定の書類の提出を行うものとされています（同421①、上場規程規417九）。なお、業務執行を決定する機関が新設分割を行うことについての決定をした時点では、まだ開示事項の全てが決定されていない場合もあります。

第6章　組織再編　第3　会社分割　375

そのように、最初の開示時点において開示できない開示事項がある場合は、開示が可能となり次第「開示事項の経過」として速やかに追加開示を行います。

　株式等振替制度で取り扱う株式等を発行している分割会社は、新設分割計画の内容を決定した場合（交付する新設会社の株式が振替株式である場合又は分割会社が人的分割類似行為を行う場合に限ります。）、取締役会決議後速やかに保振機構に対しその内容を通知しなければなりません（株式等の振替に関する業務規程12、株式等の振替に関する業務規程施行規則6・別表1.　1(12)）。

作成書類等　○適時開示（「分割に関するお知らせ」等）

3　臨時報告書　　　　　　　　　　　　　▶金商24の5、企業開示府令19

　有価証券報告書提出会社においては、一定の要件（企業開示府令19②七の二）に該当する新設分割を行うことを、業務執行を決定する機関により決定した場合には、遅滞なく内閣総理大臣（財務局長等）に臨時報告書を提出しなければなりません（金商24の5④）。新設分割計画の変更等、臨時報告書の記載事項に変更が生じたときは、訂正報告書を提出しなければなりません（同24の5⑤・7）。

【企業内容等の開示に関する内閣府令19条2項7号の2に基づく臨時報告書の記載事項】

> ①　新設分割の目的
> ②　新設分割の方法、分割会社に割り当てられる新設会社の株式の数等その他新設分割計画の内容
> ③　新設分割に係る割当ての内容の算定根拠
> ④　新設分割後の新設会社の商号、本店の所在地、代表者の氏名、資本金の額、純資産の額、総資産の額及び事業の内容

作成書類等　○臨時報告書
　　　　　　　○訂正報告書

4　労働者との協議開始　　　　　　　　　　　　　▶労働承継7・6

　平成12年商法等改正附則5条では、分割会社は、労働契約承継法2条1項に基づく通知の期限日（労働承継2③。通知期限日といいます。）（⑦参照）までに労働契約の承継に関し労働者と協議をするものと規定され、これを受けて、「分割会社及び承継会社等が講ずべき当該分割会社が締結している労働契約及び労働協約の承継に関する措置の適切な実施を図るための指針」（平成12年12月27日労働省告示第127号）（以下この項において「告示」といいます。）では、分割会社は、通知期限日までに、承継される事業に従事する個々の労働者との間で、当該労働者が勤務することとなる会社の概要、労働者が労働契約承継法2条1項1号に掲げる労働者に該当するか否かの考え方等を十分説明し、本人の希望を聴取した上で、当該労

働者に係る労働契約の承継の有無、承継するとした場合又は承継しないとした場合の当該労働者が従事することを予定する業務の内容、就業場所その他の就業形態等について協議しなければならないとされています（告示第2−4(1)イ）。

また、労働契約承継法7条では、分割会社は、その雇用する労働者の理解と協力を得るよう努めるものとすると規定され、これを受けて、告示では、分割会社は、労働者の過半数で組織される労働組合（これがない場合は労働者の過半数の代表者）との間で協議すること等により、労働者の理解と協力を得るよう努めるものとされ（告示第2−4(2)イ）、この協議は、遅くとも、上記平成12年商法等改正附則5条の規定に基づく労働者との協議の開始までに開始され、その後も必要に応じて適宜行わなければならないとされています（告示第2−4(2)ニ）。

なお、労働協約のうち、労働組合法16条の基準以外の部分が定められている場合において、その部分の全部又は一部について、新設分割計画の定めに従って新設会社に承継させる旨の労使合意があった場合には、当該労働協約が承継されることとされています（労働承継6②）。この合意については、新設分割計画の作成前にあらかじめ労使間で協議をすることにより合意しておくことが望ましいとされています（告示第2−3(1)イ）。

作成書類等　○協議申入書
　　　　　　　○会社分割の理由書・会社分割の概要書等
　　　　　　　○合意書（労働協約承継に関するもの）

5　新設分割計画承認取締役会　　▶会社362・399の13・416・348

取締役会設置会社では、新設分割計画の内容の決定は取締役会で行います（会社362④）。監査等委員会設置会社及び指名委員会等設置会社においても同様です（同399の13④⑤十五・416④十八）。なお、取締役会非設置会社では、定款に別段の定めがある場合を除き、取締役の過半数をもって決定します（同348②）。

作成書類等　○取締役会招集通知　※省略できる場合あり
　　　　　　　○取締役会議事録

6　新設分割計画の作成　　▶会社763

新設分割をする場合には、分割会社は、次に掲げる法定決定事項（会社763）を定めた新設分割計画を作成しなければなりません（同763）。なお、新設会社が、新設分割に際して振替株式を交付しようとする場合には、新設分割計画において、新設分割をする会社のために開設された当該振替株式の振替を行うための口座（特別口座（振替規69の2③）を除きます。）を定めなければなりません（同160⑤）。新設分割計画に要式行為性はありませんが、新設分割に係る登記の添付書面として要求されている関係上（商登86一）、新設分割計画書の作成は必要です。

第6章　組織再編　第3　会社分割　　377

【新設分割計画の法定決定事項】

① 新設会社の目的、商号、本店の所在地及び発行可能株式総数
② ①以外の新設会社の定款で定める事項
③ 新設会社の設立時取締役の氏名
④ 新設会社の機関設計の内容
　a　新設会社が会計参与設置会社である場合は、新設会社の設立時会計参与の氏名
　　又は名称
　b　新設会社が監査役設置会社である場合は、新設会社の設立時監査役の氏名
　c　新設会社が会計監査人設置会社である場合は、新設会社の設立時会計監査人の
　　氏名又は名称
⑤ 新設会社が新設分割により分割会社から承継する資産、債務、雇用契約その他の
　権利義務に関する事項
⑥ 新設会社が新設分割に際して分割会社に対してその事業に関する権利義務の全部
　又は一部に代えて交付する当該新設会社の株式の数(種類株式発行会社にあっては、
　株式の種類及び種類ごとの数) 又はその数の算定方法並びに当該新設会社の資本金
　及び準備金の額に関する事項
⑦ 新設会社が新設分割に際して分割会社に対して、その事業に関する権利義務の全
　部又は一部に代わる新設会社の社債等を交付する場合は、社債等に関する事項
⑧ 新設会社が新設分割に際して、分割会社の新株予約権者に対して当該新株予約権
　に代わる新設会社の新株予約権を交付するときは、それらの内容に関する事項、交
　付する新株予約権の数及び新株予約権の割当てに関する事項。この場合において、
　当該新株予約権が新株予約権付社債に付されたものであるときは、新設会社が当該
　新株予約権付社債についての社債に係る債務を承継する旨及び承継に係る社債の種
　類、種類ごとの合計額又はその算定方法
⑨ 分割会社が効力発生日に、全部取得条項付種類株式の取得（取得の対価が新設会
　社の株式のみであるもの）や剰余金の配当（配当財産が新設会社の株式のみである
　もの）を行うときは、その旨

作成書類等　○新設分割計画書

7　労働者の異議申出手続　　▶労働承継2～6、労働承継規1・2

(1)　分割会社は、次に掲げる労働者に対して、新設分割計画承認株主総会の日の<u>2週間前</u>
　の日の前日（通知期限日）までに、次に掲げる事項を書面により通知しなければならな
　いとされています（労働承継2①・3）。これは、労働者保護の観点から特別に定められたも
　のですが、告示第2−1(1)では、この通知は、新設分割計画書を本店に備え置く日又は新
　設分割計画承認株主総会の招集通知発送日のいずれか早い日と同じ日に行われることが

望ましいとされています。

【通知の対象労働者】 <small>(労働承継2①、労働承継規2)</small>

---

① 分割会社が雇用する労働者であって、新設会社に承継される事業に主として従事するものとして厚生労働省令<small>(労働承継規2)</small>で定めるもの（以下この項において「承継事業主要従事労働者」といいます。）

② 分割会社が雇用する労働者（承継事業主要従事労働者を除きます。）であって、新設分割計画にその者が当該会社との間で締結している労働契約を新設会社が承継する旨の定めがあるもの（以下この項において「指定承継労働者」といいます。）

【通知すべき事項】 <small>(労働承継2①、労働承継規1)</small>

---

① 承継事業主要従事労働者又は指定承継労働者との間で締結している労働契約を新設会社が承継する旨の新設分割計画における定めの有無

② 異議申出期限日 <small>(労働承継4③)</small>

③ 通知の相手方たる労働者が労働契約承継法2条1項各号のいずれに該当するかの別

④ 新設会社に承継される事業の概要

⑤ 効力発生日以後における分割会社及び新設会社の商号、住所、事業内容及び雇用することを予定している労働者の数

⑥ 効力発生日

⑦ 効力発生日以後における分割会社又は新設会社において当該労働者について予定されている従事する業務の内容、就業場所その他の就業形態

⑧ 効力発生日以後における分割会社及び新設会社の債務の履行の見込みに関する事項

⑨ 労働契約の承継に異議がある場合は、その申出を行うことができる旨及び異議の申出を行う際の当該申出を受理する部門の名称及び住所又は担当者の氏名、職名及び勤務場所

---

(2) 新設分割計画に承継事業主要従事労働者の労働契約を新設会社に承継させる旨の記載がある場合は、当該労働者との労働契約は新設会社に承継されます<small>(労働承継3)</small>。新設分割計画に承継事業主要従事労働者との労働契約を新設会社に承継させる旨の記載がない場合は、当該労働者には書面による異議が認められます。この異議申出期間は、労働契約承継法2条1項の通知がされた日から異議申出期限日（通知期限日の翌日から新設分割計画承認株主総会の日の前日までの期間内で会社の定める日）までです。通知がされた日と異議申出期限日との間に少なくとも13日間を置かなければなりません<small>(同4②)</small>。この期間内に承継事業主要従事労働者から書面による異議があった場合は、当該労働契約は効力発生日に新設会社に承継されます<small>(同4①④)</small>。

他方、指定承継労働者では、当該労働者は、前述の異議申出期限日までに書面による

異議を述べることができ、異議があった場合は、労働契約は承継されないことになります（同5①③）。

(3) 分割会社は、労働組合との間で労働協約を締結している場合は、新設分割計画承認株主総会の日の2週間前の日の前日（通知期限日）までに、労働組合に対し、次に掲げる事項を書面により通知しなければならないとされています（労働承継2②、労働承継規3）。

---

① 労働協約を承継会社が承継する旨の新設分割計画における定めの有無
② 新設会社に承継される事業の概要
③ 効力発生日以後における分割会社及び新設会社の商号、住所、事業内容及び雇用することを予定している労働者の数
④ 効力発生日
⑤ 効力発生日以後における分割会社又は新設会社の債務の履行の見込みに関する事項
⑥ 分割会社との間で締結している労働契約が新設会社に承継される労働者の範囲及び当該範囲の明示によっては当該労働組合にとって当該労働者の氏名が明らかとならない場合には当該労働者の氏名
⑦ 新設会社が承継する労働協約の内容（労働契約承継法2条2項の規定に基づき、分割会社が、当該労働協約を新設会社が承継する旨の当該新設分割計画中の定めがある旨を通知する場合に限ります。）

分割会社は、労働協約のうち新設会社が承継する部分を新設分割計画において定めることができ（労働承継6①）、労働協約の規範的部分（労働組合法16条規定部分）以外の全部又は一部について労働組合との間で新設分割計画の定めに従い当該新設会社に承継させる旨の合意があったときは、当該合意に係る部分は、新設分割の効力が生じた日に、新設分割計画の定めに従い新設会社に承継されます（労働承継6②）。それ以外の部分（労働協約の規範的部分等）については、労働組合の組合員と分割会社との労働契約が新設会社に承継される場合は、同一内容の労働協約（前述の合意に係る部分を除きます。）が締結されたものとみなされます（同6③）。

作成書類等 ○通知（労働者及び労働組合に対するもの）
　　　　　　　○異議申出書

8 有価証券届出書・有価証券通知書

▶金商2の2・4・5・8・15、金商令2の2〜2の7、企業開示府令4・8

分割会社が効力発生日に剰余金の配当を行う場合でその配当財産が新設会社の株式のみであるときは、金融商品取引法上の開示規制が適用されます（金商2の2④、金商令2の2。いわゆる物的分割を行う場合は、金融商品取引法施行令2条の2で定める「新設分割会社」に該

当しません。）。

　新設分割において分割会社に新設会社の有価証券が発行又は交付され、当該新設分割に係る事前開示書類の備置き（⑨参照）が特定組織再編成発行手続（金商2の2④、金商令2の2〜2の5）又は特定組織再編成交付手続（金商2の2⑤、金商令2の6〜2の7）に該当する場合において、分割会社が開示会社で、かつ発行価額の総額が1億円以上のときは、新設会社は、内閣総理大臣（財務局長等）に対し、有価証券届出書の提出を行わなければなりません（金商5①、企業開示府令8）。当該届出は、特定組織再編成発行手続又は特定組織再編成交付手続の前、すなわち、分割会社による事前開示書類の備置き（⑨参照）より前に行う必要があります（金商2の2③参照）。この場合、新設会社の代表取締役として就任予定である者が有価証券届出書を提出することになります。有価証券届出書は、内閣総理大臣（財務局長等）が受理した日から15日を経過した日にその効力を生じ（同8①）（有価証券届出書の提出時に申出をすることにより、直ちに若しくは届出書を受理した日の翌日に届出の効力が生じることになる可能性があります（同8③、企業内容等開示ガイドラインB8−1・8−3）。）、発行会社は、届出の効力が生じているのでなければ、特定組織再編成発行手続又は特定組織再編成交付手続により有価証券を取得させてはなりません（金商15①）。

　なお、金融商品取引法5条4項に規定する一定の要件を満たす場合は、当該有価証券の発行会社は、参照方式により有価証券の届出を行うことができます（同5④、企業開示府令9の4）。この場合は、内閣総理大臣（財務局長等）が受理した日から、おおむね7日を経過した日に届出の効力が発生します（企業内容等開示ガイドラインB8−2②③）。

　また、新設分割において分割会社に新設会社の有価証券が発行又は交付され、当該新設分割に係る事前開示書類の備置き（⑨参照）が特定組織再編成発行手続又は特定組織再編成交付手続に該当する場合において、分割会社が開示会社で、かつ発行価額の総額が1,000万円超1億円未満のときは、新設会社は、特定組織再編成発行手続又は特定組織再編成交付手続が開始される前に、内閣総理大臣（財務局長等）に対し、有価証券通知書の提出を行わなければなりません（金商4⑥、企業開示府令4①⑤）。

作成書類等　○有価証券届出書
　　　　　　　○有価証券通知書

---

⑨　事前開示　　　　　　　　　　　　　　　　　　▶会社803、会社規205

　分割会社は、新設分割計画の内容その他法務省令で定める事項を記載等した書面等を作成し、本店に備え置かなければなりません（会社803①、会社規205）。分割会社の株主及び債権者はこれらの事前開示書類等の閲覧・謄抄本交付請求等をすることができます（会社803③）。

　備置きの期間は、次に掲げる日のいずれか早い日から新設分割の効力発生日後6か月を経過する日までになります（同803①②）。

①　新設分割計画について承認を受ける株主総会の日の2週間前の日

第6章　組織再編　第3　会社分割　　　381

② 　反対株主の株式買取請求に係る通知又は公告の日のいずれか早い日

③ 　新株予約権買取請求に係る通知又は公告の日のいずれか早い日

④ 　債権者異議手続の催告又は公告の日のいずれか早い日

⑤ 　①ないし④以外の場合には、新設分割計画作成の日から2週間を経過した日

【事前開示書類等に記載等すべき事項】

---

① 　新設分割計画の内容（新設分割計画書）

② 　分割対価の相当性に関する事項

③ 　分割会社が、新設分割の効力発生日に全部取得条項付株式の取得又は剰余金の配当を行うことを決めた場合において、そのための総会決議が行われているときは決議内容

④ 　分割会社の新株予約権者に対して交付する新設会社の新株予約権の内容等の相当性に関する事項

⑤ 　分割会社の重要な後発事象等の内容

⑥ 　新設分割が効力を生ずる日以後における分割会社の債務及び新設会社に承継させる債務の履行の見込みに関する事項

⑦ 　①から⑥に掲げる事項に変更が生じたときは、変更後の当該事項

作成書類等　○事前開示書類

10　新設分割計画承認株主総会　　　▶会社804

　分割会社は、新設分割の効力発生の前までに、新設分割計画について株主総会の特別決議による承認を受けなければなりません（会社804①・309②十二）。株主総会の手続については第1章　第1　1を参照してください。

　なお、上場会社は、株主総会において決議事項が決議された場合、遅滞なく、臨時報告書を内閣総理大臣（財務局長等）に提出しなければなりません（金商24の5④、企業開示府令19②九の二）。

【企業内容等の開示に関する内閣府令19条2項9号の2に基づく臨時報告書の記載事項】

---

① 　株主総会が開催された年月日

② 　決議事項の内容

③ 　決議事項に対する賛成、反対及び棄権の意思の表示に係る議決権の数、決議事項が可決されるための要件並びに決議の結果

④ 　③の議決権の数に株主総会に出席した株主の議決権の数の一部を加算しなかった場合には、その理由

382　　　第6章　組織再編　　第3　会社分割

作成書類等　○株主総会招集通知　※省略できる場合あり

○株主総会議事録（新設分割計画の承認）

○臨時報告書

11　種類株主総会　　　　　　　　　　　　　　　　　　▶会社322・323

種類株主総会は以下の場合に必要となります。

① 　新設分割に関する拒否権付種類株式を発行している場合においては、当該種類株式の株主を構成員とする種類株主総会の普通決議がなければ、新設分割の効力は生じません（会社323・324①）。

② 　新設分割によりある種類株式の株主に損害を及ぼすおそれがある場合においても、原則として、当該種類株式の株主を構成員とする種類株主総会の特別決議がなければ、新設分割の効力は生じません（同322①十・324②四）。

作成書類等　○種類株主総会議事録（新設分割計画の承認）

12　債権者異議手続　　　　　　　　　　　　　　　　　　▶会社764・810

分割会社の債権者のうち、次の者は債権者異議手続の対象となります。

① 　新設分割後に分割会社に対し債務の履行を請求できなくなる債権者（新設分割計画において新設会社に承継されるものと定められた債務に係る債権者であっても、分割会社が重畳的債務引受や連帯保証を行う場合は、新設分割後に分割会社に対し債務の履行を請求できるため、②の場合を除き、債権者異議手続の対象となりません。）（会社810①二）

② 　分割会社が分割対価として交付された新設会社の株式を、全部取得条項付株式の取得対価又は剰余金の配当として株主に分配する場合における債権者（同810①二括弧書）

債権者異議申述期間は1か月以上と定められています（同789②ただし書・799②ただし書）。また、債権者異議手続が終了していない場合には新設分割による設立登記ができず（商登86八）、新設分割の効力は生じませんので、債権者異議手続は、新設分割の効力発生の前までには終了させておく必要があります。したがって、分割会社は、異議を述べることができる債権者がいる場合、債権者異議申述期間（1か月以上）を確保できる時期にて新設分割をする旨等次に掲げる事項を官報に公告し、かつ、知れている債権者には各別に催告しなければなりません（会社810①②）。ただし、会社が官報のほか、定款に定めた時事に関する事項を掲載する日刊新聞紙又は電子公告により公告をする場合には、知れている債権者に各別に催告する必要はなくなります（同810③・939①二・三）。なお、分割会社の不法行為により生じた債務の債権者に対しては、各別の催告を省略することはできません（同810③括弧書）。

また、異議を述べることができる分割会社の債権者のうち、各別の催告を受けなかった債権者（官報による公告に加え、日刊新聞紙による公告又は電子公告を行った場合は、分割会社の不法行為債権者に限ります。）は、新設分割計画において新設分割後に分割会社に対して債務の履行を請求できないとされている場合も、新設分割の効力発生日の財産額を

第6章 組織再編 第3 会社分割 383

限度として、分割会社に対して当該債務の履行を請求でき（同764②）、また、新設分割計画において新設分割後に新設会社に対して債務の履行を請求できないとされている場合であっても、承継した財産額を限度として、新設会社に対して当該債務の履行を請求することができます（同764③）。なお、改正前会社法では、分割会社に知れている債権者かどうかによって、その保護のあり方に差が生じることとなっていましたが、平成26年改正会社法では、そのような差はなくなりました。

【公告・催告事項】（会社810②各号）

---

① 新設分割をする旨
② 新設会社の商号及び住所
③ 分割会社の計算書類に関する事項として法務省令で定めるもの（会社規208）
④ 債権者が一定の期間内に異議を述べることができる旨

債権者が異議申述期間内に異議を述べなかったときは、その債権者は新設分割について承認をしたものとみなされます（会社810④）。他方、債権者が異議申述期間内に異議を述べた場合は、新設分割をしてもその債権者を害するおそれがないときを除き、異議を述べられた会社は、その債権者に対し、弁済し、若しくは相当の担保を提供し、又はその債権者に弁済を受けさせることを目的として信託会社等に相当の財産を信託しなければなりません（同810⑤）。

作成書類等 ○公告・催告（債権者異議）
○異議申述書

13 新株予約権証券提出手続 ▶会社293・219

新設分割計画の内容として、分割会社の新株予約権者に対して、その者が有する分割会社の新株予約権に代えて新設会社の新株予約権が交付されることが定められている場合（この定めのある分割会社の新株予約権を「新設分割計画新株予約権」といいます（会社763十イ）。）において、新設分割計画新株予約権に新株予約権証券（又は新株予約権付社債券。以下この項において同じです。）が発行されている場合は、新株予約権証券を新設分割の効力発生日までに提出しなければならない旨を効力発生日の1か月前までに公告し、新株予約権者及び登録新株予約権質権者に通知しなければなりません（同293①五）。

なお、分割会社が、会社法763条12号イの定めにより全部取得条項付種類株式を取得する場合において、当該種類株式につき株券が発行されている場合には、当該株券を新設分割の効力発生日までに提出しなければならない旨を、効力発生日の1か月前までに公告し、全部取得条項付種類株式の株主及び登録株式質権者に通知しなければなりません（同219①三）。

作成書類等 ○通知及び公告（新株予約権証券提出手続・株券提出手続）

14 反対株主の株式買取請求 ▶会社806・807、振替155

(1) 新設会社分割に反対する株主は、会社に対し、原則として、株主総会（種類株主総会を含みます。）に先立って新設分割に反対する旨を通知し、かつ、株主総会において新設分割に反対したことを要件として（例外：会社806②二）、株式を公正な価格で買い取ることを請求できます（同806①②⑤。例外：同806①各号）。なお、株主は、振替法に係る振替株式の買取請求を行う場合には、振替機関から会社に対する個別株主通知がされた後4週間（振替令40）が経過する日までの間に、権利を行使する必要があります（振替154②③）。買取りの効力は、新設会社の成立の日に発生します（会社807⑥）。

(2) 分割会社は、株主に株式買取請求の機会を与えるため、新設分割計画承認株主総会決議の日からの2週間以内に、①新設分割をする旨、②新設会社の商号及び住所を全ての株主に通知又は公告をしなければなりません（同806③④）。また、新設分割計画承認株主総会決議前に通知又は公告を行うことについては禁止されていません。この通知は新設分割計画承認株主総会の招集通知と併せて行うこともできますが、新設分割計画承認株主総会の基準日時における株主と株式買取請求の機会を与えるための通知時点における株主が異なる場合には、個別に通知することが必要になります（同806④）。公告についても、株式買取請求の前提としてのこの公告と新株予約権買取請求の前提としての新株予約権者に対する公告、債権者異議手続における公告及び登録株式質権者・登録新株予約権質権者に対する公告を1回の公告で行うこともできます（実務上は、これらの公告を1回の公告で行う場合が多いようです。）。なお、分割会社が振替株式を発行している場合は、通知に代えて、当該通知をすべき事項を公告しなければならず（振替161②）、また、後述のとおり、併せて、会社の買取口座も公告しなければなりません（同155②）。

株式買取請求をする場合、株主は、上記の通知又は公告をした日から20日以内に、その株式買取請求に係る株式の数を明らかにして請求をしなければなりません（会社806⑤）。

株式の買取請求があった場合において、株式の価格の決定について、株主と分割会社との間に協議が調ったときは、分割会社は、新設会社の成立の日から60日以内にその支払をしなければなりません（同807①）。

株式の価格の決定について、新設会社の成立の日から30日以内に協議が調わないときは、株主又は分割会社は、その期間満了の日後30日以内に、裁判所に対し、価格の決定の申立てをすることができます（同807②）。新設会社の成立の日から60日以内に上記の申立てがないときは、その期間の満了後は、株主は、いつでも買取請求を撤回することができます（同807③）。

なお、裁判所に価格決定の申立てがされた場合には、会社は、裁判所が決定した価格に対して、効力発生日から60日が経過した後年6分の利息を支払わなければならないことから、株式買取請求の濫用を招く原因となっているとの指摘がされていました。そこで、平成26年改正会社法においては、会社の利息の負担の軽減を図ること及び株式買取請求の濫用を防止するという観点から、株式買取請求があった場合には、会社は、株式買取請求を行った株主に対し、株式の価格決定がされる前に、会社が公正な価格と認める額を支払うことができるようになりました（同807⑤）。

第6章　組織再編　　第3　会社分割　　385

(3)　また、平成26年改正会社法施行に伴う他の改正として、反対株主による株式買取請求権行使の際に会社の買取口座への振替申請が必要となったことが挙げられます。

　反対株主が株式買取請求を行った場合、会社の承諾を得ない限り、同請求を撤回することができないものとされていますが（同806⑦）、株式買取請求権を行使した反対株主は、買取りを請求した株式を市場等で売却することにより、事実上、会社の承諾を得ることなく株式買取請求を撤回することが可能となっていることが指摘されていました。

　そこで、振替法を改正し、株式買取請求権行使後における株式買取請求の撤回制限規定の実効性を確保するため、反対株主は、振替法に定める振替株式について株式買取請求を行う際、当該請求に係る振替株式について、会社の買取口座を振替先口座とする振替の申請を行うことを要するものとされました（振替155③。会社の買取口座に振替が行われれば、株主は同株式を市場等で売却することができなくなります。）。

　振替株式を発行する会社は、株式買取請求権が生じる組織再編等（吸収分割もこれに含まれます。）を行おうとする場合、振替機関等に対し、買取口座の開設の申出を行う必要があります（同155①。ただし、既に買取口座を開設されている場合や株式買取請求をすることができる振替株式の株主がいない場合は不要です。）。また、会社は、株式買取請求に係る公告を行う場合、併せて、会社の買取口座も公告しなければなりません（同155②）。

　また、会社は、株式買取請求の振替申請により会社の買取口座に記載・記録された振替株式について、組織再編等の効力発生日まで、自己の口座を振替先口座とする振替の申請を行うことができません（同155④）。そして、反対株主による株式買取請求の撤回につき承諾した場合には、遅滞なく、当該撤回に係る振替株式について、当該株主の口座を振替先口座とする振替の申請を行わなければなりません（同155⑤）。

作成書類等　○通知又は公告（株式買取請求）
　　　　　　　○株式売買契約書
　　　　　　　○株式買取請求書

15　新株予約権買取請求　　▶会社808・809

　①「新設分割計画新株予約権」の新株予約権者のうち、(a)当該新株予約権者に対して交付される新設会社の新株予約権の内容等についての新設分割計画の定めが新株予約権発行時において定められた条件に合致しないもの、及び(b)新株予約権発行時に新設分割の際に新設会社の新株予約権を交付する定めのなかったもの、②新株予約権の発行の際には新設分割の際に新設会社の新株予約権が交付される定めがあったのに、新設分割計画では、「新設分割計画新株予約権」とされなかったものは、新株予約権を公正な価格で買い取ることを請求できます（会社808①二イロ）。

　なお、新株予約権者が新株予約権付社債に付された新株予約権の買取りを請求する場合には、併せて、新株予約権付社債についての社債の買取りも請求しなければなりません（同

808②)。ただし、当該新株予約権付社債に付された新株予約権について別段の定めがある場合はこの限りではありません。また、買取りを請求するのが振替新株予約権又は振替新株予約権付社債である場合は、買取口座（振替183①・215①）を振替先口座とする振替の申請をしなければなりません（同183④・215④）。

分割会社は、新株予約権者に新株予約権買取請求の機会を与えるため、新設分割計画承認株主総会の日から2週間以内に、①新設分割をする旨、②新設会社の商号及び住所を、全ての「新設分割計画新株予約権」の新株予約権者、及び新株予約権の発行の際には新設分割の際に新設会社の新株予約権が交付される定めがあったのに新設分割計画では「新設分割計画新株予約権」とされなかった新株予約権者に、通知又は公告をしなければなりません（会社808③④）（新株予約権発行時の条件と新設分割計画の定めが合致しているか否かの判断が難しい場面も想定されることから、全ての「新設分割計画新株予約権」の新株予約権者に通知又は公告をしなければならないとされていますので注意が必要です。）。また、振替新株予約権又は振替新株予約権付社債を発行している場合は、併せて、買取口座についても通知又は公告をしなければなりません（振替183②③・215②③）。

新株予約権買取請求をする場合、株主は、上記の通知又は公告をした日から20日以内に、その新株予約権買取請求に係る新株予約権の内容及び数を明らかにして請求をしなければなりません（会社808⑤）。

新株予約権の買取請求があった場合において、新株予約権（併せて新株予約権付社債についての社債の買取請求があったときは当該社債も含みます。）の価格の決定について、新株予約権者と分割会社との間に協議が調ったときは、分割会社は、新設会社の成立の日から60日以内にその支払をしなければなりません（同809①）。

新株予約権の価格の決定について、新設会社の成立の日から30日以内に協議が調わないときは、新株予約権者又は分割会社は、その期間の満了の日後30日以内に、裁判所に対し、価格の決定の申立てをすることができます（同809②）。新設会社成立の日から60日以内に上記の申立てがないときは、その期間の満了後は、新株予約権者は、いつでも買取請求を撤回することができます（同809③）。

買取りの効力は、新設会社の成立の日に発生します（同809⑥）。

なお、平成26年改正会社法においては、14で述べたとおり、会社の利息の負担の軽減を図ること及び株式買取請求の濫用を防止するという観点から、会社は、株式買取請求を行った株主に対し、株式の価格決定がされる前に、会社が公正な価格と認める額を支払うことができることになりましたが、新株予約権買取請求の場合も、これと同様に、分割会社は、新株予約権買取請求を行った新株予約権者に対し、新株予約権の価格決定がされる前に、分割会社が公正な価格と認める額を支払うことができることになりました（同809⑤）。

作成書類等 ○通知又は公告（新株予約権買取請求）
　　　　　　○新株予約権買取請求書
　　　　　　○新株予約権売買契約書

第6章　組織再編　第3　会社分割　　387

16　登録株式質権者・登録新株予約権質権者に対する通知・公告

▶会社804

　分割会社は、新設分割計画承認株主総会の日から2週間以内に登録株式質権者及び会社法808条3項2号に定める新株予約権の登録新株予約権質権者に対し、新設分割をする旨を通知又は公告をしなければなりません（会社804④⑤）。

　なお、分割会社が振替株式を発行している場合は、登録株式質権者に対しては、通知に代えて当該通知をすべき事項を公告しなければなりません（振替161②）。

作成書類等　○通知又は公告（登録株式質権者・登録新株予約権質権者）

17　振替機関への通知

▶株式等の振替に関する業務規程105、株式等の振替に関する業務規程施行規則160

　分割会社が、分割対価として交付された新設会社の振替株式を、新設分割の効力発生日において、全部取得条項付種類株式の取得対価又は剰余金の配当として分割会社の株主に交付する場合には、振替申請を行いますが、その際、新設会社の株式及び分割会社の株式がいずれも振替株式であるときは、分割会社は、新設分割の効力発生日の2週間前までに、振替機関に対し、一定の事項を通知しなければなりません（株式等の振替に関する業務規程105①、株式等の振替に関する業務規程施行規則160・161）。

18　分割期日（効力発生日）・登記

▶会社764・924

　新設分割においては、新設会社の成立の日、すなわち新設会社の設立の登記がなされた日が新設分割の効力発生日となります（会社764①・49）。

　新設会社は、新設分割の効力発生日に、新設分割計画の定めに従い、分割会社の権利義務を承継します（同764①）。分割会社は、新設会社の成立の日に、新設会社の株式を割り当てられた場合はその株主に、新設会社の社債を割り当てられた場合はその社債権者に、新設会社の新株予約権を割り当てられた場合はその新株予約権者に、新設会社の新株予約権付社債を割り当てられた場合はその社債権者及び新株予約権付社債に付された新株予約権の新株予約権者に、それぞれなります（同764⑧⑨）。また、新設分割の効力発生日に、新設分割計画新株予約権（⒀参照）は消滅し、当該新設分割計画新株予約権の新株予約権者は、新設会社の新株予約権者になります（同764⑪）。権利義務の変動につき対抗要件が必要な場合には、新設会社において別途対抗要件を備える必要があります。

　なお、銀行等特定の業種又は会社については、主務大臣の認可を受けなければ新設分割の効力が生じないとされていますので留意が必要です。

　新設分割をした場合には、分割会社及び新設会社は、次に掲げる日のいずれか遅い日から2週間以内に、それぞれの本店の所在地において、分割会社については変更の登記をし、新設会社については設立の登記をしなければなりません（同924、商登84・86〜88）。

① 新設分割計画承認株主総会の決議の日
② 新設分割をするための種類株主総会の決議の日
③ 株式買取請求に係る通知又は公告をした日から20日を経過した日
④ 新株予約権買取請求に係る通知又は公告をした日から20日を経過した日
⑤ 債権者異議手続の終了した日
⑥ 新設分割をする会社が定めた日

作成書類等　○公告（効力発生日変更の場合）
　　　　　　　　○登記申請書

19　分割対価の交付　　　　　　　　　　　　　　　　　　　　▶会社763

分割会社に対しては、新設分割計画の定めに従って、新設会社の株式、社債、新株予約権、新株予約権付社債を交付することができます（会社763①六・八）。

20　事後開示　　　　　　　　　　　　　　　　▶会社811・815、会社規209

分割会社は、新設会社と共同して、新設会社の成立の日後遅滞なく新設分割に関する事項として法務省令で定める事項を記載等した書面等を作成しなければなりません（会社811①一、会社規209）。また、当該書面等は、それぞれ両当事会社において、新設会社の成立の日から6か月間本店に備え置かなければなりません（会社811②・815③二、会社規209）。

分割会社の株主、債権者その他の利害関係人は分割会社に対し、新設会社の株主、債権者その他の利害関係人は新設会社に対し、それぞれ、事後開示書類等の閲覧・謄抄本交付請求等をすることができます（会社811③・815⑤）。

なお、上場会社において新設分割がなされた場合、効力発生日以後速やかに、事後開示書類の写しを証券取引所に提出しなければなりません（上場規程402①、上場規程規417九ｄ）。

【事後開示書類等に記載等すべき事項】

① 効力発生日
② 分割会社における新設分割の差止請求手続の経過に関する事項
③ 分割会社における株式買取請求手続の経過に関する事項
④ 分割会社における新株予約権買取請求手続の経過に関する事項
⑤ 分割会社における債権者異議手続の経過に関する事項
⑥ 新設分割により新設会社が分割会社から承継した重要な権利義務に関する事項
⑦ 上記のほか新設分割に関する重要な事項

作成書類等　○事後開示書類　等

第6章　組織再編　　第3　会社分割　　389

21　分割無効の訴え　　　　　　　　　　　　　　　　　　　　▶会社828

　　新設分割の無効は、新設分割の効力発生日から6か月以内に、訴えをもってのみ主張することができます（会社828①十）。

第4　株式交換・株式移転

49　株式交換の手続

> ### スケジュール

◆取締役会設置会社

日程	法定期間・期限	株式交換完全親会社	株式交換完全子会社	参照
		株式交換の計画立案	株式交換の計画立案	
		（公正取引委員会との協議）	（公正取引委員会との協議）	①
		基本合意・秘密保持契約の締結	基本合意・秘密保持契約の締結	
		デューデリジェンス	デューデリジェンス	
	業務執行機関により決定された場合は直ちに	適時開示・プレスリリース	適時開示・プレスリリース	②
	取締役会決議後速やかに	保振機構への通知	保振機構への通知	②
	業務執行機関により決定された場合は遅滞なく	臨時報告書の提出	臨時報告書の提出	③
		株式交換契約承認取締役会	株式交換契約承認取締役会	④
	業務執行機関により決定された場合は直ちに	適時開示（追加）	適時開示（追加）	②
		訂正報告書の提出	訂正報告書の提出	③
		買取口座の開設	買取口座の開設	⑫
		株式交換契約の締結	株式交換契約の締結	⑤
		株主総会招集のための取締役会	株主総会招集のための取締役会	⑧
6/13		株主総会招集通知発送	株主総会招集通知発送	⑧
		（有価証券届出書・有価証券通知書の提出）		⑥
		事前開示書類等備置開始	事前開示書類等備置開始	⑦
6/14		株主総会の日の2週間前の日	株主総会の日の2週間前の日	
		反対株主の株式交換に反対する旨の会社に対する通知	反対株主の株式交換に反対する旨の会社に対する通知	⑫
6/28		株式交換契約承認株主総会	株式交換契約承認株主総会	⑧
		（種類株主総会）	（種類株主総会）	⑨

第6章 組織再編　第4 株式交換・株式移転

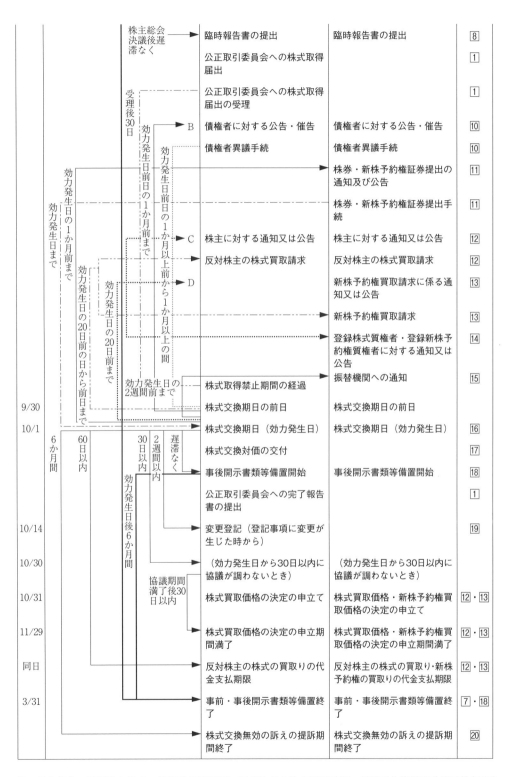

392 第6章 組織再編 第4 株式交換・株式移転

株式交換（短期集中型） ※ 株主総会や債権者異議手続等を並行して行うことにより、短期間で行う場合の手続の流れの概略です。

株式交換完全親会社

		株主総会	種類株主総会		債権者異議手続	株式買取請求手続

日程					
		計画立案			
		秘密保持契約締結、デューデリジェンス、基本合意の締結、プレスリリース			
		株式交換契約承認取締役会			
					買取口座の開設
		株式交換契約の締結			
5/22	効力発生日前日の1か月以上前			公告・催告	
6/3	効力発生日の20日前まで				
6/9	効力発生日の20日前の日から				通知又は公告
6/12	総会の2週間前まで	招集通知	招集通知	債権者異議手続（1か月以上）	総会に先立ってする株式交換に反対する旨の会社に対する通知
		↑ 2週間前	↑ 2週間前		反対株主の買取請求
6/28	効力発生日の前日	株主総会	種類株主総会		
6/29	効力発生日				
		株式交換対価の交付			
	効力発生日の後遅滞なく				
	登記事項に変更が生じた日から2週間以内	変更登記			
7/28	（効力発生日から30日以内に協議が調わないとき）				会社と株主との買取価格の協議
8/27	協議期間終了後30日以内				株式買取価格の決定の申立て
	効力発生日から60日以内				反対株主の株式の買取り
12/28	効力発生日後6か月	株式交換無効の訴えの提訴期間終了			

第6章 組織再編　第4 株式交換・株式移転

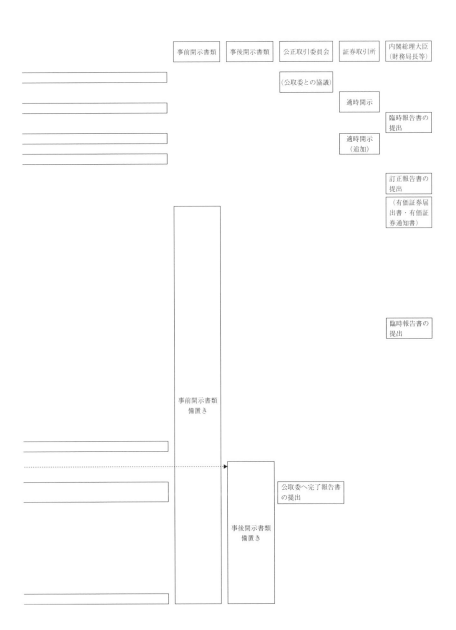

394　第6章　組織再編　第4　株式交換・株式移転

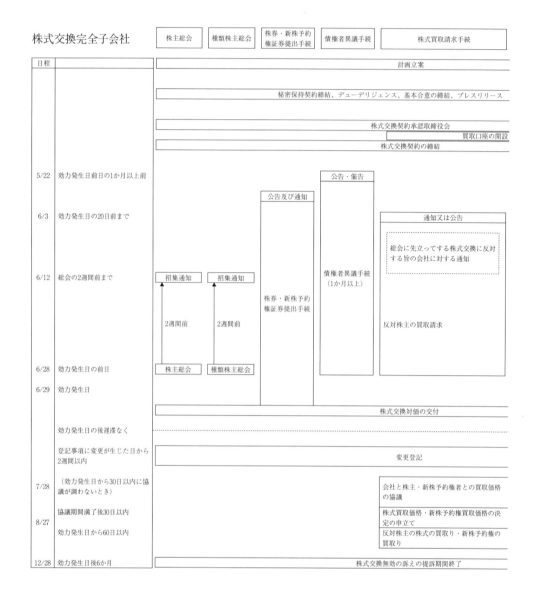

第6章　組織再編　　第4　株式交換・株式移転

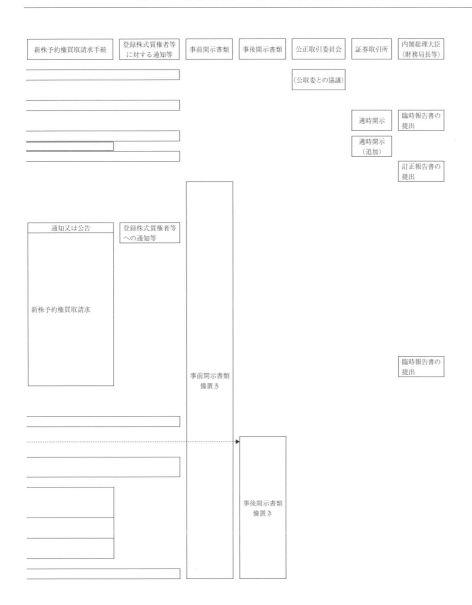

解　説

　株式交換とは、株式会社がその発行済株式の全部を他の株式会社又は合同会社に取得させることをいいます（会社2三十一）。この制度は、株式交換によって完全親会社となる会社（株式交換完全親会社）の株式等その他の対価と引換えに、株式交換によって完全子会社となる会社（株式交換完全子会社）の株主が有していた株式交換完全子会社の株式を全て株式交換完全親会社に移転することによって100％親子会社関係を創設する制度です。企業集団において従前からの子会社を100％子会社化する場合や、企業買収の一手段として用いられますが、株式買収等と比較して買収のための資金の手当てを必要としない点や、合併と比較して買収の対象会社の潜在的な負債を承継しない点がメリットとして挙げられます。

　原則として、株式交換契約は、株式交換完全親会社及び株式交換完全子会社の両当事会社において、株主総会決議による承認を受けなければなりません。一方で、株主総会決議による承認が不要となる場合もあります（第6章　第4　50・51参照）。なお、改正前会社法では、略式株式交換ではない株式交換については、株主による差止請求に係る明文規定が置かれていませんでしたが、平成26年改正会社法では、株式交換により不利益を受ける株主の事前の救済手段として、株式交換が法令又は定款に違反する場合において、当事会社の株主が不利益を受けるおそれがあるときは、株主は、当該株式交換の効力発生前にその差止めを請求することができることとなりました（同784の2一・796の2一）。

　本スケジュール及び解説は、株式会社（取締役会設置会社）同士が株式交換をする場合において、定時株主総会において株式交換契約を承認するケースを対象としています。

1　公正取引委員会への株式取得届出等 ▶独禁9・10・11、独禁令16、独禁手続規7

　会社は、他の国内の会社の株式を取得し、又は所有することにより、国内において事業支配力が過度に集中することとなる会社となってはなりません（独禁9②）。また、銀行又は保険会社は、独占禁止法11条所定の除外事由に該当する場合を除き、他の国内の会社の議決権をその総株主の議決権の5％（保険会社については10％）を超えて有することになる場合は、その株式を取得し、又は、所有してはなりません（同11①）。さらに、会社は、株式を取得し、又は所有することにより一定の取引分野における競争を実質的に制限することとなる場合には、当該株式を取得し、又は所有してはならず、また、不公正な取引方法により、他の会社の株式を取得し、又は所有してはなりません（同10①）。

　また、金融業以外の事業を営む事業会社で、その国内売上高合計額（当該会社の国内売上高と、当該会社が属する企業結合集団（会社及び当該会社の子会社並びに当該会社の親会社であって他の会社の子会社でないもの及び当該親会社の子会社（当該会社及び当該会社の子会社を除きます。）からなる集団）に属する当該会社以外の会社等の国内売上高を公

正取引委員会規則で定める方法により合計した額。独禁手続規2の2・2の3）が200億円を超えるもの（株式取得会社）は、他の会社であって、その国内売上高と、当該他の会社の子会社の国内売上高を公正取引委員会規則で定める方法により合計した額が50億円を超えるものの株式を取得しようとする場合において、株式取得会社と、株式取得会社が属する企業結合集団に属する会社等の議決権保有比率の合計が一定の割合（20％、50％）を超える場合には、あらかじめ株式取得に関する計画を公正取引委員会に届け出なければなりません（独禁10②、独禁令16）。届出を行った会社は、原則として、届出受理の日から30日を経過するまでは株式取得をしてはなりません（独禁10⑧）。届出会社は、株式取得の効力が生じたときは、完了報告書を公正取引委員会に提出しなければなりません（独禁手続規7⑤）。

　なお、平成23年には、従来行われていた事前相談の制度は廃止されましたが、実務上は、株式交換手続を検討する段階から、公正取引委員会と事前に協議が行われており、公正取引委員会の審査手続を円滑に進めるためにも有用です（ただし、従前行われていた事前相談の制度とは異なり、公正取引委員会との事前協議において、企業結合の違法性に係る判断が示されることはありません。）。

作成書類等　○株式取得届出書
　　　　　　　　○完了報告書

2　適時開示等　　　　　　　　　　　　　　　　　　　　　　　▶上場規程402

　上場会社では、上場会社の業務執行を決定する機関が、株式交換を行うことについての決定をした場合、直ちにその内容を開示しなければなりません（上場規程402一ⅰ）。また、上場会社は、その場合、証券取引所に所定の時期に、所定の書類の提出を行うものとされています（上場規程421①、上場規程規417六）。なお、業務執行を決定する機関が株式交換を行うことについての決定をした時点では、まだ開示事項の全てが決定されていない場合もあります。そのように、最初の開示時点において開示できない開示事項がある場合は、開示が可能となり次第「開示事項の経過」として速やかに追加開示を行います。

　株式等振替制度で取り扱う株式等を発行している会社は、株式交換契約の内容を決定した場合、取締役会決議後速やかに保振機構に対しその内容を通知しなければなりません（株式等の振替に関する業務規程12、株式等の振替に関する業務規程施行規則6・別表1. 1(13)）。

作成書類等　○適時開示（「株式交換に関するお知らせ」等）

3　臨時報告書　　　　　　　　　　　　　　　　　▶金商24の5、企業開示府令19

　有価証券報告書提出会社においては一定の要件（企業開示府令19②六の二）に該当する、株式交換を行うことを業務執行機関により決定した場合には、遅滞なく、内閣総理大臣（財務局長等）に臨時報告書を提出しなければなりません（金商24の5④）。株式交換契約の内容の変更等臨時報告書の記載事項に変更が生じたときは、訂正報告書を提出しなければなりません（同24の5⑤・7）。

【企業内容等の開示に関する内閣府令19条2項6号の2に基づく臨時報告書の記載事項】

① 株式交換の相手会社の商号、本店の所在地、代表者の氏名、資本金の額、純資産の額、総資産の額及び事業の内容
② 相手会社の最近3年間の売上高、営業利益、経常利益及び純利益
③ 相手会社の大株主の氏名又は名称及び発行済株式の総数に占める大株主の持株数の割合
④ 相手会社との間の資本関係、人的関係及び取引関係
⑤ 株式交換の目的
⑥ 株式交換の方法、株式交換比率その他株式交換契約の内容
⑦ 株式交換比率の算定根拠
⑧ 株式交換完全親会社の商号、本店の所在地、代表者の氏名、資本金の額、純資産の額、総資産の額及び事業の内容
⑨ 株式交換に係る割当ての内容が株式交換完全親会社の株式、社債、新株予約権又は新株予約権付社債以外の有価証券に係るものである場合、当該有価証券の発行者について①から④に掲げる事項

作成書類等 ○臨時報告書
○訂正報告書

4 株式交換契約承認取締役会 ▶会社362・399の13・416・348

　取締役会設置会社では、株式交換契約の内容の決定は取締役会で行います（会社362④）。監査等委員会設置会社及び指名委員会等設置会社においても同様です（同399の13④⑤十六・416④十九）。なお、取締役会非設置会社では、定款に別段の定めがある場合を除き、取締役の過半数をもって決定します（同348②）。

作成書類等 ○取締役会招集通知　※省略できる場合あり
○取締役会議事録

5 株式交換契約の締結 ▶会社767・768

　株式交換をする場合には、当事会社は、下記の法定決定事項（会社768）を定めた株式交換契約を締結しなければなりません（同767）。株式交換契約に要式行為性はありませんが、株式交換契約書が株式交換に係る登記の添付書面として要求されている関係上（商登89一）、株式交換契約書の作成は必要です。

【株式交換契約の法定決定事項】

① 株式交換完全親会社及び株式交換完全子会社の商号及び住所
② 株式交換完全親会社が株式交換完全子会社の株主に対し、その株式に代えて交付

する株式、社債、新株予約権、新株予約権付社債、その他の財産の内容及び数若しくは額又はそれらの算定方法（また、株式交換完全親会社が株式を交付するときは、株式交換完全親会社の資本金及び準備金の額に関する事項）
③　②の割当てに関する事項
④　株式交換完全親会社が株式交換完全子会社の新株予約権者に対して当該新株予約権に代わる株式交換完全親会社の新株予約権を交付するときは、それらの内容に関する事項及び新株予約権の割当てに関する事項。この場合において、当該新株予約権が新株予約権付社債に付されたものであるときは、株式交換完全親会社が当該新株予約権付社債についての社債に係る債務を承継する旨及び承継に係る社債の種類、種類毎の合計額又はその算定方法
⑤　④の割当てに関する事項
⑥　効力発生日

作成書類等　○株式交換契約書

6　有価証券届出書・有価証券通知書

▶金商2の2・4・5・8・15、金商令2の2～2の7、企業開示府令4・8

　株式交換において株式交換完全子会社の株主等に株式交換完全親会社の有価証券が発行又は交付され、当該株式交換に係る事前開示書類の備置き（[7]参照）が特定組織再編成発行手続（金商2の2④、金商令2の2～2の5）又は特定組織再編成交付手続（金商2の2⑤、金商令2の6～2の7）に該当する場合において、株式交換完全子会社が開示会社で、株式交換完全子会社の株主等に発行又は交付される有価証券について開示が行われておらず、かつ、発行価額又は売出価額の総額が1億円以上のときは、当該有価証券の発行会社は、内閣総理大臣（財務局長等）に対し、有価証券届出書の提出を行わなければなりません（金商5①、企業開示府令8）。当該届出は、特定組織再編成発行手続又は特定組織再編成交付手続の前、すなわち、株式交換完全子会社による事前開示書類の備置き（[7]参照）より前に行う必要があります（金商2の2③参照）。有価証券届出書は、内閣総理大臣（財務局長等）が受理した日から15日を経過した日にその効力を生じ（金商8①）（有価証券届出書の提出時に申出をすることにより、直ちに若しくは届出書を受理した日の翌日に届出の効力が生じることになる可能性があります（同8③、企業内容等開示ガイドラインB8－1・8－3）。）、発行会社は、届出の効力が生じているのでなければ、特定組織再編成発行手続又は特定組織再編成交付手続により、有価証券を取得させてはなりません（金商15①）。

　なお、金融商品取引法5条4項に規定する一定の要件を満たす場合は、当該有価証券の発行会社は、参照方式により有価証券の届出を行うことができます（同5④、企業開示府令9の4）。この場合は、内閣総理大臣（財務局長等）が受理した日から、おおむね7日を経過した日に届出の効力が発生します（企業内容等開示ガイドラインB8－2②③）。

　また、株式交換において株式交換完全子会社の株主等に株式交換完全親会社の有価証券が発行又は交付され、当該株式交換に係る事前開示書類の備置き（[7]参照）が特定組織再

編成発行手続又は特定組織再編成交付手続に該当する場合において、株式交換完全子会社が開示会社で、株式交換完全子会社の株主に発行又は交付される有価証券について開示が行われておらず、かつ、発行価額又は売出価額の総額が1,000万円超1億円未満のときは、発行会社は、特定組織再編成発行手続又は特定組織再編成交付手続が開始される前に、内閣総理大臣（財務局長等）に対し、有価証券通知書の提出を行わなければなりません（金商4⑥、企業開示府令4①⑤）。

作成書類等　○有価証券届出書
　　　　　　　　○有価証券通知書

7　事前開示　　　　　　　　　　　▶会社782・794、会社規184・193

　当事会社は、株式交換契約の内容その他法務省令で定める事項を記載等した書面等を作成し、本店に備え置かなければなりません（会社782①・794①、会社規184・193）。株式交換完全子会社の株主及び新株予約権者、株式交換完全親会社の株主及び一定の場合における債権者はこれらの事前開示書類等の閲覧・謄抄本交付請求等をすることができます（会社782③・794③）。

　備置きの期間は、次に掲げる日のいずれか早い日から株式交換の効力発生日後6か月を経過する日までです（同782①②・794①②）。

① 株式交換契約について承認を受ける株主総会の日の2週間前の日（会社法319条1項の場合にあっては、同項の提案があった日）
② 反対株主の株式買取請求に係る通知又は公告のいずれか早い日
③ 新株予約権買取請求に係る通知又は公告のいずれか早い日（株式交換完全子会社のみ）
④ 債権者異議手続の催告又は公告のいずれか早い日
⑤ ①から④までのいずれにも該当しない場合には株式交換契約締結の日から2週間を経過した日（株式交換完全子会社のみ）

【事前開示書類等に記載等すべき事項】

---

① 株式交換契約の内容（株式交換契約書）
② 株式交換の対価の相当性に関する事項
③ 交換対価について参考となるべき事項（株式交換完全子会社のみ）
④ 株式交換に係る新株予約権の定めの相当性に関する事項
⑤ 相手方当事会社の計算書類等の内容（相手方当事会社の最終事業年度に係る計算書類等（臨時計算書類等）の内容、重要な後発事象等の内容等）
⑥ 重要な後発事象等の内容
⑦ 効力発生日以後における株式交換完全親会社の債務の履行の見込みに関する事項
⑧ ①から⑦に掲げる事項に変更が生じたときは、変更後の当該事項

作成書類等　○事前開示書類　等

第6章　組織再編　第4　株式交換・株式移転　　401

8　株式交換契約承認株主総会　　　　　　　　　　▶会社783・795

　当事会社は、株式交換の効力発生日の前日までに、それぞれ株主総会の決議によって、株式交換の承認を受けなければなりません（会社783①・795①）。株式交換完全親会社においては特別決議によらなければなりません（同309②十二）。株式交換完全子会社においては株式交換完全子会社の株主に交付される対価に応じて決議要件が異なります。原則は、特別決議ですが（同309②十二）、一定の場合は、特殊決議や総株主の同意を要します（同309③二・783②）。株主総会の手続については第1章　第1　1を参照してください。

　株式交換完全親会社において、取締役は、株式交換完全親会社が株式交換完全子会社の株主に対して交付する対価（株式交換完全親会社の株式等が対価である場合を除きます。）の帳簿価格が株式交換完全親会社が承継する株式交換完全子会社の株式の額を超える場合には、その旨を株式交換完全親会社の株主総会において説明しなければなりません（同795②三）。

　なお、上場会社は、株主総会において決議事項が決議された場合、遅滞なく、臨時報告書を内閣総理大臣（財務局長等）に提出しなければなりません（金商24の5④、企業開示府令19②九の二）。

【企業内容等の開示に関する内閣府令19条2項9号の2に基づく臨時報告書の記載事項】

---

① 　株主総会が開催された年月日
② 　決議事項の内容
③ 　決議事項に対する賛成、反対及び棄権の意思の表示に係る議決権の数、決議事項が可決されるための要件並びに決議の結果
④ 　③の議決権の数に株主総会に出席した株主の議決権の数の一部を加算しなかった場合には、その理由

作成書類等　○株主総会招集通知　※省略できる場合あり
　　　　　　　○株主総会議事録（株式交換契約の承認）
　　　　　　　○臨時報告書

9　種類株主総会　　　　　　　　　　▶会社783・795・322・323

　種類株主総会は以下の場合に必要となります。なお、株式交換完全子会社が種類株式発行会社である場合において、株式交換対価が持分等であるときは、当該持分等の割当てを受ける種類の株主の全員の同意がなければ株式交換の効力は生じません（会社783④）。
① 　株式交換完全親会社が種類株式発行会社であって譲渡制限株式を発行している場合において、株式交換の対価として株式交換完全親会社の譲渡制限株式が交付される場合には、原則として当該株式の株主を構成員とする種類株主総会の特別決議による承認を得なければなりません（同795④三・324②六）。

② 株式交換完全子会社が種類株式発行会社であって株式交換の対価として譲渡制限株式等（会社規186）が交付される場合には、原則として当該譲渡制限株式等の割当てを受ける種類の株式の株主を構成員とする種類株主総会の特殊決議による承認を得なければなりません（会社783③・324③二）。

③ 株式交換に関する拒否権付種類株式を発行している場合においては、当該種類株式の株主を構成員とする種類株主総会の普通決議がなければ、株式交換の効力は生じません（同323・324①）。

④ 株式交換によりある種類株式の株主に損害を及ぼすおそれがある場合においても、原則として、当該種類株式の株主を構成員とする種類株主総会の特別決議がなければ、株式交換の効力は生じません（同322①十一・十二・324②四）。

作成書類等 ○種類株主総会議事録（株式交換契約の承認）

10 債権者異議手続 ▶会社789・799

株式交換完全親会社の債権者は、以下の場合に株式交換について異議を述べることができます。

① 株式交換の対価が株式交換完全親会社の株式及びこれに準ずるもののみではない場合（会社799①三）

② 株式交換契約新株予約権が、新株予約権付社債に付された新株予約権である場合（同799①三・768①四ハ）

また、株式交換契約新株予約権が、新株予約権付社債に付された新株予約権である場合には、株式交換完全子会社の当該新株予約権付社債についての社債権者は、株式交換に異議を述べることができます（同789①三）。

債権者異議申述期間は1か月以上と定められています（同789②ただし書・799②ただし書）。また、債権者異議手続が終了していない場合には、株式交換の効力が発生しませんので（同769⑥）、債権者異議手続は、株式交換の効力発生日の前日までには終了させておく必要があります。したがって、当事会社は、債権者異議申述期間（1か月以上）を確保できる時期にて株式交換をする旨等次に掲げる事項を官報に公告し、かつ、知れている債権者には、各別に催告しなければなりません（同789①②・799①②）。ただし、会社が官報のほか、定款に定めた時事に関する事項を掲載する日刊新聞紙又は電子公告により、公告をする場合には、知れている債権者に各別に催告する必要はなくなります（同789③・799③・939①二・三）。

【公告・催告事項】

---

① 株式交換をする旨

② 相手方当事会社の商号及び住所

③ 当事会社の計算書類に関する事項として法務省令で定めるもの（会社規188・199）

④ 債権者が一定の期間内に異議を述べることができる旨

第6章　組織再編　第4　株式交換・株式移転　403

　債権者が異議申述期間内に異議を述べなかったときは、その債権者は株式交換について承認をしたものとみなされます（会社789④・799④）。他方、債権者が異議申述期間内に異議を述べた場合は、株式交換をしてもその債権者を害するおそれがないときを除き、異議を述べられた会社は、その債権者に対し、弁済し、若しくは相当の担保を提供し、又はその債権者に弁済を受けさせることを目的として信託会社等に相当の財産を信託しなければなりません（同789⑤・799⑤）。

作成書類等　○公告・催告（債権者異議）
　　　　　　　○異議申述書

11　株券提出手続・新株予約権証券提出手続　　▶会社219・293

　株式交換完全子会社が株券発行会社である場合、株式交換完全子会社は、株券を株式交換の効力発生日までに提出しなければならない旨を効力発生日の1か月前までに公告し、かつ、株主及び登録株式質権者に通知しなければなりません（会社219①七）。ただし、株式の全部について株券を発行していない場合は不要です。

　株式交換完全子会社が新株予約権証券（又は新株予約権付社債券。以下この項において同じです。）を発行している場合、新株予約権証券を株式交換の効力発生日までに提出しなければならない旨を効力発生日の1か月前までに公告し、新株予約権者及び登録新株予約権質権者に通知しなければなりません（同293①六）。

　なお、上場会社の場合は、株式等振替制度により、全て株券不発行会社となったことから、上場会社が完全子会社となる株式交換手続においては、株券・新株予約権証券提出手続は不要です。

作成書類等　○通知及び公告（株券提出手続・新株予約権証券提出手続）

12　反対株主の株式買取請求　　▶会社785・786・797・798、振替155

(1)　株式交換に反対の株主は、会社に対し、原則として、株主総会（種類株主総会を含みます。）に先立って株式交換に反対する旨を通知し、かつ、株主総会において株式交換に反対することを要件として（例外：会社785②一ロ・二・797②一ロ・二）、株式交換の効力発生日の20日前の日から効力発生日の前日までの間に、株式を公正な価格で買い取ることを請求できます（同785①②⑤・797①②⑤。例外：同785①一）。なお、株主は、振替法に係る振替株式の買取請求を行う場合には、振替機関から会社に対する個別株主通知がされた後4週間（振替令40）が経過する日までの間に、権利を行使する必要があります（振替154②③）。

　株式交換完全親会社及び株式交換完全子会社のいずれにおいても、買取りの効力は、株式交換の効力発生日に発生します（会社786⑥・798⑥）。改正前会社法では、株式交換完全親会社においては、買取りの効力は当該株式の代金の支払のときに発生するとされていましたが、株式買取請求を受けた会社が価格決定の申立てにつき裁判所が決定した価格に対して、効力発生日から60日が経過した後年6分の利息を支払わなければならない

こと（同798④）との関係で、株式買取請求を行った株主は、代金の支払までは、その代金に対する利息を受領しつつ、剰余金配当請求権も有し得ることになるという、二重取りをすることができることとなり相当でないこと等が指摘されていました。そこで、平成26年改正会社法においては、買取りの効力は株式交換の効力発生日に発生することとされました。

(2)　当事会社は、株主に株式買取請求の機会を与えるため、株式交換の効力発生日の20日前までに、①株式交換をする旨、②相手会社の商号及び住所を、全ての株主に通知をしなければなりません（同785③・797③。例外：同783④・785①各号）。この通知は株式交換契約承認株主総会の招集通知と併せて行うこともできますが、株式交換契約承認株主総会の基準日時における株主と株式買取請求の機会を与えるための通知時点における株主が異なる場合には、個別に通知することが必要になります。当事会社が公開会社であるか、株主総会決議で株式交換契約の承認を受けた場合には公告をもって通知に代えることができます（同785④・797④）。公告についても、株式買取請求の前提としてのこの公告と新株予約権買取請求の前提としての新株予約権者に対する公告、債権者異議手続における公告及び登録株式質権者・登録新株予約権質権者に対する公告を1回の公告で行うこともできます（実務上は、これらの公告を1回の公告で行う場合が多いようです。）。なお、当事会社が振替株式を発行している場合は、通知に代えて、当該通知をすべき事項を公告しなければならず（振替161②）、また、後述のとおり、併せて、会社の買取口座も公告しなければなりません（同155②）。

　　株式の買取請求があった場合において、株式の価格の決定について、株主とその当事会社との間に協議が調ったときは、当事会社は、効力発生日から60日以内にその支払をしなければなりません（会社786①・798①）。

　　株式の価格の決定について、効力発生日から30日以内に協議が調わないときは、株主又は当事会社は、その期間の満了の日後30日以内に、裁判所に対し、価格の決定の申立てをすることができます（同786②・798②）。効力発生日から60日以内に上記の申立てがないときは、その期間の満了後は、株主は、いつでも買取請求を撤回することができます（同786③・798③）。

　　なお、裁判所に価格決定の申立てがされた場合には、会社は、裁判所が決定した価格に対して、効力発生日から60日が経過した後年6分の利息を支払わなければならないことから、株式買取請求の濫用を招く原因となっているとの指摘がされていました。そこで、平成26年改正会社法においては、会社の利息の負担の軽減を図ること及び株式買取請求の濫用を防止するという観点から、株式買取請求があった場合には、会社は、株式買取請求を行った株主に対し、株式の価格決定がされる前に、会社が公正な価格と認める額を支払うことができるようになりました（同786⑤・798⑤）。

(3)　また、平成26年改正会社法施行に伴う他の改正として、反対株主による株式買取請求権行使の際に会社の買取口座への振替申請が必要となったことが挙げられます。

　　反対株主が株式買取請求を行った場合、会社の承諾を得ない限り、同請求を撤回することができないものとされていますが（同785⑦・797⑦）、株式買取請求権を行使した反対

株主は、買取りを請求した株式を市場等で売却することにより、事実上、会社の承諾を得ることなく株式買取請求を撤回することが可能となっていることが指摘されていました。

そこで、振替法を改正し、株式買取請求権行使後における株式買取請求の撤回制限規定の実効性を確保するため、反対株主は、振替法に定める振替株式について株式買取請求を行う際、当該請求に係る振替株式について、会社の買取口座を振替先口座とする振替の申請を行うことを要するものとされました（振替155③。会社の買取口座に振替が行われれば、株主は同株式を市場等で売却することができなくなります。）。

振替株式を発行する会社は、株式買取請求権が生じる組織再編等（株式交換もこれに含まれます。）を行おうとする場合、振替機関等に対し、買取口座の開設の申出を行う必要があります（同155①。ただし、既に買取口座を開設されている場合や株式買取請求をすることができる振替株式の株主がいない場合は不要です。）。また、会社は、株式買取請求に係る公告を行う場合、併せて、会社の買取口座も公告しなければなりません（同155②）。

また、会社は、株式買取請求の振替申請により会社の買取口座に記載・記録された振替株式について、組織再編等の効力発生日まで、自己の口座を振替先口座とする振替の申請を行うことができません（同155④）。そして、反対株主による株式買取請求の撤回につき承諾した場合には、遅滞なく、当該撤回に係る振替株式について、当該株主の口座を振替先口座とする振替の申請を行わなければなりません（同155⑤）。

作成書類等　○通知又は公告（株式買取請求）
　　　　　　　○株式売買契約書
　　　　　　　○株式買取請求書

13　新株予約権買取請求　　　　　　　　　　　　▶会社787・788

株式交換完全子会社の新株予約権であって、株式交換契約新株予約権のうち、株式交換完全親会社から交付される新株予約権の内容が、元々その権利の内容として定められていた条件に合致しないもの、又は新株予約権の内容として、株式交換の際に株式交換完全親会社の新株予約権が交付される旨定められているが、定められたとおりの取扱いがされない新株予約権の新株予約権者は、株式交換の効力発生日の20日前の日から効力発生日の前日までの間に、新株予約権を公正な価格で買い取ることを請求できます（会社787①三⑤）。なお、新株予約権者が新株予約権付社債に付された新株予約権の買取りを請求する場合には、別段の定めがない限り、併せて、新株予約権付社債についての社債の買取りも請求しなければなりません（同787②）。また、買取りを請求するのが振替新株予約権又は振替新株予約権付社債である場合は、買取口座（振替183①・215①）を振替先口座とする振替の申請をしなければなりません（同183④・215④）。買取りの効力は、株式交換の効力発生日に発生します（会社788⑥）。

株式交換完全子会社は、新株予約権者に新株予約権買取請求の機会を与えるため、株式交換の効力発生日の20日前までに、①株式交換をする旨、②株式交換完全親会社の商号及

び住所を、全ての「株式交換契約新株予約権」の新株予約権者及び新株予約権の発行の際には株式交換の際に株式交換完全親会社の新株予約権が交付される定めがあったのに株式交換契約では、「株式交換契約新株予約権」とされなかった新株予約権者に通知又は公告をしなければなりません（同787③④（新株予約権発行時の条件と株式交換契約の定めが合致しているか否かの判断が難しい場面も想定されることから、全ての「株式交換契約新株予約権」の新株予約権者に通知又は公告をしなければならないとされていますので注意が必要です。））。

また、振替新株予約権又は振替新株予約権付社債を発行している場合は併せて、買取口座についても通知又は公告をしなければなりません（振替183②③・215②③）。

新株予約権の買取請求があった場合において、新株予約権（併せて新株予約権付社債についての社債の買取請求があったときは当該社債も含みます。）の価格の決定について、新株予約権者と株式交換完全子会社との間に協議が調ったときは、株式交換完全子会社は、効力発生日から60日以内にその支払をしなければなりません（会社788①）。

新株予約権の価格の決定について、効力発生日から30日以内に協議が調わないときは、新株予約権者又は株式交換完全子会社は、その期間の満了の日後30日以内に、裁判所に対し、価格の決定の申立てをすることができます（同788②）。効力発生日から60日以内に上記の申立てがないときは、その期間の満了後は、新株予約権者は、いつでも買取請求を撤回することができます（同788③）。

なお、平成26年改正会社法においては、⑫で述べたとおり、会社の利息の負担の軽減を図ること及び株式買取請求の濫用を防止するという観点から、会社は、株式買取請求を行った株主に対し、株式の価格決定がされる前に、会社が公正な価格と認める額を支払うことができることになりましたが、新株予約権買取請求の場合も、これと同様に、株式交換完全子会社は、新株予約権買取請求を行った新株予約権者に対し、新株予約権の価格決定がされる前に、株式交換完全子会社が公正価格と認める額を支払うことができることになりました（同788⑤）。

作成書類等 ○通知又は公告（新株予約権買取請求）
　　　　　　　○新株予約権売買契約書
　　　　　　　○新株予約権買取請求書

14 登録株式質権者・登録新株予約権質権者に対する通知・公告

▶会社783

株式交換完全子会社は、株式交換の効力発生日の20日前までに登録株式質権者及び会社法787条3項3号に定める登録新株予約権質権者に対し、株式交換をする旨を通知又は公告しなければなりません（会社783⑤⑥）。

なお、株式交換完全子会社が振替株式を発行している場合は、登録株式質権者に対しては、通知に代えて、当該通知をすべき事項を公告しなければなりません（振替161②）。

作成書類等 ○通知又は公告（登録株式質権者・登録新株予約権質権者）

第6章　組織再編　第4　株式交換・株式移転　　407

15　振替機関への通知　　▶振替138

　株式交換完全子会社の株式が振替株式である場合において、株式交換完全親会社が株式交換に際して振替株式を交付しようとするときは、株式交換完全子会社は、株式交換の効力発生日の2週間前までに、振替機関に対し、株式交換完全子会社の振替株式の株主に対して株式交換に際して交付する振替株式の銘柄・株式交換完全子会社の振替株式の銘柄等、必要な事項を通知しなければなりません（振替138①）。他方、株式交換完全子会社の株式が振替株式ではない場合において、株式交換完全親会社が振替株式を交付するときは、株式交換完全子会社は、効力発生日の1か月前までに、株主等に対して、振替株式の新規記録をするための口座を通知すべき旨等の一定の事項を通知で行い（同160①・131①）、効力発生日以後遅滞なく、振替機関に対し、一定の事項を通知しなければなりません（同130①）。また、株式交換完全子会社の株式が振替株式である場合において、株式交換完全親会社が振替株式ではない株式を交付するときは、株式交換完全子会社は、効力発生日の2週間前までに、振替機関に対し、効力発生日等を通知しなければなりません（同160③・135①）。

作成書類等　○社債、株式等の振替に関する法律138条に基づく通知

16　株式交換期日（効力発生日）　　▶会社768・769・790

　株式交換においては、株式交換契約で株式交換の効力が生じる日と定めた日が効力発生日です（会社768①六）。債権者異議手続が終了していない場合又は株式交換を中止した場合を除き（同769⑥）、株式交換の効力発生日に、株式交換完全親会社は、株式交換完全子会社の発行済株式の全部を取得し、株式交換完全子会社の株主・新株予約権者等は、株式交換完全親会社の株式・新株予約権を割り当てられた場合は、株式交換契約の内容に従って株式交換完全親会社の株主・新株予約権者等になります（同769①③④）。

　株式交換完全子会社は、株式交換完全親会社との合意により、効力発生日を変更することができます（同790①）。その場合には、株式交換完全子会社は、変更前の効力発生日（変更後の効力発生日が変更前の効力発生日前の日である場合にあっては、当該変更後の効力発生日）の前日までに、変更後の効力発生日を公告しなければなりません（同790②）。

作成書類等　○公告（効力発生日変更の場合）

17　株式交換の対価の交付　　▶会社768

　株式交換における対価は、株式交換完全親会社の株式に限定されず、株式（親会社等他の会社の株式等も含みます。）・金銭・社債・新株予約権・新株予約権付社債等を株式交換の対価として用いることが可能です（会社768①二）。

　なお、株式交換完全親会社の株式を株式交換完全子会社の株主に対し機械的に持株数に比例して配分すると、各株主に交付する株式数に端数が生じ、競売等の処理が必要になる場合がありますが（同234①七）、株式交換契約において、割当比率の調整のための金銭の交付を定めることも可能です（同768①二ホ）。

18　事後開示　　　　　　　　　　　　　　　　　▶会社791・801、会社規190

　株式交換完全子会社は、株式交換の効力発生日後遅滞なく株式交換完全親会社と共同して、株式交換に関する事項として法務省令で定める事項を記載等した書面等を作成しなければなりません（会社791①二、会社規190）。また、この書面等は、それぞれ両当事会社において、効力発生日から6か月間本店に備え置かなければなりません（会社791②・801③三）。効力発生日に株式交換完全子会社の株主又は新株予約権者であった者、株式交換完全親会社の株主及び一定の場合の債権者は、これらの事後開示書類等の閲覧・謄抄本交付請求等をすることができます（同791④・801④⑥）。

　なお、上場会社において株式交換がなされた場合、効力発生日以後速やかに、事後開示事項を記載した書面を証券取引所に提出しなければなりません（上場規程402一、上場規程規417六ｄ）。

【事後開示書類等に記載等すべき事項】

---

①　効力発生日
②　当事会社における株式交換の差止請求手続の経過に関する事項
③　当事会社における株式買取請求手続の経過に関する事項
④　株式交換完全子会社における新株予約権買取請求手続の経過に関する事項
⑤　当事会社における債権者異議手続の経過に関する事項
⑥　株式交換により株式交換完全親会社に移転した株式の数（株式交換完全子会社が種類株式発行会社であるときは、株式の種類及び種類ごとの数）
⑦　①から⑥に掲げるもののほか、株式交換に関する重要な事項

作成書類等　○事後開示書類　等

19　登　記　　　　　　　　　　　　　　　　　　　　▶会社915、商登89

　株式交換をした場合、株式交換完全親会社においては、資本金、発行済株式総数等の登記事項（会社911③各号）に変更が生じることがあるため、かかる場合には変更の登記が必要です（同915①、商登89）。変更の登記は、原則、登記事項に変更が生じたときから2週間以内に本店の所在地において行わなければなりません（会社915①）。

作成書類等　○登記申請書

20　株式交換無効の訴え　　　　　　　　　　　　　　　　　▶会社828

　株式交換の無効は、株式交換の効力発生日から6か月以内に、訴えをもってのみ主張することができます（会社828①十一）。

第6章　組織再編　第4　株式交換・株式移転

50　簡易株式交換の手続

スケジュール

◆取締役会設置会社

日程	法定期間・期限	手続		参照
		株式交換完全親会社	株式交換完全子会社	
		株式交換の計画立案	株式交換の計画立案	
		（公正取引委員会との協議）	（公正取引委員会との協議）	①
		基本合意・秘密保持契約の締結	基本合意・秘密保持契約の締結	
		デューデリジェンス	デューデリジェンス	
	業務執行機関により決定された場合は直ちに →	適時開示・プレスリリース	適時開示・プレスリリース	②
	取締役会決議後速やかに →	保振機構への通知	保振機構への通知	②
	業務執行機関により決定された場合は遅滞なく →	臨時報告書の提出	臨時報告書の提出	③
		株式交換契約承認取締役会	株式交換契約承認取締役会	④
	業務執行機関により決定された場合は直ちに →	適時開示（追加）	適時開示（追加）	②
		訂正報告書の提出	訂正報告書の提出	③
		買取口座の開設	買取口座の開設	⑫
		株式交換契約の締結	株式交換契約の締結	⑤
		（種類株主総会招集のための取締役会）	株主総会招集のための取締役会	⑧
6/13	承認総会の2週間前まで →	（種類株主総会招集通知発送）	株主総会招集通知発送	⑧
		（有価証券届出書・有価証券通知書の提出）		⑥
		事前開示書類等備置開始	事前開示書類等備置開始	⑦
6/14	A（種類株主総会の日の2週間前の日）		株主総会の日の2週間前の日	
	先立って →		反対株主の株式交換に反対する旨の会社に対する通知	⑫
6/28			株式交換契約承認株主総会	⑧
		（種類株主総会）	（種類株主総会）	⑨
	株主総会決議後遅滞なく →		臨時報告書の提出	⑧
		公正取引委員会への株式取得届出		①
		公正取引委員会への株式取得届出の受理		①

（左欄縦書き）発生日後6か月経過する日までAからDのいずれか早い日から、効力

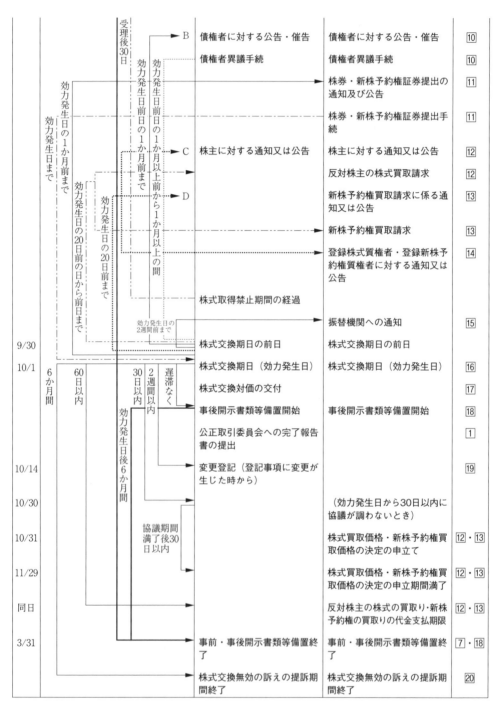

解説

　簡易株式交換とは、株式交換完全子会社の規模が株式交換完全親会社の規模に比して小さいとき等、株式交換が株式交換完全親会社の株主に及ぼす影響が軽微な株式交換であって、その株式交換完全親会社における株主総会の決議を省略して行う株式交換をいいます。

　簡易株式交換は、株式交換完全親会社が株式交換完全子会社の株主に対し株式交換に際し交付する株式交換完全親会社の株式の数に1株当たり純資産額（会社規196）を乗じて得た額、及び、株式交換に際し交付する株式交換完全親会社の社債その他の財産の帳簿価額の合計額が株式交換完全親会社の純資産額の5分の1（株式交換完全親会社の定款でこれを下回る割合を定めることも可能です。）を超えない場合に行うことができます（会社796②）。

　ただし、株式交換完全親会社に株式交換差損が生じる場合、及び株式交換完全親会社が公開会社でない場合において、株式交換に際し、株式交換完全子会社の株主に対し株式交換完全親会社の譲渡制限株式を交付する場合には、簡易株式交換の方法により、株主総会の決議を省略することはできません（同796②ただし書・795②三・796①ただし書）。なお、平成26年改正会社法では、株式交換が法令又は定款に違反する場合において、当事会社の株主が不利益を受けるおそれがあるときに、株主が、当該株式交換の差止めを請求することができることとなりましたが（同784の2一・796の2一）、簡易株式交換の要件を満たす場合については、株主に及ぼす影響が軽微であるとして株主総会の決議が不要とされていることに鑑み、当該当事会社の株主は、かかる差止請求を行うことはできません（簡易株式交換の要件を満たさない他方当事会社の株主は、通常どおり差止めを請求することができます。）。

　本スケジュール及び解説は、株式会社（取締役会設置会社）同士が株式交換をする場合において、株式交換完全子会社が定時株主総会において株式交換契約を承認するケースを対象としています。

1　公正取引委員会への株式取得届出等　▶独禁9・10・11、独禁令16、独禁手続規7

　手続については、第6章　第4　49の①を参照してください。

2　適時開示等　　　　　　　　　　　　　　　　　　　　　　　▶上場規程402

　手続については、第6章　第4　49の②を参照してください。

3　臨時報告書　　　　　　　　　　　　　　　　　▶金商24の5、企業開示府令19

　手続については、第6章　第4　49の③を参照してください。

4 株式交換契約承認取締役会　▶会社362・399の13・416・348

　手続については、第6章　第4　49の4を参照してください。

5 株式交換契約の締結　▶会社767・768

　手続については、第6章　第4　49の5を参照してください。

6 有価証券届出書・有価証券通知書
▶金商2の2・4・5・8・15、金商令2の2〜2の7、企業開示府令4・8

　手続については、第6章　第4　49の6を参照してください。

7 事前開示　▶会社782・794、会社規184・193

　手続については、第6章　第4　49の7を参照してください。

8 株式交換契約承認株主総会　▶会社783・795・796

　株式交換完全親会社が簡易株式交換をする場合は、株式交換完全親会社においては株主総会決議による承認を要しません（会社796②）。ただし、法務省令で定める数（会社規197）の株式を有する株主が、会社法797条3項又は4項に定める通知又は公告の日から2週間以内に株式交換に反対する旨を通知したときは、株式交換完全親会社は、効力発生日の前日までに株主総会の決議によって、株式交換契約の承認を得なければなりません（会社796③）。したがって、この場合は簡易株式交換ができなくなります。

　株式交換完全子会社は、株式交換の効力発生日の前日までに、株主総会の決議によって、株式交換契約の承認を受けなければなりません（同783①）。株式交換完全子会社においては株式交換完全子会社の株主に交付される対価に応じて決議要件が異なります。原則は、特別決議ですが（同309②十二）、一定の場合は、特殊決議や総株主の同意を要します（同309③二・783①②）。株主総会の手続については第1章　第1　1を参照してください。なお、株主総会決議、株式買取請求手続、新株予約権買取請求手続、債権者異議手続等について、時間的な先後関係は定められていないので、これらを並行して行うこともできます。

作成書類等　○株主総会招集通知　※省略できる場合あり
　　　　　　　○株主総会議事録（株式交換契約の承認）
　　　　　　　○臨時報告書

9 種類株主総会　▶会社783・795・322・323

　手続については、第6章　第4　49の9を参照してください。

第6章　組織再編　第4　株式交換・株式移転　413

10　債権者異議手続　▶会社789・799

　手続については、第6章　第4　49の⑩を参照してください。

11　株券提出手続・新株予約権証券提出手続　▶会社219・293

　手続については、第6章　第4　49の⑪を参照してください。

12　反対株主の株式買取請求　▶会社785・786・797・798、振替155

　株式交換完全子会社において、株式交換に反対の株主は、株式交換完全子会社に対し、原則として、株主総会（種類株主総会を含みます。）に先立って株式交換に反対する旨を通知し、かつ、株主総会において株式交換に反対したことを要件として（例外：会社785②一ロ）、株式交換の効力発生日の20日前の日から効力発生日の前日までの間に、株式を公正な価格で買い取ることを請求できます（同785①②⑤。例外：同785①一）。

　なお、改正前会社法においては、株式交換完全親会社において、簡易株式交換の要件を満たす場合、全ての株主が株式買取請求権を有することとされていましたが、株式買取請求の制度趣旨は、会社組織の基礎に本質的変更をもたらす行為に反対する株主に投下資本を回収する機会を与えるものであるところ、簡易株式交換は会社組織の基礎に本質的変更をもたらす行為とはいえないことから、平成26年改正会社法では、簡易株式交換の要件を満たす場合の株式交換完全親会社の株主は、株式買取請求権を有しないこととされました（同797①ただし書）。

　株式交換完全子会社における株式買取請求の手続については、第6章　第4　49の⑫を参照してください。

作成書類等　○通知又は公告（株式買取請求）
　　　　　　　　○株式売買契約書
　　　　　　　　○株式買取請求書

13　新株予約権買取請求　▶会社787・788

　手続については、第6章　第4　49の⑬を参照してください。

14　登録株式質権者・登録新株予約権質権者に対する通知・公告
　▶会社783

　手続については、第6章　第4　49の⑭を参照してください。

15 振替機関への通知 ▶振替138

手続については、第6章　第4　49の15を参照してください。

16 株式交換期日（効力発生日） ▶会社768・769・790

手続については、第6章　第4　49の16を参照してください。

17 株式交換の対価の交付 ▶会社768

手続については、第6章　第4　49の17を参照してください。

18 事後開示 ▶会社791・801、会社規190

手続については、第6章　第4　49の18を参照してください。

19 登　記 ▶会社915、商登89

手続については、第6章　第4　49の19を参照してください。

20 株式交換無効の訴え ▶会社828

手続については、第6章　第4　49の20を参照してください。

51　略式株式交換の手続

> ## スケジュール

◆取締役会設置会社（株式交換完全親会社が特別支配会社、株式交換完全子会社が被支配会社の場合）

日程	法定期間・期限	手続 株式交換完全親会社	手続 株式交換完全子会社	参照
		株式交換の計画立案	株式交換の計画立案	
		（公正取引委員会との協議）	（公正取引委員会との協議）	1
		株式交換契約承認取締役会	株式交換契約承認取締役会	2
		買取口座の開設	買取口座の開設	12
		株式交換契約の締結	株式交換契約の締結	3
	業務執行機関により決定された場合は直ちに →	適時開示・プレスリリース	適時開示・プレスリリース	4
	取締役会決議後速やかに →	保振機構への通知	保振機構への通知	4
	業務執行機関により決定された場合は遅滞なく →	臨時報告書の提出	臨時報告書の提出	5
		株主総会招集のための取締役会	（種類株主総会招集のための取締役会）	8
6/13	→	株主総会招集通知発送	（種類株主総会招集通知発送）	8
		（有価証券届出書・有価証券通知書の提出）		6
	承認総会の2週間前まで	事前開示書類等備置開始	事前開示書類等備置開始	7
6/14	A	株主総会の日の2週間前の日	（種類株主総会の2週間前の日）	
	先立って →	反対株主の株式交換に反対する旨の会社に対する通知		12
6/28		株式交換契約承認株主総会		8
		（種類株主総会）	（種類株主総会）	9
	株主総会決議後遅滞なく →	臨時報告書の提出		8
		公正取引委員会への株式取得届出		1
	受理後30日	公正取引委員会への株式取得届出の受理		1
	→ B	債権者に対する公告・催告	債権者に対する公告・催告	10
		債権者異議手続	債権者異議手続	10

（左欄に縦書き：A発生日後6か月経過する日まで、AからDのいずれか早い日から、効力）

416　第6章　組織再編　　第4　株式交換・株式移転

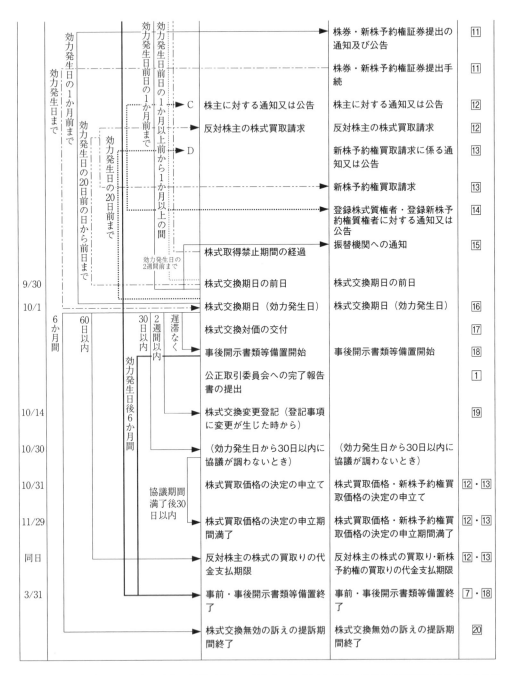

解　説

　略式株式交換とは、支配関係のある会社間において、被支配会社における株主総会の決議を省略して行う株式交換をいいます（会社784①・796①）。

　略式株式交換は、当事会社の一方が他方当事会社の総株主の議決権の10分の9（これを上回る割合を定款で定めた場合にはその割合）以上を有する場合等特別支配会社である場合（同468①）に行うことができます。

　ただし、株式交換完全親会社が株式交換完全子会社の特別支配会社であっても、株式交換の対価等の全部又は一部が譲渡制限株式等である場合であって（同783③）、株式交換完全子会社が公開会社であり、かつ、種類株式発行会社でないときは略式株式交換をすることはできません（同784①ただし書）。また、株式交換完全子会社が株式交換完全親会社の特別支配会社であっても、株式交換に際し株式交換完全子会社の株主に対し株式交換完全親会社の譲渡制限株式を交付する場合であって、株式交換完全子会社が公開会社でないときは略式株式交換をすることはできません（同796①ただし書）。

　なお、略式株式交換が法令又は定款に違反する場合や、株式交換対価が株式交換完全親会社又は株式交換完全子会社の財産の状況その他の事情に照らして著しく不当である場合において、当事会社の株主が不利益を受けるおそれがあるときは、株主は、当該略式株式交換の差止めを請求することができます（同784の2・796の2）。

　本スケジュール及び解説は、株式会社（取締役会設置会社）同士が略式株式交換をする場合において、特別支配会社が定時株主総会において株式交換契約を承認するケースを対象としています。また、特に断らない限り、株式交換完全親会社を特別支配会社、株式交換完全子会社を被支配会社としています。

1　公正取引委員会への株式取得届出等　▶独禁10、独禁令16、独禁手続規7

　手続については、第6章　第4　49の1を参照してください。

2　株式交換契約承認取締役会　▶会社362・399の13・416・348

　手続については、第6章　第4　49の4を参照してください。

3　株式交換契約の締結　▶会社767・768

　手続については、第6章　第4　49の5を参照してください。

4 適時開示等 ▶上場規程402

　上場会社では、上場会社の業務執行を決定する機関が、株式交換を行うことについての決定をした場合、直ちにその内容を開示しなければなりません（上場規程402一ⅰ）。また、上場会社は、その場合、証券取引所に、所定の時期に、所定の書類の提出を行うものとされています（同421、上場規程規417）。

　株式等振替制度で取り扱う株式等を発行している会社は、株式交換契約の内容を決定した場合、取締役会決議後速やかに保振機構に対しその内容を通知しなければなりません（株式等の振替に関する業務規程12、株式等の振替に関する業務規程施行規則6・別表1．1(13)）。

作成書類等　○適時開示（「株式交換に関するお知らせ」等）

5 臨時報告書 ▶金商24の5、企業開示府令19

　手続については、第6章　第4　49の③を参照してください。

6 有価証券届出書・有価証券通知書
▶金商2の2・4・5・8・15、金商令2の2～2の7、企業開示府令4・8

　手続については、第6章　第4　49の⑥を参照してください。

7 事前開示 ▶会社782・794、会社規184・193

　手続については、第6章　第4　49の⑦を参照してください。

8 株式交換契約承認株主総会 ▶会社783・784・795・796

　略式株式交換の方法によるときは、被支配会社においては株主総会による承認を要しません（会社784①・796①）。

　他方、特別支配会社においては、株式交換の効力発生日の前日までに、株主総会の決議によって、株式交換契約の承認を受けなければなりません（同783①・795①）。株式交換完全親会社においては特別決議によらなければなりません（同309②十二）。株式交換完全子会社においては株式交換完全子会社の株主に交付される対価に応じて決議要件が異なります。

　原則は、特別決議ですが（同309②十二）、一定の場合は、特殊決議や総株主の同意を要します（同309③二・783②）。株主総会の手続については第1章　第1　1を参照してください。

　その他の手続については、第6章　第4　49の⑧を参照してください。

作成書類等　○株主総会招集通知　※省略できる場合あり
　　　　　　　○株主総会議事録（株式交換契約の承認）
　　　　　　　○臨時報告書

第6章　組織再編　第4　株式交換・株式移転　419

9　種類株主総会　　　　　　　　　　　　　　　　　▶会社783・795・322・323

手続については、第6章　第4　49の⑨を参照してください。

10　債権者異議手続　　　　　　　　　　　　　　　　　　　▶会社789・799

手続については、第6章　第4　49の⑩を参照してください。

11　株券提出手続・新株予約権証券提出手続　　　　　　　▶会社219・293

手続については、第6章　第4　49の⑪を参照してください。

12　反対株主の株式買取請求　　　　　　　　　　　　▶会社785・786・797・798

　株式交換に反対の株主は、会社に対し、原則として、株主総会（種類株主総会を含みま
す。）に先立って株式交換に反対する旨を通知し、かつ、株主総会において株式交換に反対
することを要件として（例外：会社785②一ロ・二・797②一ロ・二）、株式交換の効力発生日の20
日前の日から効力発生日の前日までの間に、株式を公正な価格で買い取ることを請求でき
ますが（同785①②⑤・797①②⑤。例外：同785①一）、略式株式交換による場合には、被支配会社
（本件では、株式交換完全子会社）において株主総会決議は行われませんので（種類株主
総会決議が行われる場合はあります。）、以下に述べる特別支配会社を除く全ての株主（種
類株主総会が行われない場合の種類株主を含みます。）は、上記のような条件はなく株式買
取請求をすることができます。

　改正前会社法では、略式株式交換の場合、特別支配会社を含め全ての株主が株式買取請
求を有するものとされていましたが、略式株式交換の要件を満たす場合に株主総会の決議
による承認を要しないこととされているのは、特別支配会社が株式交換の相手方である場
合には、仮に株主総会を開催したとしても、特別支配会社による賛成の議決権行使により、
当該株式交換が株主総会において承認されることが明らかであるためであり、特別支配会
社に株式買取請求を認めるべき合理的な理由はないことから、平成26年改正会社法では、
株式買取請求を行うことのできる株主から、特別支配会社を除くこととされました（同785
②二括弧書・797②二括弧書）。

　株式買取請求の手続については、第6章　第4　49の⑫を参照してください。

13　新株予約権買取請求　　　　　　　　　　　　　　　　　▶会社787・788

手続については、第6章　第4　49の⑬を参照してください。

14 登録株式質権者・登録新株予約権質権者に対する通知・公告

▶会社783

　手続については、第6章　第4　49の[14]を参照してください。

15 振替機関への通知

▶振替138

　手続については、第6章　第4　49の[15]を参照してください。

16 株式交換期日（効力発生日）

▶会社768・769・790

　手続については、第6章　第4　49の[16]を参照してください。

17 株式交換の対価の交付

▶会社768

　手続については、第6章　第4　49の[17]を参照してください。

18 事後開示

▶会社791・801、会社規190

　手続については、第6章　第4　49の[18]を参照してください。

19 登　記

▶会社915、商登89

　手続については、第6章　第4　49の[19]を参照してください。

20 株式交換無効の訴え

▶会社828

　手続については、第6章　第4　49の[20]を参照してください。

第6章　組織再編　　第4　株式交換・株式移転　　421

52　株式移転の手続

> **スケジュール**

◆取締役会設置会社

日程	法定期間・期限	手　　　続		参照
		株式移転設立完全親会社	株式移転完全子会社	
			株式移転の計画立案	
			（公正取引委員会との協議）	①
			基本合意・秘密保持契約の締結	
			デューデリジェンス	
	業務執行機関により決定された場合は直ちに		適時開示・プレスリリース	②
	取締役会決議後速やかに		保振機構への通知	②
	業務執行機関により決定された場合は遅滞なく		臨時報告書の提出	③
			株式移転計画承認取締役会	④
			買取口座の開設	⑫
			株式移転計画の作成	⑤
	業務執行機関により決定された場合は直ちに		適時開示（追加）	②
			訂正報告書の提出	③
			株主総会招集のための取締役会	⑧
6/13			株主総会招集通知発送	⑧
	承認総会の2週間前まで		（有価証券届出書・有価証券通知書の提出）	⑥
			事前開示書類等備置開始	⑦
6/14		A	株主総会の日の2週間前の日	
	先立って		反対株主の株式移転に反対する旨の会社に対する通知	⑫

第6章 組織再編　　第4　株式交換・株式移転

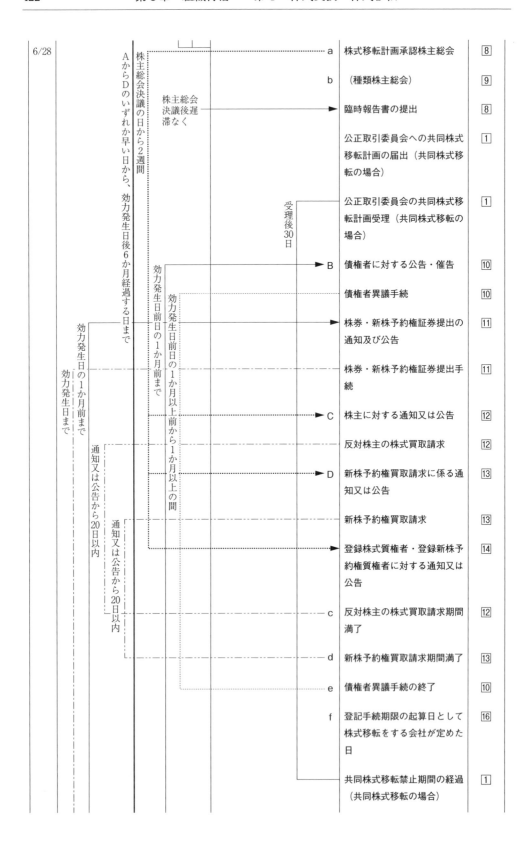

第6章 組織再編　第4 株式交換・株式移転

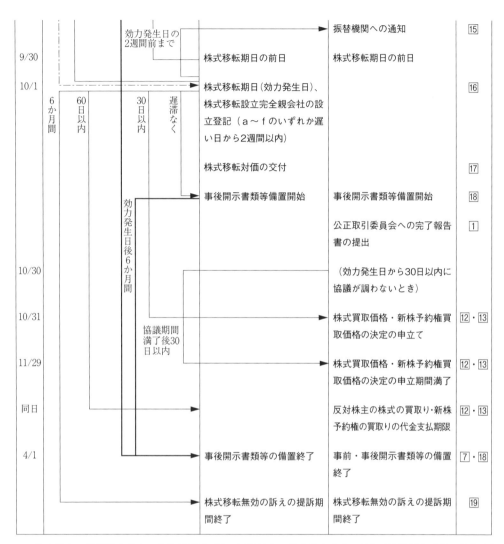

※　株主総会・種類株主総会・債権者異議手続・反対株主の株式買取手続・新株予約権買取手続は効力発生日の前日までに行えばよく、時間的先後関係は定められておらず、並行して行ってもよい

解説

　株式移転とは、1又は2以上の会社がその発行済株式の全部を新たに設立する会社に移転させることをいいます（会社2三十二）。この制度は、完全親会社（株式移転設立完全親会社）が新設され、これに完全子会社（株式移転完全子会社）の株式が移転し、株式移転完全子会社の株主が株式移転設立完全親会社の株式を受け取ることにより完全親子会社関係を創設する制度です。なお、平成26年改正会社法では、株式移転により不利益を受ける株主の事前の救済手段として、株式移転が法令又は定款に違反する場合において、株式移転完全子会社の株主が不利益を受けるおそれがあるときは、株主は、当該株式移転の効力発生前に、その差止めを請求することができることとなりました（会社805の2）。

　なお、株式移転には、略式・簡易組織再編の規定はありません。

　本スケジュール及び解説は、株式移転完全子会社の定時株主総会において株式移転を承認するケースを対象としています。

1　公正取引委員会への届出等（共同株式移転）
▶独禁15の3、独禁令20、独禁手続規7

　会社は、共同株式移転によって一定の取引分野における競争を実質的に制限することとなる場合又は吸収分割が不公正な取引方法によるものである場合には共同株式移転をしてはなりません（独禁15の3①）。

　また、共同株式移転をしようとする当事会社のいずれか一の会社の国内売上高合計額（会社であって、その国内売上高と当該会社が属する企業結合集団（会社及び当該会社の子会社並びに当該会社の親会社であって他の会社の子会社でないもの及び当該親会社の子会社（当該会社及び当該会社の子会社を除きます。）から成る集団）に属する当該会社以外の会社等の国内売上高を公正取引委員会規則で定める方法により合計した額。以下、本項において同じ（独禁10②）。）が200億円を超え、かつ、他のいずれか一の会社の国内売上高合計額が50億円を超えるときは、あらかじめ共同株式移転に関する計画を公正取引委員会に届け出なければなりません（同15の3②、独禁令20、独禁手続規5の3）。ただし、全ての共同株式移転をしようとする会社が同一の企業結合集団に属する場合には届出は不要です（独禁15の3②ただし書）。届出を行った会社は、原則として、<u>届出受理の日から30日を経過するまでは共同株式移転をしてはなりません</u>（同15の3③）。届出会社は、共同株式移転の効力が生じたときは、完了報告書を公正取引委員会に提出しなければなりません（独禁手続規7⑤）。

　なお、平成23年には、従来行われていた事前相談の制度は廃止されましたが、実務上は共同株式移転を検討する段階から、公正取引委員会と事前に協議することが行われており、公正取引委員会の審査手続を円滑に進めるためにも有用です（ただし、従前行われていた

第6章　組織再編　第4　株式交換・株式移転　　425

事前相談の制度とは異なり、公正取引委員会との事前協議において、企業結合の違法性に係る判断が示されることはありません。）。

作成書類等　○共同株式移転届出書
　　　　　　　○完了報告書

2　適時開示等 ▶上場規程402

　上場会社では、上場会社の業務執行を決定する機関が、株式移転を行うことについての決定をした場合、<u>直ちに</u>その内容を開示しなければなりません（上場規程402一 j ）。また、上場会社は、その場合、証券取引所に所定の時期に、所定の書類の提出を行うものとされています（同421①、上場規程規417七）。

　株式等振替制度で取り扱う株式等を発行している株式移転完全子会社は、株式移転計画の内容を決定した場合、取締役会決議後<u>速やかに</u>保振機構に対しその内容を通知しなければなりません（株式等の振替に関する業務規程12、株式等の振替に関する業務規程施行規則6・別表1．1(14)）。なお、業務執行を決定する機関が株式移転を行うことについての決定をした時点では、まだ開示事項の全てが決定されていない場合もあります。そのように、最初の開示時点において開示できない開示事項がある場合には、開示が可能となり次第、「開示事項の経過」として速やかに追加開示を行います。

作成書類等　○適時開示（「株式移転に関するお知らせ」等）

3　臨時報告書 ▶金商24の5、企業開示府令19

　有価証券報告書提出会社においては、株式移転が行われることが業務執行機関により決定された場合には、<u>遅滞なく</u>、内閣総理大臣（財務局長等）に臨時報告書を提出しなければなりません（金商24の5④、企業開示府令19②六の三）。株式移転計画の内容の変更等臨時報告書の記載事項に変更が生じたときは、訂正報告書を提出しなければなりません（金商24の5⑤・7）。

【企業内容等の開示に関する内閣府令19条2項6号の3に基づく臨時報告書の記載事項】

① 株式移転の目的
② 株式移転の方法、株式移転比率その他株式移転契約の内容
③ 株式移転比率の算定根拠
④ 株式移転設立完全親会社の商号、本店の所在地、代表者の氏名、資本金の額、純資産の額、総資産の額及び事業の内容
⑤ 提出会社の他に株式移転完全子会社となる会社がある場合は、当該他の株式移転完全子会社となる会社の商号、本店の所在地、代表者の氏名、資本金の額、純資産の額、総資産の額及び事業の内容、最近3年間の売上高、営業利益、経営利益及び純利益、大株主の氏名又は名称及び発行済株式の総数に占める大株主の持株数の割合、

426　　第6章　組織再編　　第4　株式交換・株式移転

> 提出会社との間の資本関係、人的関係及び取引関係

作成書類等　○臨時報告書
　　　　　　　　○訂正報告書

4　株式移転計画承認取締役会　　▶会社362・399の13・416・348

取締役会設置会社では、株式移転計画の内容の決定は取締役会で行います（会社362④）。監査等委員会設置会社及び指名委員会等設置会社においても同様です（同399の13④⑤十七・416④二十）。なお、取締役会非設置会社では、定款に別段の定めがある場合を除き、取締役の過半数をもって決定します（同348②）。

作成書類等　○取締役会招集通知　※省略できる場合あり
　　　　　　　　○取締役会議事録

5　株式移転計画の作成　　▶会社772・773

株式移転をする場合には、下記の法定決定事項（会社773）を定めた株式移転計画を作成しなければなりません（同772）。株式移転計画に要式行為性はありませんが、株式移転計画書が株式移転に係る登記の添付書面として要求されている関係上（商登90一）、株式移転計画の作成は必要です。

【株式移転計画の法定決定事項】

> ①　株式移転設立完全親会社の目的、商号、本店所在地及び発行可能株式総数
> ②　株式移転設立完全親会社の定款で定める事項
> ③　株式移転設立完全親会社の設立時の取締役の氏名
> ④　株式移転設立完全親会社の機関設計の内容
> 　a　株式移転設立完全親会社が会計参与設置会社である場合は、株式移転設立完全親会社の設立時会計参与の氏名又は名称
> 　b　株式移転設立完全親会社が監査役設置会社である場合は、株式移転設立完全親会社の設立時監査役の氏名
> 　c　株式移転設立完全親会社が会計監査人設置会社である場合は、株式移転設立完全親会社の設立時会計監査人の氏名又は名称
> ⑤　株式移転完全子会社の株主に対して交付する株式移転設立完全親会社の株式の数又はその数の算定方法並びに株式移転設立完全親会社の資本金及び準備金の額に関する事項
> ⑥　⑤の株式の割当てに関する事項
> ⑦　株式移転設立完全親会社が株式移転に際して株式移転完全子会社の株主に対してその株式に代わる株式移転設立完全親会社の社債等を交付するときは、当該社債等

第6章　組織再編　第4　株式交換・株式移転　　427

に関する事項
⑧　⑦の社債等の割当てに関する事項
⑨　株式交換設立完全親会社が株式移転に際して株式移転完全子会社の新株予約権者
　に対して当該新株予約権に代わる株式交換設立完全親会社の新株予約権を交付する
　ときは、当該新株予約権に関する事項
⑩　⑨の割当てに関する事項

作成書類等　○株式移転計画書

6　有価証券届出書・有価証券通知書
　　　　　▶金商2の2・4・5・8・15、金商令2の2〜2の7、企業開示府令4・8

　株式移転において株式移転完全子会社の株主等に株式移転設立完全親会社の有価証券が
発行又は交付され、当該株式移転に係る事前開示書類の備置き（⑦参照）が特定組織再編
成発行手続（金商2の2④、金商令2の2〜2の5）又は特定組織再編成交付手続（金商2の2⑤、金商令
2の6〜2の7）に該当する場合において、株式移転完全子会社が開示会社で、株式移転完全子
会社の株主に発行又は交付される有価証券について開示が行われておらず、かつ、発行価
額の総額が1億円以上のときは、当該有価証券の発行会社は、内閣総理大臣（財務局長等）
に対し、有価証券届出書の提出を行わなければなりません（金商5①、企業開示府令8）。当該届
出は、特定組織再編成発行手続又は特定組織再編成交付手続の前、すなわち、株式移転完
全子会社による事前開示書類の備置き（⑦参照）より前に行う必要があります（金商2の2③
参照）。この場合、株式移転設立完全親会社の代表取締役として就任予定である者が、届出
手続を行うことになります。有価証券届出書は、内閣総理大臣（財務局長等）が受理した
日から15日を経過した日にその効力を生じ（金商8①）（有価証券届出書の提出時に申出をす
ることにより、直ちに若しくは届出書を受理した日の翌日に届出の効力が生じることにな
る可能性があります（同8③、企業内容等開示ガイドラインB8−1・8−3）。）、発行会社は、届出の
効力が生じているのでなければ、特定組織再編成発行手続又は特定組織再編成交付手続に
より、株式を取得させてはなりません（金商15①）。
　なお、金融商品取引法5条4項に規定する一定の要件を満たす場合は、当該有価証券の発
行会社は、参照方式により有価証券の届出を行うことができます（同5④、企業開示府令9の4）。
　この場合は、内閣総理大臣（財務局長等）が受理した日から、おおむね7日を経過した日
に届出の効力が発生します（企業内容等開示ガイドラインB8−2②③）。
　また、株式移転において株式移転完全子会社の株主に株式移転設立完全親会社等の有価
証券が発行又は交付され、当該株式移転に係る事前開示書類の備置き（⑦参照）が特定組
織再編成発行手続又は特定組織再編成交付手続に該当する場合において、株式移転完全子
会社が開示会社で、株式移転完全子会社の株主に発行又は交付される有価証券について開
示が行われておらず、かつ、発行価額の総額が1,000万円超1億円未満のときは、発行会社
は、特定組織再編成発行手続又は特定組織再編成交付手続が開始される前に、内閣総理大

428　　第6章　組織再編　　第4　株式交換・株式移転

臣（財務局長等）に対し、有価証券通知書の提出を行わなければなりません（金商4⑥、企業
開示府令4①⑤）。

作成書類等　○有価証券届出書
　　　　　　　○有価証券通知書

7　事前開示　　　　　　　　　　　　　　　　　　　　　▶会社803、会社規206

　株式移転完全子会社は、株式移転計画の内容その他法務省令で定める事項を記載等した
書面等を作成し、本店に備え置かなければなりません（会社803①、会社規206）。株式移転完
全子会社の株主及び新株予約権者はこれらの事前開示書類等の閲覧・謄抄本交付請求等を
することができます（会社803③）。

　備置きの期間は、次に掲げる日のいずれか早い日から株式移転設立完全親会社の成立の
日後6か月を経過する日までです（同803②）。

①　株式移転計画について承認を受ける株主総会の日の2週間前の日（会社法319条1項の
　場合にあっては、同項の提案があった日）
②　反対株主の株式買取請求に係る通知又は公告のいずれか早い日
③　新株予約権買取請求に係る通知又は公告のいずれか早い日
④　債権者異議手続の催告又は公告のいずれか早い日

【事前開示書類等に記載等すべき事項】

---

①　株式移転計画の内容（株式移転計画書）
②　株式移転の対価の相当性に関する事項
③　株式移転完全子会社の新株予約権者に対して交付する新株予約権等についての定
　めの相当性に関する事項
④　他の株式移転完全子会社の計算書類等の内容（他の株式移転完全子会社の最終事
　業年度に係る計算書類等の内容、重要な後発事象等の内容等）
⑤　重要な後発事象等の内容
⑥　効力発生日以後における株式移転完全親会社の債権者に対する債務の履行の見込
　みに関する事項
⑦　①から⑥に掲げる事項に変更が生じたときは、変更後の当該事項

作成書類等　○事前開示書類等

8　株式移転計画承認株主総会　　　　　　　　　　　　　　　▶会社804

　株式移転完全子会社は、株式移転の効力発生の前までに、株主総会決議によって、株式
移転計画の承認を受けなければなりません（会社804①）。株主総会の手続については**第1章
第1　1**を参照してください。

第6章　組織再編　第4　株式交換・株式移転　429

なお、上場会社は、株主総会において決議事項が決議された場合、遅滞なく、臨時報告書を内閣総理大臣（財務局長等）に提出しなければなりません（金商24の5④、企業開示府令19②九の二）。

【企業内容等の開示に関する内閣府令19条2項9号の2に基づく臨時報告書の記載事項】

① 　株主総会が開催された年月日
② 　決議事項の内容
③ 　決議事項に対する賛成、反対及び棄権の意思の表示に係る議決権の数、決議事項が可決されるための要件並びに決議の結果
④ 　③の議決権の数に株主総会に出席した株主の議決権の数の一部を加算しなかった場合には、その理由

作成書類等 ○株主総会招集通知　※省略できる場合あり
　　　　　　○株主総会議事録（株式移転計画の承認）
　　　　　　○臨時報告書

9　種類株主総会 ▶会社804・322・323

種類株主総会は以下の場合に必要となります。
① 　株式移転完全子会社が種類株式発行会社であって株式移転の対価として株式移転設立親会社の譲渡制限株式が交付される場合には、原則として当該譲渡制限株式等の割当てを受ける種類の株式の株主を構成員とする種類株主総会の特殊決議がなければ、株式移転の効力は生じません（会社804③・324③二）。
② 　株式移転に関する拒否権付種類株式を発行している場合においては、当該種類株式の株主を構成員とする種類株主総会の普通決議がなければ、株式移転の効力は生じません（同323・324①）。
③ 　株式移転によりある種類株式の株主に損害を及ぼすおそれがある場合においても、原則として、当該種類株式の株主を構成員とする種類株主総会の特別決議がなければ、株式移転の効力は生じません（同322①十三・324②四）。

作成書類等 ○種類株主総会議事録（株式移転計画の承認）

10　債権者異議手続 ▶会社810

株式移転計画新株予約権が新株予約権付社債に付された新株予約権である場合、当該新株予約権付社債についての社債権者は、株式移転に異議を述べることができます（会社810①三）。

株式移転完全子会社は、異議を述べることができる期間として1か月以上の期間を定めて、株式移転をする旨等下記の事項を官報に公告し、かつ、知れている債権者には、各別

430 　　第6章　組織再編　　第4　株式交換・株式移転

に催告しなければなりません（同810②）。ただし、会社が官報のほか、定款に定めた時事に関する事項を掲載する日刊新聞紙又は電子公告により、公告をする場合には、知れている債権者に各別に催告する必要はなくなります（同810③）。

【公告・催告事項】

---

① 株式移転をする旨
② 他の株式移転完全子会社の商号及び住所
③ 株式移転完全子会社の計算書類に関する事項として、法務省令で定めるもの（会社規208）
④ 債権者が一定の期間内に異議を述べることができる旨

債権者が異議申述期間内に異議を述べなかったときは、その債権者は株式移転について承認をしたものとみなされます（会社810④）。他方、債権者が異議申述期間内に異議を述べた場合は、株式移転をしてもその債権者を害するおそれがないときを除き、異議を述べられた会社は、その債権者に対し、弁済し、若しくは相当の担保を提供し、又はその債権者に弁済を受けさせることを目的として信託会社等に相当の財産を信託しなければなりません（同810⑤）。

作成書類等 ○公告・催告（債権者異議）
　　　　　　○異議申述書

11 株券提出手続・新株予約権証券提出手続　　▶会社219・293

　株式移転完全子会社が株券発行会社であって株券を発行している場合、当該会社は、株券を株式交換の効力発生日までに提供しなければならない旨を効力発生日の<u>1か月前まで</u>に公告し、かつ、株主及び登録株式質権者に通知しなければなりません（会社219①八）。ただし、株式の全部について株券を発行していない場合は不要です。

　株式移転完全子会社が新株予約権証券（又は新株予約権付社債券。以下この項において同じです。）を発行している場合、新株予約権証券を株式移転設立完全親会社の成立の日までに提出しなければならない旨を株式移転設立完全親会社の成立の日の<u>1か月前まで</u>に公告し、新株予約権者及び登録新株予約権質権者に通知しなければなりません（同293①七）。

　なお、上場会社の場合は、株式等振替制度により、全て株券不発行会社となったことから、上場会社が完全子会社となる株式移転手続においては不要です。

作成書類等 ○通知及び公告（株券提出手続・新株予約権証券提出手続）

12 反対株主の株式買取請求　　▶会社806・807

　株式移転に反対の株主は、会社に対し、原則として、株主総会（種類株主総会を含みます。）に先立って株式移転に反対する旨を通知し、かつ、株主総会において株式移転に反対

第6章 組織再編 第4 株式交換・株式移転 431

したことを要件として（例外：会社806②二）、株式を公正な価格で買い取ることを請求できます（同806①②。例外：同806①一）。なお、株主は、振替法に係る振替株式の買取請求を行う場合には、振替機関から会社に対する個別株主通知がされた後4週間（振替令40）が経過する日までの間に、権利を行使する必要があります（振替154②③）。買取りの効力は、株式移転設立完全親会社の成立の日に発生します（会社807⑥）。

株式移転完全子会社は、株主に株式買取請求の機会を与えるため、株式移転承認株主総会決議の日から2週間以内に、株式移転をする旨等次に掲げる事項を全ての株主に通知又は公告をしなければなりません（同806③④）。この通知は株式移転計画承認株主総会の招集通知と併せて行うこともできますが、株式移転計画承認株主総会の基準日時における株主と株式買取請求の機会を与えるための通知時点における株主が異なる場合には、個別に通知することが必要になります。また、株式買取請求の前提としてのこの公告と新株予約権買取請求の前提としての新株予約権者に対する公告、債権者異議手続における公告及び登録株式質権者・登録新株予約権質権者に対する公告を1回の公告で行うこともできます（実務上は、これらの公告を1回の公告で行う場合が多いようです。）。なお、株式移転完全子会社が振替株式を発行している場合は、通知に代えて、当該通知をすべき事項を公告しなければなりません（振替161②）。

【通知・公告事項】

①　株式移転をする旨
②　他の株式移転完全子会社の商号及び住所
③　株式移転設立完全親会社の商号及び住所

株式買取請求をする場合、株主は、上記の通知又は公告をした日から20日以内に、その株式買取請求に係る株式の数を明らかにして請求をしなければなりません（会社806⑤）。

株式の買取請求があった場合において、株式の価格の決定について、株主と株式移転完全子会社との間に協議が調ったときは、株式移転完全子会社は、株式移転設立完全親会社の成立の日から60日以内にその支払をしなければなりません（同807①）。

株式の価格の決定について、株式移転設立完全親会社の成立の日から30日以内に協議が調わないときは、株主又は株式移転完全子会社は、その期間の満了の日後30日以内に、裁判所に対し、価格の決定の申立てをすることができます（同807②）。株式移転設立完全親会社の成立の日から60日以内に上記の申立てがないときは、その期間の満了後は、株主はいつでも買取請求を撤回することができます（同807③）。

なお、裁判所に価格決定の申立てがされた場合には、会社は、裁判所が決定した価格に対して、効力発生日から60日が経過した後年6分の利息を支払わなければならないことから、株式買取請求の濫用を招く原因となっているとの指摘がされていました。そこで、平成26年改正会社法においては、会社の利息の負担の軽減を図ること及び株式買取請求の濫用を防止するという観点から、株式買取請求があった場合には、会社は、株式買取請求を行った株主に対し、株式の価格決定がされる前に、会社が公正な価格と認める額を支払う

ことができるようになりました（同807⑤）。

　また、平成26年改正会社法施行に伴う他の改正として、反対株主による株式買取請求権行使の際に会社の買取口座への振替申請が必要となったことが挙げられます。

　反対株主が株式買取請求を行った場合、会社の承諾を得ない限り、同請求を撤回することができないものとされていますが（同806⑦）、株式買取請求権を行使した反対株主は、買取りを請求した株式を市場等で売却することにより、事実上、会社の承諾を得ることなく株式買取請求を撤回することが可能となっていることが指摘されていました。

　そこで、振替法を改正し、株式買取請求権行使後における株式買取請求の撤回制限規定の実効性を確保するため、反対株主は、振替法に定める振替株式について株式買取請求を行う際、当該請求に係る振替株式について、会社の買取口座を振替先口座とする振替の申請を行うことを要するものとされました（振替155③。会社の買取口座に振替が行われれば、株主は同株式を市場等で売却することができなくなります。）。

　振替株式を発行する会社は、株式買取請求権が生じる組織再編等（株式移転もこれに含まれます。）を行おうとする場合、振替機関等に対し、買取口座の開設の申出を行う必要があります（同155①。ただし、既に買取口座を開設されている場合や株式買取請求をすることができる振替株式の株主がいない場合は不要です。）。また、会社は、株式買取請求に係る公告を行う場合、併せて、会社の買取口座も公告しなければなりません（同155②）。

　また、会社は、株式買取請求の振替申請により会社の買取口座に記載・記録された振替株式について、組織再編等の効力発生日まで、自己の口座を振替先口座とする振替の申請を行うことができません（同155④）。そして、反対株主による株式買取請求の撤回につき承諾した場合には、遅滞なく、当該撤回に係る振替株式について、当該株主の口座を振替先口座とする振替の申請を行わなければなりません（同155⑤）。

作成書類等　○通知又は公告（株式買取請求）
　　　　　　　○株式売買契約書
　　　　　　　○株式買取請求書

13　新株予約権買取請求　　　　　　　　　　　　　　　　▶会社808・809

　新株予約権であって、株式移転計画新株予約権のうち、株式移転設立完全親会社から交付される新株予約権の内容が、元々その権利の内容として定められていた条件に合致しないもの、又は、新株予約権の内容として、株式移転の際に株式移転設立完全親会社の新株予約権が交付される旨が定められているが、定められたとおりの取扱いがされない新株予約権の新株予約権者は、株式を公正な価格で買い取ることを請求できます（会社808①三）。なお、新株予約権者が新株予約権付社債に付された新株予約権の新株予約権者が新株予約権の買取りを請求する場合には、別段の定めがない限り、併せて、新株予約権付社債についての社債の買取りも請求しなければなりません（同808②）。また、買取りを請求するのが振替新株予約権又は振替新株予約権付社債である場合は、買取口座（振替183①・215①）を振替先口座とする振替の申請をしなければなりません（同183④・215④）。買取りの効力は、株

第6章　組織再編　第4　株式交換・株式移転　433

式移転設立完全親会社の成立の日に発生します（会社809⑥）。

　株式移転完全子会社は、新株予約権者に新株予約権買取請求の機会を与えるため、株式移転承認株主総会決議の日から2週間以内に株式移転をする旨等下記の事項を全ての「株式移転計画新株予約権」の新株予約権者及び新株予約権の発行の際には株式移転の際に株式移転設立完全親会社の新株予約権が交付される定めがあったのに株式移転計画では、「株式移転計画新株予約権」とされなかった新株予約権者に通知又は公告をしなければなりません（同808③④）（新株予約権発行時の条件と株式移転計画の定めが合致しているか否かの判断が難しい場面も想定されることから、全ての「株式移転計画新株予約権」の新株予約権者に通知又は公告をしなければならないとされていますので注意が必要です。）。

　また、振替新株予約権又は振替新株予約権付社債を発行している場合は、併せて、買取口座について通知又は公告をしなければなりません（振替183②③・215②③）。また、株式買取請求の前提としてのこの公告と新株予約権買取請求の前提としての新株予約権者に対する公告、債権者異議手続における公告及び登録株式質権者・登録新株予約権質権者に対する公告を1回の公告で行うことも可能です。

【通知・公告事項】

---

①　株式移転をする旨
②　他の株式移転完全子会社の商号及び住所
③　株式移転設立完全親会社の商号及び住所

　新株予約権買取請求をする場合、株主は、上記の通知又は公告をした日から20日以内に、その株式買取請求に係る株式の数を明らかにして請求をしなければなりません（会社808⑤）。

　新株予約権の買取請求があった場合において、新株予約権（併せて新株予約権付社債についての社債の買取請求があったときは当該社債も含みます。）の価格の決定について、新株予約権者と株式移転完全子会社との間に協議が調ったときは、株式移転完全子会社は、株式移転設立完全親会社の成立の日から60日以内にその支払をしなければなりません（同809①）。

　新株予約権の価格の決定について、株式移転設立完全親会社の成立の日から30日以内に協議が調わないときは、新株予約権者又は株式移転完全子会社は、その期間の満了の日後30日以内に、裁判所に対し、価格の決定の申立てをすることができます（同809②）。株式移転設立完全親会社の成立の日から60日以内に上記の申立てがないときは、その期間の満了後は、新株予約権者は、いつでも買取請求を撤回することができます（同809③）。

　なお、平成26年改正会社法においては、12で述べたとおり、会社の利息の負担の軽減を図ること及び株式買取請求の濫用を防止するという観点から、会社は、株式買取請求を行った株主に対し、株式の価格決定がされる前に、会社が公正な価格と認める額を支払うことができることになりましたが、新株予約権買取請求の場合も、これと同様に、株式移転完全子会社は、新株予約権買取請求を行った新株予約権者に対し、新株予約権の価格決定

がされる前に、株式移転完全子会社が公正な価格と認める額を支払うことができることになりました（同809⑤）。

作成書類等 ○通知又は公告（新株予約権買取請求）
○新株予約権売買契約書
○新株予約権買取請求書

14 登録株式質権者・登録新株予約権質権者に対する通知・公告
▶会社804

株式移転完全子会社は、株式移転承認株主総会決議の日から<u>2週間以内</u>に登録株式質権者及び登録新株予約権質権者に対し、株式移転をする旨を通知又は公告しなければなりません（会社804④⑤）。

なお、株式移転完全子会社が振替株式を発行している場合は、登録株式質権者に対しては、通知に代えて、当該通知をすべき事項を公告しなければなりません（振替161②）。

作成書類等 ○通知又は公告（登録株式質権者・登録新株予約権質権者）

15 振替機関への通知
▶振替138

株式移転完全子会社の株式が振替株式である場合において、株式移転設立完全親会社が株式移転に際して振替株式を交付しようとするときは、株式移転完全子会社は、株式移転の効力発生日の<u>2週間前まで</u>に、振替機関に対し、株式移転完全子会社の振替株式の株主に対して株式移転に際して交付する振替株式の銘柄・株式移転完全子会社の振替株式の銘柄等、必要な事項を通知しなければなりません（振替138①）。

作成書類等 ○社債、株式等の振替に関する法律138条に基づく通知

16 株式移転期日（効力発生日）・登記
▶会社774・925、商登90

株式移転においては、株式移転設立完全親会社の成立の日、すなわち株式移転設立完全親会社の設立の登記がなされた日が効力発生日です（会社774①・49）。

株式移転設立完全親会社は、その成立の日に、株式移転完全子会社の発行済株式の全部を取得し（同774①）、株式移転完全子会社の株主・新株予約権者等は株式移転計画の内容に従い、株式移転設立完全親会社の株主・新株予約権者等になります（同774②③）。

株式移転をする場合には、次に掲げる日のいずれか遅い日から<u>2週間以内</u>に本店の所在地において、株式移転設立完全親会社の設立の登記をしなければなりません（同925、商登90）。

① 株式移転承認株主総会の決議の日
② 株式移転をするための種類株主総会の決議の日
③ 反対株主の株式買取請求に係る通知又は公告をした日から20日を経過した日
④ 新株予約権買取請求に係る通知又は公告をした日から20日を経過した日

第6章 組織再編 第4 株式交換・株式移転 435

⑤ 債権者異議手続の終了した日
⑥ 株式移転をする会社が登記手続期限の起算日として定めた日（2以上の会社が共同して株式移転をする場合にあっては、当該2以上の株式移転をする株式会社が合意により登記手続期限の起算日として定めた日）

作成書類等 ○公告（効力発生日変更の場合）
○登記申請書

17 株式移転の対価の交付 ▶会社773

　株式移転設立完全親会社の設立後、株式移転設立完全親会社から株式移転完全子会社に対し、株式移転の対価の交付が行われます。株式移転設立完全親会社の株式に加えて、社債・新株予約権・新株予約権付社債を株式移転の対価として用いることが可能です（会社773①七・九）。

　なお、株式移転設立完全親会社の株式を株式移転完全子会社の株主に対し機械的に持株数に比例して配分すると、各株主に交付する株式数に端数が生じ、競売等の処理が必要になる場合があります（同234①八）。

18 事後開示 ▶会社811、会社規210

　株式移転完全子会社は、株式移転設立完全親会社の成立の日後遅滞なく株式移転設立完全親会社と共同して、株式移転により株式移転設立完全親会社が取得した株式移転完全子会社の株式の数その他の株式移転に関する事項として法務省令で定める事項を記載等した書面等を作成しなければなりません（会社811①二、会社規210）。

　また、この書面等については、株式移転完全子会社及び株式移転設立完全親会社のそれぞれにおいて、株式移転設立完全親会社の成立の日から6か月間本店に備え置かなければなりません（会社811②・815三）。

　株式移転設立完全親会社の成立の日において株式移転完全子会社の株主又は新株予約権者であった者、株式移転設立完全親会社の株主及び新株予約権者は、これらの事後開示書類等の閲覧・謄抄本交付等請求をすることができます（同811④③・815⑥④）。

【事後開示書類等に記載等すべき事項】

① 効力発生日
② 株式移転完全子会社における株式移転の差止請求手続の経過に関する事項
③ 株式移転完全子会社における株式買取請求手続の経過に関する事項
④ 株式移転完全子会社における債権者異議手続の経過に関する事項
⑤ 株式移転により株式移転設立完全親会社に移転した株式移転完全子会社の株式の数（株式移転完全子会社が種類株式発行会社であるときは、株式の種類及び種類ごとの数）

⑥　①から⑤に掲げるもののほか、株式移転に関する重要な事項

作成書類等　○事後開示書類　等

19　株式移転無効の訴え ▶会社828

　株式移転の無効は株式移転の効力発生日（株式移転設立完全親会社の成立の日）から6か月以内に、訴えをもってのみ主張することができます（会社828①十二）。

第 7 章

会 社 の 設 立

438

第7章　会社の設立　439

53　会社の発起設立手続

スケジュール

◆取締役会設置会社

日　程	法定期間・期限	手　　　続	参　照
1/30		発起人による定款の作成	1
1/31		公証人による定款の認証	2
同日	遅滞なく	定款の備置きと閲覧等	3
		（検査役選任の申立て（申立てをすべき変態設立事項がない場合は不要）→検査役による調査（通常50日程度））	4
同日		設立時発行株式に関する事項の決定（定款に定めがある場合は不要）、発起人の株式引受け	5
同日	遅滞なく	発起人の出資の履行	6
同日	遅滞なく	発行可能株式総数の決定（定款に定めがある場合は不要）	7
2/1		設立時役員等の選任、設立時取締役等による設立経過の調査、設立時代表取締役等の選定等	8
同日	2週間以内	設立経過の調査が終了した日（又は発起人が定めた日のいずれか遅い日）	
2/2		設立登記申請・登記（登記が完了すれば、受付日＝会社成立の日）	9
	2年以内	行政官庁への届出等	9
		（事後設立）	10
		設立無効の訴え	11

※　「日程」欄記載の月日の例は、検査役の選任がないケース

解　説

(1)　発起設立とは、発起人が、会社の設立に際して発行する株式（設立時発行株式）の全部を引き受ける方法により会社を設立することをいいます（会社25①一）。

　　発起人には人数の制限はないので、1人（法人も可）でもかまいません。

(2)　発起設立は、変態設立事項がない場合には、公証人による定款の認証から登記の申請まで、最短で1日で行うことも可能です。定款の作成に始まる以下に述べる会社設立手続を円滑に進め、できるだけ短期間で会社を設立したい場合には、実務上は、定款記載事項や登記事項の内容を早期に決定し、代表者印等の印鑑作成や発起人、代表取締役等の実印、印鑑証明書をあらかじめ準備し、公証人や払込取扱金融機関へ必要書類等の確認を事前に行うといった、いわゆる設立準備手続を十分に行っておくことが肝要です。

　　また、設立する会社の目的である事業の内容によっては、その営業を開始するために行政官庁の許認可や届出が必要な業種があります。その場合には、会社成立後に速やかにその許認可の申請等が行えるよう、あらかじめ関係行政官庁に確認等をしておくことも大切です。

(3)　なお、上場会社が子会社を設立する場合には、上場会社の業務執行を決定する機関が、子会社を設立することについての決定をした場合、軽微基準に該当するものを除き、直ちにその内容を開示しなければなりません（上場規程402一ｑ、上場規程規401①五）。また、上場会社は、その場合、証券取引所に所定の書類の提出を行うものとされています（上場規程421、上場規程規417十一）。

　　また、有価証券報告書提出会社の特定子会社の異動が当該提出会社若しくは連結子会社の業務執行を決定する機関により決定された場合等（企業開示府令19②三⑩）には、遅滞なく、臨時報告書を内閣総理大臣（財務局長等）に提出しなければなりません（金商24の5④）。

1　発起人による定款の作成　　　　　　　　　　　　　　　　▶会社26〜29

　会社を設立するには、発起人が定款を作成し、その全員がこれに署名し、又は記名押印をしなければなりません（会社26①）。なお、定款は、電磁的記録をもって作成することもできます（同26②、会社規224・225）。

　定款には、絶対的記載事項（定款に必ず定めなければならず、当該定めがない場合は定款が無効となる事項）として、①目的、②商号、③本店の所在地、④設立に際して出資される財産の価額又はその最低額、⑤発起人の氏名又は名称及び住所を記載等しなければなりません（会社27）。

　定款には、その他に必要に応じて、相対的記載事項（定款の定めがなければその効力が生じない事項（同28・29））や任意的記載事項（絶対的記載事項、相対的記載事項以外の事項

第7章　会社の設立　　441

で会社法の規定に違反しない事項（同29）を定めることとなります。会社法では、取締役
会や監査役の設置等は相対的記載事項ですので、これらを設置する場合には定款への記載
が必要です（同326②）。また、公告方法は、任意的記載事項とされており（同939①）、定款に
定めがないときは官報に掲載する方法が公告方法とされています（同939④）。なお、商号に
ついては、同一商号、かつ、同一本店所在場所の登記は禁止されていること等（商登27、会
社8参照）に留意が必要です。

作成書類等　○定款

2　公証人による定款の認証　　▶会社30

　定款は、公証人の認証を受けなければ、効力を生じません（会社30①）ので、発起人は、
定款作成後、公証人の認証を受ける必要があります。なお、公証人の認証を受けた定款は、
会社成立前は、一定の場合を除き変更することはできません（同30②）。

3　定款の備置きと閲覧等　　▶会社31

　発起人（会社成立後は会社）は、定款を発起人が定めた場所（会社成立後は、その本店
及び支店（法務省令（会社規227）で定める措置をとっている電磁的記録の場合は本店のみ））
に備え置かなければなりません（会社31①④）。
　発起人（会社成立後は、株主及び会社債権者）は、発起人が定めた時間（会社成立後は、
その営業時間）内は、いつでも定款の閲覧等を行うことができます（同31②）。

4　検査役選任の申立て、調査　　▶会社33、会社規6・228・229

(1)　会社法28条に基づき定款に変態設立事項の記載等をしたときは、発起人は、公証人の
　認証を受けた後遅滞なく、裁判所に対し、検査役の選任の申立てをし、検査役の調査を
　受けなければなりません（会社33①②④）。ただし、定款に記載等された現物出資財産等（同
　33⑩）の価額について、①その総額が500万円を超えない場合、②市場価格のある有価証
　券（金商2①②）について法務省令で定める方法（会社規6）により算定されるものを超えな
　い場合、③定款に記載等された価額が相当であることについて弁護士等の証明を受けた
　場合には、それらの事項については検査役選任に係る規定（会社33①～⑨）は適用されま
　せん（同33⑩）。
　　選任された検査役は、必要な調査を行い、当該調査の結果を記載等した書面等を裁判
　所に提供して報告し（同33④、会社規228一）、発起人に対しても書面等の写し等を交付等し
　なければなりません（会社33⑥、会社規229一）。
　　裁判所は、当該報告を受けて検査役の調査を経た変態設立事項を不当と認めたときは、
　これを変更する決定をしなければならず、当該決定により定款変更の効力が生じます（会
　社33⑦）。他方、発起人は、裁判所の当該決定により定款の変更がなされた場合には、当

該決定の確定後1週間以内に限り、その設立時発行株式の引受けに係る意思表示を取り消すことができます（同33⑧）。また、発起人全員の同意によって、当該決定の確定後1週間以内に限り、当該決定により変更された事項についての定めを廃止する定款の変更をすることができます（同33⑨）。

(2) 東京地方裁判所の例では、検査役の調査に要する期間は、受付から検査役の選任まで10日程度、標準的な報告書提出期限は、検査役選任から40日程度（事情に応じて伸長・短縮されます。）とされていますので（商事法務№1590・4頁以下参照）、検査役の調査を要する会社設立のスケジュールを考える際は、このように検査役選任申立てから報告書提出まで通常でも50日程度を要することに留意する必要があります。

作成書類等 ＜検査役選任の場合＞
　　　　　　○検査役選任申立書
　　　　　　○調査報告書（検査役作成）
　　　　　　＜会社法33条10項に定める場合＞
　　　　　　○弁護士等の証明書（弁護士等作成）
　　　　　　○鑑定評価書（不動産鑑定士作成）
　　　　　　○有価証券の市場価格を証する書面　等

5　設立時発行株式に関する事項の決定等　　　　　　　　▶会社32・25

　会社法では、設立時発行株式の数は、定款の絶対的記載事項ではないため、設立に際して発行する株式に関する事項について、定款に定めがないときは、発起人は、その全員の同意により、①発起人が割当てを受ける設立時発行株式の数、②それと引換えに払い込む金銭の額、③成立後の会社の資本金及び資本準備金の額に関する事項を定めることとなります（会社32①。なお、設立しようとする会社が種類株式発行会社である場合に関する規定として同32②参照）。このうち、③の成立後の会社の資本金及び資本準備金の額は、同法445条及び会社計算規則43条の定めるところにより定める必要があります。

　なお、発起人は、設立時発行株式を1株以上引き受けなければなりません（同25②）。また、発起設立においては、発起人が、設立時発行株式の全部を引き受けます（同25①一）。

作成書類等 ＜定款に定めがない場合＞
　　　　　　○発起人の同意書（設立時発行株式に関する発起人全員の同意）

6　発起人の出資の履行　　　　　　　　　　　　　　　　　▶会社34・36

　発起人は、設立時発行株式の引受け後、遅滞なく、その引き受けた設立時発行株式につき、その出資に係る金銭の全額を払い込み、又は、その出資に係る金銭以外の財産の全部を給付しなければなりません（会社34①）。そして、出資に係る金銭の払込みは、発起人が定めた銀行等の払込みの取扱いの場所（以下この項において「払込取扱金融機関」といいます。）においてしなければなりません（同34②）。ただし、発起人全員の同意があるときは、登記、登録その他権利の設定又は移転を第三者に対抗するために必要な行為は、会社の成

立後にすることを妨げません（同34①ただし書）。

発起設立の場合は、出資金の払込みにつき、払込みがあったことを証する書面として、払込取扱金融機関による保管証明書（同64①）は必要とされず、預金通帳の写し等の任意の方法で足ります（商登47②五、平18・3・31法務省民商第782号通達）。

また、発起人が引き受けた株式につき出資の履行がない場合は、いわゆる失権手続をとることができ、新たに別の発起人に割当てを行うことなく設立手続を進めることができます。この失権手続をとるには、発起人は、当該出資の履行をしていない発起人に対して、期日を定め、その期日までに当該出資の履行をしなければならない（失権する）旨の通知を当該期日の2週間前までにしなければなりません（会社36①②）。その上で当該期日までになお出資の履行がない場合には、当該出資の履行をすることにより設立時発行株式の株主となる権利を失います（失権します）（同36③）。なお、この失権手続をとる場合、①設立に際して出資される財産の価額又はその最低額の定め（同27四）や、②発起人が設立時発行株式を1株以上引き受けなければならない旨の定め（同25②）はクリアする必要があることに留意が必要です。

作成書類等　○**払込みを証する書面**（代表者が作成した払込みの事実を証明する書面に払込みがされている預金通帳の写し等を合わせとじたもの、現物出資の場合の財産引継書等）

＜失権手続を行う場合＞

○**通知**（出資履行の催告）

7　発行可能株式総数の決定　　　　　　　　　　　　　▶会社37

発行可能株式総数を定款で定めていない場合には、発起人は、<u>会社の成立の時までに</u>、その全員の同意によって、定款を変更して発行可能株式総数の定めを設けなければなりません（会社37①。なお、種類株式を発行する場合につき、同108②参照）。発行可能株式総数を定款で定めている場合も、<u>会社の成立の時までに</u>、発起人の全員の同意によって、その定款変更を行うことができます（同37②）。

なお、公開会社の場合、設立時発行株式の総数は、発行可能株式総数の4分の1を下ることができません（同37③）。

作成書類等　＜原始定款に定めがない場合又は原始定款の定めを変更する場合＞

○**発起人の同意書**（発行可能株式総数の定め又は変更）

○**変更後の定款**

8　設立時役員等の選任、設立経過の調査、設立時代表取締役の選定等
▶会社38〜41・45〜48

(1)　発起人は、出資の履行が完了した後、<u>遅滞なく</u>、当該会社の機関設計に応じて、会社法38条及び39条に定める設立時取締役その他の設立時役員等を同法40条、41条又は45条に定める方法により選任しなければなりません。なお、定款で設立時役員等を定めてい

る場合には、出資の履行が完了した時にそれぞれの設立時役員等に選任されたものとみなされます（会社38④）。

(2) 設立時取締役（会社が監査役設置会社である場合には設立時取締役と設立時監査役）は、選任後遅滞なく、会社法46条1項に規定する設立の経過を調査し、法令若しくは定款に違反し、又は不当な事項があると認めるときは、発起人にその旨を通知しなければなりません（同46②。なお、指名委員会等設置会社である場合には、同46③参照）。また、設立時取締役は、会社が取締役会設置会社（指名委員会等設置会社を除きます。）である場合には、設立時取締役（設立しようとする会社が監査等委員会設置会社である場合には、設立時監査委員である設立時取締役を除きます。）の中から、その過半数の決定により、設立時代表取締役を選定しなければなりません（同47①③。なお、指名委員会等設置会社の場合は、同48参照）。

作成書類等　○決議書又は発起人会議事録（設立時取締役等の選任に係る発起人決議、定款に定めがある場合には不要）

○設立時取締役等の就任承諾書（議事録に就任承諾の記載がある場合には不要）

○調査報告書（設立時取締役等による調査結果報告）

○設立時代表取締役選定決議書

○設立時代表取締役の就任承諾書（決議書に就任承諾の記載があり、かつ、設立時代表取締役の押印が市町村長の証明したものと同一の印鑑を押印した場合は不要）

9　設立登記、行政官庁への届出等　　▶会社49・911、商登47

(1) 会社は、その本店の所在地において設立の登記をすることによって成立します（会社49）。

(2) 設立の登記は、代表者（設立時代表取締役又は設立時代表執行役）が、①設立時取締役等の設立の調査（同46①）が終了した日（指名委員会等設置会社の場合は、同46③参照）か②発起人が定めた日のいずれか遅い日から2週間以内に、登記申請書に所定の添付書類（商登47②③）を添えて、申請しなければなりません（会社911①、商登47①。登記事項は、会社911③）。

なお、定款では「本店の所在地」（市町村等の最小行政区画）が絶対的記載事項とされていますが（同27三）、設立登記においては、「本店及び支店の所在場所」が登記事項とされていますので（同911③三）、定款に定めがない場合は、登記申請の時までに、発起人の同意で本店及び支店の所在場所を定める必要があります。

また、⑤で述べたとおり、設立後の会社の資本金及び資本準備金の額に関する事項は、発起人全員の同意により定められますが、設立登記においては、資本金の額が、会社法445条及び会社計算規則43条1項の規定に従って計上されたことを証する書面を添付する必要があります（商登規61⑦）。具体的には、代表者（設立時代表取締役又は設立時代表執行役）の作成に係る証明書（資本金の額が会社法及び会社計算規則に従って計上されたことを確認することができるもの）等がこれに該当するものとされています（前掲平18・

第7章　会社の設立　　445

3・31通達参照）。ただし、出資に係る財産が金銭のみの場合には上記書面の添付を要しな
いものとされています（平19・1・17法務省民商第91号通達参照）。なお、昭和59年9月26日民四
第4974号民事局第四課長回答及び昭和60年3月11日民四第1480号民事局第四課長回答の
取扱いが廃止され、平成27年3月16日以降、代表取締役の全員が日本に住所を有しない内
国株式会社の設立の登記及びその代表取締役の重任若しくは就任の登記について、申請
を受理する取扱いとされました（法務省ホームページ）。

(3)　会社の設立手続が完了し、会社が成立したら、税務署、都道府県税事務所、労働基準
監督署、公共職業安定所、年金事務所等の各種官庁への届出、会社の業種が許認可等の
必要な場合については、管轄する行政官庁への申請等が必要となります。

(4)　また、会社は、法務省令（会算規58・72以下）で定めるところにより、その成立の日にお
ける貸借対照表を作成しなければなりません（会社435①）。

作成書類等　○登記申請書
　　　　　　○本店及び支店所在場所の決定に係る発起人の同意書（定款に定めがある場
　　　　　　　合は不要）
　　　　　　○資本金の額の計上に関する設立時代表取締役又は設立時代表執行役の証明
　　　　　　　書（出資財産が金銭のみの場合は不要）
　　　　　　○税務署等への届出書、管轄行政官庁への申請書　等
　　　　　　○貸借対照表

10　事後設立　　▶会社467・309、会社規135

　事後設立とは、会社が、会社成立前から存在する財産でその事業のために継続して使用
するものを会社成立後2年以内に取得することをいいます（会社467①五）。法務省令で定め
る方法（会社規135）により算定される純資産額の5分の1（定款の定めによりこれを下回る割
合を定めることが可能です。）を超える対価（財産の帳簿価額の合計額）で当該行為を行う
には、当該行為がその効力を生ずる日の前日までに、株主総会の特別決議（会社309②十一）
によって、当該行為に係る契約の承認を受けなければなりません（同467①）。

11　設立無効の訴え　　▶会社828・836

　設立無効の訴えは、会社の成立の日から2年以内に、株主等が訴えを提起することによっ
てのみ主張することができます（会社828①一②一）。会社法上設立無効の原因となる事由に
ついての規定はありませんので解釈によりますが、①定款の絶対的記載事項が欠けていた
り、その記載が違法である場合（同27）、②定款につき認証がない場合（同30①）、③出資され
た財産の価額が定款で定めた「設立に際して出資される財産の価額又はその最低額」に満
たない場合（同27四）、④発起人が設立時発行株式の1株の権利も取得しなかった場合（同25
②）等のような重大な瑕疵が、設立無効の原因となるといわれています。なお、設立無効の
訴えについても、担保提供命令申立ての制度（同836）が定められています。

54 会社の募集設立手続

> ### スケジュール

◆取締役会設置会社

日　程	法定期間・期限	手　　　続	参　照
1/14		発起人による定款の作成	①
1/15		公証人による定款の認証	②
同日	遅滞なく	定款の備置きと閲覧等	③
同日		検査役選任の申立て（申立てをすべき変態設立事項がない場合は不要）→検査役による調査（通常50日程度）	④
同日		設立時発行株式に関する事項の決定（定款に定めがある場合は不要）、発起人の株式引受け	⑤
	遅滞なく	※有価証券届出書・有価証券通知書の提出（金商法上の募集に該当しない場合は不要）	⑥
1/20		発起人の出資の履行	⑤
1/21		引受けの申込者に対する募集事項等の通知	⑦
2/1 〜 2/8		申込期間（引受けの申込者からの書面等による申込み）	⑧
2/9		設立時募集株式の割当ての決定	⑨
2/11	前日まで	設立時募集株式の割当ての通知	⑨
3/1		払込期日（又は払込期間の初日）	⑩
3/4	遅滞なく	払込期日又は払込期間の末日のうち最も遅い日	⑪
3/5		株式払込金保管証明書の発行	⑩

第7章　会社の設立

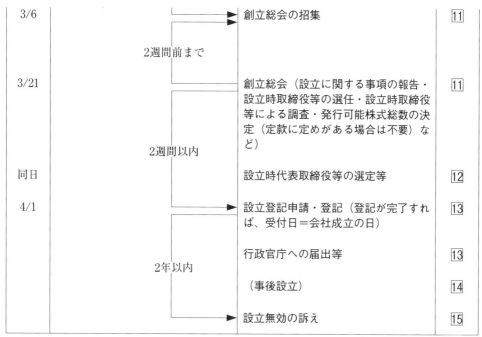

※　「日程」欄記載の月日の例は、検査役の選任があるケース

解　　説

(1)　募集設立とは、発起人が設立の際に発行する株式（設立時発行株式）を引き受けるほか、設立時発行株式を引き受ける者を募集する方法により会社を設立することをいいます（会社25①二）。

　募集設立については、会社法制定の際、廃止すべきか否かが検討されましたが、発起人としての責任を負わないことを望む場合があること、外国人が発起人になる場合には必要書類の関係で手続が煩雑になること等を理由に、実務界にその存続を望む声があり、維持されることになりました。

(2)　募集設立では、公証人による認証（会社30）のほかに、実務上払込取扱金融機関（同34②・63①。5、10参照）への事務委託、払込期日、株式払込金保管証明書の発行（同64）等にそれぞれ最低1日を要しますので、これらのための日数を考慮に入れて手続を進める必要があります。そして、定款の作成に始まる以下に述べる会社設立手続を円滑に進め、できるだけ短期間で会社を設立したい場合には、実務上は、定款記載事項や登記事項の内容を早期に決定し、代表者印等の印鑑作成や発起人、代表取締役等の実印、印鑑証明書をあらかじめ準備し、公証人や払込取扱金融機関へ必要書類等の確認を事前に行うといった、いわゆる設立準備手続を十分に行っておくことが肝要です。

　また、設立する会社の目的である事業の内容によっては、その営業を開始するために行政官庁の許認可や届出が必要な業種があります。その場合には、会社成立後に速やかにその許認可の申請等が行えるよう、あらかじめ関係行政官庁に確認等をしておくことも大切です。

(3)　なお、上場会社が子会社を設立する場合には、上場会社の業務執行を決定する機関が、子会社を設立することについての決定をした場合、軽微基準に該当するものを除き、直ちにその内容を開示しなければなりません（上場規程402一q、上場規程規401①五）。また、上場会社は、その場合、証券取引所に所定の書類の提出を行うものとされています（上場規程421、上場規程規417十一）。

　また、有価証券報告書提出会社の特定子会社の異動が、当該提出会社若しくは連結子会社の業務執行を決定する機関により決定された場合等（企業開示府令19②三⑩）には、遅滞なく、臨時報告書を内閣総理大臣（財務局長等）に提出しなければなりません（金商24の5④）。

1　発起人による定款の作成　　　　　　　　　　　　　　　▶会社26〜29

　会社を設立するには、発起人が定款を作成し、その全員がこれに署名し、又は記名押印をしなければなりません（会社26①）。なお、定款は、電磁的記録をもって作成することもできます（同26②、会社規224・225）。

第7章　会社の設立　　　449

　定款には、絶対的記載事項（定款に必ず定めなければならず、当該定めがない場合は定款が無効となる事項）として、①目的、②商号、③本店の所在地、④設立に際して出資される財産の価額又はその最低額、⑤発起人の氏名又は名称及び住所を記載等しなければなりません（会社27）。

　定款には、その他に必要に応じて、相対的記載事項（同28・29）や任意的記載事項（同29）を定めることとなります。会社法では、取締役会や監査役の設置等は相対的記載事項ですので、これらを設置する場合には定款への記載が必要です（同326②）。また、公告方法は、任意的記載事項とされており（同939①）、定款に定めがないときは官報に掲載する方法が公告方法とされています（同939④）。なお、商号については、同一商号であり、かつ、同一本店所在場所の登記は禁止されていること等（商登27、会社8参照）に留意が必要です。

作成書類等　○定款

2　公証人による定款の認証　　　▶会社30・95

　定款は、公証人の認証を受けなければ、効力を生じません（会社30①）ので、発起人は、定款作成後、公証人の認証を受ける必要があります。

　なお、公証人の認証を受けた定款は、会社成立前は、一定の場合を除き変更することはできません（同30②）。加えて、募集設立の場合は、発起人は、設立時募集株式と引換えにする金銭の払込期日又は払込期間（同58①三）の初日のうち最も早い日以後は、定款の変更をすることができず（同95）、以後の定款変更は、創立総会で行うこととなります（同96）。

3　定款の備置きと閲覧等　　　▶会社31

　発起人（会社成立後は会社）は、定款を発起人が定めた場所（会社成立後は、その本店及び支店（法務省令（会社規227）で定める措置をとっている電磁的記録の場合は本店のみ））に備え置かなければなりません（会社31①④）。

　発起人（会社成立後は、株主及び会社債権者）は、発起人が定めた時間（会社成立後は、その営業時間）内は、いつでも定款の閲覧等を行うことができます（同31②）。

4　検査役選任の申立て、調査　　　▶会社33、会社規6・228・229

(1)　会社法28条に基づき定款に変態設立事項の記載等をしたときは、発起人は、公証人の認証を受けた後遅滞なく、裁判所に対し、検査役の選任の申立てをし、検査役の調査を受けなければなりません（会社33①②④）。ただし、定款に記載等された現物出資財産等（同33⑩）の価額について、①その総額が500万円を超えない場合、②市場価格のある有価証券（金商2①②）について法務省令で定める方法により算定されるもの（会社規6）を超えない場合、③定款に記載等された価額が相当であることについて弁護士等の証明を受けた場合には、それらの事項については検査役選任に係る規定（会社33①〜⑨）は適用されま

せん（同33⑩）。

　選任された検査役は、必要な調査を行い、当該調査の結果を記載等した書面等を裁判所に提供して報告し（同33④、会社規228一）、発起人に対しても写し等を交付等しなければなりません（会社33⑥、会社規229一）。

　裁判所は、当該報告を受けて検査役の調査を経た変態設立事項を不当と認めたときは、これを変更する決定をしなければならず、当該決定により定款変更の効力が生じます（会社33⑦）。他方、発起人は、裁判所の当該決定により定款の変更がなされた場合には、当該決定の確定後1週間以内に限り、その設立時発行株式の引受けに係る意思表示を取り消すことができます（同33⑧）。また、発起人全員の同意によって、当該決定の確定後1週間以内かつ金銭の払込期日又は払込期間の初日のうち最も早い日より前に限り、当該決定により変更された事項についての定めを廃止する定款の変更をすることができます（同33⑨・95）。

(2)　東京地方裁判所の例では、検査役の調査に要する期間は、受付けから検査役の選任まで10日程度、標準的な報告書提出期限は、検査役選任から40日程度（事情に応じて伸張・短縮されます。）とされていますので（商事法務No.1590・4頁参照）、検査役の調査を要する会社設立のスケジュールを考える際は、検査役選任申立てから報告書提出まで、通常でも50日程度を要することに留意する必要があります。

作成書類等　＜検査役選任の場合＞
　　　　　　○検査役選任申立書
　　　　　　○調査報告書（検査役作成）
　　　　　　＜会社法33条10項に定める場合＞
　　　　　　○弁護士等の証明書（弁護士等作成）
　　　　　　○鑑定評価書（不動産鑑定士作成）
　　　　　　○有価証券の市場価格を証する書面　等

5　設立時発行株式に関する事項の決定等　▶会社32・25・57・58

　会社法では、設立時発行株式の数は、定款の絶対的記載事項ではないため、設立に際して発行する株式に関する事項について、定款に定めがないときは、発起人は、その全員の同意により、①発起人が割当てを受ける設立時発行株式の数、②それと引換えに払い込む金銭の額、③成立後の会社の資本金及び資本準備金の額に関する事項を定めることとなります（会社32①。なお、設立しようとする会社が種類株式発行会社である場合に関する規定として同32②参照）。この場合、③の成立後の会社の資本金及び資本準備金の額は、会社法445条及び会社計算規則43条の定めるところにより定める必要があります。

　なお、発起人は、設立時発行株式を1株以上引き受けなければなりません（同25②）。そして、発起人は、設立時発行株式の引受け後、遅滞なく、その引き受けた設立時発行株式につき、その出資に係る金銭の全額を払い込み、又はその出資に係る金銭以外の財産の全部を給付しなければなりません（同34①）。そして、出資に係る金銭の払込みは、発起人が定

第7章　会社の設立　　451

めた銀行等の払込みの取扱いの場所（以下この項において「払込取扱金融機関」といいます。）においてしなければなりません（同34②）。ただし、発起人の全員の同意があるときは、登記、登録その他権利の設定又は移転を第三者に対抗するために必要な行為は、会社の成立後にすることを妨げません（同34①ただし書）。

　募集設立の場合には、前記①から③までに加えて、発起人全員の同意により、④設立時募集株式の数（会社が種類株式発行会社である場合には、その種類及び種類ごとの数）、⑤設立時募集株式1株と引換えに払い込む金銭の額（払込金額）、⑥設立時募集株式と引換えにする金銭の払込みの期日又はその期間、⑦一定の日までに設立の登記がされない場合において、設立時募集株式の引受けの取消しをすることができることとするときは、その旨及び一定の日を定めることになります（同57・58）。

作成書類等　＜定款に定めがない場合＞
　　　　　　　〇発起人の同意書（設立時発行株式及び設立時募集株式に関する発起人全員の同意）
　　　　　　　〇現物出資の場合の財産引継書　等

6　有価証券届出書、有価証券通知書の提出　　▶金商2・4・5・8・13・15

　設立時募集株式は、有価証券に該当しますので（金商2①九②）、設立時募集株式の発行が金融商品取引法上の「有価証券の募集」（同2③）に該当する場合には、一定の場合を除き、当該募集を行う前に有価証券届出書の提出が必要になります（同4①・5）。有価証券届出書は、内閣総理大臣（財務局長等）が受理した日から原則として15日を経過した日に、その効力を生じることとされており（同8）、それ以前に募集による取得をさせることができません（同15①）。また、当該有価証券届出書を提出しなければならない場合は、目論見書を作成しなければならず、募集による取得に当たり、あらかじめ又は同時に交付しなければなりません（同13・15）。

　なお、有価証券届出書の提出が必要でない場合でも、一定の場合には有価証券通知書の提出が必要となります（同4⑥）。

作成書類等　〇有価証券届出書及び目論見書、又は有価証券通知書（目論見書）

7　引受けの申込者に対する募集事項等の通知　　▶会社59・61

　会社は、募集に応じて設立時募集株式の引受けの申込みをしようとする者に対し、募集事項等会社法59条1項各号に定める事項を通知しなければなりません。なお、発起人のうち出資の履行をしていないものがある場合には、発起人は、会社法36条1項に定める失権手続に係る期日の後でなければ、当該通知をすることができません（会社59②）。

　発起人が法定事項を記載した株式申込証の用紙を作成することは要しないものとされていますが、実務上は、適宜の申込証を作成の上、上記の通知をする際に併せて送付することも考えられます。

452　　　第7章　会社の設立

　なお、設立時募集株式を引き受けようとする者がその総数の引受けを行う契約を締結する場合（以下この項において「総数引受けの場合」といいます。）には、上記の通知をする必要がありません（同61）。

作成書類等　○通知（募集事項等の通知）

8　引受けの申込み　　　　　▶会社59・61、会社令1、会社規230、商登47

　募集に応じて設立時募集株式の引受けの申込みをする者は、①申込みをする者の氏名又は名称及び住所、②引き受けようとする設立時募集株式の数を記載した書面等を発起人に交付等しなければなりません（会社59③④、会社令1①一、会社規230、商登47②二参照）。これらの規定も、総数引受けの場合には、適用されません（会社61。なお、商登47②二参照）。

　なお、実務上は、後に払込みがなされずに失権することを防ぐ等のため、当該申込みの際に、併せて設立時募集株式の払込金額全額に相当する申込証拠金を払い込ませておくことが行われています。

作成書類等　○株式申込書（又は株式申込取扱証明書（払込取扱金融機関に株式申込事務
　　　　　　　　の取扱いを委託した場合））
　　　　　　　＜総数引受けの場合＞
　　　　　　　○総数引受けの契約書

9　設立時募集株式の割当ての決定、通知　　　　　▶会社60・61

　発起人は、申込者の中から設立時募集株式の割当てを受ける者、及び同人に割り当てる株式数を定めなければなりません（会社60①）。そして、発起人は、会社法58条1項3号に定める払込期日（又は払込期間の初日）の前日までに、申込者に対し、同人に割り当てる設立時募集株式の数を通知しなければなりません（同60②）。これらの規定も、総数引受けの場合には適用されません（同61）。

　割当てにより、申込者は、割り当てられた数の設立時募集株式の引受人となります（同62一。総数引受けの場合は、同62二）。

作成書類等　○通知（株式割当てに関する通知）

10　払込期日　　　　　▶会社63・64

　設立時募集株式の引受人は、払込期日又は払込期間内に、払込取扱金融機関において、払込金額全額の払込みをしなければなりません（会社63①）。引受人が払込期日（払込期間内）に払込みをしないときは、当然に（発起人の場合と異なり、失権手続（同36）を要しません。）、当該払込みをすることにより設立時募集株式の株主となる権利を失います（同63③）。

　発起人は、払込取扱金融機関から、発起人及び設立時募集株式の引受人から払い込まれた金額に相当する金銭の保管に関する証明書（株式払込金保管証明書）の交付を受けます

第7章　会社の設立　　453

（同64①）。なお、実務上、株式払込金保管証明書の交付は、払込取扱金融機関の都合で、払込期日（払込期間の末日）の翌日以降になる場合もありますので、事前に確認が必要です。

作成書類等　○株式払込金保管証明書（払込取扱金融機関作成）

11　創立総会　　▶会社65～101

(1)　発起人は、払込期日又は払込期間の末日のうち最も遅い日以後遅滞なく、設立時株主（出資の履行をした発起人及び設立時募集株式の引受人（会社50①・102②））の総会（創立総会）を招集しなければなりません（同65①・67。なお、種類株式発行会社において種類創立総会の決議を要する場合に関する規定として、同84～86参照）。

(2)　創立総会は、成立後の会社の株主総会に相当するものであるので、招集通知（会社68～71）、議事（同78・79）、議決権・決議（同72～77）、延期・続行（同80）等について、株主総会とほぼ同様の規定が設けられています（なお、決議要件につき同73参照）。ただ、設立時株主は通常少数なので、その場合の創立総会は、設立時株主全員の同意を得ることにより、招集手続を省略する（同69）、書面決議を行う（同82・83）等の簡易な手続がとられるのが一般的です。

(3)　創立総会で行う事項は、以下のとおりです。

①　設立に関する事項の報告

発起人は、会社の設立に関する事項（発起人が設立に関してなした一切の事項）を、創立総会に報告しなければなりません（会社87①）。また、変態設立事項がある場合には、検査役の調査報告の内容や弁護士等の証明の内容を記載等した書面等を創立総会に提出等しなければなりません（同87②）。

②　設立時取締役等の選任

募集設立においては、会社法88条に定める設立時取締役等の選任は、創立総会の決議によって行わなければなりません（同88）。

③　設立時取締役等による調査

設立時取締役（会社が監査役設置会社である場合には、設立時取締役及び設立時監査役）は、会社法93条1項に規定する各事項を調査し、調査の結果を創立総会に報告し、説明を求められた場合には必要な説明をしなければなりません（同93）。なお、設立時取締役及び設立時監査役の全部又は一部が発起人である場合には、創立総会においては、その決議によって、会社法93条1項に規定する各事項を調査する者を選任し、その調査・報告を行わせることができます（同94）。

創立総会において、これらの報告等により、変態設立事項を不当と認めたときは、その決議により、定款の変更（削除・縮小）をすることとなります（同96参照。最判昭41・12・23判時474・45）。その場合、その変更に反対した設立時株主は、当該決議後2週間以内に限り、その設立時発行株式の引受けに係る意思表示を取り消すことができます（同97）。

④　発行可能株式総数の決定（定款に定めがある場合は不要）

発行可能株式総数を定款で定めていないときは、会社の成立の時までに、創立総会

の決議によって、定款を変更して発行可能株式総数の定めを設けなければなりません（同98。なお、種類株式を発行する場合につき、同108②参照）。

なお、公開会社の場合、設立時発行株式の総数は、発行可能株式総数の4分の1を下ることができません（同37③）。

⑤　その他

創立総会においては、発起人が創立総会の目的として定めた事項しか決議できないのが原則ですが（同73④・67①二）、定款の変更又は会社の設立の廃止の決議については、常に決議することが可能です（同73④ただし書）。

(4)　創立総会の議事については、議事録を作成しなければなりません（会社81、会社規16）。設立登記の申請の際は、創立総会の議事録を添付する必要がありますが（商登47②九）、設立時株主全員の同意により書面決議等の手続（会社82①・86）をとり、創立総会の決議があったものとみなされる場合には、議事録に代えて、当該場合に該当することを証する書面を設立登記の申請書に添付しなければなりません（商登47④。なお、種類創立総会の場合も同様です。）。ただ、この場合にも、創立総会の議事録は作成しなければならないため（会社規16④一）、当該議事録をもって当該場合に該当することを証する書面として取り扱って差し支えないものとされています（平18・3・31法務省民商第782号通達）。

作成書類等　○創立総会議事録

　　　　　　○調査報告書（設立時取締役等による調査結果報告）

　　　　　　○設立時取締役等の就任承諾書（議事録に就任承諾の記載がある場合には不要）

　　　　　　○変更後の定款（創立総会で発行可能株式総数の決定をした場合）

12　設立時代表取締役等の選定等　　　　　　　　　　　　▶会社47

会社が取締役会設置会社（指名委員会等設置会社を除きます。）である場合には、設立時取締役は、設立時取締役（設立しようとする株式会社が監査等委員会設置会社である場合には、設立時監査等委員である設立時取締役を除きます。）の中から、その過半数の決定により、設立時代表取締役を選定しなければなりません（会社47①③。なお、指名委員会等設置会社の場合は、同48参照）。

作成書類等　○設立時代表取締役選定決議書

　　　　　　○設立時代表取締役の就任承諾書（決議書に就任承諾の記載があり、かつ、設立時代表取締役の押印が市町村長の証明したものと同一の印鑑を押印した場合は不要）

13　設立登記、行政官庁への届出等　　　　　　　　　▶会社49・911、商登47

(1)　会社は、その本店の所在地において設立の登記をすることによって成立します（会社49）。

第7章　会社の設立　　455

(2)　設立の登記は、代表者（設立時代表取締役又は設立時代表執行役）が、①創立総会の終結の日、②会社法84条又は同法101条1項の種類創立総会の決議をしたときは、これらの決議の日、③同法97条の創立総会の決議又は同法100条1項の種類創立総会の決議をしたときは、これらの決議の日から2週間を経過した日、のいずれか遅い日から2週間以内に、登記申請書に所定の添付書類（商登47②〜④）を添えて、申請しなければなりません（会社911②、商登47①。登記事項は、会社911③）。

　　なお、定款では「本店の所在地」（市町村等の最小行政区画）が絶対的記載事項とされていますが（同27三）、設立登記においては、「本店及び支店の所在場所」が登記事項とされていますので（同911③三）、定款に定めがない場合は、登記申請の時までに、発起人の同意で本店及び支店の所在場所を定める必要があります。

　　また、⑤で述べたとおり、成立後の会社の資本金及び資本準備金の額に関する事項に関しては、発起人全員の同意により決定されますが、設立登記においては、資本金の額が、会社法445条及び会社計算規則43条の規定に従って計上されたことを証する書面を添付する必要があります（商登規61⑦）。具体的には、代表者（設立時代表取締役又は設立時代表執行役）の作成に係る証明書（資本金の額が会社法及び会社計算規則に従って計上されたことを確認することができるもの）等がこれに該当するものとされています（前掲平18・3・31通達参照）。ただし、出資に係る財産が金銭のみの場合には上記書面の添付は要しないものとされています（平19・1・17法務省民商第91号通達参照）。

(3)　会社の設立手続が完了し、会社が成立したら、税務署、都道府県税事務所、労働基準監督署、公共職業安定所、年金事務所等の各種官庁への届出、会社の業種が許認可等の必要な場合については、管轄する行政官庁への申請等が必要となります。

(4)　また、会社は、法務省令（会算規58・72以下）で定めるところにより、その成立の日における貸借対照表を作成しなければなりません（会社435①）。

作成書類等　○登記申請書
　　　　　　　○本店及び支店所在場所の決定に係る発起人の同意書（定款に定めがある場合は不要）
　　　　　　　○資本金の額の計上に関する設立時代表取締役の証明書（出資財産が金銭のみの場合は不要）
　　　　　　　○税務署等への届出書、管轄行政官庁への申請書　　等
　　　　　　　○貸借対照表

14　事後設立　　　　　　　　　　　　　　　　　▶会社467・309、会社規135

　　事後設立とは、会社が、会社成立前から存在する財産で事業のために継続して使用するものを会社成立後2年以内に取得することをいいます（会社467①五）。法務省令（会社規135）で定める方法により算定される純資産額の5分の1（定款の定めによりこれを下回る割合を定めることが可能です。）を超える対価（財産の帳簿価額の合計額）で当該行為を行うには、当該行為がその効力を生ずる日の前日までに、株主総会の特別決議（会社309②十一）によって、当該行為に係る契約の承認を受けなければなりません（同467①）。

456 第7章 会社の設立

15 設立無効の訴え　▶会社828・836

　設立無効の訴えは、会社成立の日から2年以内に、株主等が訴えを提起することによって
のみ主張することができます（会社828①一②一）。会社法上設立無効の原因となる事由につ
いての規定はありませんので解釈によりますが、①定款の絶対的記載事項が欠けていたり、
その記載が違法である場合（同27）、②定款につき認証がない場合（同30①）、③出資された財
産の価額が定款で定めた「設立に際して出資される財産の価額又はその最低額」に満たな
い場合（同27四）、④発起人が設立時発行株式の1株の権利も取得しなかった場合（同25②）、
⑤創立総会が開催されなかった場合（同65）等のような重大な瑕疵が設立無効の原因となる
といわれています。

　なお、設立無効の訴えについても、担保提供命令申立ての制度（同836）が定められていま
す。

第 8 章

事業又は子会社株式の譲渡・解散・清算

458

第1　事業又は子会社株式の譲渡

55　事業の重要な一部の譲渡

スケジュール

◆取締役会設置会社、上場会社

日　程	法定期間・期限	手続 譲渡会社	手続 譲受会社	参照
		秘密保持契約書の締結、デューデリジェンスの実施	秘密保持契約書の締結、デューデリジェンスの実施	1
10/1		基本合意書の締結	基本合意書の締結	2
11/15		取締役会決議（譲渡承認、株主総会招集）	取締役会決議（譲受け承認）	3
	直ちに／速やかに	証券取引所における適時開示等	証券取引所における適時開示等	4・5
		保振機構に対する基準日等の通知		5
	遅滞なく	基準日公告		5
	2週間前まで	買取口座の開設		14
	2週間前まで	事業譲渡契約の締結	事業譲渡契約の締結	6
		臨時報告書の提出	臨時報告書の提出	7
11/30		基準日		5
1/15		株主総会招集通知の発送		8
～1/29	2週間前まで	反対株主の通知受付		9
1/30		株主総会の開催、承認決議		10
	遅滞なく	臨時報告書の提出		10

460　第8章　事業又は子会社株式の譲渡・解散・清算　　第1　事業又は子会社株式の譲渡

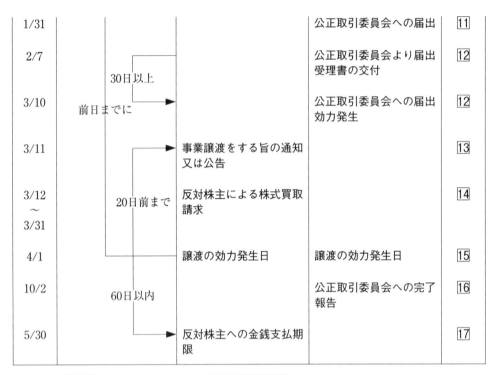

※　55の 解説 につきましては、57の スケジュール の後に合わせて解説しています（464頁を参照）。

第8章　事業又は子会社株式の譲渡・解散・清算　　第1　事業又は子会社株式の譲渡　　461

56　親会社による子会社株式の譲渡

スケジュール

◆取締役会設置会社、上場会社

日　程	法定期間・期限	手　続		参　照
		譲　渡　会　社	譲　受　会　社	
		秘密保持契約書の締結、デューデリジェンスの実施	秘密保持契約書の締結、デューデリジェンスの実施	①
10/1		基本合意書の締結	基本合意書の締結	②
11/15		取締役会決議（譲渡承認、株主総会招集）	取締役会決議（譲受け承認）	③
	直ちに			
	速やかに	証券取引所における適時開示等	証券取引所における適時開示等	④・⑤
		保振機構に対する基準日等の通知		⑤
	遅滞なく	基準日公告		⑤
	2週間前まで	買取口座の開設		⑭
	2週間前まで	株式譲渡契約の締結	株式譲渡契約の締結	⑥
		臨時報告書の提出	臨時報告書の提出	⑦
11/30		基準日		⑤
1/15		株主総会招集通知の発送		⑧
～1/29	2週間前まで	反対株主の通知受付		⑨
1/30		株主総会の開催、承認決議		⑩
	遅滞なく	臨時報告書の提出		⑩
1/31			公正取引委員会への届出	⑪
2/7			公正取引委員会より届出受理書の交付	⑫
	30日以上			

462　第8章　事業又は子会社株式の譲渡・解散・清算　第1　事業又は子会社株式の譲渡

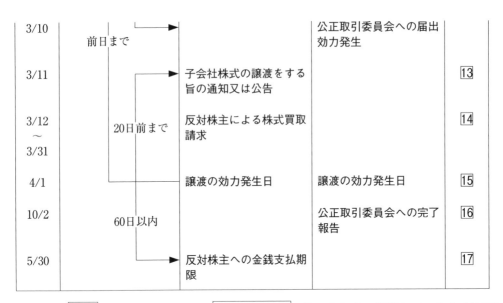

※　56の 解説 につきましては、57の スケジュール の後に合わせて解説しています（464頁を参照）。

第8章　事業又は子会社株式の譲渡・解散・清算　　第1　事業又は子会社株式の譲渡　　463

57　簡易事業譲渡の場合、又は譲渡会社が略式事業譲渡に該当し譲受会社が簡易事業譲受けに該当する場合

スケジュール

◆取締役会設置会社、譲受会社につき上場会社

日　程	法定期間・期限	手　　　続		参　照
		譲　渡　会　社	譲　受　会　社	
		秘密保持契約書の締結・デューデリジェンスの実施	秘密保持契約書の締結・デューデリジェンスの実施	1
7/15		基本合意書の締結	基本合意書の締結	2
9/2		取締役会決議（譲渡承認）	取締役会決議（譲受け承認）	18
同日	直ちに　　遅滞なく		証券取引所における適時開示等	4
		事業譲渡契約の締結	事業譲渡契約の締結	6
			臨時報告書の提出	7
			公正取引委員会への届出	11
9/9	30日以上		公正取引委員会より届出受理書の交付	12
10/10			公正取引委員会への届出効力発生	
10/11		事業譲渡をする旨の通知又は公告（譲渡会社が略式事業譲渡に該当する場合のみ）	事業譲受けをする旨の通知又は公告（譲受会社が簡易事業譲受けに該当する場合のみ）	13
10/12 〜 10/31	20日前まで	反対株主による株式買取請求（譲渡会社が略式事業譲渡に該当する場合のみ）		14
11/1		譲渡の効力発生日	譲渡の効力発生日	15
11/2	60日以内		公正取引委員会への完了報告	16
12/30		反対株主への金銭支払期限（譲渡会社が略式事業譲渡に該当する場合のみ）		17

464　第8章　事業又は子会社株式の譲渡・解散・清算　　第1　事業又は子会社株式の譲渡

解　　説

(1)　事業の譲渡等の手続（株主総会の承認）

　会社が事業の譲渡等を行う場合、組織再編行為（合併、会社分割、株式交換、株式移転等）と同様に、株主の利害に大きな影響を与える場合があります。そこで、会社は、原則として、次に掲げる行為をする場合には、当該行為がその効力を生ずる日（効力発生日）の前日までに、株主総会の特別決議によって、当該行為に係る契約の承認を受けなければなりません（会社467①・309②十一）。

①　事業の全部の譲渡

②　事業の重要な一部の譲渡

③　その子会社の株式又は持分の全部又は一部の譲渡（後述のアに該当する場合に限ります。）

④　他の会社の事業の全部の譲受け

⑤　事業の全部の賃貸、事業の全部の経営の委任、他人と事業上の損益の全部を共通にする契約その他これらに準ずる契約の締結、変更又は解約

⑥　会社の成立後2年以内におけるその成立前から存在する財産であって、その事業のために継続して使用するものの取得（事後設立）

　ア　親会社による子会社の株式等の譲渡について

　平成26年改正会社法では、会社が、その子会社の株式又は持分（以下この項において「株式等」といいます。）の全部又は一部の譲渡をする場合、次のいずれにも該当する場合の譲渡に限り、原則として、株主総会によって、当該譲渡に係る契約の承認（特別決議）を受けなければならないこととされました（会社467①二の二・309②十一）。

　（ⅰ）　譲渡する子会社の株式等の帳簿価額が当該子会社の株式等を譲渡する会社の総資産額（会社規134参照）の5分の1（これを下回る割合を定款で定めた場合にあっては、その割合）を超えるとき（会社467①二の二イ）

　（ⅱ）　当該子会社の株式等を譲渡する会社が、効力発生日において、当該子会社の議決権の総数の過半数の議決権を有しないとき（同467①二の二ロ）

　これは、親会社が、その子会社の株式等を譲渡することにより、当該子会社の事業に対する直接の支配を失う場合には、親会社がその事業を譲渡した場合と実質的に同じ影響が当該親会社に及ぶことになると考えられることから、事業譲渡と同様、株主総会の決議による承認を要することとされたものです。

　前記（ⅱ）に関しては、例えば、ａ．親会社が子会社の株式等の全部を他の子会社に譲渡することによりいわゆる孫会社とする場合や、ｂ．親会社が、譲渡前からその子会社につき過半数の議決権を有していなかった場合（例えば、45％の議決権を有している場合）で当該子会社の株式等を譲渡した場合にも該当するとされています。

　なお、上場子会社の株式を売却するときには、一定の場合（金商27の2①参照）、買主が、公開買付け（同27の2⑥）の手続を行う必要があります。また、売主及び買主は、一定の場合、大量

保有報告書又は変更報告書を提出する必要があります（同27の23・27の25参照）。さらに、売主は、一定の場合、売買に関する報告書を内閣総理大臣（財務局長等）に対して提出しなければなりません（同163①）ので、これらの点にも留意が必要です。

イ　簡易事業譲渡について

前記②の「事業の重要な一部の譲渡」に該当しない事業の一部譲渡を行う場合（以下この項において「簡易事業譲渡」といいます。）、株主総会の承認は不要です。具体的には、譲渡する資産の帳簿価額が総資産額（会社規134参照）の5分の1（これを下回る割合を定款で定めた場合にあっては、その割合）を超えない場合、及び5分の1以上であっても重要でない場合です（会社467①二）。

ウ　略式事業譲渡等について

前記①から⑤までに該当する行為（事業譲渡等といいます。会社468①参照）をする場合であっても、当該事業譲渡等に係る契約の相手方が当該事業譲渡等をする会社の特別支配会社である場合（以下この項において「略式事業譲渡等」といいます。）には、当該事業譲渡等を行う会社の株主総会の承認は不要です（同468①）（なお、特別支配会社では、株主総会の承認が必要となる場合があります。）。ここでいう「特別支配会社」とは、ある会社の総株主の議決権の10分の9（これを上回る割合を当該会社の定款で定めた場合にあっては、その割合）以上を、他の会社が単独で有している場合、又は、当該他の会社が発行済株式の全部を有している株式会社等と合わせて有している場合における当該他の会社をいいます（同468①、会社規136）。

エ　簡易事業譲受けについて

前記④の「他の会社の事業の全部の譲受け」を行う場合であっても、譲受会社が対価として交付する財産の帳簿価額の合計額の当該譲受会社の純資産額（純資産額が500万円未満の場合にあっては、500万円）に対する割合が5分の1（これを下回る割合を定款で定めた場合にあっては、その割合）以下の場合（以下この項において「簡易事業譲受け」といいます。）には、譲受会社の株主総会の承認は不要です（会社468②、会社規137）（なお、事業の全部譲渡を行う会社（相手方の会社）では、株主総会の承認が必要となる場合があります。）。

ただし、この簡易事業譲受けに該当する場合であっても、一定の数の株式（同138）を有する株主が、当該譲受けに係る通知（会社469③）又は公告（同469④）（なお、振替株式を発行している会社は、公告が義務付けられています（振替161②）。）の日から2週間以内に、当該譲受けに反対する旨の通知を会社に対ししたときは、会社は、当該譲受けの効力が発生する日の前日までに、株主総会の承認を得なければなりません（会社468③）。

なお、他の会社の事業の一部を譲り受ける場合については、株主総会の承認は不要です。

(2)　事業譲渡による譲渡会社の義務等

ア　競業避止義務

事業を譲渡した会社は、別段の意思表示がない限り、同一の市町村の区域内及びこれに隣接する市町村の区域内においては、その事業を譲渡した日から20年間は、同一の事業を行うことができません（競業避止義務（会社21①））。また、譲渡会社が同一の事業を行わない旨の特約をした場合には、その特約は、事業譲渡の日から30年の期間内に限り効力を有するとされています（同21②）。なお、これらの規定にかかわらず、譲渡会社は、不正の競争の目的をも

って同一の事業を行ってはなりません（同21③）。
　イ　詐害事業譲渡に係る規定の新設について
　譲受会社に優良事業や資産を承継させ、その結果、譲受会社に承継されない債権者が十分に債務の弁済を受けることができないこととなるなど、承継されない債権者を害する詐害的な事業譲渡が行われるおそれがあります。そこで、平成26年改正会社法では、このような詐害事業譲渡について、承継されない債権者の保護を図るための規定が新設されました。
　すなわち、譲渡会社が、譲受会社に承継されない債務の債権者（残存債権者といいます。）を害することを知って事業譲渡をした場合には、残存債権者は、譲受会社に対して、承継した財産の価額を限度として、債務の履行を請求することができます（同23の2①本文）。ただし、譲受会社が、事業譲渡の効力発生時において、残存債権者を害すべき事実を知らなかったときは、履行請求をすることができません（同23の2①ただし書）。

(3)　本スケジュールの場合
　本スケジュールは、取締役会設置会社であることを前提に、①上場会社同士が事業の重要な一部の譲渡（譲受け）を行う場合(55)、②上場会社同士が非上場会社の子会社の株式の譲渡（会社法467条1項2号の2イ・ロの要件を満たすもの。以下この項において「子会社株式の譲渡」といいます。）（譲受け）を行う場合(56)、③譲受会社が上場会社の場合で、簡易事業譲渡を行う場合又は譲渡会社が略式事業譲渡に該当し譲受会社が簡易事業譲受けに該当する場合(57)を設定しています。1以下の解説では、①及び②のケースをベースに解説します。

1　秘密保持契約の締結、デューデリジェンスの実施

　実務上、事業譲渡や子会社株式の譲渡を行う場合には、対象となる事業に係る権利義務関係や、譲渡会社の子会社の経営、財務状況などを調査する必要があります。そこで、事業譲渡や子会社株式の譲渡を検討する当事会社間において秘密保持契約を締結の上、譲受けを検討する会社が、譲渡の対象となる事業や子会社について、弁護士、公認会計士等の専門家等を利用して、法務、財務等の面から（回収不能債権がないか、簿外債務がないか等）チェックを行い、譲渡会社の対象事業や子会社の評価等を実施（いわゆるデューデリジェンスの実施）します。

作成書類等　○秘密保持契約書
　　　　　　　○調査報告書、鑑定書　等（デューデリジェンス結果）

2　基本合意書の締結等

　当事会社間で事業譲渡や子会社株式の譲渡に関する交渉をある程度進めた結果、事業譲渡や子会社株式の譲渡を行うこと及びその基本的事項について合意に至った場合には、その段階で基本合意書の締結を行うことが実務上多いといえます。法律上作成の義務はあり

第8章　事業又は子会社株式の譲渡・解散・清算　　第1　事業又は子会社株式の譲渡　　467

ませんが、合意に至った事業譲渡や子会社株式の譲渡に関する基本的な方針を相互に確認
し、その後の譲渡手続をスムーズに進めるため、基本合意書を締結することは重要です。
基本合意書を締結する場合、その時期をいつにするか（最初に基本合意を行い、その後デ
ューデリジェンスを行う場合、デューデリジェンス後に基本合意をする場合、デューデリ
ジェンスの中途の段階で基本合意をする場合等さまざまなパターンがあると思われます。）
やその内容をどの程度のものにするかについては、個別事案ごとに異なりますので一概に
いうことは困難ですが、内容についていえば、例えば、譲渡の対象となる事業や子会社株
式の範囲、内容、価格、譲渡の時期、従業員の処遇、競業避止義務の内容等を定めること
が考えられます。なお、個別の事案によっては、この基本合意書を締結するに当たり、重
要な業務執行に当たるとして、③で解説する取締役会の承認決議を得ておく（又は少なく
とも取締役会へ報告を行っておく）ことや、基本合意書締結後に、④で解説する適時開示
等、⑦で解説する臨時報告書の提出を行うことも検討すべきでしょう。

作成書類等　○基本合意書

③ 取締役会決議（譲渡、譲受けの承認、株主総会招集）　▶会社298・362

　当事会社間において、事業譲渡や子会社株式の譲渡についてデューデリジェンス等によ
る詳細な調査や協議等を進め、最終的な詰めを行っていった結果、事業譲渡や子会社株式
の譲渡の詳細等につき内容、協議がまとまった段階で、事業譲渡契約や株式譲渡契約を締
結することとなります。かかる譲渡契約の締結は、会社の重要な財産の処分及び譲受けそ
の他の重要な業務執行に当たることが多いと思われますので、その場合には、これを代表
取締役等に委任することはできず、取締役会の承認を得る必要があります（会社362④）。ま
た、当該事業譲渡や子会社株式の譲渡について前記の株主総会の承認を得る必要がある場
合には、そのための株主総会の招集の決議も行うこととなります（同298④）。なお、臨時株
主総会を開催する場合には、通常、併せて基準日を定めます（基準日の公告等について、
⑤参照）。

作成書類等　○取締役会招集通知　※省略できる場合あり
　　　　　　　○取締役会議事録（事業譲渡契約（株式譲渡契約）締結の承認、株主総会の
　　　　　　　　開催等）

④ 適時開示等　▶上場規程402

　上場会社は、上場会社の業務執行を決定する機関（取締役会等）が、事業の全部又は一
部の譲渡又は譲受けや、子会社の異動を伴う株式の譲渡又は取得をすることを決定した場
合には、軽微基準に該当するものを除き、<u>直ちに</u>、その内容を開示しなければなりません
（上場規程402一m・q）。また、上場会社は、その場合（ただし、上場会社からの事業の全部
若しくは一部の譲受けの場合は除きます（上場規程規417十参照）。）、<u>所定の時期</u>に、証券取引
所に所定の書類を提出しなければなりません（上場規程402一m・421①、上場規程規417）。

468　第8章　事業又は子会社株式の譲渡・解散・清算　　第1　事業又は子会社株式の譲渡

　なお、子会社株式の譲渡が有価証券の売出し（金商2④）に該当するとき（この点、公開買付けへ応募した場合は、有価証券の売出しには該当しないとされています。）、上場会社の業務執行を決定する機関が、株式の売出しを行うことを決定した場合には、軽微基準に該当するものを除き、直ちに、その内容を開示しなければなりません（上場規程402一ａ）。また、上場会社は、所定の時期に、証券取引所に所定の書類を提出しなければなりません（同421①、上場規程規417一）。

　そして、この有価証券の売出し（金商2④）に該当するとき、譲渡の対象となる株式の発行会社は、一定の場合、有価証券届出書（同4①）又は有価証券通知書（同4⑥本文）を届出又は提出しなければならず、さらに、目論見書を作成し、交付しなければならないとされています（同13①・15②）。

作成書類等　○開示文書（「事業譲渡に関するお知らせ」等）
　　　　　　　○証券取引所への提出書類（事業の譲受け（譲渡）概要書、異動子会社に関する概要書）

5　基準日の公告等　　　　　　　　　　　　　　　　　　▶会社124

　臨時株主総会（事業譲渡の承認や子会社株式の譲渡の承認）を開催する場合において、議決権を行使する株主を確定するため、基準日を定めたときは、基準日の2週間前までに、基準日等を公告しなければなりません（会社124①～③）。なお、上場会社の場合は、株式等振替制度を利用している関係上、基準日を定めた場合には、所定の時期に、証券取引所に所定の書類を提出する等し、また、速やかに（かつ、基準日の2週間前の日までに）保振機構にその内容を通知する必要があります（上場規程421①、上場規程規418六、振替151⑦、振替命令23①、株式等の振替に関する業務規程12、株式等の振替に関する業務規程施行規則6・別表1．1(16)）。

　この点、本スケジュールと異なり、仮に定時株主総会で事業譲渡や子会社株式の譲渡の承認決議を行う場合には、通常、定款において基準日等が定められていると思いますので、基準日等の公告等の必要はありません（会社124③ただし書）。

作成書類等　○基準日等公告
　　　　　　　○証券取引所への提出書類、保振機構に対する通知

6　譲渡契約の締結

　法律上作成の義務はありませんが、事業譲渡や子会社株式の譲渡は、会社の経営に大きな影響を与える行為であることから、また、後日のトラブルを防止するため、譲渡契約書を作成し、譲渡人・譲受人間で締結することが不可欠です。譲渡契約書には、①契約の目的、②譲渡の対象、③譲渡の対価、④対価の支払方法、⑤譲渡の効力発生日（譲渡期日）、⑥引渡方法、⑦従業員の取扱い、⑧競業避止義務の内容、⑨株主総会での承認を停止条件とすること等を規定することが考えられます。

作成書類等　○事業（子会社株式）譲渡契約書

第8章　事業又は子会社株式の譲渡・解散・清算　　第1　事業又は子会社株式の譲渡　　469

7　臨時報告書の提出　　▶金商24の5、企業開示府令19

　有価証券報告書提出会社が、一定の要件（企業開示府令19②三・八・八の二参照）に該当する事業の譲渡又は譲受けを行うことや子会社の異動又は取得を、業務執行を決定する機関により決定した場合等には、遅滞なく、臨時報告書を作成して、内閣総理大臣（財務局長等）に提出しなければなりません（金商24の5④）。

作成書類等　○臨時報告書

8　株主総会招集通知等　　▶会社299・298、会社規63

　株主に対し、株主総会の2週間前までに株主総会招集通知を発し（会社299・298、会社規63）、一定の場合、株主総会参考書類を交付等します（会社301・302、会社規92）。

作成書類等　○株主総会招集通知
　　　　　　　○株主総会参考書類

9　反対株主の通知受付　　▶会社469

　簡易事業譲受けの場合等を除き、事業譲渡等（会社468①・467①一～四）をする場合には、反対株主は、会社に対し、自己の有する株式を公正な価格で買い取るよう請求（株式買取請求）することができます（同469①）。簡易事業譲受けの場合には、会社や株主に及ぼす影響が軽微であると考えられることから、平成26年改正会社法により、（会社法468条3項に規定する場合を除き）株式買取請求をすることができないこととされました（同469①二）。

　この反対株主として株式買取請求を行うためには、株主は、事業譲渡等をするために株主総会の決議を要する場合、当該株主総会に先立って、当該事業譲渡等に反対する旨を会社に対し通知し、かつ、当該株主総会において当該事業譲渡等に反対する必要があります（同469②一イ）。なお、当該株主総会において議決権を行使することができない株主の場合は、これらの通知等は不要です（同469②一ロ）。また、略式事業譲渡等の場合（同468①）も、株主総会の決議は不要ですので、これらの通知等は不要です（同469②二）。

　なお、平成26年改正会社法により、略式事業譲渡等の場合の特別支配会社は、株式買取請求をすることができる株主から除かれています。また、簡易事業譲渡は、事業譲渡等（同468①）に該当しないため、株式買取請求は認められていません。

作成書類等　○株主の事業譲渡（子会社株式の譲渡）反対通知

10　株主総会の開催、承認決議　　▶会社467・309

　会社法上、事業譲渡や子会社株式の譲渡の効力発生日の前日までに、株主総会を開催し、特別決議により、当該事業譲渡契約や子会社株式の譲渡契約の承認を得なければなりませ

ん（会社467①・309②十一）。

　なお、上場会社は、株主総会において決議事項が決議された場合、遅滞なく、臨時報告書を内閣総理大臣（財務局長等）に提出しなければなりません（金商24の5④、企業開示府令19②九の二）。

作成書類等　○株主総会議事録
　　　　　　　　○臨時報告書

11　公正取引委員会への届出　　　　　　　　▶独禁10・16、独禁手続規2の6・6

　独占禁止法は、一定の取引分野における競争を実質的に制限することとなる他の会社の株式取得等や事業等の譲受け等をしてはならない旨規定しています（独禁10①・16①）。

　そして、これを担保するため、他の会社の株式取得については、株式を取得しようとする会社（株式取得会社）とその親子会社等の国内売上高合計額が200億円を超え、株式取得の対象となる会社（株式発行会社）とその子会社の国内売上高の合計額が50億円を超える場合で、株式の取得後に株式取得会社とその親子会社等が所有することとなる株式発行会社の株式に係る議決権数が政令で定める一定の割合を超える株式取得をする場合、当該株式取得会社に対して、公正取引委員会への計画の事前の届出を求めています（同10②、独禁令16）。

　また、事業等の譲受けについては、譲受会社とその親子会社等の国内売上高合計額が200億円を超える場合で、一定の要件（独禁16②、独禁令21）に該当する事業等の譲受けをしようとする場合には、当該譲受会社に対して公正取引委員会への計画の事前の届出を求めています（独禁16②）。ただし、譲渡会社と譲受会社が同一の企業結合集団（同10②参照）に属する場合は、届出は不要です（同16②ただし書）。

作成書類等　○株式の取得に関する計画届出書（添付書類については、独禁手続規則2条の6参照）
　　　　　　　　○事業等の譲受けに関する計画届出書（添付書類については、独禁手続規則6条参照）

12　公正取引委員会から届出受理書の交付等　　　　　　　▶独禁手続規7

　公正取引委員会は、届出書を受理したときは、届出会社に対し、届出受理書を交付します（独禁手続規7①）。届出から1週間から10日程度で受理書が交付されることが通常です。届出会社は、届出受理の日から原則として30日を経過するまでは、届出に係る事業等の譲受けや届出に係る株式の取得をしてはならない（独禁10⑧・16③）とされていますので、これらの効力発生日と届出受理日との間に当該期間が確保されるよう、余裕をもっての届出が必要です。

作成書類等　○届出受理書

第8章　事業又は子会社株式の譲渡・解散・清算　　第1　事業又は子会社株式の譲渡　　471

13　事業譲渡等をする旨の通知又は公告　　▶会社469

　株主に株式買取請求の機会等を与えるため、事業譲渡等（会社468①）をしようとする会社は、事業譲渡等の効力発生日の20日前までに、その株主（略式事業譲渡等の場合の特別支配会社を除きます。）に対し、事業譲渡等をする旨（会社法467条2項に規定する場合にあっては、同法467条1項3号に掲げる行為をする旨及び同法467条2項の株式に関する事項）を通知しなければなりません（同469③）。ただし、①事業譲渡等をする会社が公開会社である場合、②事業譲渡等をする会社が同法467条1項の株主総会の決議によって事業譲渡等に係る契約の承認を受けた場合には、通知の代わりに公告でもよいとされています（同469④）。

　なお、振替株式（振替128①）を発行している会社は、会社法469条3項の通知に代えて、公告をしなければならない（同161②）とされており、公告が義務付けられています。また、当該公告に併せて、買取口座（14参照）を公告しなければなりません（同155②）。

作成書類等　○株主に対する通知又は公告

14　反対株主による株式買取請求　　▶会社469

　反対株主の株式買取請求は、事業譲渡等の効力発生日の20日前の日から効力発生日の前日までの間に、会社に対し、株式の数（種類株式発行会社にあっては、株式の種類及び種類ごとの数）を明らかにしてしなければなりません（会社469⑤）。

　なお、振替株式（振替128①）の場合には、株主は、振替機関（保振機構）により会社に対して振替法154条3項の通知（個別株主通知）がされた後、4週間（振替令40）が経過する日までの間でなければ、少数株主権等（振替147④）を行使することができないとされています（同154②）。したがって、振替株式に係る株主が株式買取請求をする場合には、通常、当該個別株主通知の手続を行う必要があります（ただし、振替株式について株式買取請求を受けた株式会社が、買取価格の決定の申立てに係る事件の審理において、同請求をした者が株主であることを争った場合には、その審理終結までの間に個別株主通知がされることを要する等とする判例（最決平22・12・7判時2102・147、最決平24・3・28判時2157・104）参照）。

　また、平成26年改正会社法の施行に伴い、振替法も改正され、振替株式の株主は、その有する振替株式について株式買取請求をしようとするときは、当該振替株式について買取口座（振替株式を発行する会社が、事業譲渡等をしようとする場合には、当該会社は、振替機関等に対し、買取口座（株式買取請求に係る振替株式の振替を行うための口座）の開設の申出をしなければならないとされました（同155①）。ただし、既に開設の申出をした買取口座があるとき、又は株式買取請求をすることができる振替株式の株主が存しないときは、この限りではありません（同155①ただし書）。）を振替口座とする振替の申請をしなければならないとされました（同155③）。これは、反対株主が株式買取請求を行った場合、会社の承諾を得ない限り、同請求を撤回することができないものとされていますが（会社469⑦）、株式買取請求権を行使した反対株主は、買取りを請求した株式を市場等で売却することにより、事実上、会社の承諾を得ることなく株式買取請求を撤回することが可能となってい

たため、当該株式買取請求の撤回制限規定の実効性を確保するものです。

作成書類等 ○反対株主の株式買取請求書

○個別株主通知申出書　等（振替株式の場合）

15 譲渡の効力発生日

　事業譲渡や子会社株式の譲渡の効力が発生したときは、譲渡契約の内容に従って、財産の引渡し等を実施します。その際、事業譲渡においては、合併等の組織再編行為と異なり、債権・債務や契約上の地位の移転には、個別に相手方の同意を取得する必要があります。

　また、事業譲渡において、譲受会社が譲渡会社の商号を引き続き使用する場合には、その譲受会社も、譲渡会社の事業によって生じた債務を弁済する責任を負います（会社22①）。この弁済責任を負わないためには、事業を譲り受けた後、遅滞なく、譲受会社がその本店の所在地において譲渡会社の債務を弁済する責任を負わない旨登記するか、あるいは、譲受会社及び譲渡会社から第三者に対しその旨の通知をする必要があります（同22②）。他方、譲受会社が商号を引き続き使用しない場合であっても、譲受会社が譲渡会社の債務を引き受ける旨の公告を行ったときは、譲渡会社の債権者は、譲受会社に対し、弁済の請求をすることができます（同23①）。

作成書類等 ＜事業譲渡の場合＞

○債権譲渡通知（債権譲渡）

○債権者の同意書（債務引受け）

○従業員の同意書（労働契約承継）

○弁済責任を負わない旨の登記又は債権者に対する通知（商号続用の場合）

16 公正取引委員会への完了報告　　　　　　　　　　　　▶独禁手続規7

　事業の譲受けや子会社株式の取得に関する計画の届出を公正取引委員会に行った会社は、当該事業の譲受けや子会社株式の取得の効力が生じたときは、完了報告書を公正取引委員会に提出しなければなりません（独禁手続規7⑤）。

作成書類等 ○完了報告書

17 反対株主への金銭支払期限　　　　　　　　　　　　　▶会社470

　反対株主から株式買取請求があった場合において、株式の価格の決定について、当該株主と事業譲渡等をする会社との間に協議が調ったときは、当該会社は、事業譲渡等の効力発生日から60日以内にその支払をしなければなりません（会社470①）。株式の価格の決定について、事業譲渡等の効力発生日（譲渡期日）から30日以内に協議が調わないときは、株主又は会社は、その期間の満了の日後30日以内に、裁判所に対し、価格の決定の申立てをすることができます（同470②）。

第8章　事業又は子会社株式の譲渡・解散・清算　　第1　事業又は子会社株式の譲渡　473

　裁判所に価格の決定の申立てがされた場合、会社は、裁判所の決定した価格に対する効力発生日から60日の期間の満了の日後の年6分の利率により算定した利息を支払わなければならないこととされていますが（同470④）、平成26年改正会社法では、早期の支払及びそれによる会社の利息の負担の軽減を可能とするとともに、株式買取請求の濫用を防止する観点から、会社は、株式の価格の決定がされるまでは、株主に対し、当該会社が公正な価格と認める額を支払うことができるものとされました（同470⑤）。

　また、株式買取請求があった場合の株式の買取りの効力が生ずる時については、改正前会社法では会社による代金支払時に株式の買取りの効力が生ずるとされていましたが、平成26年改正会社法では、事業譲渡等の効力発生日にその効力が生じるとされています（同470⑥）。

作成書類等　○株式買取価格決定申立書

18　簡易事業譲渡、略式事業譲渡等の取締役会決議　　▶会社467・468・362

　解説冒頭で述べたとおり、簡易事業譲渡、略式事業譲渡等、簡易事業譲受け、事業の一部譲受けの場合には、当該会社における株主総会の承認は不要ですが、いずれの場合も、当該譲渡又は譲受けを行うことが重要な財産の処分及び譲受けその他の重要な業務執行に該当する場合には、その決定を代表取締役等に委任することはできず、取締役会で行わなければなりません（会社362④。ただし、同399の13⑤⑥・416④参照）。

作成書類等　○取締役会議事録（事業の譲渡等の承認）

第2 解散及び清算

58 清算手続

スケジュール

◆清算人会非設置、監査役設置会社

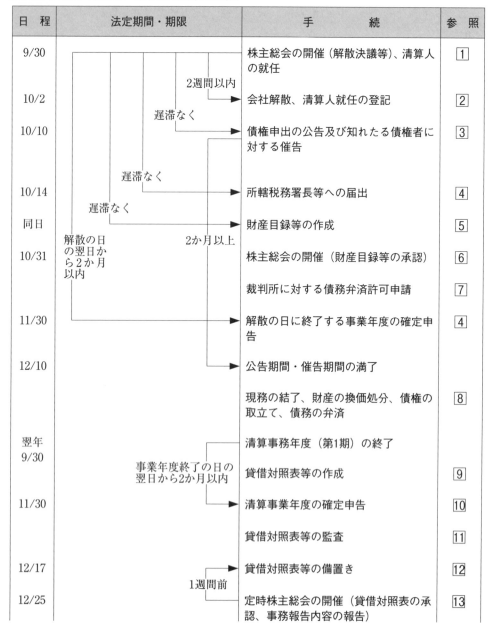

第8章 事業又は子会社株式の譲渡・解散・清算　第2 解散及び清算　475

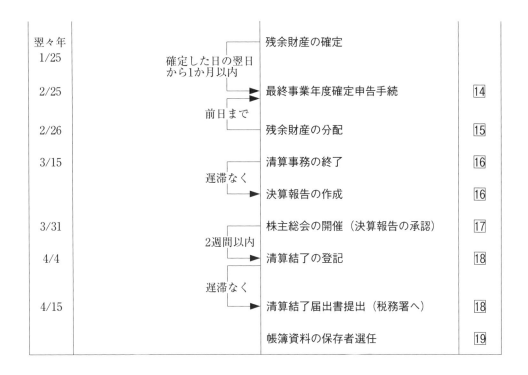

解　説

　会社の清算は、法人格の消滅に向けて、現務の結了、債権の取立て、債務の弁済をし、株主に残余財産の分配を行って、会社の法律関係の後始末をする手続です（会社481参照）。会社の清算には、通常の清算（通常清算）と、清算中の会社に清算の遂行に著しい支障を来すべき事情又は債務超過の疑いがある場合に、裁判所の監督下で清算手続を進める特別清算とがあります（特別清算については第8章　第3を参照）。

　本スケジュールは、ポピュラーなケースとして、清算人を1名とする監査役設置会社の通常清算を想定しています。また、清算期間を1年半とし、定時株主総会の開催時期が到来するケースとしています。実際の清算期間の長短は、処理すべき事項（清算事務）の質・量いかんに左右されますので、一概にどのくらいと述べることは困難ですが（換価困難な不動産や係争案件などを抱えている場合には、清算期間は長くなりがちです。）、特段の問題がなければ1年以内に終了するものがほとんどと考えられます（最短のケースについては後述 コラム 参照）。なお、通常清算は、親会社による子会社等の整理の方法としても多く用いられていますが、株主全員の同意がとれる場合には、株主総会に関する手続の簡略化を図ることが可能です。

　上場会社の業務執行を決定する機関（取締役会等）が解散することを決定した場合には（ 1 に述べるとおり、解散決議の後に清算が行われます。）、直ちにその内容を、開示する必要があります（上場規程402一ｎ。なお、上場会社の子会社の解散につき同403一ｆ、上場規程規403五の二参照）。また、解散は、事業活動の停止として上場廃止基準に該当しますので、上場廃止手続への留意も必要になります（上場規程601八、株式等の振替に関する業務規程12、株式等の振替に関する業務規則施行規則6・別表1．1(20)参照）。

　また、上場会社の株主総会において決議事項が決議された場合（企業開示府令19②九の二）や、有価証券報告書提出会社の特定子会社の解散（異動）が、当該提出会社若しくは連結子会社の業務執行を決定する機関により決定された場合等（同19②三⑩）には、遅滞なく、臨時報告書を内閣総理大臣（財務局長等）に提出しなければなりません（金商24の5④）。

1　株主総会の開催（解散決議等）、清算人の就任　▶会社471・475・477・478

(1)　会社を清算するためには、まず株主総会を開催し、解散決議（特別決議（会社309②十一））をしなければなりません（同471三・475一）。もし基準日（同124①）を定めたときは、定款に定めがない限り、基準日の2週間前までに、基準日等を公告しなければなりません（同124②③）。上場会社の場合は、株式等振替制度を利用している関係上、基準日を定めた場合には、所定の時期に証券取引所に所定の書類の提出をする等し、また、速やかに（かつ基準日の2週間前の日までに）保振機構にその内容を通知する必要があります（株式等の振替に関する業務規程施行規則6・別表1．1(16)、振替151⑦、振替命令23①、上場規程421①、上

第8章　事業又は子会社株式の譲渡・解散・清算　第2　解散及び清算　477

場規程規418六）。以下この項の株主総会について、同様です。また、取締役とは別の者を
清算人とする場合には、併せて清算人選任決議（普通決議（会社309①））も必要です（同478
①三、②参照）。

　　なお、会社解散の時に公開会社又は大会社であった場合には、監査役を置かなければ
なりません（同477④）。また、解散前の定款に監査役又は監査役会を置く旨定めている場
合は、解散後も当該定款の定めが適用されます（ただし、監査役の任期に対する規制は
なくなります（同480②）。）。したがって、解散後は監査役や監査役会を置かないこととす
る場合（設置義務がない場合の話ですが）には、解散決議を行う際などに、当該定款の
定めを廃止する定款変更手続を行うことが必要です（同477②・466）。

(2)　会社法では、事業年度の途中で解散した場合に、それまでの事業年度とは異なる期間
を「清算事務年度」とする旨を規定していますので（会社494①）、基準日や定時株主総会
の開催時期に関する定款の定めの適用等に疑義が生じます。そこで、事業年度の途中で
解散する場合には、解散決議の段階で、基準日（同124①）や定時株主総会開催時期（同497
参照）に関して、清算事務年度に対応するように定款変更手続を行っておくべきでしょ
う。

(3)　清算人は、清算手続を遂行する者として清算会社の必置機関です（会社477・478）。通
常、取締役であった者又は株主総会で選任された者が清算人に就任します(同478①一・三)。
清算人は1人でも構いません（同477①）。なお、清算人会を組織する場合に関しては、会
社法477条2項及び3項を参照してください。

(4)　なお、解散決議を定時株主総会で行う場合には、株主総会開催の負担を1度で済ます
ことができます。また、株主全員の同意があれば、招集手続の省略（会社300）、株主総会
決議の省略（同319）が可能です。

作成書類等　○株主総会議事録（解散決議、清算人選任等）
　　　　　　　　○株主の同意書（招集手続、株主総会決議を省略する場合）

2　会社解散、清算人就任の登記　　　　　　　▶会社926・928、商登71・73

(1)　会社を解散した場合には、清算人（代表清算人）は、解散した日から2週間以内に、
本店所在地において、解散の登記をしなければなりません（会社926、商登71）。

(2)　また、清算人についても、解散した日から（清算人を選任したときは、そのときから）
2週間以内に、会社の本店所在地において、清算人の氏名等を登記する必要があります（会
社928①③、商登73）。通常は、解散登記と同時に行います。

作成書類等　○登記申請書
　　　　　　　　○印鑑届出書

3　債権申出の公告、知れたる債権者に対する催告　　　　▶会社499

　清算会社は、解散後、遅滞なく、債権者に対し、2か月以上の期間を定め、この期間内に

478　第8章　事業又は子会社株式の譲渡・解散・清算　第2　解散及び清算

債権の申出をすべき旨を官報に公告し、かつ、知れている債権者に対しては、個別に催告をしなければなりません（会社499①）。なお、公告には、当該期間内に申出がなければ、清算から除斥される旨を付記しなければなりません（同499②）。

　知れている債権者に対する催告の回数や方法については会社法に規定はありませんが、書面で1回実施するケースが多いといえます。

作成書類等　○催告（「債権申出のご催告」等）
　　　　　　　　○官報公告（インターネットで申込み可）

4　所轄税務署長等への届出、解散の日に終了する事業年度確定申告
▶法税74・77

(1)　清算人は、株式会社が解散した場合には、遅滞なく、所轄の税務署長及び都道府県税事務所に対し、解散した旨及び清算人に就任した旨を届け出なければなりません。法人税では、「異動届出書」（法税15参照）を提出します。地方税については、「事業開始等申告書」等（各都道府県条例参照。各都道府県により提出の手続が異なるため注意が必要です。）を提出します。

(2)　法人税については、事業年度開始の日から解散までの日が1事業年度とみなされるため（法税14①一）、解散の日に終了する事業年度について確定申告が必要になります。解散の日の翌日から2か月以内に所轄の税務署に確定申告書を提出し、法人税の納付をしなければなりません（同74・77）。

(3)　その他、各種社会保険について、労働基準監督署（労働保険関係）、公共職業安定所（雇用保険関係）、年金事務所（健康保険・厚生年金関係）に対し、解散した旨を届け出る等所要の手続を行う必要があります（労働保険の保険料の徴収等に関する法律19①、雇用保険法施行規則141、健康保険法施行規則20、厚生年金保険法施行規則13の2参照）。

作成書類等　○異動届出書（法人税）
　　　　　　　　○事業開始等申告書（地方税）

5　会社財産調査、財産目録・貸借対照表作成
▶会社492、会社規144・145

　清算人は、就任後遅滞なく、清算会社の財産の現況を調査し、解散日現在の財産目録及び貸借対照表（以下、この項において「財産目録等」といいます。）を作成しなければなりません（会社492①、会社規144・145）。

作成書類等　○財産目録
　　　　　　　　○貸借対照表

6　株主総会の開催（財産目録等の承認）
▶会社492

　清算人は、株主総会を開催（なお、基準日につき1参照）して、5で作成した財産目録

第8章　事業又は子会社株式の譲渡・解散・清算　　第2　解散及び清算　　479

等を提出し、その承認を受けなければなりません（会社492③。普通決議（同309①））。株主全員の同意があれば、招集手続の省略（同300）、株主総会決議の省略（同319）が可能です。

作成書類等　○株主総会議事録（財産目録等の承認）
　　　　　　　　○株主の同意書（招集手続、株主総会決議を省略する場合）

7　裁判所に対する債務弁済許可申請　　▶会社500

③の債権申出期間中は、清算会社は、債権者に対し弁済をすることはできません（会社500①）。

ただし、裁判所に弁済の許可を得て、①少額の債権、②清算会社の財産につき存する担保権によって担保される債権、③その他、弁済しても他の債権者を害するおそれがない債権に係る債務については、弁済をすることができます（同500②）。③については、金額にもよりますが、公租公課、登記申請費用、税務申告費用、清算手続の事務費用等については該当することが多いでしょう。

許可申請は、清算会社の本店の所在地を管轄する地方裁判所にします（同868①）。許可申請には、申請手数料のほか、清算会社の全部事項証明書や弁済する債務が上記①から③までであることを疎明する資料（通常は、契約書、請求書、納付書、報告書等を添付します。）を添付する必要があります。

作成書類等　○債務弁済許可申請書（会社の全部事項証明書、許可対象債務である旨を疎明する資料の添付が必要）

8　現務の結了、財産の換価処分、債権の取立て、債務の弁済　　▶会社481

清算人は、現務を結了し、会社財産の換価処分、債権の取立て、債務の弁済を行います（会社481）。財産については原則として任意に換価します。不動産、動産については売却し、債権については取立てをします。換価の手段として事業の全部又は一部の譲渡もできます（同491・467・468）。そして、③の債権申出（弁済禁止）期間経過後に、全ての債権者に対し、債務の弁済を行い、債務をゼロにして、残余財産を確定させます（⑮参照）。

9　貸借対照表、事務報告、附属明細書の作成　　▶会社494、会社規146・147

清算会社は、清算事務の遂行状況、内容等を債権者及び株主に知らせるため、解散した日の翌日から始まる各1年の期間を「清算事務年度」として、清算事務年度ごとに、貸借対照表及び事務報告並びにこれらの附属明細書（以下、この項において「貸借対照表等」といいます。）を作成しなければなりません（会社494、会社規146・147）。

作成書類等　○貸借対照表
　　　　　　　　○事務報告
　　　　　　　　○附属明細書

480　第8章　事業又は子会社株式の譲渡・解散・清算　第2　解散及び清算

10　各事業年度の確定申告　　　　　　　　　　　　▶法税74・77

　法人税法は、各事業年度（法税13①・14①一）ごとの所得について確定申告をし、法人税を納付しなければならないとしています（同74・77）。確定申告書は、各事業年度終了の日の翌日から2か月以内に、清算会社を管轄する税務署長に提出する必要があります。

作成書類等　○確定申告書（各事業年度の貸借対照表、損益計算書等を添付）

11　貸借対照表等の監査　　　　　　　　　　　▶会社495、会社規148

　監査役設置会社（監査役の監査の範囲を会計に関するものに限定する旨の定款の定めがある会社を含みます。）においては、⑨で作成した貸借対照表等は、監査役の監査を受けなければなりません（会社495）。監査役の作成する監査報告の内容等については、会社法施行規則に規定があります（会社規148）。

作成書類等　○監査報告

12　貸借対照表等の備置き　　　　　　　　　　　　　　▶会社496

　清算会社は、債権者及び株主に対し、清算事務遂行の状況、内容を明らかにするため、⑪で監査を受けた貸借対照表等（監査報告を含みます。）を、定時株主総会の日の1週間前の日（株主総会決議を省略する場合はその提案があった日）から、本店所在地における清算結了の登記の時までの間、本店に備え置かなければなりません（会社496①）。債権者、株主等には、当該貸借対照表等の閲覧、謄本等の交付請求が認められています（同496②③）。

13　定時株主総会の開催（貸借対照表の承認、事務報告内容の報告）
　　　　　　　　　　　　　　　　　　　　　　　　　　　▶会社497

　清算人は、⑪で監査を受けた貸借対照表及び事務報告を定時株主総会に提出し、事務報告の内容について報告のうえ、貸借対照表について承認を受けなければなりません（会社497、普通決議（同309①））。事業年度の途中で解散をする場合には、定時株主総会の開催時期や基準日に疑義が生じないように、解散決議の段階で清算事務年度に合わせた定款変更を行っておくべきことは①(2)で述べたとおりです。株主全員の同意があれば、招集手続の省略（同300）、株主総会決議の省略（同319）が可能です。

作成書類等　○株主総会議事録（事務報告内容の報告、貸借対照表承認）
　　　　　　　　○株主の同意書（招集手続、株主総会決議を省略する場合）

14　最終事業年度の確定申告手続　　　　　　　　　　▶法税74・77

　清算会社は、残余財産が確定した場合には、その確定した日の翌日から1か月以内であっ

第8章 事業又は子会社株式の譲渡・解散・清算　第2　解散及び清算　481

て、かつ残余財産の分配が実施される日の前日までに、最終事業年度の所得について確定申告書を提出し（法税74①②）、最終事業年度の所得に対する法人税を納付しなければなりません（同77）。

作成書類等 ○確定申告書（解散時及び残余財産確定時の貸借対照表等を添付）

15　残余財産の分配　▶会社481・504〜506

　清算人は、⑧により全ての会社債務の弁済が完了した後、完済後に残った残余財産を株主に分配します（会社481）。残余財産の分配を実施するために株主総会の決議は不要です。

　残余財産を分配するに当たり、清算人は、①残余財産の種類、②株主に対する残余財産の割当てに関する事項を決定します。②の割当ては、各株主の有する株式数に応じて行う必要があります（同504）。

　なお、会社法は、残余財産の分配を金銭以外の財産で行う場合の取扱いに関する規定を整備しています。すなわち、その場合でも、株主は金銭分配請求権を有するものとし、清算人は、①②に併せ、③金銭分配請求権を行使することができる期間、④一定の数未満の数の株式を有する株主に対して残余財産の割当てをしないこととするときは、その旨及びその数を決定し、③の期間の末日の20日前までに、株主に対し、これらの事項を通知しなければならない、とされています（同505）。金銭分配請求権を行使した株主に対する金銭の支払については、会社法505条3項を参照してください。

16　清算事務の終了、決算報告の作成　▶会社507

　清算会社は、清算事務が終了したときは、遅滞なく、決算報告を作成しなければなりません（会社507①）。作成する決算報告に記載すべき事項については、会社法施行規則に定めがあります（会社規150）。

作成書類等 ○決算報告

17　株主総会の開催（決算報告の承認）　▶会社507

　清算人は、株主総会を開催し、⑯で作成した決算報告を株主総会に提出して、承認を受けなければなりません（会社507③。普通決議（同309①））。株主全員の同意があれば、招集手続の省略（同300）、株主総会決議の省略（同319）が可能です。この株主総会による決算報告の承認により清算は結了します。

作成書類等 ○株主総会議事録（決算報告承認）

18　清算結了の登記　▶会社929、商登75

　清算が結了したときは、⑰の株主総会における決算報告承認の日から2週間以内に、清算

会社の本店所在地において、清算結了の登記をしなければなりません（会社929一、商登75）。また、登記後、遅滞なく、清算結了届出書（異動届出書）を税務署に提出しなければなりません（法税20、法税令18）。

なお、清算が結了した旨の登記をした場合でも、会社財産が残存する等、未了の清算事務があるときは、会社は消滅せず、なお権利能力を有することになります。

作成書類等　○登記申請書（会社法507条3項の承認があったことを証する書面～株主総会議事録）

　　　　　　　　○清算結了届出書（異動届出書）

19　帳簿資料の保存者選任　　　　　　　　　　　　　　　▶会社508

清算人は、18の清算結了の登記の時から10年間、清算会社の帳簿並びにその事業及び清算に関する重要な資料（帳簿資料）を保存しなければなりません（会社508①）。

なお、利害関係人が、清算会社の本店所在地を管轄する地方裁判所に申立てをすることにより、清算会社の費用負担で、清算人以外の者を保存者として選任することもできます（同508②④）。選任される保存者は法人でもよく、子会社の清算では、親会社を保存者として選任するケースが多いといえます。当該申立てにより選任された保存者も、清算結了の登記の時から10年間、帳簿資料を保存しなければなりません（同508③）。

帳簿資料の保管には、倉庫代等の保管費用が発生することがありますが、清算が結了してしまうと、清算会社から保管費用を支出することはできませんので、清算期間中に保管費用を確保しておく必要があります。

作成書類等　○帳簿資料保存者選任申立書（清算人以外を選任する場合）

　　コラム

○清算期間について

解散から清算結了に至るまでの期間（清算期間）の長短は、処理すべき事項（清算事務）の質、量いかんに左右され、ケースバイケースですので、一概にどのくらいかかるということは困難です。例えば、換価困難な不動産や係争案件などを抱えている場合には、清算期間は長くなる可能性が高くなります。逆に、財産も少なく、債権者も少数で争いがなく、株主に分配すべき残余財産もないような場合等には、法定の手続に必要な日数だけを確保することで、短期間に終了させることも可能です。

子会社の清算を行う場合等で多いと思いますが、財産が少なく（株主への残余財産分配もなし）、株主総会も株主全員の同意がとれるような場合で、税務申告にも時間を要しないようなケースにおいて、最も短い期間で清算手続を行うとした場合の日程例を挙げると、以下のとおりです。おおよそ2か月半程度で清算を行うことが可能と思われます。

（日程例）

○9月30日

・株主総会解散決議（招集手続の省略（会社300）又は株主総会決議の省略（同319））

・解散、清算人の登記申請

○10月1日　債権申出の公告及び知れたる債権者に対する催告（官報公告の申込手続は
　　あらかじめ行っておきます。）

○10月2日〜12月1日（債権申出期間）まで

　・所轄税務署長等への届出

　・解散日現在の財産目録等の作成　→株主総会の開催、承認

　・解散の日に終了する事業年度の確定申告

　・現務の結了、会社財産の換価処分、債権の取立て

　・裁判所に対する債務弁済許可申請

＜12月1日　債権申出期間の満了日＞

○12月2日〜（1〜2週間程度）

　・債務の弁済、清算事務の終了

　・決算報告の作成　→株主総会の開催、承認

　・清算結了の登記申請

　・最終事業年度の確定申告、清算結了届出書提出

　　（・重要書類保存者選任）

484　第8章　事業又は子会社株式の譲渡・解散・清算　第3　特別清算

第3　特別清算

59　特別清算手続

スケジュール

◆一般（清算人会非設置、監査役設置会社）

日　程	法定期間・期限	手　　続	参　照
3/31	2週間以内	株主総会の開催（解散決議）、清算人の就任 通常清算手続の開始	1
4/1	遅滞なく	会社解散、清算人就任の登記	1
		債権者に対する債権申出の公告、個別催告等	2
		特別清算開始の申立て	3
4/12	遅滞なく　直ちに	裁判所による特別清算開始の命令（裁判所による監督）	4
	遅滞なく	裁判所による特別清算開始の命令の公告	5
		裁判所書記官による登記嘱託	5
		裁判所による監督委員の選任	6
		財産目録等の作成	7
6/28	遅滞なく	株主総会の開催、財産目録等の承認	7
6/29	遅滞なく	債権者集会招集の通知、裁判所に対する届出	9
	2週間前まで	裁判所に対する財産目録等の提出 本店における閲覧措置	8
7/14		債権者集会の開催（清算人の調査結果等の報告）	9
		裁判所に対する債務弁済許可申請	10

第8章 事業又は子会社株式の譲渡・解散・清算　第3　特別清算　485

日付		事項	
		裁判所に対する各種許可申請（監督委員の同意）	11
3/31		清算事務年度の終了	
～6/16		貸借対照表等の作成、監査	8
6/17	遅滞なく	貸借対照表等の本店備置開始	8
		裁判所に対し貸借対照表等を提出	8
6/25	1週間前	定時株主総会の開催、貸借対照表等の承認	8
		協定案の作成	12
7/1	2週間前まで	債権者集会（協定申出）招集の通知、裁判所に対する届出	13
7/16		債権者集会の開催（協定の申出、可決）	14
7/17	遅滞なく	裁判所に対する協定認可の申立て	15
7/25	直ちに	裁判所による協定の認可の決定	16
8/1		裁判所による協定の認可決定の公告	16
8/16	2週間経過	協定の確定	16
		協定の履行	17
8/31		特別清算の結了	18
9/1		裁判所に対する特別清算終結の決定の申立て	18
9/8	直ちに	裁判所による特別清算終結の決定	19
9/15		裁判所による特別清算終結の決定の公告	19
9/30	2週間経過	特別清算終結の決定の確定	20
10/1	遅滞なく	裁判所書記官による特別清算終結の登記	21
		貸借対照表の本店備置期間満了	
		帳簿資料保存者選任の申立て	22

◆税務対策型（清算人会非設置、監査役設置会社）

日　程	法定期間・期限	手　　　続	参　照
3/16		株主総会の開催（解散決議）、清算人の就任 通常清算手続の開始	1
3/17	2週間以内 遅滞なく	会社解散、清算人就任の登記	1
		債権者に対する債権申出の公告、個別催告等	2
		特別清算開始の申立て	3
	直ちに 遅滞なく	裁判所による特別清算開始の命令（裁判所による監督）	4
		裁判所による特別清算開始の命令の公告	5
		裁判所書記官による登記嘱託	5
3/20	遅滞なく 遅滞なく	財産目録等の作成、株主総会による承認	7
		裁判所に対する財産目録等の提出 本店における閲覧措置	8
3/21		清算人の調査結果等の報告	9
		裁判所に対する債務弁済許可申請	10
		裁判所に対する各種許可申請	11
4/1		個別和解契約の締結	23
		裁判所に対する個別和解契約の許可申請	24
4/8		裁判所による個別和解契約の許可	25
4/10		個別和解契約の履行	26
4/30		特別清算の結了	18

第8章　事業又は子会社株式の譲渡・解散・清算　第3　特別清算　487

			裁判所に対する特別清算終結の決定の申立て	18
5/8			裁判所による特別清算終結の決定	19
		直ちに		
5/15			裁判所による特別清算終結の決定の公告	19
		2週間経過		
5/30			特別清算終結の決定の確定	20
		遅滞なく		
5/31			裁判所書記官による特別清算終結の登記	21
			帳簿資料保存者選任の申立て	22

解　　説

　特別清算とは、①清算中の会社に清算の遂行に著しい支障を来すべき事情がある、又は②債務超過の疑いがある場合に、債権者保護のため、裁判所の監督のもとで進められる清算手続です（会社510）。清算中の株式会社のみに認められ、株式会社以外の法人は利用することができません。また、会社法で定められた会社の清算手続であり、通常清算から移行することを予定しているため、通常清算で必要な手続は、原則として、全て履践しなければなりません。

　特別清算手続は、債権者数、株主数が少ないケース等において利用されることが一般的ですが、債権者が親会社のみの場合、あるいは親会社と金融機関等の少数の債権者しかいないような場合等に、債権の放棄等について損金への算入という税務上のメリット（法税52、法税令96①一・三、法基通9−6−1(2)参照）を享受する目的で利用されることがあります。これは一般に、税務対策型（対税型）の特別清算と呼ばれています。対税型の特別清算では、資産の換価等の清算事務がほとんどないケースも多いため、裁判所との協議により、監督委員を選任しない（⑥参照）、予納費用を実費程度とする（③参照）、債権者集会を開催しない（⑨参照）、債権者との合意について協定ではなく個別和解の方法を採用する（㉕参照）等により、費用及び時間を短縮し、手続の合理化を図ることができます。

　特別清算開始の申立ては、通常清算手続が終了するまでの間であれば、どの時点ででも行うことができますが、本スケジュールは、ポピュラーなケースである会社の解散後、直ちに申立てを行うケースを想定しています。第8章　第2　58のスケジュールと同様、清算会社の機関については、清算人1名（清算人会非設置）、監査役設置会社とし、また、清算期間中に定時株主総会開催時期が到来するケースとしています。さらに、手続を簡略化した対税型の特別清算手続についても、別途スケジュールを設けました。

　なお、上場会社について特別清算をする場合には、①で述べるとおり、解散決議を行い清算会社となることが必要ですが、上場会社の業務執行を決定する機関（取締役会等）が解散することを決定した場合には、直ちにその事実を、証券取引所を通して開示する必要があります（上場規程402一ｎ。なお、上場会社の子会社の解散につき同403一ｆ、上場規規403五の二参照）。また、解散は、事業活動の停止として上場廃止基準に該当しますので、上場廃止手続への留意も必要になります（上場規程601八、株式等の振替に関する業務規程12、株式等の振替に関する業務規程施行規則6・別表1．1(20)参照）。また、上場会社の株主総会において決議事項が決議された場合（企業開示府令19②九の二）や、有価証券報告書提出会社の特定子会社の解散（異動）が、当該提出会社若しくは連結子会社の業務執行を決定する機関により決定された場合等（同19②三⑩）には、遅滞なく、臨時報告書を内閣総理大臣（財務局長等）に提出しなければなりません（金商24の5④）。

　さらに、有価証券報告書提出会社が特別清算開始の申立てをした場合、臨時報告書を作成して、遅滞なく、内閣総理大臣（財務局長等）に提出しなければならない可能性がありますので（同24の5④、企業開示府令19②十）、該当する可能性がある場合には事前確認等を行っておくべきでしょう。

第8章　事業又は子会社株式の譲渡・解散・清算　第3　特別清算　　489

◇　　　◇　　　◇

1　株主総会の開催（解散決議等）、清算人の就任（通常清算手続の開始）、登記　　▶会社471・475・478

(1)　特別清算開始の申立てをするには、清算中の会社であることが必要です。そこで、まず、株主総会を開催して解散決議をし、また、清算人を決定します（会社471三・475一・478）。当該株主総会の開催や清算人選任に関する解説、作成書類等については**第8章　第2　58**の1・2を参照してください。対税型の特別清算の場合、可能な限り、株主総会の招集手続の省略（会社300）、株主総会決議の省略（同319）をすることが合理的です。

(2)　また、会社解散の登記、清算人就任の登記をしなければならないのは、**第8章　第2　58**の2で述べたのと同様です。

作成書類等　○株主総会議事録（解散決議、清算人選任等）
　　　　　　　　○株主の同意書（招集手続、株主総会決議を省略する場合）
　　　　　　　　○登記申請書
　　　　　　　　○印鑑届出書

2　債権者に対する債権申出の公告、個別催告等　　▶会社499

　特別清算手続においては、債権者に対する債権申出の公告、知れている債権者に対する個別催告（会社499）等、通常清算で必要とされる手続は、原則として、全て行わなければなりません。債権者に対する債権申出の公告、個別催告等に関する解説、作成書類等については**第8章　第2　58**の3を参照してください。

作成書類等　○催告（「債権申出のご催告」等）
　　　　　　　　○官報公告（インターネットで申込み可）

3　特別清算開始の申立て　　▶会社510・511

　清算人は、会社に①清算の遂行に著しい支障を来すべき事情があること、又は、②債務超過（清算会社の財産がその債務を完済するのに足りない状態）の疑いがある（会社510）ことを理由として特別清算開始の申立てをすることができます。清算人のほか、会社の債権者、監査役又は株主についても申立てが認められていますが（同511①）、清算人については、②の場合は特別清算開始の申立てが義務付けられています（同511②）。

　特別清算開始の申立ては、書面で（会社非訟規1）、清算会社の本店所在地を管轄する地方裁判所に行いますが（会社868①）、清算会社の親法人について特別清算等（破産、民事再生、会社更生、特別清算）が係属している場合には、その係属地方裁判所に申立てを行うこともできます（同879）。なお、申立てを行う者が、株主又は債権者である場合には、特別清算開始の原因を疎明する必要がありますが（同888①）、清算人、監査役の場合には疎明の必要

490　第8章　事業又は子会社株式の譲渡・解散・清算　第3　特別清算

はありません。

　また、特別清算開始の申立てに当たっては、裁判所に手続費用を予納しなければなりません（同888③）。手続費用の額は、裁判所が清算会社の事業内容、財産状況、債権者数等を考慮して決定します。具体的な金額については、裁判所に直接問い合わせてください。なお、対税型の特別清算では、予納する手続費用を実費程度とする裁判所も多いため、必要に応じ裁判所と相談するとよいでしょう。

作成書類等　○特別清算開始申立書

4　裁判所による特別清算開始の命令（裁判所による監督）
▶会社514・520・523

　裁判所は、特別清算開始の申立てがあった場合において、特別清算開始の原因となる事由（③参照）があると認めるときは、①費用の予納がないとき、②特別清算によっても清算を結了する見込みがないことが明らかであるとき、③債権者の一般の利益に反することが明らかであるとき、④不当な目的で特別清算開始の申立てがされたとき、その他申立てが誠実にされたものでないときを除いて、特別清算開始の命令をします（会社514）。②の具体例としては、協定の方法によっても個別和解の方法によっても、債権のカット等について債権者の同意を得る見込みがない場合、③の具体例としては、特別清算による弁済額が破産手続による弁済額を下回ることが予測される場合、④の具体例としては、債権者からの追及を逃れるための一時しのぎが目的であって、本当は手続を進める意思がない場合等を挙げることができます。

　通常、申立てから開始の命令が出るまでには日数を要しますが、対税型の特別清算のように開始の命令をすることについて特に問題がない場合には、裁判所と事前に打ち合わせておくことにより、申立日に、即日、開始命令が出されるケースもあります。

　また、裁判所は、特別清算開始の命令とともに、開始命令時の財産目録等の報告や、その後の清算事務や財産の状況について定期的に報告をするよう命じるケースが一般的です（同520）。通常は、毎月1回、月間報告書を作成し、裁判所に提出します。

　特別清算開始の命令があると、通常清算における清算人が、そのまま特別清算においても清算人（特別清算人）に就任します（同523）。

作成書類等　○月間報告書

5　裁判所による特別清算開始の命令の公告、裁判所書記官による登記嘱託
▶会社890・938

　裁判所は、特別清算開始の命令をしたときは、直ちに、その旨を公告し、開始の命令の裁判書を清算会社に送達します（会社890①）。また、裁判所書記官は、職権で、遅滞なく、特別清算開始の登記を登記所に嘱託します（同938①一）。申立人あるいは清算会社が、公告及び登記申請をする必要はありません。

第8章　事業又は子会社株式の譲渡・解散・清算　第3　特別清算　491

特別清算開始の命令は、その裁判書が清算会社に送達された時から効力を生じます（同890②）。効力が生じると、清算会社の財産に対する強制執行等の申立てはできず、既になされているものは中止、失効します（同515①②）。また、担保権の実行手続の中止命令の発動が可能となり（同516）、一定の場合に相殺が制限されます（同517・518）。さらに、清算会社が財産を自由に処分することができなくなり（同535・536）、協定債権者に対する弁済も制限されます（同537。協定債権者の意味については⑩を参照してください。）。

6　裁判所による監督委員の選任　▶会社527

裁判所は、清算会社の業務及び財産の管理を監督するため、監督委員を選任することができます（会社527①）。選任の判断はケースバイケースですが、対税型の特別清算のように、清算事務がほとんどない場合には、裁判所との打合せによって、監督委員を選任しない取扱いとすることが多いといえます。

7　財産目録等の作成、株主総会による承認　▶会社492

第8章　第2　58の⑤・⑥で述べたとおり、清算人は、就任後遅滞なく、清算会社の財産の現況を調査し、解散日現在の財産目録及び貸借対照表（以下、この項において財産目録等といいます。）を作成の上、株主総会を開催して、その承認を得なければなりません（会社492）。対税型の特別清算手続では、株主総会の招集手続や承認決議を省略し（同300・319）、手続を簡略化させることが合理的です。

作成書類等　○財産目録
　　　　　　　○貸借対照表
　　　　　　　○株主総会議事録（財産目録等の承認）
　　　　　　　○株主の同意書（招集手続、株主総会決議を省略する場合）

8　裁判所に対する財産目録等の提出等　▶会社521

(1)　特別清算開始の命令があった場合には、清算会社は、株主総会の承認があった後遅滞なく、解散日現在の財産目録等を裁判所に提出しなければなりません（会社521）。なお、特別清算開始の申立て時に、当該財産目録等につき既に株主総会の承認を得ている場合には、特別清算開始申立書に当該財産目録等と株主総会議事録を添付して提出する運用が東京地方裁判所ではなされています。

当該財産目録等については、①特別清算開始の命令の取消決定の確定、②協定の認可の決定の確定、③特別清算終結の決定の確定、④破産手続開始の決定の確定のいずれかが生じるまでの間、本店において、協定債権者又は株主が閲覧することができる状態に置く措置を執らなければなりません（会社非訟規25）。

(2)　また、第8章　第2　58の⑨で述べたとおり、清算会社は、各清算事務年度に係る貸借

492　第8章　事業又は子会社株式の譲渡・解散・清算　第3　特別清算

対照表、事務報告及び附属明細書を作成して（会社494、会社規146・147）、監査を受け（会社495、会社規148）、定時株主総会に提出し、貸借対照表について承認を得る等の必要があります（会社497）。そして、特別清算手続では、これに加えて、貸借対照表を作成後、<u>遅滞なく</u>、裁判所に提出しなければなりません（会社非訟規26）。なお、作成した貸借対照表等は、<u>第8章　第2　58の12で述べたとおり、定時株主総会の1週間前の日等から特別清算終結の登記の時までの間</u>、本店所在地に備え置き、閲覧等に供しなければなりません（会社496）。

作成書類等　○清算事務年度貸借対照表、事務報告、附属明細書
　　　　　　　○監査報告

9　債権者集会の開催（清算人の調査結果等の報告）　▶会社562

　特別清算開始の命令があった場合において、清算人が清算会社の財産の現況についての調査を終了して7の解散日現在の財産目録等を作成したときは、清算会社は、<u>遅滞なく</u>、債権者集会を招集し、当該債権者集会に対して、清算会社の業務及び財産の状況の調査の結果並びに財産目録等の要旨を報告するとともに、清算の実行の方針及び見込みに関して意見を述べなければなりません（会社562本文）。債権者集会を招集するためには、清算人は、集会の日時・場所等を決定し（同548①）、債権者集会の日の<u>2週間前まで</u>に、債権の申出をした債権者及び知れたる債権者（協定債権者以外の債権者も含みます。同549④）及び清算会社に対し、書面で通知する必要があります（同549①。なお、会社法によれば、債権者集会を招集するに当たり、各協定債権について債権者集会における議決権行使の許否及びその額を定め（同548②）、また、協定債権者に債権者集会参考書類及び議決権行使書面を交付しなければならない（同550、会社規154・155）こととされていますが、会社法562条の債権者集会では決議すべき事項がないため、省略できる可能性があります。その点も裁判所と相談するとよいでしょう。）。また、裁判所にもあらかじめ届出が必要です（会社552②）。

　ただし、債権者集会に対する報告及び意見の陳述以外の方法によりその報告すべき事項及び当該意見の内容を債権者に周知させることが適当であると認めるときは、債権者集会の開催を省略できると定められています（同562ただし書）。したがって、対税型の特別清算手続のように、債権者数が少ない等のケースでは、債権者集会を開催せず、調査報告書等を作成して各債権者に個別に送付するような方法も考えられます。

　債権者集会の指揮は、裁判所が行います（同552①）。

作成書類等　○招集通知（債権者集会開催）
　　　　　　　○裁判所への届出書
　　　　　　　○調査報告書（業務及び財産の状況の調査結果等）
　　　　　　　○債権者集会議事録

10　裁判所に対する債務弁済許可申請　▶会社537

　特別清算開始の命令があった場合、清算会社は、協定債権者に対し、その債権額の割合

第8章　事業又は子会社株式の譲渡・解散・清算　　第3　特別清算　　493

に応じた弁済しか行うことができません（会社537①）。「協定債権」とは、特別清算手続の対象となる、清算会社の債権者の債権であり、①一般の先取特権その他一般の優先権がある債権（例：労働債権、租税債権等）、②特別清算手続のために清算会社に対して生じた債権及び③特別清算手続に関する清算会社に対する費用請求権を除く債権をいいます（同515③）。

例外として、協定債権であっても、①少額の協定債権、②清算会社の財産につき存する担保権によって担保される協定債権、③その他弁済しても他の債権者を害するおそれがない協定債権については、裁判所の許可を得て、債権額の割合を超えて弁済することができます（同537②）。この弁済は、債権申出の公告期間中（[2]参照）であっても可能です（同500②）。なお、協定債権以外の債権は、特別清算手続の対象ではないため、全額を随時に弁済することができます。

作成書類等　○債務弁済許可申請書

11　裁判所に対する各種許可申請（監督委員の同意）　　▶会社535

特別清算開始の命令があった場合、清算会社の行為は制限され、①財産の処分、②借財、③訴えの提起、④和解又は仲裁合意、⑤権利の放棄、⑥その他裁判所が指定する行為をする場合には、裁判所の許可が必要となります。監督委員が選任されている場合には、裁判所の許可に代わり監督委員の同意をとる必要があります（会社535）。同意の申請は、書面で行う必要があり（会社非訟規28①）、同意を得た場合には、遅滞なく、その旨を裁判所に報告しなければなりません（同28②）。

なお、①から⑤までの行為であっても、100万円以下の価額に関するものであるときは、裁判所の許可（許可に代わる監督委員の同意）は不要です（会社535②、会社非訟規33）。

また、清算会社が、会社法536条1項に定める事業譲渡や子会社株式等の譲渡をしようとする場合にも裁判所の許可が必要です（会社536①）。この場合、株主総会の承認や株主の株式買取請求の手続は必要ありません（同536③）。

作成書類等　○各種許可申請書　等

12　債権者集会に対する協定の申出　　▶会社563

清算会社は、債権者集会に対し、原則として、協定の申出をして（会社563）、債権者の多数決により協定を成立させて、債務超過状態を解消します。協定申出の時期については、特に法律上の制限はありません。

協定においては、協定債権者の権利の全部又は一部の変更に関する条項を定め、かかる条項においては、債務の減免、期限の猶予その他の権利の変更の一般的基準を定めなければなりません（同564）。また、協定による権利の変更の内容は、協定債権者間では、原則として、平等でなければなりません（同565）。

作成書類等　○協定書

494　第8章　事業又は子会社株式の譲渡・解散・清算　　第3　特別清算

13　債権者集会の招集の決定、債権者に対する通知　　▶会社548・549

　協定申出のための債権者集会を開催します。協定の対象となるのは、協定債権であり、それ以外の債権は対象となりません（10参照）。

　清算会社は、債権者集会を開催するに当たり、債権者集会の日時、場所、目的事項、協定債権者の議決権の額等を決定し（会社548、会社規153）、開催日の2週間前までに、債権者に対し招集通知を発送しなければなりません（会社549①②）。招集通知は、協定債権者以外の債権者にも行う必要があります（同549④）。協定債権者に対しては、債権者集会参考書類及び議決権行使書面も交付しなければなりません（同550、会社規154・155）。債権者集会を招集するに当たっては、裁判所に対する届出も必要です（会社552②、会社非訟規35）。

作成書類等　○債権者集会招集通知
　　　　　　　○裁判所への届出書
　　　　　　　○債権者集会参考書類
　　　　　　　○議決権行使書面

14　債権者集会の開催（協定の可決）　　▶会社567

　債権者集会の議事進行等は、裁判所が行います（会社552①）。そして、債権者集会において、協定を可決するためには、出席した協定債権者の過半数の同意かつ議決権者の議決権の総額の3分の2以上の議決権を有する協定債権者の同意が必要です（同567①）。また、債権者集会の議事については議事録を作成しなければなりません（同561、会社規158）。

作成書類等　○協定書
　　　　　　　○債権者集会議事録

15　裁判所に対する協定の認可の申立て　　▶会社568

　債権者集会で協定が可決されたときは、清算会社は、遅滞なく、裁判所に対し、協定の認可の申立てをしなければなりません（会社568）。協定認可の申立ては、書面で行うのが原則です（会社非訟規1）。

作成書類等　○協定認可申立書

16　裁判所による協定の認可の決定、公告　　▶会社569・901

　裁判所は、清算会社から協定認可の申立てがあった場合、①特別清算の手続又は協定が法律の規定に違反し、かつ、その不備を補正することができないものであるとき（ただし、手続違反の程度が軽微な場合は除きます。）、②協定が遂行される見込みがないとき、③協定が不正の方法によって成立するに至ったとき、④協定が債権者の一般の利益に反するときを除き、認可の決定をします（会社569）。そして、裁判所は、認可の決定をした場合には、

第8章　事業又は子会社株式の譲渡・解散・清算　第3　特別清算　　495

直ちに、その旨を公告し（同901③）、公告が効力を生じた日から2週間、認可の決定に対する即時抗告がなければ（同901④）、認可の決定は確定し、協定は効力を生じます（同570）。

17　協定の履行

確定した協定内容に従い、清算会社は、債務を弁済し、また、協定債権者は、残債権を放棄する等して、協定を履行します。

18　特別清算の結了、特別清算終結の決定の申立て　　▶会社573

協定を履行し、特別清算が結了したときは、清算人、監査役、債権者、株主等は、裁判所に特別清算終結の決定の申立てをします（会社573）。終結決定の申立ては、書面で行うのが原則です（会社非訟規1）。

作成書類等　○特別清算終結許可申立書

19　裁判所による特別清算終結の決定、公告　　▶会社573・902

裁判所は、特別清算の結了を確認し、特別清算終結の決定をします（会社573）。裁判所は、特別清算終結の決定をしたときは、直ちに、その旨を公告します（同902①）。

20　特別清算終結の決定の確定　　▶会社902

特別清算終結の決定に対しては、公告の効力が生じた日から2週間、即時抗告をすることが可能であり、即時抗告がないまま2週間経過した場合には、終結の決定が確定します（会社902②）。終結の決定の確定により効力が生じます（同902③）。

作成書類等　○確定証明書

21　裁判所書記官による特別清算終結の登記　　▶会社938

裁判所書記官は、特別清算終結の決定が確定した場合、遅滞なく、その旨の登記を登記所に嘱託し、特別清算の結了による終結の場合はその登記により清算会社の登記記録は閉鎖となります（会社938①三、商登規80）。

22　帳簿資料保存者選任の申立て　　▶会社508

第8章　第2　58の19で述べたとおり、帳簿資料の保存者には、原則として清算人が就任しますが（会社508①）、利害関係人が裁判所に申し立てることによって、清算人以外のものを保存者として選任することができます（同508②）。

作成書類等　○帳簿資料保存者選任申立書

23 個別和解契約の締結

　対税型や債権者数が少ない特別清算手続の場合には、債権者集会において協定を成立させる方法（12参照）ではなく、手続の合理化のため、各債権者と個別に和解契約を締結して、協定に代える方法によることができます。和解契約は、債権の一部を弁済し、残額については放棄等してもらう内容であることが一般的です。ただし、この場合は、全ての債権者と和解契約を締結し、清算会社の債務をゼロにして債務超過状態を解消する必要があります。

作成書類等　○和解契約書

24 裁判所に対する個別和解契約の許可申請　　　　　▶会社535、会社非訟規33

　23の場合、事前に裁判所の許可をとるか、あるいは、和解契約において、裁判所の許可を停止条件とする条項を設け、契約締結後、裁判所に許可を得る必要があります（会社535①四）。なお、和解の対象となる価額が100万円以下の場合には、裁判所の許可は不要です（同535②、会社非訟規33）。

作成書類等　○和解契約許可申請書

25 裁判所による個別和解契約の許可

　裁判所は、和解契約の内容が適切である場合には、許可をします。

26 個別和解契約の履行

　清算会社は、和解契約の内容にしたがい、各債権者に債務を弁済し、清算会社の債務をゼロとします。

第 9 章

訴訟・非訟関係

498

第1 会社組織関連

60 株主総会等の決議の取消しの訴えの手続

手続の流れ

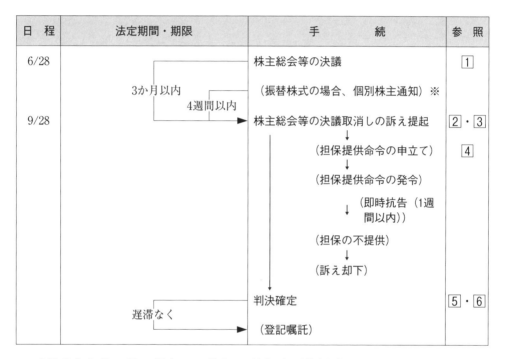

※ 振替株式（振替128①）の場合には、株主は、通常、個別株主通知（同154③）の日から4週間（振替令40）が経過する日までの間に少数株主権等（振替147④）を行使する必要があります（同154②）。

解説

　株主総会若しくは種類株主総会又は創立総会若しくは種類創立総会（以下、「株主総会等」といいます（会社830①参照）。）の決議に決議取消事由がある場合には、株主等は（2参照）、株主総会等の決議の取消しの訴えを提起することができます（同831）。
　本手続の流れは、株主等から会社に対し、株主総会等の決議の取消しの訴えを提起する場合の一般的な流れについて記載したものです。

1　決議取消事由　　　　　　　　　　　　　　　　　　　　　　　　　　▶会社831

　①株主総会等の招集の手続又は決議の方法が法令若しくは定款に違反し、又は著しく不公正なとき、②株主総会等の決議の内容が定款に違反するとき、③株主総会等の決議について特別の利害関係を有する者が議決権を行使したことによって、著しく不当な決議がされたとき、が決議取消事由となります。決議取消事由が存する場合には、2で述べる会社の株主等は、訴えをもって当該決議の取消しを請求することができます（会社831①）。

2　提訴権者　　　　　　　　　　　　　　　　　　　　　　　　　　　　▶会社831

　株主総会等の決議の取消しの訴えの提訴権者は、株主、取締役、執行役、監査役（監査の範囲が会計に関するものに限定されたものを除きます（会社2九・389①参照）。）又は清算人です（なお、創立総会又は種類創立総会については、これらの者に加えて、設立時株主、設立時取締役又は設立時監査役も提訴権者となります（同831①・828②一）。）。また、当該決議が取り消されることにより株主、取締役、監査役又は清算人となる者（創立総会又は種類創立総会の決議については、設立時株主（同65①）、設立時取締役又は設立時監査役を含みます。）や、当該決議が取り消されると取締役の権利義務を有することとなる取締役（同346①参照）等も、提訴することができます（同831①）。
　なお、株主は、自己の利益が害されていない場合（例えば、他の株主に対する招集通知の瑕疵がある場合等）であっても、決議の取消しの訴えを提起することができると解するのが判例（最判昭42・9・28判時498・61）・通説です。また、株主総会等の決議の後に株式を譲り受けた者も、株主総会等の決議の取消しの訴えを提起できるとされています。他方、決議の取消しの訴えを提起した株主が、訴訟の係属中に株式を他に譲渡した場合には、当該株主は原告適格を喪失するとされています。さらに、議決権を有しない株主には、株主総会等の決議の取消しの訴えの原告適格は認められないとするのが通説です。

第9章　訴訟・非訟関係　　第1　会社組織関連　　501

3　提訴期間　　▶会社831

　株主総会等の決議の取消しの訴えは、株主総会等の決議の日から3か月以内（以下この項において「提訴期間」といいます。）に提起しなければなりません（会社831①）。

　なお、提訴期間内に決議の取消しの訴えを提起した場合において、提訴期間経過後に新たな取消事由を追加できるか否かについては、そのような新たな取消事由を追加主張することは許されないとするのが判例（最判昭51・12・24判時841・96）です。

　また、振替株式（振替128①）の場合には、株主は、振替機関（保振機構）により会社に対して振替法154条3項の通知（個別株主通知）がされた後4週間（振替令40）が経過する日までの間でなければ、少数株主権等（振替147④）を行使することができないとされています（同154②）。したがって、振替株式に係る株主が決議の取消しの訴えを提起する場合には、通常、当該個別株主通知の手続を行う必要があります（ただし、個別株主通知は、少数株主権等を行使する際に自己が株主であることを会社に対抗するための要件である等とする判例（最決平22・12・7判時2102・147、最決平24・3・28判時2157・104）参照。）。

作成書類等　○訴状（株主総会決議取消請求訴訟等）
　　　　　　　　○個別株主通知申出書　等（振替株式の場合）

4　担保提供命令の申立て　　▶会社836、民訴75・78・81・332

　株主（又は設立時株主）が株主総会等の決議の取消しの訴えを提起した場合には、当該株主が取締役、監査役、執行役若しくは清算人であるとき（又は当該設立時株主が設立時取締役若しくは設立時監査役であるとき）を除き、裁判所は、被告（会社）の申立てにより、原告に対し、相当の担保を立てるべきことを命ずることができます（会社836①）。なお、被告が当該申立てをするには、原告の訴えの提起が悪意によるものであることを疎明しなければなりません（同836③）。

　担保提供命令の申立てをした被告は、原告が担保を立てるまで応訴を拒むことができます（民訴81・75④）が、本案について弁論をし、又は弁論準備手続において申述をしたときは、応訴を拒むことはできないと解されています（担保提供命令の申立て自体は、訴訟のいかなる段階でも行うことができます。）。

　なお、担保提供命令の申立てについての決定に対しては、告知を受けた日から1週間以内に限り、即時抗告をすることができます（同81・75⑦・332）。

　担保提供命令が確定したにもかかわらず、原告が命ぜられた期間内に担保を提供しないときは、裁判所は、口頭弁論を経ないで判決で訴えを却下することができます（同81・78）。

作成書類等　○担保提供命令申立書

5　判決の効力　　▶会社838・937

　株主総会等の決議の取消しの訴えにおいて、原告勝訴の判決が確定した場合には、取り

消された当該決議は遡って無効となります。

また、当該確定した判決は、第三者に対しても効力（対世効）を有します（会社838）。

なお、取消しが確定した決議事項について、登記がなされている場合には、裁判所書記官は、職権で、遅滞なく、会社の本店所在地を管轄する登記所に対し、その登記を嘱託しなければならないとされています（同937①一ト(2)）。

6　裁量棄却　　　　　　　　　　　　　　　　　　　　　　　　▶会社831

株主総会等の招集の手続又は決議の方法が、法令又は定款に違反するときであっても、その違反する事実が重大でなく、かつ、決議に影響を及ぼさないものであるときは、裁判所は株主総会等の決議の取消しの訴えを棄却することができます（会社831②）。

61 新株発行無効の訴えの手続

> 手続の流れ

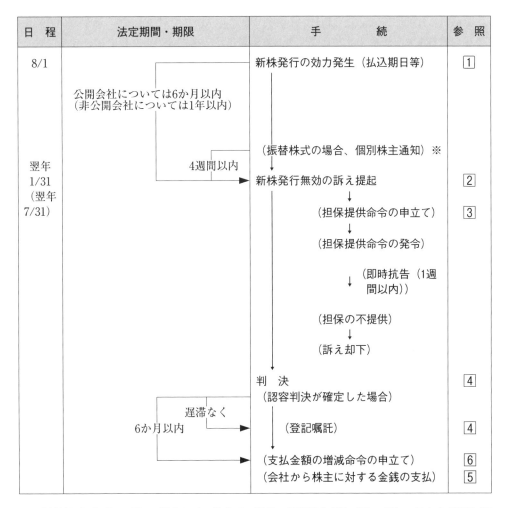

※ 振替株式（振替128①）の場合には、株主は、通常、個別株主通知（同154③）の日から4週間（振替令40）が経過する日までの間に少数株主権等（振替147④）を行使する必要があります（同154②）。

解説

新株発行の手続において、①募集事項の通知又は公告（会社201③④）を欠き株主の差止請求権（同210）の行使の機会が失われることとなった（ただし、最判平9・1・28判時1592・134参照）、②定款所定の発行可能株式総数を超過する発行が行われた、などといった、新株発行の無効事由に該当する重大な法令又は定款違反がある場合には、株主等の提訴権者は、会社に対し、新株発行無効の訴えを提起することができます（同828①二）。

本手続の流れは、株主等から会社に対して、新株発行無効の訴えが提起される場合の一般的な流れについて記載したものです。

1 提訴期間　　　　　　　　　　　　　　　　　　　　　　　　　　▶会社828

新株発行無効の訴えは、新株発行の効力が生じた日から、公開会社については<u>6か月以内</u>に、非公開会社については<u>1年以内</u>に提起する必要があります（会社828①二）。ここでいう新株発行の効力が生じた日とは、新株の払込期日（会社法209条に定める日。なお、払込期間を定めた場合には、期間の末日と解されます。）のことを指します。

また、振替株式（振替128①）の場合には、株主は、振替機関（保振機構）により会社に対して振替法154条3項の通知（個別株主通知）がされた後<u>4週間</u>（振替令40）が経過する日までの間でなければ、少数株主権等（振替147④）を行使することができないとされています（同154②）。したがって、振替株式に係る株主が新株発行無効の訴えを提起する場合には、通常、当該個別株主通知の手続を行う必要があります（ただし、個別株主通知は、少数株主権等を行使する際に自己が株主であることを会社に対抗するための要件である等とする判例（最決平22・12・7判時2102・147、最決平24・3・28判時2157・104）参照。）。

作成書類等　○訴状（新株発行無効の訴え等）
　　　　　　　○個別株主通知申出書　等（振替株式の場合）

2 提訴権者　　　　　　　　　　　　　　　　　　　　　　　　　　▶会社828

新株発行無効の訴えの提訴権者は、株主、取締役、執行役、監査役（監査の範囲が会計に関するものに限定されたものを除きます（会社2九・389①参照）。）又は清算人です（同828②二）。

なお、新株発行無効の訴えを提起できる株主は、当該新株に係る株主でもそれ以外の株主でもよいと、また、新株発行の時点では株主でなかったが発行後に株式を譲り受けた株主でもよいと解されています。

第9章　訴訟・非訟関係　第1　会社組織関連　　505

3　担保提供命令の申立て　　▶会社836、民訴75・78・81・332

　株主が、新株発行無効の訴えを提起した場合には、当該株主が取締役、監査役、執行役又は清算人であるときを除き、裁判所は、被告（会社）の申立てにより、原告に対し、相当の担保を立てるべきことを命ずることができます（会社836①）。なお、被告が当該申立てをするには、原告の訴えの提起が悪意によるものであることを疎明しなければなりません（同836③）。

　担保提供命令の申立てをした被告は、原告が担保を立てるまで応訴を拒むことができます（民訴81・75④）が、本案について弁論をし、又は弁論準備手続において申述をしたときは、応訴を拒むことはできないと解されています（担保提供命令の申立て自体は、訴訟のいかなる段階でも行うことができます。）。

　なお、担保提供命令の申立てについての決定に対しては、各当事者は、告知を受けた日から1週間以内に限り、即時抗告をすることができます（同81・75⑦・332）。

　担保提供命令が確定したにもかかわらず、原告が期間内に担保を立てないときは、裁判所は、口頭弁論を経ないで判決で訴えを却下することができます（同81・78）。

作成書類等　○担保提供命令申立書

4　判決の効力　　▶会社838・839・937

　新株発行を無効とする判決が確定すると、当該新株発行によって交付された株式は、将来に向かってその効力を失いますので（会社839）、当該判決の確定時までに行われた剰余金の配当や、その株式に基づく議決権の行使、当該株式の譲渡や質入れ等の効力は消滅しません。

　また、新株発行を無効とする判決が確定すると、その判決は第三者に対しても効力（対世効）を有します（同838）。

　さらに、新株発行を無効とする判決が確定したときは、裁判所書記官は、職権で、遅滞なく、会社の本店所在地を管轄する登記所に対し、その登記を嘱託しなければならないとされています（同937①一ロ）。

5　会社から株主に対する金銭の支払　　▶会社840

　新株発行を無効とする判決が確定した場合、会社は、原状回復義務の履行として、当該判決の確定時における当該株式に係る株主に対して、当該株式の対価として払込みを受けた金額を支払わなければなりません。また、当該株式について現物出資がなされている場合には、当該財産の給付時点の価額に相当する金銭を支払わなければなりません（会社840①）。その際、会社が株券を発行している場合には、会社は株主に対し、当該金銭の支払と引換えに、当該株式に係る旧株券を返還するように請求することができます（同840①）。

　なお、判決確定から6か月間は、⑥で述べる支払金額の増減命令の申立てがなされる可能

性があり、当該申立てに対する裁判は総株主に対して効力を生じることとされていることから、会社は、当該申立期間が経過するまでは、株主に対し当該金銭の支払に応じる義務はないとするのが通説です。

6 支払金額の増減命令の申立て ▶会社840

　会社が株主に支払うべき金銭の金額は、原則として⑤で述べたとおりですが（会社840①）、その金額が新株発行を無効とする判決が確定した時点の会社財産の状況に照らして著しく不相当である場合には、会社又は株主は、当該判決が確定した日から6か月以内に限り、裁判所に対して、当該金額の増減を命じるよう申し立てることができます（同840②③）。なお、当該申立てに係る事件が数個同時に係属するときは、審問及び裁判は併合してしなければならないとされています（同877）。

　当該申立てについての裁判は、総株主に対して効力を生じます（同878①）。

第2　株主代表訴訟

62　株主代表訴訟の手続

> 手続の流れ

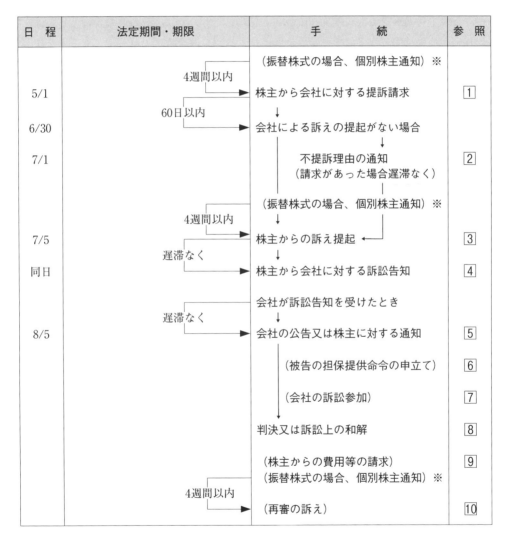

※　振替株式（振替128①）の場合には、株主は、通常、個別株主通知（同154③）の日から4週間（振替令40）が経過する日までの間に少数株主権等（振替147④）を行使する必要があります（同154②）。

解　説

　会社の役員等は、その任務を怠ったときは、これによって会社に生じた損害を賠償する責任を負いますが（会社423①）、会社が自ら役員等に対する責任追及等を行わない場合に、株主が会社に代わって役員等に対する責任追及等の訴え（同847①）を提起することができます（同847。以下この項において「株主代表訴訟」といいます。）。

　本手続の流れは、株主から会社に対して役員等の責任を追及するよう請求があった場合の一般的な株主代表訴訟の手続の流れについて記載したものです。その他の類型としては、株主の権利行使に対する利益供与を受けた者に対する利益返還請求（同120③）、不公正な払込金額で募集株式や新株予約権を引き受けた者等に対する支払請求（同212①・285①）及び出資の履行等が仮装された場合の引受人等に対する支払請求（同102の2①・213の2①・286の2①）があります（同847①参照）。

1　株主による提訴請求　　　　　　　　　　　　　　▶会社847、会社規217

　公開会社の場合、<u>6か月前</u>から引き続き株式を有する株主（ただし、定款で6か月を下回る期間を定めた会社は、その期間になります。）は、会社に対し、書面等により、役員等の責任を追及する訴えの提起を請求（以下この項において「提訴請求」といいます。）することができます（会社847①）。非公開会社の株主については、株式の保有期間の要件はなく、全ての株主に提訴請求が認められています（同847②）。

　なお、株主代表訴訟の提起権は単独株主権ですが、会社法では、定款の定めをおくことにより単元未満株主に対して当該提起権を与えないことができます（同847①・189②）。

　提訴請求は、①被告となるべき者、②請求の趣旨及び請求を特定するのに必要な事実を記載した書面等により行わなければなりません（同847①、会社規217）。

　また、振替株式（振替128①）の場合には、株主は、振替機関（保振機構）により会社に対して振替法154条3項の通知（個別株主通知）がされた後<u>4週間</u>（振替令40）が経過する日までの間でなければ、少数株主権等（振替147④）を行使することができないとされています（同154②）。したがって、振替株式に係る株主が提訴請求をする場合には、通常、当該個別株主通知の手続を行う必要があります（ただし、個別株主通知は、少数株主権等を行使する際に自己が株主であることを会社に対抗するための要件である等とする判例（最決平22・12・7判時2102・147、最決平24・3・28判時2157・104）参照。）。

作成書類等　○提訴請求書
　　　　　　　○個別株主通知申出書　等（振替株式の場合）

第9章　訴訟・非訟関係　第2　株主代表訴訟　509

2 不提訴理由の通知　　　　　　　　　　　▶会社847、会社規218

　株主から提訴請求を受けた会社が、請求の日から60日以内に責任追及の訴えを提起しない場合において、当該請求をした株主や役員等から請求を受けたときは、当該請求をした者に対し、遅滞なく、責任追及の訴えを提起しない理由を書面等により通知（以下この項において「不提訴理由通知」といいます。）しなければなりません（会社847④）。

　不提訴理由通知には、①会社が行った調査の内容（②の判断の基礎とした資料を含みます。）、②請求対象者の責任又は義務の有無についての判断及びその理由、③請求対象者に責任又は義務があると判断した場合において、責任追及の訴えを提起しないときはその理由を記載等する必要があります（会社規218）。

作成書類等　○不提訴理由通知

3 株主からの訴え提起　　　　　　　　　　　▶会社847・851

　株主の提訴請求の日から60日以内に、会社が責任追及の訴えを提起しないときは、株主は、株主代表訴訟を提起することができます（会社847③）。ただし、例えば消滅時効期間が経過する場合などのように、60日の経過により会社に回復することができない損害が生じるおそれがある場合には、株主は直ちに訴えを提起することができます（同847⑤）。当該訴えの管轄は、会社の本店所在地を管轄する地方裁判所の専属管轄です（同848）。

　なお、株主代表訴訟の提起が、当該株主若しくは第三者の不正の利益を図り、又は、当該会社に損害を加えることを目的とする場合には、提訴請求をすることができないとされており、かかる事由は訴えの却下事由になると解されています（同847①ただし書）。

　また、株主代表訴訟を提起し、又は参加した株主が、当該訴訟の係属中に株主でなくなった場合には、原則として原告適格を喪失しますが、例外として①当該株主が、会社の株式交換又は株式移転により当該会社の完全親会社の株式を取得したとき、②当該株主が、当該会社の合併により、新設合併設立会社又は合併存続会社若しくはその完全親会社の株式を取得したとき等においては、引き続き原告適格が認められます（同851）。

　なお、振替株式（振替128①）の場合の個別株主通知の手続については、 1 で述べたとおりです（同154②）。

作成書類等　○訴状（損害賠償（株主代表訴訟）請求）
　　　　　　　○個別株主通知申出書　等（振替株式の場合）

4 株主からの訴訟告知　　　　　　　　　　　▶会社849

　株主が株主代表訴訟を提起した場合には、当該株主は、会社に対して、遅滞なく、訴訟告知をしなければなりません（会社849④）。

作成書類等　○訴訟告知書

5 　会社の公告又は株主に対する通知　　　　　　　　▶会社849

　会社は、他の株主にも訴訟参加の機会を与えるため、株主から訴訟告知を受けた場合には、遅滞なく、その旨を公告し、又は株主に対して通知しなければなりません（会社849⑤）。なお、非公開会社については、公告による方法は利用できません（同849⑨）。

作成書類等　○通知（「株主代表訴訟提起のご通知」等）

　　　　　　　○公告（会社法939条に基づく官報、時事日刊新聞紙又は電子公告）

6 　担保提供命令の申立て　　　　　▶会社847の4、民訴75・78・81・332

　株主が責任追及の訴えを提起したときは、裁判所は、被告（会社）の申立てにより、当該株主に対し、相当の担保を立てるべきことを命ずることができます（会社847の4②）。なお、被告が当該申立てをするには、責任追及の訴えの提起が悪意によるものであることを疎明しなければなりません（同847の4③）。

　担保提供命令の申立てをした被告は、原告が担保を立てるまで応訴を拒むことができます（民訴81・75④）が、本案について弁論をし、又は弁論準備手続において申述をしたときは、応訴を拒むことはできないと解されています（担保提供命令の申立て自体は、訴訟のいかなる段階でも行うことができます。）。

　なお、担保提供命令の申立てについての決定に対しては、各当事者は、告知を受けた日から1週間以内に限り、即時抗告をすることができます（同81・75⑦・332）。

　また、担保提供命令が確定したにもかかわらず、原告が命ぜられた期間内にその担保を提供しないときは、裁判所は、口頭弁論を経ないで判決で訴えを却下することができます（同81・78）。

作成書類等　○担保提供命令申立書

7 　訴訟参加　　　　　　　　　　　　　　　　　　　　▶会社849

　株主又は会社は、株主代表訴訟に参加することができます（会社849①）。

　なお、会社が取締役（監査等委員及び監査委員を除きます。）、執行役及び清算人並びにこれらの者であった者を補助するために参加する場合には、監査役設置会社については各監査役、監査等委員会設置会社については各監査等委員、指名委員会等設置会社については各監査委員の同意を得なければなりません（同849③）。また、①不当に訴訟手続を遅延させることとなるとき、②裁判所に対して過大な事務負担を及ぼすこととなるときには、参加は認められません（同849①ただし書）。

　なお、振替株式（振替128①）の場合の個別株主通知の手続については、１で述べたとおりです（同154②）。

作成書類等　○補助参加の申出書

　　　　　　　○個別株主通知申出書　等（振替株式の場合）

第9章　訴訟・非訟関係　　第2　株主代表訴訟　　511

8　判決又は訴訟上の和解　　▶会社850

　民事訴訟法115条1項2号により、株主代表訴訟の判決の効果は、会社にも及びます。

　他方、株主代表訴訟において当事者が和解をした場合には、会社が和解の当事者（利害関係人として加わる場合も含みます。）でない限り、当該和解の効力は、会社には効力が及ばないのが原則です。ただ、当該和解につき会社が承認した場合には、当該和解は会社に対しても確定判決と同一の効力を有するものとされています（会社850①、民訴267）。

　そのため、会社が和解の当事者でない場合において当事者が和解をする際は、裁判所は、会社に対し、当該和解の内容を通知した上で、当該和解に異議があるときには2週間以内に異議を述べるべき旨を催告しなければならないとされています（会社850②）。そして、会社が当該2週間以内に書面により異議を述べなかった場合には、会社は、当該和解内容で株主が和解することを承認したものとみなされます（同850③）。

作成書類等　○異議申述書（和解に対する異議）

　　　　　　　　　又は

　　　　　　　　○承認書（和解の承認）

9　会社の費用負担　　▶会社852

　株主代表訴訟を提起した株主が勝訴した場合（一部勝訴を含みます。）には、当該株主は、会社に対し、当該訴訟に関して支出した必要費用（訴訟費用を除きます。）や弁護士費用のうち相当額を支払うよう請求することができます（会社852①）。

　また、株主が敗訴した場合であっても、株主に悪意があったときを除き、当該株主は、会社に対し、これによって生じた損害を賠償する責任を負いません（同852②）。

　これらの規定は、当該訴訟に参加した株主についても準用されています（同852③）。

10　再審の訴え　　▶会社853

　原告と被告によるなれ合い訴訟防止の観点から、訴訟参加の制度に加えて、再審の訴えの制度が設けられています。すなわち、責任追及の訴えが提起された場合において、原告と被告が共謀して、訴訟の目的である会社の権利を害する目的で判決をさせた場合には、会社又は株主は、確定した終局判決に対し、再審の訴えを提起することができます（会社853①、民訴340〜348）。

　なお、振替株式（振替128①）の場合の個別株主通知の手続については、1で述べたとおりです（同154②）。

作成書類等　○再審訴状

　　　　　　　　○個別株主通知申出書　等（振替株式の場合）

63　多重代表訴訟の手続

手続の流れ

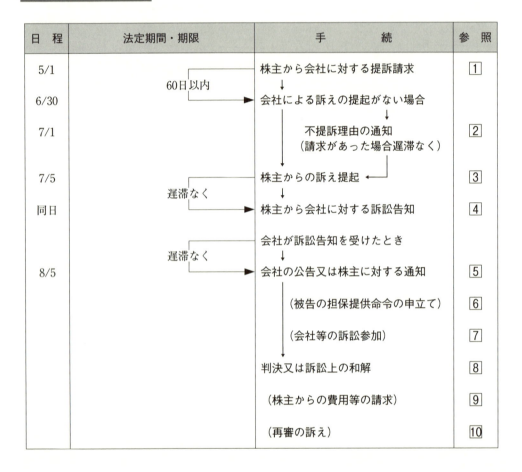

解説

　会社の役員等は、その任務を怠ったときは、これによって会社に生じた損害を賠償する責任を負いますが（会社423①）、平成26年改正会社法では、会社が自ら役員等に対する責任追及等を行わない場合に、その最終完全親会社等（同847の3①②）の総株主（株主総会において決議をすることができる事項の全部につき議決権を行使することができない株主を除きます。）の議決権又は発行済株式（自己株式を除きます。）の100分の1（これを下回る割合を定款で定めた場合にあっては、その割合となります。）以上の数の株式を有する株主（以下この項において単に「株主」といいます。）が会社に代わって役員等に対する特定責任追及の訴え（同847の3①④）を提起することができる旨の規定が設けられました（以下この項において「多重代表訴訟」といいます。同847の3）。

　「特定責任」とは、会社の役員等の責任の原因となった事実が生じた日において最終完全親会社等及びその完全子会社等における当該会社の株式の帳簿価額が当該最終完全親会社等の総資産額として法務省令（会社規218の6）で定める方法により算定される額の5分の1（これを下回る割合を定款で定めた場合にあっては、その割合）を超える場合における当該役員等の責任をいいます（会社847の3④）。

　なお、株主代表訴訟と異なり、株主の権利行使に対する利益供与を受けた者に対する利益返還請求（同120③）や、不公正な払込金額で募集株式や新株予約権を引き受けた者等に対する支払請求（同212①・285）及び出資の履行等が仮装された場合の引受人等に対する支払請求（同102の2①・213の2①・286の2①）は対象とされていません（同847の3①参照）。

　本手続の流れは、株主から会社に対して役員等の特定責任を追及するよう請求があった場合の一般的な多重代表訴訟の手続の流れについて記載したものです。

1　株主による提訴請求　　　　　　　　　　　▶会社847の3、会社規218の5

　公開会社の場合、6か月前から引き続き株式を有する株主（ただし、定款で6か月を下回る期間を定めた会社は、その期間になります。）は、会社に対し、書面等により、役員等の特定責任を追及する訴えの提起を請求（以下この項において「提訴請求」といいます。）することができます（会社847の3①）。非公開会社の株主については、株式の保有期間の要件はなく、全ての株主に提訴請求が認められています（同847の3⑥）。

　提訴請求は、①被告となるべき者、②請求の趣旨及び請求を特定するのに必要な事実及び③最終完全親会社等の名称及び住所並びに当該最終完全親会社等の株主である旨を記載した書面等により行わなければなりません（同847の3①、会社規218の5）。

　なお、多重代表訴訟の手続においては、振替株式（振替128①）に係る株主の場合であっても、特定責任追及の訴えに係る提訴請求等は「少数株主権等」（同147④）に当たらず、振替

法154条3項の通知（個別株主通知）の手続は不要と解されています。

作成書類等 ○提訴請求書

2 不提訴理由の通知 ▶会社847の3、会社規218の7

　　株主から提訴請求を受けた会社が、請求の日から60日以内に特定責任追及の訴えを提起しない場合において、当該請求をした株主や役員等から請求を受けたときは、当該請求をした者に対し、遅滞なく、特定責任追及の訴えを提起しない理由を書面等により通知（以下この項において「不提訴理由通知」といいます。）しなければなりません（会社847の3⑧）。

　　不提訴理由通知には、①会社が行った調査の内容（②の判断の基礎とした資料を含みます。）、②請求対象者の責任又は義務の有無についての判断及びその理由、③請求対象者に責任又は義務があると判断した場合において、特定責任追及の訴えを提起しないときはその理由を記載等する必要があります（会社規218の7）。

作成書類等 ○不提訴理由通知

3 株主からの訴え提起 ▶会社847の3

　　株主の提訴請求の日から60日以内に、会社が特定責任追及の訴えを提起しないときは、株主は、株主代表訴訟を提起することができます（会社847の3⑦）。ただし、例えば消滅時効期間が経過する場合などのように、60日の経過により会社に回復することができない損害が生じるおそれがある場合には、株主は直ちに訴えを提起することができます（同847の3⑨）。当該訴えの管轄は、会社の本店所在地を管轄する地方裁判所の専属管轄です（同848）。

　　多重代表訴訟の提起が、①当該株主若しくは第三者の不正の利益を図り、又は、当該会社若しくは当該最終完全親会社等に損害を加えることを目的とする場合、又は②特定責任の原因となった事実によって最終完全親会社等に損害が生じていない場合には、提訴請求をすることができないとされており、かかる事由は訴えの却下事由になると解されています（同847の3①ただし書）。

作成書類等 ○訴状（損害賠償（多重代表訴訟）請求）

4 株主からの訴訟告知 ▶会社849

　　株主が多重代表訴訟を提起した場合には、当該株主は、会社に対して、遅滞なく、訴訟告知をしなければなりません（会社849④）。

作成書類等 ○訴訟告知書

5 会社の公告又は株主に対する通知 ▶会社849

　　会社は、他の株主にも訴訟参加の機会を与えるため、株主から訴訟告知を受けた場合に

第9章　訴訟・非訟関係　　第2　株主代表訴訟　　515

は、遅滞なく、その旨を公告し、又は株主に通知しなければなりません（会社849⑤）。なお、非公開会社については、公告による方法は利用できません（同849⑨）。

作成書類等　○通知（「多重代表訴訟提起のご通知」等）
　　　　　　　　○公告（会社法939条に基づく官報、時事日刊新聞紙又は電子公告）

6　担保提供命令の申立て　　▶会社847の4、民訴75・78・81・332

　株主が特定責任追及の訴えを提起したときは、裁判所は、被告（会社）の申立てにより、当該株主に対し、相当の担保を立てるべきことを命ずることができます（会社847の4②）。なお、被告が当該申立てをするには、特定責任追及の訴えの提起が悪意によるものであることを疎明しなければなりません（同847の4③）。

　担保提供命令の申立てをした被告は、原告が担保を立てるまで応訴を拒むことができます（民訴81・75④）が、本案について弁論をし、又は弁論準備手続において申述をしたときは、応訴を拒むことはできないと解されています（担保提供命令の申立て自体は、訴訟のいかなる段階でも行うことができます。）。

　なお、担保提供命令の申立てについての決定に対しては、各当事者は、告知を受けた日から1週間以内に限り、即時抗告をすることができます（同81・75⑦・332）。

　また、担保提供命令が確定したにもかかわらず、原告が命ぜられた期間内にその担保を提供しないときは、裁判所は、口頭弁論を経ないで判決で訴えを却下することができます（同81・78）。

作成書類等　○担保提供命令申立書

7　訴訟参加　　▶会社849

　株主が提起した特定責任追及の訴えについては、株主（最終完全親会社等の株主）若しくは当該会社の株主又は会社が参加することができます（会社849①）。

　また、最終完全親会社等（同847の3①②）も、当事者の一方を補助するために参加することができます（同849②）。

　なお、会社や最終完全親会社等が、会社の取締役（監査等委員及び監査委員を除きます。）、執行役及び清算人並びにこれらの者であった者を補助するために参加する場合には、監査役設置会社については各監査役、監査等委員会設置会社については各監査等委員、指名委員会等設置会社については各監査委員の同意を得なければなりません（同849③）。

　また、①不当に訴訟手続を遅延させることとなるとき、②裁判所に対して過大な事務負担を及ぼすこととなるときには、参加は認められません（同849①ただし書）。

作成書類等　○補助参加の申出書

8　判決又は訴訟上の和解　　▶会社850

　民事訴訟法115条1項2号により、多重代表訴訟の判決の効果は、会社にも及びます。

他方、多重代表訴訟において当事者が和解をした場合には、会社が和解の当事者（利害関係人として加わる場合も含みます。）でない限り、当該和解の効力は、会社に及ばないのが原則です。ただし、当該和解につき会社が承認した場合には、当該和解は会社に対しても確定判決と同一の効力を有するものとされています（会社850①、民訴267）。

そのため、会社が和解の当事者でない場合において当事者が和解をする際は、裁判所は、会社に対し、当該和解の内容を通知した上で、当該和解に異議があるときには2週間以内に異議を述べるべき旨を催告しなければならないとされています（会社850②）。そして、会社が当該2週間以内に書面により異議を述べなかった場合には、会社は、当該和解内容で株主が和解することを承認したものとみなされます（同850③）。

作成書類等　○異議申述書（和解に対する異議）

　　　　　　　　又は

　　　　　　　○承認書（和解の承認）

9　会社の費用負担　　　　　　　　　　　　　　　　　　　　　　▶会社852

多重代表訴訟を提起した株主が勝訴した場合（一部勝訴を含みます。）には、当該株主は、会社に対し、当該訴訟に関して支出した必要費用（訴訟費用を除きます。）や弁護士費用のうち相当額を支払うよう請求することができます（会社852①）。

また、株主が敗訴した場合であっても、株主に悪意があったときを除き、当該株主は、会社に対し、これによって生じた損害を賠償する責任を負いません（同852②）。

これらの規定は、当該訴訟に参加した株主についても準用されています（同852③）。

10　再審の訴え　　　　　　　　　　　　　　　　　　　　　　　▶会社853

原告と被告によるなれ合い訴訟防止の観点から、訴訟参加の制度に加えて、再審の訴えの制度が設けられています。すなわち、特定責任追及の訴えが提起された場合において、原告と被告が共謀して、訴訟の目的である会社の権利を害する目的で判決をさせた場合には、会社又は株主（最終完全親会社等の株主）若しくは当該会社の株主は、確定した終局判決に対し、再審の訴えを提起することができます（会社853①、民訴340～348）。

第9章 訴訟・非訟関係 第3 役員解任 517

第3 役員解任

64 役員解任の訴えの手続

手続の流れ

日　程	法定期間・期限	手　　続	参　照
8/1		（振替株式の場合、個別株主通知）※	
	4週間以内	株主による株主総会招集請求	1
		（振替株式の場合、個別株主通知）※	
	4週間以内	↓ 裁判所への許可申立て 許可決定	1
10/1		↓ 株主総会の招集手続	1
10/16		↓ 株主総会における役員解任議案の否決等	2
	30日以内	（振替株式の場合、個別株主通知）※	
	4週間以内	↓ 役員解任の訴え提起	3
11/15			
		↓（職務執行停止等の仮処分） 判　決	4
	遅滞なく	↓（解任判決確定後遅滞なく） （登記嘱託）	4

※　振替株式（振替128①）の場合には、株主は、通常、個別株主通知（同154③）の日から<u>4週間</u>（振替令40）が経過する日までの間に少数株主権等（振替147④）を行使する必要があります（同154②）。

解　説

　役員（会社329①）の職務執行に関して、不正の行為又は法令若しくは定款に違反する重大な事実があったにもかかわらず、当該役員を解任する旨の議案を株主総会で否決された場合等には、会社の株主は、役員解任の訴えを提起することができます（同854）。役員に不正の行為等があるにもかかわらず、多数派株主の反対により株主総会で解任を決議することができない場合等に、少数派株主がこの制度を利用することが考えられます。

　本手続の流れは、株主から会社に対し、役員の解任を求める株主総会招集請求を行い、裁判所の許可を得て株主総会を開催したものの、当該決議が否決等され、役員解任の訴えが提起される場合の一般的な流れについて記載したものです。

1　株主による株主総会招集請求　　▶会社297・303〜305・325

(1)　②で述べるとおり、株主が、役員解任の訴えを提起するためには、その前提として株主総会で役員解任議案が否決されること等が必要ですが、実際には、会社が自ら株主総会を開催して役員解任を議題とすることが期待できない場合が多いと思われます。そのような場合等においては、以下に述べるとおり、一定の要件のもと、株主から会社に対し、役員解任を議題とする株主総会の招集請求を行うことが考えられます。

　すなわち、公開会社の場合、総株主の議決権の100分の3（これを下回る割合を定款で定めた場合は、その割合）以上の議決権を6か月（これを下回る期間を定款で定めた場合は、その期間）前から引き続き有する株主は、取締役に対し、株主総会の目的である事項（例えば取締役〇〇解任の件、取締役1名選任の件、等）及び招集の理由を示して、株主総会の招集を請求することができます（会社297①）。なお、非公開会社については、株式の保有期間の要件はありません（同297②）。

　そして、株主から取締役に対して、当該株主総会の招集が請求されたにもかかわらず、①当該請求後遅滞なく招集の手続が行われない場合、②当該請求があった日から8週間（これを下回る期間を定款で定めた場合は、その期間）以内の日を株主総会の日とする株主総会の招集の通知が発せられない場合には、当該請求をした株主は、裁判所の許可を得て、株主総会を招集することができます（同297④・869）。

(2)　なお、役員解任を株主総会の議題とする別の方法として、いわゆる株主提案権によることも考えられます。すなわち、公開会社においては、総株主の議決権の100分の1（これを下回る割合を定款で定めた場合は、その割合）以上の議決権又は300個（これを下回る数を定款で定めた場合は、その数）以上の議決権を6か月（これを下回る期間を定款で定めた場合は、その期間）前から引き続き有する株主は、取締役に対し、一定の事項を株主総会の目的とすることを、株主総会の日の8週間（これを下回る期間を定款で定め

第9章　訴訟・非訟関係　第3　役員解任　　519

場合は、その期間）前までに行うことにより、請求することができます（同303①②。以下この項において「議題提案権」といいます。この場合も非公開会社については、株式の保有期間の要件はありません（同303③）。）。そして、議題提案権と同じ要件のもとで、株主は、取締役に対し、株主総会の日の8週間（これを下回る期間を定款で定めた場合は、その期間）前までに、株主総会の目的である事項につき、当該株主が提出しようとする議案の要領を株主に通知することを請求することができます（同305。以下この項において「議案要領通知請求権」といいます。）。また、株主は、株主総会において、株主総会の目的である事項につき、議案を提出することができます（同304。以下この項において「議案提案権」といいます。）。

(3)　なお、これら(1)、(2)で述べたものと同様のものは、種類株主総会にも認められています（同325。ただし当該種類株主にのみ認められます。）。

(4)　振替株式（振替128①）の場合には、株主は、振替機関（保振機構）により会社に対して振替法154条3項の通知（個別株主通知）がされた後4週間（振替令40）が経過する日までの間でなければ、少数株主権等（振替147④）を行使することができないとされています（同154②）。したがって、振替株式に係る株主がこれらの権利を行使する場合には、通常、当該個別株主通知の手続を行う必要があります（ただし、個別株主通知は、少数株主権等を行使する際に自己が株主であることを会社に対抗するための要件である等とする判例（最決平22・12・7判時2102・147、最決平24・3・28判時2157・104）参照。）。

作成書類等　〇株主総会招集請求書、株主総会招集許可申立書、株主総会招集通知
　　　　　　　〇議題（議案）提案権行使書、議案要領通知請求書
　　　　　　　〇個別株主通知申出書　等（振替株式の場合）

2　株主総会における役員解任議案の否決　　▶会社854・323

　株主が、役員解任の訴えを提起するためには、その前提として、当該役員が職務執行に関し、不正の行為又は法令若しくは定款に違反する重大な事実があったにもかかわらず、①当該役員を解任する旨の議案が株主総会で否決されたこと、又は②役員解任について特定の種類株主総会決議を要する旨の定めのある種類株式が発行されている会社において、当該役員を解任する旨の株主総会の決議がなされたにもかかわらず、当該種類株主総会で役員解任決議がされないため、役員解任決議の効力が生じていないことが必要です（会社854①・323）。

　なお、株主総会で役員の解任決議がなされる見込みがない場合であっても、提訴期間を明確にする等のため、必ず株主総会を経る必要があります。

作成書類等　〇株主総会議事録

3　株主からの役員解任の訴え提起　　▶会社854・855、民保23

　役員解任の訴えは、当該株主総会の日から30日以内に提起する必要があります（会社854①）。

また、役員解任の訴えの提起権は、一定の要件を満たす株主にのみ認められています。公開会社の場合、役員解任の訴えを提起できる株主は、①総株主の議決権の100分の3以上の議決権を6か月前から引き続き有する株主（「総株主」からは、当該役員を解任する旨の議案についての議決権を行使することができない株主及び解任請求の対象となっている役員である株主が除外されます。同854①一）、又は、②発行済株式の100分の3以上の数の株式を6か月前から引き続き有する株主（「発行済株式」からは、会社の自己株式及び解任請求の対象となっている役員が有する株式が除外されます。同854①二）です（なお、定款の定めにより、持株比率の引下げや株式保有期間の短縮を行うことも可能です。同854①一二）。これに対して、非公開会社については、株式の保有期間の要件はありません（同854②）。

　被告は、会社及び解任請求の対象となっている役員の双方となります（同855）。

　なお、役員解任の訴えの判決が確定するまでの間、当該役員に職務を継続させるのが適当でない場合には、裁判所に対し、仮の地位を定める仮処分として、当該役員の職務執行を停止し、又は職務代行者を選任する申立てを行うことが考えられます（民保23②）。

　なお、振替株式（振替128①）の場合の個別株主通知の手続については、1(4)で述べたとおりです（同154②）。

作成書類等　○訴状（役員解任請求）
　　　　　　　　○仮処分命令申立書（職務執行停止等）
　　　　　　　　○個別株主通知申出書　等（振替株式の場合）

4　判決の効力　　　　　　　　　　　　　　　　　　　　　　　▶会社937

　役員解任の判決が確定すると、当該役員は会社の行為を待たずに当然に解任され（形成判決）、当該役員の残任期間における役員としての地位は、将来に向かって消滅します。ただし、役員解任の判決には、解任された役員を次の株主総会で再任することを妨げる効果はありません。

　また、役員解任の判決が確定したときは、裁判所書記官は、遅滞なく、会社の本店所在地を管轄する登記所に対し、その登記を嘱託しなければならないとされています（会社937①一ヌ）。

第9章　訴訟・非訟関係　　第4　非訟事件　　　521

第4　非訟事件

65　会社の解散命令の申立手続

手続の流れ

日　程	法定期間・期限	手　　　　　続	参　照
10/1		事業の休止	
	1年以上 →	解散事由の発生	1
翌年 10/1 経過			
		（振替株式の場合、個別株主通知）※ ↓	
10/15	4週間以内 →	会社の解散命令の申立て	2
		↓（担保提供命令の申立て）	3
		会社の財産に関する保全処分 ↓	4
		法務大臣に対する通知、意見聴取等	5
		会社からの陳述聴取 ↓	6
		会社の解散命令の裁判	7
	遅滞なく →	（解散命令確定の場合、確定後 ↓　遅滞なく）	
		登記嘱託	7

※　振替株式（振替128①）の場合には、株主は、通常、個別株主通知（同154③）の日から4週間（振替令40）が経過する日までの間に少数株主権等（振替147④）を行使する必要があります（同154②）。

解　説

　会社を代表する者が違法行為を繰り返す、一定期間引き続き事業を休止している等、会社法に定めた解散事由がある場合には、会社の株主等（2参照）は、裁判所に対し、会社の解散命令の申立てをすることができます（会社824）。公益的見地から会社の存立を許すべきでないと判断されるときに、裁判所により強制的に解散を命じることができる制度ですが、株主総会による解散決議ができない等、他の手続をとることができない場合に、本手続を利用することが考えられます。

　本手続の流れは、会社法が規定する一定の事由に基づき、会社の株主等から裁判所に対し、会社の解散命令の申立てがなされる場合の一般的な流れについて記載したものです。

1　解散事由　　　　　　　　　　　　　　　　　　　　　　　　　　▶会社824

　①会社の設立が不法な目的に基づいてされたとき（会社824①一）、②会社が正当な理由がないのにその成立の日から1年以内にその事業を開始せず、又は引き続き1年以上その事業を休止したとき（同824①二）、③業務執行取締役又は執行役が、法令若しくは定款で定める会社の権限を逸脱し、若しくは濫用する行為又は刑罰法令に触れる行為をした場合において、法務大臣から書面による警告を受けたにもかかわらず、なお継続的に又は反復して当該行為をしたとき（同824①三）において、公益を確保するため会社の存立を許すことができないと認めるときは、裁判所は株主等の申立てにより、会社の解散を命ずることができます。

2　申立権者　　　　　　　　　　　　　　　　　　　　　　　　　　▶会社824

(1)　会社の解散命令は、会社が期待された社会的任務を履行しない場合に、これを阻止し公益を確保することを目的とした制度であることから、会社の解散命令の申立権者は、法務大臣又は株主、債権者その他の利害関係人とされています（会社824①）。また、会社の解散命令の申立ては、書面により行わなければなりません（会社非訟規1）。

(2)　裁判所その他の官庁、検察官又は吏員は、その職務上、会社の解散命令の申立て又は会社に対して会社法824条1項3号に定めた警告をすべき事由があることを知ったときには、法務大臣にその旨を通知しなければならないとされています（会社826）。

(3)　振替株式（振替128①）の場合には、株主は、振替機関（保振機構）により会社に対して振替法154条3項の通知（個別株主通知）がされた後4週間（振替令40）が経過する日までの間でなければ、少数株主権等（振替147④）を行使することができないとされています（同

第9章　訴訟・非訟関係　　第4　非訟事件　　523

154②)。したがって、振替株式に係る株主が解散命令を申し立てる場合には、通常、当該個別株主通知の手続を行う必要があります（ただし、個別株主通知は、少数株主権等を行使する際に自己が株主であることを会社に対抗するための要件である等とする判例（最決平22・12・7判時2102・147、最決平24・3・28判時2157・104）参照。）。

作成書類等　○会社解散命令の申立書

　　　　　　　○個別株主通知申出書　等（振替株式の場合）

3　担保提供命令の申立て　　▶会社824、民訴75・78

　法務大臣以外の申立権者が会社の解散命令を申し立てた場合には、裁判所は、会社の申立てにより、申立人に対し、相当の担保を立てるべきことを命ずることができます（会社824②）。なお、会社が当該申立てをするには、申立人の申立てが悪意によるものであることを疎明しなければなりません（同824③）。

　担保提供命令が確定したにもかかわらず、申立人が命ぜられた期間内にその担保を提供しないときは、裁判所は、口頭弁論を経ないで、判決で訴えを却下することができます（同824④、民訴78）。

作成書類等　○担保提供命令申立書

4　会社の財産に関する保全処分　　▶会社825

　会社の解散命令の申立てがなされてから、実際に決定がなされるまでは一定の時間を必要とすることから、裁判所は、法務大臣若しくは株主、社員、債権者その他の利害関係人の申立てにより又は職権で、当該申立てについての決定がなされるまでの間、当該会社の財産に関し、管理人を選任して会社の財産を管理させる処分（管理命令）その他の必要な保全処分を命ずることができます（会社825①～③）。なお、裁判所が管理人を選任する場合には、その職務を行うに適した者を選任しなければならないとされています（会社非訟規38・27①）。

作成書類等　○管理命令申立書

5　法務大臣に対する通知、意見聴取等　　▶会社904

　裁判所は、会社の解散命令の申立てについての裁判をする場合には、法務大臣に対し、意見を求めなければなりません（会社904①）。法務大臣は、裁判所が当該申立てに係る事件について審問をするときは、当該審問に立ち会うことができます（同904②）。そのため、裁判所は、法務大臣に対し、当該申立てが係属したこと及び当該審問の期日を通知しなければならないとされています（同904③）。

6 会社からの陳述聴取 ▶会社870

　裁判所が会社の解散命令の申立てに対して決定をなす前提として、当該会社の手続保障のため、裁判所は会社の陳述を聴かなければなりません（会社870①十）。ただし、不適法又は理由がないことが明らかであるとして申立てを却下する裁判をするときは、不要です（同870①ただし書）。

7 会社の解散命令の裁判 ▶会社871・872・873・937、非訟67

　会社の解散命令の申立てに対する裁判には、理由を付さなければなりません（会社871）。

　会社の解散命令の申立てに対する裁判に対しては、申立人及び会社は、即時抗告をすることができます（同872①四）。即時抗告は、裁判の告知を受けた日から2週間の不変期間内にする必要があります（非訟67）。また、即時抗告には、執行停止の効力が認められます（会社873）。なお、申立てを却下する裁判に対しては、法務大臣は、即時抗告をすることができます（同904④）。

　解散命令が確定したときは、裁判所書記官は、遅滞なく、会社の本店所在地を管轄する登記所に対し、その登記を嘱託しなければならないとされています（同937①三ロ）。

第9章　訴訟・非訟関係　　第4　非訟事件　　525

66　取締役会等議事録閲覧謄写許可申立手続

手続の流れ

◆監査役会設置会社

日　程	法定期間・期限	手　　　続	参　照
		（振替株式の場合、個別株主通知）※	
10/1	┌4週間以内 →	取締役会等議事録等閲覧謄写許可の申立て ↓	①1
11/1		会社からの陳述聴取 ↓	②2
12/1		閲覧謄写許可決定告知（決定正本受領）	③3
12/15	┌2週間以内 →	即時抗告期間満了 →即時抗告せず	
		（振替株式の場合、個別株主通知）※	
12/17	┌4週間以内 →	閲覧謄写請求手続	④4

※　振替株式（振替128①）の場合には、株主は、通常、個別株主通知（同154③）の日から4週間（振替令40）が経過する日までの間に少数株主権等（振替147④）を行使する必要があります（同154②）。

解　説

　会社の株主は、その権利を行使するために必要があるときは、会社に対し、取締役会の議事録等（会社371①参照）の閲覧又は謄写を請求することができます（同371②）。ただし、監査役設置会社、監査等委員会設置会社又は指名委員会等設置会社の取締役会議事録等の閲覧又は謄写の請求については、裁判所の許可が必要とされています（同371③）。

　また、監査役会設置会社の株主は、その権利を行使するために必要があるときは、裁判所の許可を得て、監査役会議事録（同393②③）の閲覧又は謄写を請求することができます（同394②）。監査等委員会設置会社の監査等委員会の議事録（同399の10③④）及び指名委員会等設置会社の指名委員会等（同２十二）の議事録（同412③④）についても、同様です（同399の11②・413③）。

　本手続の流れは、監査役会設置会社の株主が、会社の取締役会の議事録等又は監査役会の議事録の閲覧謄写の許可を申し立てる場合の一般的な流れについて記載したものです。

1　株主の議事録等閲覧謄写請求　　　　　　　▶会社371・394・869

(1)　株主は、その権利を行使するために必要があるときは、会社の営業時間内であればいつでも、取締役会の議事録等の閲覧謄写（議事録等が電磁的記録をもって作成されているときは、当該電磁的記録に記録された事項を法務省令で定める方法（会社規226⑲）により表示したものの閲覧謄写）を請求することができます（会社371②）。

　　ただし、監査役設置会社の取締役会の議事録等の閲覧謄写請求については、裁判所の許可を得る必要があります（同371③）。この場合、取締役会の議事録等の閲覧謄写請求の申立ては、書面により行わなければなりません（会社非訟規1）。また、株主は裁判所に対し、その権利を行使するために必要があること等その原因となる事実を疎明しなければなりません（会社869）。なお、株主が当該議事録等の閲覧謄写をすることにより、当該会社又はその親会社若しくは子会社に著しい損害を及ぼすおそれがあると認めるときには、裁判所は、許可をすることができません（同371⑥）。

(2)　監査役会設置会社の株主は、取締役会の議事録等の閲覧謄写請求と同様に、裁判所の許可を得て、監査役会の議事録（会社393②③）の閲覧謄写を請求することができます（同394②）。株主が当該議事録の閲覧謄写をすることにより、当該監査役会設置会社又はその親会社若しくは子会社に著しい損害を及ぼすおそれがあるときには、裁判所は許可をすることができない点は、取締役会の議事録等の場合と同様です（同394④）。

(3)　会社の債権者が役員の責任を追及するために必要があるとき、及び親会社の株主その他の社員がその権利を行使するために必要があるときも、同様に、裁判所の許可を得て、取締役会の議事録等（会社371①）や監査役会の議事録（同393②③）の閲覧謄写を請求

することができます（同371④〜⑥・394③④）。

(4)　なお、閲覧謄写の対象となる議事録等は、会社法371条1項の定めに基づき備え置かれた議事録等をいうと解されますので、同項に規定する10年の備置期間を経過した議事録等については、閲覧謄写の対象とならないと解されています（東京地決平18・2・10判時1923・130）。

(5)　振替株式（振替128①）の場合には、株主は、振替機関（保振機構）により会社に対して振替法154条3項の通知（個別株主通知）がされた後4週間（振替令40）が経過する日までの間でなければ、少数株主権等（振替147④）を行使することができないとされています（同154②）。したがって、振替株式に係る株主が閲覧謄写請求をする場合には、通常、当該個別株主通知の手続を行う必要があります（ただし、個別株主通知は、少数株主権等を行使する際に自己が株主であることを会社に対抗するための要件である等とする判例（最決平22・12・7判時2102・147）参照。）。

作成書類等　○取締役会議事録閲覧謄写許可申立書　等
　　　　　　　○個別株主通知申出書　等（振替株式の場合）

2　会社からの陳述聴取　　　　　　　　　　　　▶会社870

　裁判所が、取締役会の議事録等や監査役会の議事録の閲覧謄写許可の申立てに対して裁判（決定）をするためには、会社の手続保障のため、審問の期日を開いて、申立人及び当該会社の陳述を聴取しなければなりません（会社870②一）。ただし、不適法又は理由がないことが明らかであるとして申立てを却下する裁判をするときは、不要です（同870②ただし書）。

3　閲覧謄写許可決定　　　　　　　　　▶会社870・871・872・873、非訟67

　議事録等の閲覧謄写許可の申立てに対する裁判（決定）には、理由を付さなければならないとされています（会社871）。

　なお、当該裁判に対しては、申立人、会社の双方とも、告知を受けた日から2週間以内に限り、即時抗告をすることができます（同872五・870②、非訟67）。また、当該即時抗告は、執行停止の効力を有します（会社873）。

4　議事録の閲覧謄写手続　　　　　　　　　　　　▶会社976

　株主が、裁判所の許可を得た上で、会社に対して取締役会や監査役会の議事録等の閲覧謄写を請求した場合に、会社が、正当な理由がないのに、これを拒んだ場合には、当該会社の役員等は、過料に処せられることがあります（会社976四）。

　なお、許可決定がなされたにもかかわらず、会社が任意に議事録の閲覧謄写に応じない場合において、閲覧謄写についての執行（直接強制）を行うためには、別途、訴訟手続に

より閲覧謄写させることを命ずる給付判決を得た上で、その執行を申し立てる必要があります。

議事録の謄写に要する費用については、会社法に明文の規定は置かれていませんが、謄写を請求する者が負担するというのが通説です。

なお、振替株式（振替128①）の場合の個別株主通知の手続については、①(5)で述べたとおりです（同154②）。

作成書類等　○訴状（議事録閲覧謄写請求訴訟）
　　　　　　　○個別株主通知申出書　等（振替株式の場合）

第 10 章

補論一
個別株主通知手続

530

第10章 補論―個別株主通知手続 531

67 個別株主通知手続

手続の流れ

日　程	法定期間・期限	手　　　続	参　照
10/1		個別株主通知の申出	2
	4営業日 （～10営業日）		
10/5		個別株主通知	3
	4週間以内	個別株主通知済通知書	3
11/2		少数株主権等の行使	1・4

解　説

　振替株式（株券を発行する旨の定款の定めがない会社の株式（譲渡制限株式を除きます。）で振替機関が取り扱うものをいいます（振替128①）。）についての少数株主権等（株主の権利（会社法124条1項に規定する権利を除きます。）をいいます（同147④）。）の行使については、会社法130条1項の規定は適用されず（振替154①）、株主は、会社に対し振替法154条3項の通知（以下この項において「個別株主通知」といいます。）をすることによって当該少数株主権等を行使することができます（同154②～④）。

　会社は、株主が保有する株式の種類・数等の情報を常に把握しているわけではありません。そこで、株主が少数株主権等を行使するためには、取引のある証券会社又は振替機関である保振機構等の直近上位機関（以下この項において「取引証券会社等」といいます。）に対し、個別株主通知の申出（なお、直近上位機関が保振機構でない場合は取次請求（同154①、株式等の振替に関する業務規程154①）。以下この項において「個別株主通知の申出等」といいます。）をし、保振機構を通じて会社に個別株主通知をする必要があるのが、通常です（なお、個別株主通知は、少数株主権等を行使する際に自己が株主であることを会社に対抗するための要件である等とする判例（最決平22・12・7判時2102・147、最決平24・3・28判時2157・104）参照。）。

1　少数株主権等　　　　　　　　　　　　　　　　　　　　　　　▶振替147

　少数株主権等とは、株主の権利のうち、会社法124条1項に規定する権利を除いたものをいいます（振替147④）。主な少数株主権等としては、株主代表訴訟、株主総会決議取消し・不存在確認・無効確認の訴え、新株発行差止めの訴え・仮処分申立て、新株発行無効確認・不存在確認の訴え、株主名簿・会計帳簿・計算書類等閲覧等請求の訴え、合併無効等の訴え、会社解散の訴え、設立無効の訴え、取締役等の職務執行停止・職務代行者選任等の仮処分申立て、株式取得（買取）価格決定の申立て、取締役会議事録閲覧等の許可申立て等が挙げられます。

2　個別株主通知の申出　　　　　　▶振替154、株式等の振替に関する業務規程154

　株主は、少数株主権等を行使しようとする場合、まず、取引証券会社等に対し、個別株主通知の申出等を行います（このとき、取引証券会社等から株主に対しては、「個別株主通知申出受付票」が交付されます（株式等の振替に関する業務規程154④）。）。

作成書類等　〇個別株主通知申出書（振替株式の場合）

第10章　補論―個別株主通知手続　　533

3　個別株主通知　　▶振替154、株式等の振替に関する業務規程154

　個別株主通知の申出があった場合、振替機関は、会社に対し、個別株主通知をするとともに（振替154③）、取引証券会社等に対し個別株主通知の日等を通知します（株式等の振替に関する業務規程155①～③）。そして、取引証券会社等から、株主に対しては、個別株主通知を行った旨記載された「個別株主通知済通知書」が交付されます。

　個別株主通知の申出等から個別株主通知までの標準的な日程は、実務上、申出等の日の4営業日後の日に会社に通知されるとされています（ただし、取引証券会社等によっては、申出等の日から個別株主通知まで10営業日程度を要する場合もあります。）。なお、個別株主通知の予定日については、申出等の翌営業日以降に証券会社等から連絡されるのが通常です。

4　少数株主権等の行使　　▶振替154、振替令40

　株主は、個別株主通知がされた日（「個別株主通知済通知書」の交付日又は受領日ではありません。）から4週間が経過する日までの間でなければ、少数株主権等を行使することができないとされています（振替154②、振替令40）。

作成書類等　○少数株主権等の行使に関する各種書面（訴状、申立書、請求書等）

| 新版 | 会社法　実務スケジュール |

平成19年 9 月14日　初　　　　　版発行
平成28年 1 月26日　新版初　　　　版発行
平成28年 4 月20日　新版第二版一刷発行
平成29年 1 月11日　　　　　　　二刷発行

共　　編	東京八丁堀法律事務所
	橋　本　副　孝
	吾　妻　　　望
	日　野　義　英
	菊　池　祐　司
	笠　　　浩　久
	獨協大学大学院法務研究科
	高　橋　　　均
発 行 者	新日本法規出版株式会社
	代表者　　服　部　昭三

発 行 所　新 日 本 法 規 出 版 株 式 会 社

本　　社　(460-8455)名 古 屋 市 中 区 栄 1 ― 23 ― 20
総轄本部　　　　　　　　　電話　代表　052(211)1525

東京本社　(162-8407)東京都新宿区市谷砂土原町 2 ― 6
　　　　　　　　　　　　　電話　代表　03(3269)2220

支　　社　札幌・仙台・東京・関東・名古屋・大阪・広島
　　　　　高松・福岡

ホームページ　http://www.sn-hoki.co.jp/

※本書の無断転載・複製は、著作権法上の例外を除き禁じられています。
※落丁・乱丁本はお取替えします。
50925　新会社スケジュ　　ⓒ 橋本副孝 他 2016 Printed in Japan
　　　　　　　　　　　　　　　ISBN978-4-7882-8091-5